תהלים קורן · מהדורת לב אבות

קורן ירושלים

תהלים קורן · מהדורת לב אבות

שירו לו
זמרו לו
שיחו
בכל
נפלאותיו

קורן ירושלים

Koren Tehillim
Lev Avot Editon

First Edition, 2017
Koren Publishers Jerusalem Ltd.
POB 4044, Jerusalem 91040, ISRAEL
POB 8531, New Milford, CT 06776, USA

www.korenpub.com

Tehillim Lev Avot
Compact size, compact SC – Blue, ISBN 978-965-301-922-5
Compact size, compact SC – Purple, ISBN 978-965-301-923-2
Compact size, compact SC –Art, ISBN 978-965-301-924-9

תהלים קורן
מהדורת לב אבות

מהדורה ראשונה © תשע״ז
הוצאת קורן ירושלים
ת״ד 4044 ירושלים 9104001

www.korenpub.com

תהלים לב אבות
מהדורה קטנה, כריכה רכה, כחולה, מסת״ב: 978-965-301-922-5
מהדורה קטנה, כריכה רכה, סגולה, מסת״ב 978-965-301-923-2
מהדורה קטנה, כריכה רכה, אמנותית, מסת״ב 978-965-301-924-9

TLA1 תלא1

לע"נ
נפתלי
לאו-לביא ז"ל
תרפ"ו–תשע"ה

לע"נ
אברהם יונה
גזונדהייט ז"ל
תרפ"ט–תשע"ז

שניהם צאצאים למשפחות רבניות בפולין.
שניהם שרדו את מחנה ההשמדה אושוויץ ומצעד המוות,
ושוחררו בבוכנוולד.
שניהם הקימו משפחות בדרך התורה והמצוות,
עסקו בבניינו של עולם, זכו לראות בהקמת מדינת ישראל,
ונפטרו בירושלים עיה"ק, עיר בה דוד חנה.
לימים נהגו לשתות "לחיים" כל שנה ביום שחרורם מגיא צלמוות.
יה"ר שאמירת מזמורי תהלים אלו ולימודם יהיו לעילוי נשמתם.

תוכן

דבר העורך

מימי דוד מלך ישראל ועד ימינו, בחשכת הגלות והחורבן ובשעות השמחה, התקווה והתחייה, נהגו בכל עדות ישראל, נשים וגברים, חכמי עמנו ותלמידיהם, לקרוא את מזמורי ספר תהלים, אף שאין שום דרישה הלכתית לכך. הקשר המיוחד הזה בין עם ישראל לספרו של נעים זמירות ישראל, יוצר מנגינה המתנגנת לה מעבר לזמן ולמקום כבר שלושת אלפים שנה. כדברי הכתוב על דוד: ״וַיִּתְקַבְּצוּ אֵלָיו כָּל־אִישׁ מָצוֹק וְכָל־אִישׁ אֲשֶׁר־לוֹ נֹשֶׁא, וְכָל־אִישׁ מַר־נֶפֶשׁ וַיְהִי עֲלֵיהֶם לְשָׂר״ (שמואל א׳ כב, ב), כן עם ישראל ממשיכים להתקבץ סביב דמותו של דוד, הגנוזה במזמוריו, ולישא עמו תפילה, זעקה ושירה.

במדרש ׳שוחר טוב׳ לספר תהלים (מזמור ג) מסופר על חכמים שדנו בסדר הופעתם של המזמורים בספר תהלים. רבי ישמעאל מצהיר על סידור המזמורים, שהם ״סְמוּכִים לָעַד לְעוֹלָם, עֲשׂוּיִם בֶּאֱמֶת וְיָשָׁר״ (תהלים קיא, ח). ניכר מהמדרש, כי לדעת רבי ישמעאל קיימת התפתחות פנימית לאורך מזמורי הספר וישנה משמעות לאופן הופעת המזמורים. אולם המדרש לא פירש את תורתו של רבי ישמעאל בעניין. המדרש וחלק מהפרשנים (לדוגמה, הרש״ר הירש זצ״ל) ביקשו להסביר את סמיכות המזמורים ואת המסרים העולים מעיון במבנה כל ספר תהלים, אך טרם הוצגה בנידון תורה סדורה ושיטתית.

שנים רבות העמיק הרב ד״ר בנימין גונדהייט בנבכי ספר תהלים בחיפוש אחר מבנה הספר, ושיטת סידור המזמורים, ובמסרים העולים ממבנה ספר תהלים כספר אחיד. לשם כך הוא נעזר בדברי חז״ל, במפרשים וגם בספרות ענפה ועשירה המכונה ׳הפרשנות ההקשרית׳. פרי עמלו מובא לפניך בליווי מבואות ותרשימים, המופיעים בפתח הספר ובשערים לחמשת ספרי תהלים. השערים משרטטים את מבנה הספרים ומציעים את ההיגיון העומד מאחורי סדר המזמורים. בראש כל מזמור מופיע סיכום קצר של המזמור ולעתים גם הסבר על הקשרו למזמורים הסמוכים לו. במהדורה זו אות קורן תנ״ך בגודל נוח ומאיר עיניים להקל את הקריאה על הקורא, וגם חלוקת שורות ייחודית המלווה את תוכן הפסוקים.

תודתי נתונה לרבים שעשו במלאכה: לאסתר באר, מיכל בריטמן ורוית כהן על העימוד המורכב של המזמורים במסירות רבה; לדניאל בר־לב ואליהו משגב על עיצוב הספר במחשבה מתמדת על הקורא; לרב ד״ר יואל בן־נון, נדב ברויאר, אוריאל כהן, אליאב סטולמן, הרב ראובן ציגלר, הרב יאיר קאהן, נריה קליין וד״ר ט״מ שטיינר, על שתרמו מחכמתם למהדורה זו. אני תקווה שמאמצינו יעמדו לזכות כל הנושאים כפיים אל אל בשמים.

גבוה מעל גבוה, הוצאת קורן מודה למי שנשבע לדוד עבדו, כי כסאו יהיה נכון עד עולם בירושלים, עיר בה דוד חנה. אנו מודים על הזכות שנפלה בחלקנו לשרת בנאמנות את ציבור הקוראים והמתפללים, ואנו תקווה שמהדורה זו תעצים את התפילה ואת השיח הישיר בין עם ישראל ובין ריבונו של עולם.

יהי רצון מלפני אבינו שבשמים, שכשם שדוד המלך אמר מזמורים אלה בעודו עסוק בענייני העולם הזה, כן נזכה ללמוד שאפשר לומר אותם בכל עת ולהשליך את יהבנו על ה׳.

יהושע מילר, עורך ראשי
הוצאת קורן ירושלים
נר ראשון של חנוכה התשע״ה

מבוא

ספר תהלים כספר על פי הפרשנות ההקשרית

במהדורה זו אנו מבקשים להציג לפני הקורא צוהר להתבונן בספר תהלים כיחידה ספרותית אחת. מלבד העומק האדיר הקיים בכל מזמור ומזמור, חז״ל הרבו להצביע על התובנות העולות מעיון בסדר המזמורים ובמבנה הכללי של הספר. כאן נציע הבנה מעמיקה בעניין המבנה והמשמעות של כל ספר תהלים כספר על פי שיטת הפרשנות ההקשרית, אשר לפיה ספר תהלים אינו רק אוסף של מזמורים נפלאים אלא גם ספר אחיד וערוך, מגובש ומחושב לתפארת. מקוצר היריעה לא נוכל לפרוס כאן את כל הראיות וההוכחות לפרשנות חדשה ומשמעותית זאת, ונסתפק בהצגת העקרונות והיסודות של הגישה. נתבונן במבנה הספר בעזרת המבואות הבאים:

א. מבוא כללי לספר תהלים כספר על שורשי השיטה הזאת גם על פי דברי חז״ל, ועל משמעותו של מבנה הספר כולו.

ב. מבוא לכל אחד מחמשת הספרים על המבנה והאופי המיוחדים של כל ספר ותרשים בסיסי הנותן מבט־על על כל ספר.

ג. מבוא קצר ותמציתי לכל מזמור, המציג את תוכנו ואת תפקידו ביחס למזמורים הסמוכים לו וביחס לכל הספר.

במבוא השתדלתי לעמוד על עיקרי הדברים של הפרשנות ההקשרית. לומדים המעוניינים בלימוד מעמיק של ספר תהלים לאור הפרשנות ההקשרית מוזמנים לגשת לאתר האינטרנט שלי שכתובתו מופיעה בסוף המבוא. שם ימצאו מגוון שיעורים כתובים ומצולמים על יסודות הפרשנות ההקשרית ועל מזמורי ספר תהלים כסדרם המלווים בתרשימים ובמצגות. אני מקווה שלימוד זה יפתח פתח חדש בפרשנות ספר תהלים ויוסיף נדבך נוסף בסיפורו, סיפור הגלות והגאולה של עם ישראל.

נוסף על כך, חילקנו את הפסוקים לצלעות כדי להקל על הקוראים את הקריאה. לרוב, חלוקה זו נעשתה על פי כללי טעמי המקרא של ספרי אמ״ת (איוב, משלי, תהלים), ולעתים על פי ההקשר התחבירי. במזמורי א״ב סימנו את האקרוסטיכונים.

במקומות שבהם יש קרי וכתיב הכנסנו את הקרי בגוף הטקסט ואת הכתיב ציינו בצד השורה כדי להקל על הקורא.

ספר תהלים מחולק לחמישה ספרים ולתשעה־עשר סדרים. עליהם הוספנו את החלוקות המקובלות לקריאת תהלים בשבעת ימי השבוע ובשלושים ימי החודש, כפי שהובאה בסוף המאמר השלישי בספר ׳צֵדה לדרך׳.

ספר תהלים ותורת משה

מזמורי ספר תהלים מחולקים לחמישה ספרים באמצעות חתימות דומות (מא, יד; עב, כ; פט, נג; קו, מח). בכך דומה הספר לתורת משה, המחולקת אף היא לחמישה ספרים: ״את מוצא כל מה שעשה משה – עשה דוד... משה נתן חמשה חומשי תורה לישראל, ודוד נתן חמשה ספרים שבתהלים לישראל...״ (מדרש תהלים א). המדרש שם מוסיף ואומר שספר תהלים פותח במילים ׳אַשְׁרֵי הָאִישׁ׳, ובכך ממשיך ישירות את הפסוק האחרון של דברי משה

בתורה ׳אַשְׁרֶיךָ יִשְׂרָאֵל מִי כָמוֹךָ עַם נוֹשַׁע בַּה׳״ (דברים לג, כט). המדרש מגדיר באופן קולע ומעמיק את אופיו של ספר תהלים: המשורר מתבונן והוגה בתורת ה׳, כפי שנאמר בפתיחה לספר: ׳כִּי אִם בְּתוֹרַת ה׳ חֶפְצוֹ וּבְתוֹרָתוֹ יֶהְגֶּה יוֹמָם וָלָיְלָה׳ (א, ב). אך בשונה מתורת משה אשר בה נצטווה מפי ה׳ בסיני, ספר תהלים הוא תורת האדם המתבונן בתורת ה׳ ודרכה מגבש לעצמו את ׳תורתו׳ האישית: ״מתחלה היא נקראת ׳תוֹרַת ה׳׳, ומשעמל בה היא נקראת ׳תוֹרָתוֹ׳״ (רש״י על פי עבודה זרה יט ע״א). בכך הגדירו חז״ל בדרשתם בפתיחה לספר תהלים את המסר של הספר כולו: על האדם להתבונן בתורת ה׳ ולהפוך אותה לנחלתו האישית, ואם היא תהיה נר לרגליו בכל מעשיו – אזי ׳וְכֹל אֲשֶׁר יַעֲשֶׂה יַצְלִיחַ׳ (א, ג).

מבנה הספר וערכיו

חז״ל התבוננו בסידור הפרשיות בספר תהלים (מדרש תהלים, מזמור ג): ״ר׳ ישמעאל בקש לישב על הספר הזה לפני רבו, אמר: פרשיותיה של תורה (=ספר תהלים) על הסדר, כתיב ׳סְמוּכִים לָעַד לְעוֹלָם עֲשׂוּיִם בֶּאֱמֶת וְיָשָׁר׳״ (קיא, ח). אך לפי רבי אלעזר ״נתעלמה סידורה של תורה״ (דהיינו ׳עריכת׳ המזמורים) כלשון הפסוק ׳לֹא יָדַע אֱנוֹשׁ עֶרְכָּהּ׳ (איוב כח, יג), והוא גלוי לפני הקב״ה, שנאמר ׳וּמִי כָמוֹנִי יִקְרָא וְיַגִּידֶהָ וְיַעְרְכֶהָ לִי׳ (ישעיה מד, ז). עריכת המזמורים וסידורם מגלים לפי המדרש את ערכו ומשמעותו של ספר תהלים. בעקבות כך שומה עלינו להתבונן בסמיכות המזמורים ובמבנה הספר כולו על פי חמשת ספריו ויחידות המשנה שלהם כדי לגלות משמעויות ומסרים נוספים.

מחברי הספר והמבנה

בדברי חז״ל הוצעו שתי תפישות בנוגע לכתיבת ספר תהלים: ״דוד כתב ספר תהלים על ידי עשרה זקנים״ בתור הזהב של מלכות ישראל המאוחדת (בבא בתרא יד ע״ב) או ״עשרה בני אדם אמרו ספר תהלים״ ובהם גם עזרא הסופר בימי בית שני (שיר השירים רבה ד; קהלת רבה ז). שני מאמרי חז״ל לכאורה סותרים זה את זה, אך מתוך עיון במבנה ספר תהלים מתברר ששתי הדעות נכונות, ויש לשלבן כדי לעמוד על האופי והמשמעות של הספר, כפי שנראה להלן:

א. **הספר הראשון** (א-מא) הוא האוסף הראשון ׳לְדָוִד׳: כל המזמורים מיוחסים ׳לְדָוִד׳, למעט הפתיח (א-ב) ושני מזמורים המחוברים לקודמיהם (י; לג). בארבע יחידות (נקרא להן ״חטיבות״, והם יקבלו אפיון במבוא לספר הראשון) מתוארת משנתו התורנית והמוסרית של המשורר.

ב. **בספר השני** (מב-עב) מופיע אוסף המזמורים הראשון המיוחס ׳לִבְנֵי קֹרַח׳ (מב-מט) ו׳לְאָסָף׳ (נ), אשר היו משוררי דוד במקדש; אחריהם מופיע האוסף השני ׳לְדָוִד׳ (נא-עב), אשר חותם בזקנתו (עא, ט) ובהעברת המלכות לשלמה יורש העצר שלו (עב, א); כאן מסתיימים, כביכול, חיי דוד ואכן בחתימת הספר השני מופיעה ההערה ׳כָּלּוּ תְפִלּוֹת דָּוִד בֶּן יִשָׁי׳ (עב, כ).

ג. **בספר השלישי** (עג-פט) מתואר בשבעה־עשר מזמורים תהליך הדרגתי של התרחקות מהמקדש לצד הידרדרותן הרוחנית והגשמית של מלכויות ישראל ויהודה עד לחורבנן (פט, לח-נב), והוא מורכב (מלבד מזמור פו) מרצף שני של אוספים של מזמורים המיוחסים ׳לְאָסָף׳ (עג-פג), ׳לִבְנֵי קֹרַח׳ (פד-פח), ׳לְהֵימָן׳ ו׳לְאֵיתָן הָאֶזְרָחִי׳ (פח-פט). אוספי המזמורים של המשוררים יוצרים מבנה מעטפת סימטרי סביב האוסף השני ׳לְדָוִד׳ (נא-עב).

ד. **הספר הרביעי** (צ-קו) מתאר את תהליך שיקום עם ישראל לאחר החורבן (פט) עד לשיבת ציון בספר החמישי (קז-קנ). התהליך מתואר כתיקון של תהליך החורבן

	ספר ראשון א - מא	ספר שני מב - עב	ספר שלישי עג - פט	ספר רביעי צ - קו	ספר חמישי קז - קנ
התפתחות הנושאים	מלכות בית דוד	מלכות בית דוד	חורבן המלכות	שיקום המלכות	שיבת ציון
התפתחות הנושאים בחתימות הספרים	בָּרוּךְ יהוה אֱלֹהֵי יִשְׂרָאֵל מֵהָעוֹלָם וְעַד הָעוֹלָם אָמֵן וְאָמֵן: מא, יד	בָּרוּךְ יהוה אֱלֹהִים אֱלֹהֵי יִשְׂרָאֵל עֹשֵׂה נִפְלָאוֹת לְבַדּוֹ: וּבָרוּךְ שֵׁם כְּבוֹדוֹ לְעוֹלָם: וְיִמָּלֵא כְבוֹדוֹ אֶת כֹּל הָאָרֶץ אָמֵן וְאָמֵן: כָּלּוּ תְפִלּוֹת דָּוִד בֶּן יִשָׁי: עב, יח–כ	בָּרוּךְ יהוה לְעוֹלָם אָמֵן וְאָמֵן: פט, נג	בָּרוּךְ יהוה אֱלֹהֵי יִשְׂרָאֵל מִן הָעוֹלָם וְעַד הָעוֹלָם וְאָמַר כָּל הָעָם אָמֵן הַלְלוּיָהּ: קו, מח	כֹּל הַנְּשָׁמָה תְּהַלֵּל יָהּ הַלְלוּיָהּ: קנ, ו

החלק הראשון (א-פט) – העבר: מלכות בית דוד בימי בית ראשון

- רוב המזמורים מיוחסים 'לְדָוִד' (ג-מא; נא-עב);
- המזמורים נא-עב, 'לְדָוִד', עטופים במזמורים המיוחסים למשוררי המקדש:
  'לִבְנֵי קֹרַח' (מב-מט, פד-פח)
  'לְאָסָף' (נ, עג-פג)
- חלק זה מאופיין בתפילות, קינות ובקשות בימי צרה, חורבן וגלות.

החלק השני (צ-קנ) – העתיד: ימי שיבת ציון

- רוב המזמורים אינם מיוחסים ('דור יתום'), רק בעת שיבת ציון לעיר דוד המזמורים שוב מיוחסים 'לְדָוִד'.
- אין ייחוס למשוררי המקדש (אסף, בני קרח, הימן האזרחי ואיתן האזרחי).
- בחלק זה מתוארת העלייה מהגלות לארץ ישראל ולמקדש בירושלים. כמו כן, הוא מאופיין במזמורי הלל והודאה ובחזון לתיקון העולם בעתיד.

שבספר השלישי, וגם בו שבעה־עשר מזמורים.

ה. **הספר החמישי** (קז-קנ) מתאר את תחיית ישראל בארצו: לאחר שיבת ציון (קז) עטרת מלכות בית דוד חוזרת ליושנה (קח-קי), וחיי הרוח של ירא ה׳ ההולך בדרכיו, מתחדשים (קיא-קיב). או אז אפשר לראות את פני ה׳, והאוספים הבאים (קיג-קיח; קיט, קכ-קלד; קלה-קלו) משקפים את התכנים ואת המסרים של שלושת הרגלים, כפי שיפורט במבוא לספר החמישי. גם היהודים שנותרו בגולה (קלז) מצטרפים לתהליך הגאולה, ובהדרכת דמותו של דוד באוסף האחרון הנושא את שמו (קלח-קמה), העולם כולו חותם את ספר תהלים בשירי ׳הַלְלוּיָהּ׳ (קמו-קנ).

תקופת דוד ותקופת שיבת ציון

שני הספרים הראשונים (א-עב) משקפים את חייו של דוד ואת מלכותו, ובהם מופיעות רוב הכותרות המכילות ציונים ביוגרפיים מחייו של דוד, ולכן מסתבר לייחס אותם לדוד (בבא בתרא י״ד ע״ב); לאחר מכן מופיע בספר השלישי תהליך ההידרדרות עד לחורבן (עג-פט); ואילו תהליכי השיקום ותחיית ישראל בארצו בספר הרביעי והחמישי (צ-קנ) משקפים את תקופת שיבת ציון, שבה הרבו להלל את ה׳ ׳עַל יְדֵי דָּוִיד מֶלֶךְ יִשְׂרָאֵל׳ (עזרא ג, י) – ״עשרה בני אדם אמרו ספר תהלים... ועזרא״ (שיר השירים רבה, ד). דמותו ההיסטורית של דוד הנחתה את שבי ציון והחייתה את רוחם, ומשום כך משולבים בספר הרביעי והחמישי כמה מזמורים המיוחסים ׳לְדָוִד׳. מוצדק, אם כן, לזהות את עזרא כאחד ממחברי ספר תהלים כפי שנעשה במדרש שיר השירים רבה (ד).

החזרה לדמותו של דוד גם אחרי חתימת הספר השני (עב, כ) משקפת מסר מרכזי בספר: חזונו של דוד מתגשם בימי שיבת ציון, ומביא לתחיית ישראל בארצו ולתיקון העולם כולו (ספר רביעי וחמישי), אף שימיו של דוד עצמו כבר חלפו עברו מן העולם. חז״ל היטיבו לזהות את עזרא בתקופת שיבת ציון כאחד ממחברי ספר תהלים, ואין בכך סתירה כלל לקביעה שדוד המלך כתב את ספרו (בבא בתרא): כל ספר תהלים כולו הוא פרי רוחו של דוד המלך, אם בידו ואם בהשראתו.

שיטת הפרשנות ההקשרית

לאחר מבט ראשוני על מבנהו הרעיוני של ספר תהלים, נציג כעת את היסודות ואת החידושים של הפרשנות ההקשרית. אף כי הצגת גישה פרשנית זו דורשת דיון מקיף ומעמיק, הרי שמבוא מתומצת זה יכול לפתוח לקוראים ולמתפללים שערים חדשים להבנת ׳ספר תהלים כספר׳:

א. ספר תהלים כולו נחלק **לחמישה ספרים** באמצעות ברכות חותמות בעלות נוסח דומה (מא, יד; עב, כ; פט, נג; קו, מח), ועובדה זו אינה דבר של מה בכך. כפי שהוצג למעלה, הספרים השונים נבדלים באופיים ובתוכנם, והקורא בהם מגלה רצף ספרותי שיש בו מהלך רעיוני לאורך כל הספר. הבדלים עדינים בין החתימות מלמדים על מסרים תוכניים על פי אופיים של חמשת הספרים: נוסח החתימה של הספר הראשון (מא, יד) ׳מתרחב׳ בחתימת הספר השני (עב, כ), עקב שמחת דוד בהכתרת שלמה בנו כיורש העצר שלו עוד בחייו. בחתימת הספר השלישי (פט, נג), לעומת זאת, נוסח החתימה צומצם עד לתמציתו, כי בימי חורבן וצרה מתמעט השבח, אך על אף הצרה מקפיד המשורר להמשיך ברצף החתימות ולברך את ה׳ גם במצבים קשים. חתימת הספר הרביעי משלבת לראשונה גם את כל העם וקוראת לו לענות אמן. לראשונה מופיעה גם קריאת ׳הַלְלוּיָהּ׳, כי החל מסוף הספר הרביעי (קד ואילך) מזמורי

׳הַלְלוּיָהּ׳ מובילים את כל ספר תהלים לשיאו ולחתימתו.

ב. כותרות עם **ציון המחברים, אוספי מזמורים וציונים מוזיקליים** מעצבים את המבנה של ספר תהלים: בשלושת הספרים הראשונים, 81 מתוך 89 מזמורים (91%) מזכירים בכותרת את שמותיהם של דוד, שלמה, משוררי המקדש ׳בְנֵי קֹרַח׳ ו׳אָסָף׳ וכן ׳הֵימָן׳ ו׳אֵיתָן׳ האורחיים, שהיו חכמים קדומים מבני זרח (מל״א ה, יא; דה״א ב, ו); לעומת זאת, בשני הספרים האחרונים רק 19 מתוך 61 המזמורים (31%) מציינים בכותרת את שמות המחברים משה, דוד ושלמה; בשאר המזמורים חסר הייחוס למחבר (בדור ׳יתום׳ שלאחר החורבן מזמורים רבים נשארו כביכול ׳יתומים׳ בלי ציון למחברם). דווקא בספרים אלה נמצאים המזמורים בעלי הכותרות ׳ה׳ מָלָךְ׳ (צג; צז; צט), מזמורי ׳הַלְלוּיָהּ׳ (קד-קו; קיא-קיג; קטו-קיז; קלה; קמו-קנ) ליד מזמורי הודאה של ׳הוֹדוּ לַה׳׳ (קה-קז; קיח; קלו) והקובץ של ׳שִׁיר הַמַּעֲלוֹת׳ (קכ-קלד). עניין זה מלמד על כוונה והיגיון בסידור המזמורים. אם המציאות של מלכות דוד, שלמה וצאצאיהם לצד משוררי המקדש מאפיינת את שלושת הספרים הראשונים, הרי שבשני הספרים האחרונים האופי משתנה: קיבוץ גלויות (קו, מז), שִׁיבַת צִיּוֹן (קכו, א), הבטחת גולי בבל לעלות לציון (קלז) ובניין ירושלים לנידחי ישראל (קמז, ב). בשני ספרים אלו שירי דוד מופיעים כרקע היסטורי בלבד, ובאמצעותם המשורר מעודד את שומעיו להודות ולהלל לה׳ ולהתחדש בהווה לאור העבר המפואר של מלכות בית דוד. בתוספת הייחודית בחתימת הספר הרביעי מודגשת המעורבות הפעילה של כָּל הָעָם בתהליך זה: ׳הוֹשִׁיעֵנוּ ה׳ אֱלֹהֵינוּ וְקַבְּצֵנוּ מִן הַגּוֹיִם לְהֹדוֹת לְשֵׁם קָדְשֶׁךָ לְהִשְׁתַּבֵּחַ בִּתְהִלָּתֶךָ. בָּרוּךְ ה׳ אֱלֹהֵי יִשְׂרָאֵל מִן הָעוֹלָם וְעַד הָעוֹלָם וְאָמַר כָּל הָעָם אָמֵן הַלְלוּיָהּ׳ (קו, מז-מח). אבחנה מהותית זו שבין שלושת הספרים הראשונים ובין שני הספרים האחרונים נתמכת גם במיקומיהם של שני ציונים מוזיקליים בספר תהלים: ׳לַמְנַצֵּחַ׳ ו׳סֶלָה׳. הם מופיעים בתכיפות גדולה (׳לַמְנַצֵּחַ׳: 52 פעמים; ׳סֶלָה׳: 68 פעמים) בשלושת הספרים הראשונים, שבהם שירי דוד ושירת המשוררים נשמעים כביכול ישירות מפיהם; בשני הספרים האחרונים, לעומת זאת, ציונים אלה מועטים מאוד (׳לַמְנַצֵּחַ׳: 3 פעמים; ׳סֶלָה׳: 4 פעמים) וכולם משולבים בשמונת המזמורים המיוחסים לְדָוִד. שבי ציון מבקשים להשרות עליהם את רוח התחייה על פי ׳נְעִים זְמִרוֹת יִשְׂרָאֵל׳, ולהשמיע מחדש את שירי דוד בעיר ה׳.

ג. **דמותו של דוד** מטביעה את חותמה על כל הספר, ומוצדק לייחס לו ולאישיותו את כל ספר תהלים: הייחוס ׳לְדָוִד׳ מופיע בכותרותיהם של 73 מזמורים, ובכותרות של 13 מהמזמורים מופיעים ציונים ביוגרפיים מחייו; מזמור יח הוא ציטוט כמעט מילולי של שמ״ב כב, שבו מודה דוד לה׳ על כל החסדים שגמל אתו מאז שהצילו מכף שאול. הציון בחתימת הספר השני: ׳כָּלּוּ תְפִלּוֹת דָּוִד בֶּן יִשָׁי׳ (עב, כ), מבחין בין חותמו המשתנה של דוד בחלקים השונים של הספר: לאחר שני האוספים הגדולים המיוחסים בפירוש ׳לְדָוִד׳ בשני הספרים הראשונים, דוד מכיר בזקנתו (עא, ט) ולכן במזמור עב הוא מעביר את המלכות לבנו שלמה עם צוואה וחזון למלכותו לעתיד, ובכך ׳כָּלּוּ תְפִלּוֹת דָּוִד בֶּן יִשָׁי׳ הישירות והאישיות. בכל זאת שמו של דוד מופיע ב־18 מזמורים בהמשך הספר, אשר מיוחס לתקופות מאוחרות יותר, כפי שהוצג למעלה. מכאן שמבחינה לשונית יש לפרש את הייחוס ׳לְדָוִד׳ בכותרות בשתי דרכים שונות: הכותרות ׳לְדָוִד׳ עד סוף הספר השני מתייחסות לדוד כמחבר

המזמורים; אך גם שנים רבות לאחר פטירתו של דוד, שבי ציון מהללים את ה׳ בשירים המוקדשים לדוד (עזרא ג, י), והציון ׳לְדָוִד׳ אינו אלא הקדשה לכבודו (כמו ׳לִשְׁלֹמֹה׳ במזמור עב, א). דמותו ההיסטורית של דוד ממשיכה להחיות את שבי ציון ולהובילם בחזרה לעיר שבה דוד חנה כדי לבנותה מחדש על פי דמותו וערכיו. אכן ״דוד מלך ישראל חי וקיים״ (ראש השנה כה ע״א).

ד. לאור תובנות אלה, אפשר לזהות את **הסיפור של כל ספר תהלים**: בשני הספרים הראשונים, שבהם מופיעים כמעט כל הציונים הביוגרפיים מחייו של דוד, בולט חותמו של דוד. בספר השני מצטרפים לדוד גם משוררי המקדש ׳בְּנֵי קֹרַח׳ ו׳אָסָף׳, אשר אוספיהם ממשיכים להופיע גם לאחר מותו של דוד (עב, כ), לאורך כל הספר השלישי ועד לחורבן מלכות בית דוד (פט, לח-נג). בכך מסתיים חלקו הראשון של ספר תהלים, המשקף את מלכות בית דוד. חלקו השני של הספר (צ-קנ) עוסק בקיבוץ גלויות ובבניין ירושלים מחדש בימי שיבת ציון לאור השראתו של דוד המלך: תפילתו של משה (צ) מובילה את תהליך שיקומו של עם ישראל לאחר החורבן (פט), ומטרתה להחזיר את מלכות ה׳ לישראל ולעמים (צג, צו, צט), ולסלול את הדרך לקראת קיבוץ הגלויות (קו, מז). דמותו של דוד שבה ומופיעה כרמז לחזרתה של מלכות בית דוד לישראל (קא, קג, קח-קי), והיא המובילה את העולים לציון גם בשירי המעלות (קכב, קכד, קלא, קלג). לאחר תהליך מורכב של שיקום מהחורבן (ספר רביעי) והכנת הקרקע לקיבוץ גלויות ולתחיית ישראל בארצו בימי שיבת ציון (קז-קלו), פונה המשורר לגולי ציון לעלות לירושלים (קלז). באוסף האחרון הנושא את שמו של דוד (קלח-קמה), דמותו ההיסטורית מחוללת תהליך עולמי של הכרת כל הברואים במלכות ה׳: הוא נפתח בתפילה ׳**יוֹדוּךָ ה׳ כָּל** מַלְכֵי אָרֶץ׳ (קלח, ד) ונחתם בתפילה ׳**יוֹדוּךָ ה׳ כָּל** מַעֲשֶׂיךָ׳ (קמה, י). בעקבות תהילתו של דוד (קמה) כל הבריאה מוזמנת בסוף הספר ׳לגמור את ההלל׳ במזמורי ׳הַלְלוּיָהּ׳ החותמים את ספר תהלים (קמה-קנ).

ה. עיון מחודש על פי **כלים ספרותיים של הפרשנות ההקשרית** מגלה מסרים חֲדָשִׁים גַּם יְשָׁנִים בספר תהלים. נסתפק בדוגמאות נבחרות להדגים את השיטה ולהבין את ספר תהלים כספר. הדוגמאות עוסקות הן במיקום המזמורים בספר (מקרו) הן בהסברים לשוניים מקומיים הממחישים את סמיכות המזמורים (מיקרו):

1. מזמורים א-ב הם יחידה ספרותית-רעיונית אחת שהיא פתיח לכל הספר, כפי שכבר קבעו חז״ל (ברכות ט ע״ב-י ע״א): ״כל פרשה שהיתה חביבה על דוד, פתח בה ב׳אַשְׁרֵי׳ וסיים בה ב׳אַשְׁרֵי׳; פתח ב׳אַשְׁרֵי׳ – דכתיב ׳אַשְׁרֵי הָאִישׁ׳ (א, ו), וסיים ב׳אַשְׁרֵי׳ – דכתיב ׳אַשְׁרֵי כָּל חוֹסֵי בוֹ׳ (ב, יב)״. כמה מקבילות לשוניות מחברות את שני המזמורים כדי ללמדנו, שהשילוב בין התבוננות בתורת ה׳ (א) לבין מודעות לאומית וכלל-אנושית למלכות ה׳ ולמלכות ישראל בציון (ב) היא היסוד של כל הספר. קיימות גם מקבילות לשוניות רבות בין מזמור ב ובין המזמורים האחרונים של הספר: ׳מַלְכֵי אָרֶץ׳, ׳שֹׁפְטֵי אָרֶץ׳, ׳גּוֹיִם וּלְאֻמִּים׳ מבקשים לפגוע ביושבי ציון ובמלכם, אך ה׳ נותן למלכו בציון להענישם בְּשֵׁבֶט בַּרְזֶל, ולבסוף הוא מוכיחם וקורא אליהם: ׳הַשְׂכִּילוּ... הִוָּסְרוּ שֹׁפְטֵי אָרֶץ: עִבְדוּ אֶת ה׳ בְּיִרְאָה וְגִילוּ בִּרְעָדָה׳. בחתימת הספר חוזרים אותם הניסוחים בתיאור החזון הגדול, שלפיו כל ׳מַלְכֵי אָרֶץ׳, ׳שֹׁפְטֵי אָרֶץ׳, ׳גּוֹיִם וּלְאֻמִּים׳ יצטרפו לעבודת ה׳. המלכים אמנם עדיין בְּכַבְלֵי בַרְזֶל,

אך כבר קיבלו את מלכות ה׳ עליהם ומצטרפים אל בְּנֵי צִיּוֹן אשר יָגִילוּ בְמַלְכָּם. עם כל הבריאה יחד הם מצטרפים לבסוף לחתימה הסופית: ׳כֹּל הַנְּשָׁמָה תְּהַלֵּל יָהּ הַלְלוּיָהּ׳ (קנ, ו).

2. תופעת המזמורים הכפולים בספר תהלים היא קושי פרשני עתיק יומין, אך לפי הפרשנות ההקשרית דווקא קושי זה מרמז על עיצוב הספר ועל מסריו: כך, למשל, מזמור קח שבתחילת תהליך התחייה של שיבת ציון בספר החמישי מצטט (כמעט מילולית) את המזמורים נז, ח-יב; ס, ז-יד. ציטוט מזמורי דוד מקוריים מהספר השני, שבמקורם הופיעו עם אזכורים ביוגרפיים מחיי דוד, משקף את הסתמכותם של שבי ציון על חזונו ועל משנתו המדיניים של דוד המלך.

3. מקבילות לשוניות בין מזמורים סמוכים מלמדות על רצף רעיוני בין המזמורים. נסתפק בדוגמאות בודדות סביב הציר המרכזי של ספר תהלים – מסוף הספר השלישי לתחילת הספר הרביעי. מזמור פט מתאר את מלכות בית דוד ואת חורבנה בסוף תקופת הבית הראשון; ממזמור צ ואילך רעיונות וניסוחים רבים האופייניים למזמור פט מוזכרים בהקשר חדש כדי להבליט, שדווקא מתוך זיכרון החורבן תצמח חוויית השיקום והתחייה שבתקופת הבית השני:

- המילים **חסד ואמונה** הן צמד ייחודי, המנחה את הקורא במזמורים הבאים: חסדו ואמונתו של ה׳ היו גלויים בימי מלכות בית דוד (פט, ב; ג; כה; כט; לד), אך לאחר החורבן המשורר זועק: ׳אַיֵּה **חֲסָדֶיךָ** הָרִאשֹׁנִים אֲדֹנָי נִשְׁבַּעְתָּ לְדָוִד **בֶּאֱמוּנָתֶךָ**׳ (פט, נ; ראו כבר פח, יב); לאחר תפילת משה (צ) משתקם המשורר מבחינה אמונית, וב״עולם שכולו שבת מנוחה לחיי העולמים״ (על פי נוסח כת״י קויפמן למשנה תמיד ז, ד) הוא שוב מוכן לְהַגִּיד בַּבֹּקֶר **חַסְדֶּךָ וֶאֱמוּנָתְךָ** בַּלֵּילוֹת (צב, ג). בהמשך גם אומות העולם יראו את **חַסְדּוֹ וֶאֱמוּנָתוֹ** לְבֵית יִשְׂרָאֵל (צח, ג) ויצטרפו לישראל להודות לה׳ על **חַסְדּוֹ וֶאֱמוּנָתוֹ** בחצרות המקדש (ק, ה).
- הצירוף **אוֹיְבֶיךָ ה׳** מופיע רק פעמיים בספר תהלים: האויבים שחירפו את ה׳ בזמן החורבן בסוף הספר השלישי (פט, נב), יֹאבדו ויתפרדו לקראת תחיית ישראל בארצו (צב, י), בספר הרביעי.
- בזמן מלכות בית דוד הובטח לדוד מענה של ה׳ בעת קוראו אליו: ׳הוּא **יִקְרָאֵנִי** אָבִי אָתָּה אֵלִי **וְצוּר יְשׁוּעָתִי**׳ (פט, כז). לאחר חורבן מלכות בית דוד ה׳ עצמו מעיד ומבטיח באותו ניסוח יחידאי להיענות לקריאתם של כל עם ישראל השרוי בצרה: ׳**יִקְרָאֵנִי** וְאֶעֱנֵהוּ עִמּוֹ אָנֹכִי בְצָרָה אֲחַלְּצֵהוּ וַאֲכַבְּדֵהוּ׳ (צא, טו); וגם ישראל פונה אל ה׳ באותו ניסוח יחידאי של ׳**צוּר יִשְׁעֵנוּ**׳ (צה, א).
- דוד, ובעקבותיו כל העם, נקראים: ׳**עֲבָדֶיךָ**׳, והם הושפלו בחרפת החורבן (פט, ד; כא; מ; נא); במזמור צ משה מתייחס בדיוק אליהם בתפילתו, ומבקש מה׳ לשקמם מהצרות, ולכן הוא מכנה אותם גם ׳**עֲבָדֶיךָ**׳ (צ, יג; טז).
- בזמן מלכות דוד **הרמת קרן** מוסבת על עם ישראל ועל המלך דוד (פט, יח; כה); בתהליך השיקום שלאחר החורבן המשורר מודה לה׳ על הרמת קרנו האישית (צב, יא).

4. סיפור השיקום ממזמור פט למזמורים הבאים נמשך לאורך המזמורים בספר הרביעי:

- הבקשה בתפילת משה: ׳**שַׂבְּעֵנוּ בַבֹּקֶר חַסְדֶּךָ וּנְרַנְּנָה וְנִשְׂמְחָה** בְּכָל יָמֵינוּ׳ (צ, יד) מתפתחת ומתגשמת בשני המזמורים הבאים, כשה׳ מצדו מבטיח:

'אֹרֶךְ יָמִים **אַשְׂבִּיעֵהוּ** וְאַרְאֵהוּ בִּישׁוּעָתִי' (צא, טז), ובעקבות כך המשורר מכריז: 'לְהַגִּיד **בַּבֹּקֶר חַסְדֶּךָ**... כִּי **שִׂמַּחְתַּנִי** ה' בְּפָעֳלֶךָ בְּמַעֲשֵׂי יָדֶיךָ **אֲרַנֵּן**' (צב, ג; ה).

- בהודאת המשורר על הצלתו הוא מציין את הניגוד: 'אִישׁ **בַּעַר** לֹא יֵדָע **וּכְסִיל** לֹא **יָבִין** אֶת זֹאת' (צב, ז), אך בסמוך הוא מבקש לחנך גם אותם, וכדי להרחיב את המעגל הוא נעזר בדיוק באותם שלושת המושגים: '**בִּינוּ בֹּעֲרִים** בָּעָם **וּכְסִילִים** מָתַי תַּשְׂכִּילוּ' (צד, ח).

מבוא תמציתי זה עם המבואות והכותרות במהדורה זו של 'ספר תהלים כספר' הם בבחינת "זו היא כל התורה כולה, ואידך פירושה הוא, זיל גמור" (שבת לא ע"א). יש להרחיב ולהתעמק כיצד כל מזמור נקשר לחברו ולמבנה הכללי של הספר, ועוֹד חָזוֹן לַמּוֹעֵד. עם זאת, די במעט הדברים שנאמרו כאן כדי להסב את תשומת הלב לכוונת מכוון בסידור מזמורי ספר תהלים, ולהציג את המסכת הספרותית והמחשבתית הנפלאה שלהם.

בני גונדהייט
www.tefilah.org

הספר הראשון

מבוא

בספר הראשון – ורק בו – מיוחסים כל המזמורים לְדָוִד, למעט הפתיח (א-ב) ושני מזמורים הממשיכים את קודמיהם (י; לג). אחרי הפתיח ארבע חטיבות עוסקות באתגרים קיומיים שונים של האדם. שלוש החטיבות הראשונות בנויות במבנה קונצנטרי בעל מזמור מרכזי שהוא 'ציר' החטיבה (א-ב-ג-ב-א). מקבילות לשוניות ועניניות, מזמורי פתיחה וחתימה ומזמורי ציר (ח; יט; כט) מעצבים את המבנה הספרותי של שלוש החטיבות הראשונות.

א. הפתיח לכל הספר (א-ב) מציג את הדבקות בתורת ה' (א) ואת החזון של מלכות ה' בציון (ב) – שני היסודות האמוניים המרכזיים בספר תהלים.

ב. בחטיבה הראשונה (ג-יד) המשורר מוקף ברשעים ובאויבים. ציר החטיבה (ח) מציג את הדרך לְהַשְׁבִּית אוֹיֵב וּמִתְנַקֵּם באמצעות חינוך דור העתיד (עוֹלְלִים וְיֹנְקִים) לערכים. ערכים אלה מבוססים על כָּבוֹד וְהָדָר שה' העניק לאדם, והם המטילים עליו אחריות לדאוג לבריאה. פסוקים מקבילים עוטפים את מזמור ח (ז, יח; ט, ב-ג).

ג. החטיבה השנייה (טו-כד) פותחת וחותמת בתיאור של מידות אנושיות ראויות (טו; כד). בציר החטיבה (יט) מתוארת ההתפעלות מהבריאה והדבקות בתורת ה', אשר מעצבות את תכונותיו ואת מידותיו של עבד ה'; הציר עטוף בתיאורים על הצלחת מלכות דוד (מזמור יח ומזמור כ).

ד. בחטיבה השלישית (כה-לד) המשורר מחפש הדרכה מה' והצלה מאויבים. התגלות ה' בציר החטיבה (כט) הופכת את בקשת המשורר להצלה, להודאה לה' על הצלתו (כח, ב; ל, ד וכן כה; לד).

ה. בחטיבה הרביעית (לה-מא) המשורר זוכה להירפא ממחלתו ולהינצל מאויביו; הוא עוסק בתיקון הרשע ובבניין העולם; המשורר מפנים את תורת ה' שהיא 'בתוך מעיו', רוצה לעשות את רצון ה' ולחיות לפי התורה (לז, לא; מ, ט).

אפשר לראות רצף ספרותי ורעיוני לאורך ארבע החטיבות: החטיבה השנייה והחטיבה השלישית (טו-כד; כה-לד) עוסקות בהתקרבות האדם אל בוראו ברמות שונות, ובכל אחת מהן עשרה מזמורים; לעומתן, החטיבה הראשונה והחטיבה הרביעית מתארות צרות מחוץ (ג-יד) ומבית, שאותן האדם בא לתקן (לה-מא).

פתיח לספר תהלים	א-ב **הדבקות בתורה ומלכות ה' בציון**			
נושאי המזמורים	ג-יד **דוד מוקף רשעים ואויבים**	טו-כד **התקרבות לה' ולמקדשו**	כה-לד **הדרכה מה' והצלה מאויבים**	לה-מא **תיקון עולם מתוך התמודדות עם אתגרים**
מקבילות בין מזמורים	ג ז ט יד	טו יח כ כד	כה כו כח ל לא לד	
ציר החטיבה	ח	יט	כט	

שני המזמורים הראשונים (א–ב) הם הפתיח של ספר תהלים:
הגות הצדיק בתורה (א) והצלחת המלכות בציון (ב).

אַשְׁרֵי הָאִישׁ ההוגה בְּתוֹרַת ה' תמיד;
בניגוד לְדֶרֶךְ רְשָׁעִים – דֶּרֶךְ צַדִּיקִים מצליחה.

א

א אַשְׁרֵי־הָאִישׁ
אֲשֶׁר ׀ לֹא הָלַךְ בַּעֲצַת רְשָׁעִים
וּבְדֶרֶךְ חַטָּאִים לֹא עָמָד
וּבְמוֹשַׁב לֵצִים לֹא יָשָׁב׃
ב כִּי אִם בְּתוֹרַת יהוה חֶפְצוֹ
וּבְתוֹרָתוֹ יֶהְגֶּה יוֹמָם וָלָיְלָה׃
ג וְהָיָה כְּעֵץ שָׁתוּל עַל־פַּלְגֵי מָיִם
אֲשֶׁר פִּרְיוֹ ׀ יִתֵּן בְּעִתּוֹ
וְעָלֵהוּ לֹא־יִבּוֹל
וְכֹל אֲשֶׁר־יַעֲשֶׂה יַצְלִיחַ׃
ד לֹא־כֵן הָרְשָׁעִים
כִּי אִם־כַּמֹּץ אֲשֶׁר־תִּדְּפֶנּוּ רוּחַ׃
ה עַל־כֵּן ׀ לֹא־יָקֻמוּ רְשָׁעִים בַּמִּשְׁפָּט
וְחַטָּאִים בַּעֲדַת צַדִּיקִים׃
ו כִּי־יוֹדֵעַ יהוה דֶּרֶךְ צַדִּיקִים
וְדֶרֶךְ רְשָׁעִים תֹּאבֵד׃

מלכות ה׳ בציון: מלכות ישראל משגשגת ומנצחת את האויבים;
המשורר מוכיח את העמים ומדריך אותם לעבוד את ה׳.

ב

א לָ֭מָּה רָגְשׁ֣וּ גוֹיִ֑ם
וּ֝לְאֻמִּ֗ים יֶהְגּוּ־רִֽיק׃
ב יִתְיַצְּב֨וּ ׀ מַלְכֵי־אֶ֗רֶץ
וְרוֹזְנִ֥ים נֽוֹסְדוּ־יָ֑חַד
עַל־יְ֝הֹוָ֗ה וְעַל־מְשִׁיחֽוֹ׃
ג נְֽ֭נַתְּקָה אֶת־מֽוֹסְרוֹתֵ֑ימוֹ
וְנַשְׁלִ֖יכָה מִמֶּ֣נּוּ עֲבֹתֵֽימוֹ׃
ד יוֹשֵׁ֣ב בַּשָּׁמַ֣יִם יִשְׂחָ֑ק
אֲ֝דֹנָ֗י יִלְעַג־לָֽמוֹ׃
ה אָ֤ז יְדַבֵּ֣ר אֵלֵ֣ימוֹ בְאַפּ֑וֹ
וּֽבַחֲרוֹנ֥וֹ יְבַהֲלֵֽמוֹ׃
ו וַ֭אֲנִי נָסַ֣כְתִּי מַלְכִּ֑י
עַל־צִ֝יּ֗וֹן הַר־קָדְשִֽׁי׃
ז אֲסַפְּרָ֗ה אֶֽ֫ל חֹ֥ק
יְֽהֹוָ֗ה אָמַ֘ר אֵלַ֥י בְּנִ֥י אַ֑תָּה
אֲ֝נִ֗י הַיּ֥וֹם יְלִדְתִּֽיךָ׃
ח שְׁאַ֤ל מִמֶּ֗נִּי
וְאֶתְּנָ֣ה ג֭וֹיִם נַחֲלָתֶ֑ךָ
וַ֝אֲחֻזָּתְךָ֗ אַפְסֵי־אָֽרֶץ׃

ט תְּרֹעֵם בְּשֵׁבֶט בַּרְזֶל
כִּכְלִי יוֹצֵר תְּנַפְּצֵם׃
י וְעַתָּה מְלָכִים הַשְׂכִּילוּ
הִוָּסְרוּ שֹׁפְטֵי אָרֶץ׃
יא עִבְדוּ אֶת־יְהוָה בְּיִרְאָה
וְגִילוּ בִּרְעָדָה׃
יב נַשְּׁקוּ־בַר פֶּן־יֶאֱנַף ׀
וְתֹאבְדוּ דֶרֶךְ
כִּי־יִבְעַר כִּמְעַט אַפּוֹ
אַשְׁרֵי כָּל־חוֹסֵי בוֹ׃

בחטיבה הראשונה (ג–יד) המשורר מוקף מסביב ברשעים ובאויבים; ציר החטיבה (ח) מציג את הדרך לְהַשְׁבִּית אוֹיֵב וּמִתְנַקֵּם על ידי חינוך דור העתיד (עוֹלְלִים וְיֹנְקִים) לערכים, המבוססים על כָבוֹד וְהָדָר שה׳ העניק לאדם. מכבוד זה שה׳ העניק לאדם נובעת האחריות שלו לדאוג לבריאה. פסוקים מקבילים עוטפים את הציר (ז, יח; ט, ב–ג).

המשורר במצוקה בגלל אויבים שסובבים אותו,
והוא מבקש את ישועת ה׳ השוכן בציון, בהַר קָדְשׁוֹ.

ג א מִזְמוֹר לְדָוִד
בְּבָרְחוֹ מִפְּנֵי ׀ אַבְשָׁלוֹם בְּנוֹ׃
ב יְהוָה מָה־רַבּוּ צָרָי
רַבִּים קָמִים עָלָי׃

ג רַבִּים אֹמְרִים לְנַפְשִׁי
אֵין יְשׁוּעָתָה לּוֹ בֵאלֹהִים סֶלָה:
ד וְאַתָּה יְהוָה מָגֵן בַּעֲדִי
כְּבוֹדִי וּמֵרִים רֹאשִׁי:
ה קוֹלִי אֶל־יְהוָה אֶקְרָא
וַיַּעֲנֵנִי מֵהַר קָדְשׁוֹ סֶלָה:
ו אֲנִי שָׁכַבְתִּי וָאִישָׁנָה
הֱקִיצוֹתִי כִּי יְהוָה יִסְמְכֵנִי:
ז לֹא־אִירָא מֵרִבְבוֹת עָם
אֲשֶׁר סָבִיב שָׁתוּ עָלָי:
ח קוּמָה יְהוָה ׀
הוֹשִׁיעֵנִי אֱלֹהַי
כִּי־הִכִּיתָ אֶת־כָּל־אֹיְבַי לֶחִי
שִׁנֵּי רְשָׁעִים שִׁבַּרְתָּ:
ט לַיהוָה הַיְשׁוּעָה
עַל־עַמְּךָ בִרְכָתֶךָ סֶּלָה:

המשורר חש מושפל מאנשי כזב,
ובהיותו חסיד ה׳ הוא מבקש את עזרתו.

ד א לַמְנַצֵּחַ בִּנְגִינוֹת מִזְמוֹר לְדָוִד:
ב בְּקָרְאִי עֲנֵנִי | אֱלֹהֵי צִדְקִי
בַּצָּר הִרְחַבְתָּ לִּי
חָנֵּנִי וּשְׁמַע תְּפִלָּתִי:
ג בְּנֵי־אִישׁ עַד־מֶה כְבוֹדִי לִכְלִמָּה
תֶּאֱהָבוּן רִיק
תְּבַקְשׁוּ כָזָב סֶלָה:
ד וּדְעוּ כִּי־הִפְלָה יְהוָה חָסִיד לוֹ
יְהוָה יִשְׁמַע בְּקָרְאִי אֵלָיו:
ה רִגְזוּ וְאַל־תֶּחֱטָאוּ
אִמְרוּ בִלְבַבְכֶם
עַל־מִשְׁכַּבְכֶם וְדֹמּוּ סֶלָה:
ו זִבְחוּ זִבְחֵי־צֶדֶק
וּבִטְחוּ אֶל־יְהוָה:
ז רַבִּים אֹמְרִים מִי־יַרְאֵנוּ טוֹב
נְסָה־עָלֵינוּ אוֹר פָּנֶיךָ יְהוָה:
ח נָתַתָּה שִׂמְחָה בְלִבִּי
מֵעֵת דְּגָנָם וְתִירוֹשָׁם רָבּוּ:

ט בְּשָׁלוֹם יַחְדָּו אֶשְׁכְּבָה וְאִישָׁן
כִּי־אַתָּה יהוה לְבָדָד
לָבֶטַח תּוֹשִׁיבֵנִי׃

המשורר מאוים מדַּבְּרֵי כָזָב ומאִישׁ דָּמִים וּמִרְמָה; הוא מבקש מה׳ להענישם כדי שיוכל לבוא להשתחוות לה׳ בהיכלו.

ה א לַמְנַצֵּחַ אֶל־הַנְּחִילוֹת מִזְמוֹר לְדָוִד׃
ב אֲמָרַי הַאֲזִינָה ׀ יהוה
בִּינָה הֲגִיגִי׃
ג הַקְשִׁיבָה ׀ לְקוֹל שַׁוְעִי
מַלְכִּי וֵאלֹהָי
כִּי־אֵלֶיךָ אֶתְפַּלָּל׃
ד יהוה בֹּקֶר תִּשְׁמַע קוֹלִי
בֹּקֶר אֶעֱרָךְ־לְךָ וַאֲצַפֶּה׃
ה כִּי ׀ לֹא אֵל־חָפֵץ רֶשַׁע ׀ אָתָּה
לֹא יְגֻרְךָ רָע׃
ו לֹא־יִתְיַצְּבוּ הוֹלְלִים
לְנֶגֶד עֵינֶיךָ
שָׂנֵאתָ כָּל־פֹּעֲלֵי אָוֶן׃
ז תְּאַבֵּד דֹּבְרֵי כָזָב
אִישׁ־דָּמִים וּמִרְמָה יְתָעֵב ׀ יהוה׃

ח וַאֲנִי בְּרֹב חַסְדְּךָ אָבוֹא בֵיתֶךָ
אֶשְׁתַּחֲוֶה אֶל־הֵיכַל־קָדְשְׁךָ בְּיִרְאָתֶךָ:
ט יְהוָה ׀ נְחֵנִי בְצִדְקָתֶךָ
לְמַעַן שׁוֹרְרָי
הַיְשַׁר לְפָנַי דַּרְכֶּךָ: הושר
י כִּי אֵין בְּפִיהוּ נְכוֹנָה
קִרְבָּם הַוּוֹת
קֶבֶר־פָּתוּחַ גְּרוֹנָם
לְשׁוֹנָם יַחֲלִיקוּן:
יא הַאֲשִׁימֵם ׀ אֱלֹהִים
יִפְּלוּ מִמֹּעֲצוֹתֵיהֶם
בְּרֹב פִּשְׁעֵיהֶם הַדִּיחֵמוֹ
כִּי מָרוּ בָךְ:
יב וְיִשְׂמְחוּ כָל־חוֹסֵי בָךְ
לְעוֹלָם יְרַנֵּנוּ
וְתָסֵךְ עָלֵימוֹ
וְיַעְלְצוּ בְךָ אֹהֲבֵי שְׁמֶךָ:
יג כִּי־אַתָּה תְּבָרֵךְ צַדִּיק
יְהוָה כַּצִּנָּה רָצוֹן תַּעְטְרֶנּוּ:

המשורר מבקש מה׳ לרפאו מחוליו ולהצילו מאויביו.

ו א לַמְנַצֵּחַ בִּנְגִינוֹת עַל־הַשְּׁמִינִית
מִזְמוֹר לְדָוִד׃
ב יהוה אַל־בְּאַפְּךָ תוֹכִיחֵנִי
וְאַל־בַּחֲמָתְךָ תְיַסְּרֵנִי׃
ג חָנֵּנִי יהוה כִּי אֻמְלַל אָנִי
רְפָאֵנִי יהוה
כִּי נִבְהֲלוּ עֲצָמָי׃
ד וְנַפְשִׁי נִבְהֲלָה מְאֹד
וְאַתָּ יהוה עַד־מָתָי׃
ה שׁוּבָה יהוה חַלְּצָה נַפְשִׁי
הוֹשִׁיעֵנִי לְמַעַן חַסְדֶּךָ׃
ו כִּי אֵין בַּמָּוֶת זִכְרֶךָ
בִּשְׁאוֹל מִי יוֹדֶה־לָּךְ׃
ז יָגַעְתִּי ׀ בְּאַנְחָתִי
אַשְׂחֶה בְכָל־לַיְלָה מִטָּתִי
בְּדִמְעָתִי עַרְשִׂי אַמְסֶה׃
ח עָשְׁשָׁה מִכַּעַס עֵינִי
עָתְקָה בְּכָל־צוֹרְרָי׃

ט סוּרוּ מִמֶּנִּי כָּל־פֹּעֲלֵי אָוֶן
כִּי־שָׁמַע יהוה קוֹל בִּכְיִי:
י שָׁמַע יהוה תְּחִנָּתִי
יהוה תְּפִלָּתִי יִקָּח:
יא יֵבֹשׁוּ | וְיִבָּהֲלוּ מְאֹד כָּל־אֹיְבָי
יָשֻׁבוּ יֵבֹשׁוּ רָגַע:

המשורר מבקש מה׳ לעשות דין ברודפיו הרשעים,
ומבטיח להודות לה׳ על צדקו.

ז א שִׁגָּיוֹן לְדָוִד אֲשֶׁר־שָׁר לַיהוה
עַל־דִּבְרֵי־כוּשׁ בֶּן־יְמִינִי:
ב יהוה אֱלֹהַי בְּךָ חָסִיתִי
הוֹשִׁיעֵנִי מִכָּל־רֹדְפַי וְהַצִּילֵנִי:
ג פֶּן־יִטְרֹף כְּאַרְיֵה נַפְשִׁי
פֹּרֵק וְאֵין מַצִּיל:
ד יהוה אֱלֹהַי אִם־עָשִׂיתִי זֹאת
אִם־יֶשׁ־עָוֶל בְּכַפָּי:
ה אִם־גָּמַלְתִּי שׁוֹלְמִי רָע
וָאֲחַלְּצָה צוֹרְרִי רֵיקָם:

ו יִֽרַדֹּ֤ף אוֹיֵ֨ב ׀ נַפְשִׁ֡י וְיַשֵּׂ֗ג
וְיִרְמֹ֣ס לָאָ֣רֶץ חַיָּ֑י
וּכְבוֹדִ֓י ׀ לֶעָפָ֖ר יַשְׁכֵּ֣ן סֶֽלָה׃
ז ק֤וּמָה יְהוָ֨ה ׀ בְּאַפֶּ֗ךָ
הִ֭נָּשֵׂא בְּעַבְר֣וֹת צוֹרְרָ֑י
וְע֥וּרָה אֵ֝לַ֗י מִשְׁפָּ֥ט צִוִּֽיתָ׃
ח וַעֲדַ֣ת לְ֭אֻמִּים תְּסוֹבְבֶ֑ךָּ
וְ֝עָלֶ֗יהָ לַמָּר֥וֹם שֽׁוּבָה׃
ט יְהוָה֮ יָדִ֪ין עַ֫מִּ֥ים
שָׁפְטֵ֥נִי יְהוָ֑ה
כְּצִדְקִ֖י וּכְתֻמִּ֣י עָלָֽי׃
י יִגְמָר־נָ֬א רַ֨ע ׀ רְשָׁעִים֮
וּתְכוֹנֵ֪ן צַ֫דִּ֥יק
וּבֹחֵ֣ן לִ֭בּוֹת וּכְלָי֗וֹת
אֱלֹהִ֥ים צַדִּֽיק׃
יא מָגִנִּ֥י עַל־אֱלֹהִ֑ים
מ֝וֹשִׁ֗יעַ יִשְׁרֵי־לֵֽב׃
יב אֱ֭לֹהִים שׁוֹפֵ֣ט צַדִּ֑יק
וְ֝אֵ֗ל זֹעֵ֥ם בְּכָל־יֽוֹם׃

יג אִם־לֹא יָשׁוּב חַרְבּוֹ יִלְטוֹשׁ
קַשְׁתּוֹ דָרַךְ וַיְכוֹנְנֶהָ׃
יד וְלוֹ הֵכִין כְּלֵי־מָוֶת
חִצָּיו לְדֹלְקִים יִפְעָל׃
טו הִנֵּה יְחַבֶּל־אָוֶן
וְהָרָה עָמָל וְיָלַד שָׁקֶר׃
טז בּוֹר כָּרָה וַיַּחְפְּרֵהוּ
וַיִּפֹּל בְּשַׁחַת יִפְעָל׃
יז יָשׁוּב עֲמָלוֹ בְרֹאשׁוֹ
וְעַל קָדְקֳדוֹ חֲמָסוֹ יֵרֵד׃
יח אוֹדֶה יְהוָה כְּצִדְקוֹ
וַאֲזַמְּרָה שֵׁם־יְהוָה עֶלְיוֹן׃

הציר של החטיבה הראשונה: המשורר מודה לה׳, בורא העולם, על שעיטר את האדם בְּכָבוֹד וְהָדָר. השמירה על כבוד האדם ואחריותו לבריאה תוכל לעתיד לְהַשְׁבִּית אוֹיֵב וּמִתְנַקֵּם.

ח א לַמְנַצֵּחַ עַל־הַגִּתִּית מִזְמוֹר לְדָוִד׃
ב יְהוָה אֲדֹנֵינוּ
מָה־אַדִּיר שִׁמְךָ בְּכָל־הָאָרֶץ
אֲשֶׁר־תְּנָה הוֹדְךָ עַל־הַשָּׁמָיִם׃

ג מִפִּי עוֹלְלִים ׀ וְיֹנְקִים
יִסַּדְתָּ עֹז
לְמַעַן צוֹרְרֶיךָ
לְהַשְׁבִּית אוֹיֵב וּמִתְנַקֵּם:
ד כִּי־אֶרְאֶה שָׁמֶיךָ מַעֲשֵׂה אֶצְבְּעֹתֶיךָ
יָרֵחַ וְכוֹכָבִים אֲשֶׁר כּוֹנָנְתָּה:
ה מָה־אֱנוֹשׁ כִּי־תִזְכְּרֶנּוּ
וּבֶן־אָדָם כִּי תִפְקְדֶנּוּ:
ו וַתְּחַסְּרֵהוּ מְּעַט מֵאֱלֹהִים
וְכָבוֹד וְהָדָר תְּעַטְּרֵהוּ:
ז תַּמְשִׁילֵהוּ בְּמַעֲשֵׂי יָדֶיךָ
כֹּל שַׁתָּה תַחַת־רַגְלָיו:
ח צֹנֶה וַאֲלָפִים כֻּלָּם
וְגַם בַּהֲמוֹת שָׂדָי:
ט צִפּוֹר שָׁמַיִם וּדְגֵי הַיָּם
עֹבֵר אָרְחוֹת יַמִּים:
י יְהוָה אֲדֹנֵינוּ
מָה־אַדִּיר שִׁמְךָ
בְּכָל־הָאָרֶץ:

ה' שופט את כל הרשעים ומציל מידם את הצדיקים המעונים
(הפתיחה כאן מקבילה לחתימת מזמור ז). במזמורים ט–י
הסמוכים אקרוסטיכון אלפביתי,
אך בגלל תיאור הרשע כמה אותיות חסרות.

ט א לַמְנַצֵּחַ עַל־מוּת לַבֵּן
מִזְמוֹר לְדָוִד:
ב אוֹדֶה יְהוָה בְּכָל־לִבִּי
אֲסַפְּרָה כָּל־נִפְלְאוֹתֶיךָ:
ג אֶשְׂמְחָה וְאֶעֶלְצָה בָךְ
אֲזַמְּרָה שִׁמְךָ עֶלְיוֹן:
ד בְּשׁוּב־אוֹיְבַי אָחוֹר
יִכָּשְׁלוּ וְיֹאבְדוּ מִפָּנֶיךָ:
ה כִּי־עָשִׂיתָ מִשְׁפָּטִי וְדִינִי
יָשַׁבְתָּ לְכִסֵּא שׁוֹפֵט צֶדֶק:
ו גָּעַרְתָּ גוֹיִם אִבַּדְתָּ רָשָׁע
שְׁמָם מָחִיתָ לְעוֹלָם וָעֶד:
ז הָאוֹיֵב ׀ תַּמּוּ חֳרָבוֹת לָנֶצַח
וְעָרִים נָתַשְׁתָּ אָבַד זִכְרָם הֵמָּה:
ח וַיהוָה לְעוֹלָם יֵשֵׁב
כּוֹנֵן לַמִּשְׁפָּט כִּסְאוֹ:
ט וְהוּא יִשְׁפֹּט־תֵּבֵל בְּצֶדֶק
יָדִין לְאֻמִּים בְּמֵישָׁרִים:

י וִיהִי יְהוָה מִשְׂגָּב לַדָּךְ
מִשְׂגָּב לְעִתּוֹת בַּצָּרָה׃
יא וְיִבְטְחוּ בְךָ יוֹדְעֵי שְׁמֶךָ
כִּי לֹא־עָזַבְתָּ דֹרְשֶׁיךָ יְהוָה׃
יב זַמְּרוּ לַיהוה יֹשֵׁב צִיּוֹן
הַגִּידוּ בָעַמִּים עֲלִילוֹתָיו׃
יג כִּי־דֹרֵשׁ דָּמִים אוֹתָם זָכָר
לֹא־שָׁכַח צַעֲקַת עֲנָוִים׃ עניים
יד חָנְנֵנִי יהוה רְאֵה עָנְיִי מִשֹּׂנְאָי
מְרוֹמְמִי מִשַּׁעֲרֵי־מָוֶת׃
טו לְמַעַן אֲסַפְּרָה כָּל־תְּהִלָּתֶיךָ
בְּשַׁעֲרֵי בַת־צִיּוֹן אָגִילָה בִּישׁוּעָתֶךָ׃
טז טָבְעוּ גוֹיִם בְּשַׁחַת עָשׂוּ
בְּרֶשֶׁת־זוּ טָמָנוּ נִלְכְּדָה רַגְלָם׃
יז נוֹדַע ׀ יהוה מִשְׁפָּט עָשָׂה
בְּפֹעַל כַּפָּיו נוֹקֵשׁ רָשָׁע הִגָּיוֹן סֶלָה׃
יח יָשׁוּבוּ רְשָׁעִים לִשְׁאוֹלָה
כָּל־גּוֹיִם שְׁכֵחֵי אֱלֹהִים׃
יט כִּי לֹא לָנֶצַח יִשָּׁכַח אֶבְיוֹן
תִּקְוַת עֲנִיִּים תֹּאבַד לָעַד׃ ענוים

כ קוּמָה יְהוָה אַל־יָעֹז אֱנוֹשׁ
יִשָּׁפְטוּ גוֹיִם עַל־פָּנֶיךָ׃
כא שִׁיתָה יְהוָה ׀ מוֹרָה לָהֶם
יֵדְעוּ גוֹיִם אֱנוֹשׁ הֵמָּה סֶּלָה׃

המשך האקרוסטיכון האלפביתי מהמזמור הקודם:
המשורר קורא לה׳ להושיעו מיד האויבים ולגרשם מארצו.

י א לָמָה יְהוָה תַּעֲמֹד בְּרָחוֹק
תַּעְלִים לְעִתּוֹת בַּצָּרָה׃
ב בְּגַאֲוַת רָשָׁע יִדְלַק עָנִי
יִתָּפְשׂוּ ׀ בִּמְזִמּוֹת זוּ חָשָׁבוּ׃
ג כִּי־הִלֵּל רָשָׁע עַל־תַּאֲוַת נַפְשׁוֹ
וּבֹצֵעַ בֵּרֵךְ נִאֵץ ׀ יְהוָה׃
ד רָשָׁע כְּגֹבַהּ אַפּוֹ בַּל־יִדְרֹשׁ
אֵין אֱלֹהִים כָּל־מְזִמּוֹתָיו׃
ה יָחִילוּ דְרָכָו ׀ בְּכָל־עֵת
מָרוֹם מִשְׁפָּטֶיךָ מִנֶּגְדּוֹ
כָּל־צוֹרְרָיו יָפִיחַ בָּהֶם׃
ו אָמַר בְּלִבּוֹ בַּל־אֶמּוֹט
לְדֹר וָדֹר אֲשֶׁר לֹא־בְרָע׃

ז אָלָה ׀ פִּיהוּ מָלֵא וּמִרְמוֹת וָתֹךְ
תַּחַת לְשׁוֹנוֹ עָמָל וָאָוֶן׃
ח יֵשֵׁב ׀ בְּמַאְרַב חֲצֵרִים
בַּמִּסְתָּרִים יַהֲרֹג נָקִי
עֵינָיו לְחֵלְכָה יִצְפֹּנוּ׃
ט יֶאֱרֹב בַּמִּסְתָּר ׀ כְּאַרְיֵה בְסֻכֹּה
יֶאֱרֹב לַחֲטוֹף עָנִי
יַחְטֹף עָנִי בְּמָשְׁכוֹ בְרִשְׁתּוֹ׃
י יִדְכֶּה יָשֹׁחַ ודכה
וְנָפַל בַּעֲצוּמָיו חֵל כָּאִים׃ חֵלְכָּאִים
יא אָמַר בְּלִבּוֹ שָׁכַח אֵל
הִסְתִּיר פָּנָיו בַּל־רָאָה לָנֶצַח׃
יב קוּמָה יהוה אֵל נְשָׂא יָדֶךָ
אַל־תִּשְׁכַּח עֲנָוִים׃ עניים
יג עַל־מֶה ׀ נִאֵץ רָשָׁע ׀ אֱלֹהִים
אָמַר בְּלִבּוֹ לֹא תִּדְרֹשׁ׃
יד רָאִתָה כִּי־אַתָּה ׀ עָמָל וָכַעַס ׀ תַּבִּיט
לָתֵת בְּיָדֶךָ
עָלֶיךָ יַעֲזֹב חֵלֶכָה
יָתוֹם אַתָּה ׀ הָיִיתָ עוֹזֵר׃

טו שְׁבֹר זְרוֹעַ רָשָׁע
וָרָע תִּדְרוֹשׁ־רִשְׁעוֹ בַל־תִּמְצָא:
טז יְהוָה מֶלֶךְ עוֹלָם וָעֶד
אָבְדוּ גוֹיִם מֵאַרְצוֹ:
יז תַּאֲוַת עֲנָוִים שָׁמַעְתָּ יְהוָה
תָּכִין לִבָּם תַּקְשִׁיב אָזְנֶךָ:
יח לִשְׁפֹּט יָתוֹם וָדָךְ
בַּל־יוֹסִיף עוֹד
לַעֲרֹץ אֱנוֹשׁ מִן־הָאָרֶץ:

המשורר מוקף ברשעים, אך בוטח בה׳ ובצדקתו,
ומתפלל לה׳ שיצילו.

יא א לַמְנַצֵּחַ לְדָוִד
בַּיהוָה ׀ חָסִיתִי
אֵיךְ תֹּאמְרוּ לְנַפְשִׁי
נוּדִי הַרְכֶם צִפּוֹר: נֹודו
ב כִּי הִנֵּה הָרְשָׁעִים יִדְרְכוּן קֶשֶׁת
כּוֹנְנוּ חִצָּם עַל־יֶתֶר
לִירוֹת בְּמוֹ־אֹפֶל לְיִשְׁרֵי־לֵב:

ג כִּי הַשָּׁתוֹת יֵהָרֵסוּן
צַדִּיק מַה־פָּעָל:
ד יְהוָה ׀ בְּהֵיכַל קָדְשׁוֹ
יְהוָה בַּשָּׁמַיִם כִּסְאוֹ
עֵינָיו יֶחֱזוּ
עַפְעַפָּיו יִבְחֲנוּ בְּנֵי אָדָם:
ה יְהוָה צַדִּיק יִבְחָן
וְרָשָׁע וְאֹהֵב חָמָס שָׂנְאָה נַפְשׁוֹ:
ו יַמְטֵר עַל־רְשָׁעִים פַּחִים
אֵשׁ וְגָפְרִית וְרוּחַ זִלְעָפוֹת מְנָת כּוֹסָם:
ז כִּי־צַדִּיק יְהוָה צְדָקוֹת אָהֵב
יָשָׁר יֶחֱזוּ פָנֵימוֹ:

המשורר פונה לה׳ שיושיעו מרשעת הרשעים ומגאוותם.

יב א לַמְנַצֵּחַ עַל־הַשְּׁמִינִית מִזְמוֹר לְדָוִד:
ב הוֹשִׁיעָה יְהוָה כִּי־גָמַר חָסִיד
כִּי־פַסּוּ אֱמוּנִים מִבְּנֵי אָדָם:
ג שָׁוְא ׀ יְדַבְּרוּ אִישׁ אֶת־רֵעֵהוּ
שְׂפַת חֲלָקוֹת בְּלֵב וָלֵב יְדַבֵּרוּ:

ד יַכְרֵ֣ת יְ֭הוָה כָּל־שִׂפְתֵ֣י חֲלָק֑וֹת
לָ֝שׁ֗וֹן מְדַבֶּ֥רֶת גְּדֹלֽוֹת׃
ה אֲשֶׁ֤ר אָֽמְר֨וּ ׀
לִלְשֹׁנֵ֣נוּ נַ֭גְבִּיר שְׂפָתֵ֣ינוּ אִתָּ֑נוּ
מִ֖י אָד֣וֹן לָֽנוּ׃
ו מִשֹּׁ֥ד עֲנִיִּים֮ מֵאַנְקַ֪ת אֶבְי֫וֹנִ֥ים
עַתָּ֣ה אָ֭קוּם יֹאמַ֣ר יְהוָ֑ה
אָשִׁ֥ית בְּ֝יֵ֗שַׁע יָפִ֥יחַֽ לֽוֹ׃
ז אִֽמֲר֣וֹת יְהוָה֮ אֲמָר֪וֹת טְהֹ֫ר֥וֹת
כֶּ֣סֶף צָ֭רוּף בַּעֲלִ֣יל לָאָ֑רֶץ
מְ֝זֻקָּ֗ק שִׁבְעָתָֽיִם׃
ח אַתָּֽה־יְהוָ֥ה תִּשְׁמְרֵ֑ם
תִּצְּרֶ֓נּוּ ׀ מִן־הַדּ֖וֹר ז֣וּ לְעוֹלָֽם׃
ט סָבִ֗יב רְשָׁעִ֥ים יִתְהַלָּכ֑וּן
כְּרֻ֥ם זֻ֝לּ֗וּת לִבְנֵ֥י אָדָֽם׃

המשורר זועק עַד־אָנָה (ארבע פעמים); ה׳ כביכול שוכח אותו ומסתיר את פניו ממנו, אך הוא ממשיך לבטוח בו.

יג א לַמְנַצֵּחַ מִזְמוֹר לְדָוִד׃
ב עַד־אָנָה יְהוָה תִּשְׁכָּחֵנִי נֶצַח
עַד־אָנָה ׀ תַּסְתִּיר אֶת־פָּנֶיךָ מִמֶּנִּי׃
ג עַד־אָנָה אָשִׁית עֵצוֹת בְּנַפְשִׁי
יָגוֹן בִּלְבָבִי יוֹמָם
עַד־אָנָה ׀ יָרוּם אֹיְבִי עָלָי׃
ד הַבִּיטָה עֲנֵנִי יְהוָה אֱלֹהָי
הָאִירָה עֵינַי
פֶּן־אִישַׁן הַמָּוֶת׃
ה פֶּן־יֹאמַר אֹיְבִי יְכָלְתִּיו
צָרַי יָגִילוּ כִּי אֶמּוֹט׃
ו וַאֲנִי ׀ בְּחַסְדְּךָ בָטַחְתִּי
יָגֵל לִבִּי בִּישׁוּעָתֶךָ
אָשִׁירָה לַיהוָה
כִּי גָמַל עָלָי׃

הרשעים משחיתים את מידותיהם ועל כך ייענשו, אך ה׳ אכן שוכן בְּדוֹר צַדִּיק ויושיע את ישראל (מקביל למזמור נג).

יד א לַמְנַצֵּחַ לְדָוִד

אָמַר נָבָל בְּלִבּוֹ אֵין אֱלֹהִים

הִשְׁחִיתוּ הִתְעִיבוּ עֲלִילָה

אֵין עֹשֵׂה־טוֹב:

ב יְהוָה מִשָּׁמַיִם הִשְׁקִיף עַל־בְּנֵי־אָדָם

לִרְאוֹת הֲיֵשׁ מַשְׂכִּיל

דֹּרֵשׁ אֶת־אֱלֹהִים:

ג הַכֹּל סָר יַחְדָּו נֶאֱלָחוּ

אֵין עֹשֵׂה־טוֹב אֵין גַּם־אֶחָד:

ד הֲלֹא יָדְעוּ כָּל־פֹּעֲלֵי אָוֶן

אֹכְלֵי עַמִּי אָכְלוּ לֶחֶם

יְהוָה לֹא קָרָאוּ:

ה שָׁם ׀ פָּחֲדוּ פָחַד

כִּי־אֱלֹהִים בְּדוֹר צַדִּיק:

ו עֲצַת־עָנִי תָבִישׁוּ

כִּי יְהוָה מַחְסֵהוּ:

ז מִי יִתֵּן מִצִּיּוֹן יְשׁוּעַת יִשְׂרָאֵל

בְּשׁוּב יְהוָה שְׁבוּת עַמּוֹ

יָגֵל יַעֲקֹב יִשְׂמַח יִשְׂרָאֵל:

החטיבה השנייה (טו–כד) פותחת וחותמת בתיאור המידות הטובות (טו; כד). בציר החטיבה (יט) מתוארת ההתפעלות מהבריאה והדביקות בתורת ה׳, אשר מעצבות את תכונותיו ומידותיו של עבד ה׳; הציר עטוף בתיאורים על הצלחה של מלכות דוד בעבר (יח) ומלכות בית דוד בעתיד (כ–כא).

המשורר מונה את מידותיו הטובות של האדם הראוי לקרבת ה׳ (מקביל למזמור כד, אך כאן לפני התגלות מֶלֶךְ הַכָּבוֹד).

טו א מִזְמוֹר לְדָוִד
יְהוָה מִי־יָגוּר בְּאָהֳלֶךָ
מִי־יִשְׁכֹּן בְּהַר קָדְשֶׁךָ׃
ב הוֹלֵךְ תָּמִים וּפֹעֵל צֶדֶק
וְדֹבֵר אֱמֶת בִּלְבָבוֹ׃
ג לֹא־רָגַל ׀ עַל־לְשֹׁנוֹ
לֹא־עָשָׂה לְרֵעֵהוּ רָעָה
וְחֶרְפָּה לֹא־נָשָׂא עַל־קְרֹבוֹ׃
ד נִבְזֶה ׀ בְּעֵינָיו נִמְאָס
וְאֶת־יִרְאֵי יְהוָה יְכַבֵּד
נִשְׁבַּע לְהָרַע וְלֹא יָמִר׃
ה כַּסְפּוֹ ׀ לֹא־נָתַן בְּנֶשֶׁךְ
וְשֹׁחַד עַל־נָקִי לֹא־לָקָח
עֹשֵׂה אֵלֶּה לֹא יִמּוֹט לְעוֹלָם׃

המשורר בוטח בה' ומודה על שה' חלקו
(בעקבות המזמור הקודם).

טז א מִכְתָּם לְדָוִד
שָׁמְרֵנִי אֵל
כִּי־חָסִיתִי בָךְ:
ב אָמַרְתְּ לַיהוה אֲדֹנָי אָתָּה
טוֹבָתִי בַּל־עָלֶיךָ:
ג לִקְדוֹשִׁים אֲשֶׁר־בָּאָרֶץ הֵמָּה
וְאַדִּירֵי כָּל־חֶפְצִי־בָם:
ד יִרְבּוּ עַצְּבוֹתָם אַחֵר מָהָרוּ
בַּל־אַסִּיךְ נִסְכֵּיהֶם מִדָּם
וּבַל־אֶשָּׂא אֶת־שְׁמוֹתָם עַל־שְׂפָתָי:
ה יהוה מְנָת־חֶלְקִי וְכוֹסִי
אַתָּה תּוֹמִיךְ גּוֹרָלִי:
ו חֲבָלִים נָפְלוּ־לִי בַּנְּעִמִים
אַף־נַחֲלָת שָׁפְרָה עָלָי:
ז אֲבָרֵךְ אֶת־יהוה אֲשֶׁר יְעָצָנִי
אַף־לֵילוֹת יִסְּרוּנִי כִלְיוֹתָי:
ח שִׁוִּיתִי יהוה לְנֶגְדִּי תָמִיד
כִּי מִימִינִי בַּל־אֶמּוֹט:

ט לָכֵן ׀ שָׂמַח לִבִּי וַיָּגֶל כְּבוֹדִי
אַף־בְּשָׂרִי יִשְׁכֹּן לָבֶטַח:
י כִּי ׀ לֹא־תַעֲזֹב נַפְשִׁי לִשְׁאוֹל
לֹא־תִתֵּן חֲסִידְךָ לִרְאוֹת שָׁחַת: חסידיך
יא תּוֹדִיעֵנִי אֹרַח חַיִּים
שֹׂבַע שְׂמָחוֹת אֶת־פָּנֶיךָ
נְעִמוֹת בִּימִינְךָ נֶצַח:

הייסורים זיככו וטיהרו את המשורר, ועל כן הוא
מבקש הצלה מהאויבים וחלק טוב לעתיד.

יז א תְּפִלָּה לְדָוִד
שִׁמְעָה יְהוָה ׀ צֶדֶק
הַקְשִׁיבָה רִנָּתִי
הַאֲזִינָה תְפִלָּתִי
בְּלֹא שִׂפְתֵי מִרְמָה:
ב מִלְּפָנֶיךָ מִשְׁפָּטִי יֵצֵא
עֵינֶיךָ תֶּחֱזֶינָה מֵישָׁרִים:
ג בָּחַנְתָּ לִבִּי ׀ פָּקַדְתָּ לַּיְלָה
צְרַפְתַּנִי בַל־תִּמְצָא
זַמֹּתִי בַּל־יַעֲבָר־פִּי:

ד לִפְעֻלּוֹת אָדָם בִּדְבַר שְׂפָתֶיךָ
אֲנִי שָׁמַרְתִּי אָרְחוֹת פָּרִיץ׃
ה תָּמֹךְ אֲשֻׁרַי בְּמַעְגְּלוֹתֶיךָ
בַּל־נָמוֹטּוּ פְעָמָי׃
ו אֲנִי־קְרָאתִיךָ
כִּי־תַעֲנֵנִי אֵל
הַט־אָזְנְךָ לִי
שְׁמַע אִמְרָתִי׃
ז הַפְלֵה חֲסָדֶיךָ
מוֹשִׁיעַ חוֹסִים
מִמִּתְקוֹמְמִים בִּימִינֶךָ׃
ח שָׁמְרֵנִי כְּאִישׁוֹן בַּת־עָיִן
בְּצֵל כְּנָפֶיךָ תַּסְתִּירֵנִי׃
ט מִפְּנֵי רְשָׁעִים זוּ שַׁדּוּנִי
אֹיְבַי בְּנֶפֶשׁ יַקִּיפוּ עָלָי׃
י חֶלְבָּמוֹ סָּגְרוּ
פִּימוֹ דִּבְּרוּ בְגֵאוּת׃
יא אַשֻּׁרֵנוּ עַתָּה סְבָבוּנוּ סבבוני
עֵינֵיהֶם יָשִׁיתוּ לִנְטוֹת בָּאָרֶץ׃

יב דִּמְיֹנוֹ כְּאַרְיֵה יִכְסוֹף לִטְרֹף
וְכִכְפִיר יֹשֵׁב בְּמִסְתָּרִים:
יג קוּמָה יְהוָה
קַדְּמָה פָנָיו הַכְרִיעֵהוּ
פַּלְּטָה נַפְשִׁי מֵרָשָׁע חַרְבֶּךָ:
יד מִמְתִים יָדְךָ ׀ יְהוָה
מִמְתִים מֵחֶלֶד חֶלְקָם בַּחַיִּים
וצפינך וּצְפוּנְךָ תְּמַלֵּא בִטְנָם
יִשְׂבְּעוּ בָנִים
וְהִנִּיחוּ יִתְרָם לְעוֹלְלֵיהֶם:
טו אֲנִי בְּצֶדֶק אֶחֱזֶה פָנֶיךָ
אֶשְׂבְּעָה בְהָקִיץ תְּמוּנָתֶךָ:

דוד מודה לה׳ על שהצילו מכל אויביו ומשאול,
וחותם בתפילה למלכות זרעו לעולם (= שמואל ב׳ כב).

יח א לַמְנַצֵּחַ לְעֶבֶד יְהוָה לְדָוִד
אֲשֶׁר דִּבֶּר ׀ לַיהוָה אֶת־דִּבְרֵי הַשִּׁירָה הַזֹּאת
בְּיוֹם ׀ הִצִּיל־יְהוָה אוֹתוֹ
מִכַּף כָּל־אֹיְבָיו וּמִיַּד שָׁאוּל:

ב וַיֹּאמַ֓ר אֶרְחׇמְךָ֖ יְהֹוָ֣ה חִזְקִֽי׃
ג יְהֹוָ֤ה ׀ סַֽלְעִ֣י וּמְצוּדָתִי֮ וּמְפַ֫לְטִ֥י
אֵלִ֣י צ֭וּרִי אֶחֱסֶה־בּ֑וֹ
מָֽגִנִּ֥י וְקֶֽרֶן־֝יִשְׁעִ֗י מִשְׂגַּבִּֽי׃
ד מְ֭הֻלָּל אֶקְרָ֣א יְהֹוָ֑ה
וּמִן־֝אֹיְבַ֗י אִוָּשֵֽׁעַ׃
ה אֲפָפ֥וּנִי חֶבְלֵי־מָ֑וֶת
וְנַחֲלֵ֖י בְלִיַּ֣עַל יְבַעֲתֽוּנִי׃
ו חֶבְלֵ֣י שְׁא֣וֹל סְבָב֑וּנִי
֝קִדְּמ֗וּנִי מ֣וֹקְשֵׁי מָֽוֶת׃
ז בַּצַּר־לִ֤י ׀ אֶֽקְרָ֣א יְהֹוָה֮
וְאֶל־אֱלֹהַ֪י אֲשַׁ֫וֵּ֥עַ
יִשְׁמַ֣ע מֵהֵיכָל֣וֹ קוֹלִ֑י
֝וְשַׁוְעָתִ֗י לְפָנָ֤יו ׀ תָּב֬וֹא בְאׇזְנָֽיו׃
ח וַתִּגְעַ֬שׁ וַתִּרְעַ֨שׁ ׀ הָאָ֗רֶץ
וּמוֹסְדֵ֣י הָרִ֣ים יִרְגָּ֑זוּ
֝וַיִּתְגָּעֲשׁ֗וּ כִּי־חָ֥רָה לֽוֹ׃
ט עָ֘לָ֤ה עָשָׁ֨ן ׀ בְּאַפּ֗וֹ
וְאֵשׁ־מִפִּ֥יו תֹּאכֵ֑ל
֝גֶּחָלִ֗ים בָּעֲר֥וּ מִמֶּֽנּוּ׃

י וַיֵּט שָׁמַיִם וַיֵּרַד

וַעֲרָפֶל תַּחַת רַגְלָיו:

יא וַיִּרְכַּב עַל־כְּרוּב וַיָּעֹף

וַיֵּדֶא עַל־כַּנְפֵי־רוּחַ:

יב יָשֶׁת חֹשֶׁךְ ׀ סִתְרוֹ סְבִיבוֹתָיו סֻכָּתוֹ

חֶשְׁכַת־מַיִם עָבֵי שְׁחָקִים:

יג מִנֹּגַהּ נֶגְדּוֹ

עָבָיו עָבְרוּ בָּרָד וְגַחֲלֵי־אֵשׁ:

יד וַיַּרְעֵם בַּשָּׁמַיִם ׀ יְהוָה

וְעֶלְיוֹן יִתֵּן קֹלוֹ

בָּרָד וְגַחֲלֵי־אֵשׁ:

טו וַיִּשְׁלַח חִצָּיו וַיְפִיצֵם

וּבְרָקִים רָב וַיְהֻמֵּם:

טז וַיֵּרָאוּ ׀ אֲפִיקֵי מַיִם

וַיִּגָּלוּ מוֹסְדוֹת תֵּבֵל

מִגַּעֲרָתְךָ יְהוָה

מִנִּשְׁמַת רוּחַ אַפֶּךָ:

יז יִשְׁלַח מִמָּרוֹם יִקָּחֵנִי

יַמְשֵׁנִי מִמַּיִם רַבִּים:

יח יַצִּילֵנִי מֵאֹיְבִי עָז
וּמִשֹּׂנְאַי כִּי־אָמְצוּ מִמֶּנִּי׃
יט יְקַדְּמוּנִי בְיוֹם־אֵידִי
וַיְהִי־יְהוָה לְמִשְׁעָן לִי׃
כ וַיּוֹצִיאֵנִי לַמֶּרְחָב
יְחַלְּצֵנִי כִּי חָפֵץ בִּי׃
כא יִגְמְלֵנִי יְהוָה כְּצִדְקִי
כְּבֹר יָדַי יָשִׁיב לִי׃
כב כִּי־שָׁמַרְתִּי דַּרְכֵי יְהוָה
וְלֹא־רָשַׁעְתִּי מֵאֱלֹהָי׃
כג כִּי כָל־מִשְׁפָּטָיו לְנֶגְדִּי
וְחֻקֹּתָיו לֹא־אָסִיר מֶנִּי׃
כד וָאֱהִי תָמִים עִמּוֹ
וָאֶשְׁתַּמֵּר מֵעֲוֺנִי׃
כה וַיָּשֶׁב־יְהוָה לִי כְצִדְקִי
כְּבֹר יָדַי לְנֶגֶד עֵינָיו׃
כו עִם־חָסִיד תִּתְחַסָּד
עִם־גְּבַר תָּמִים תִּתַּמָּם׃
כז עִם־נָבָר תִּתְבָּרָר
וְעִם־עִקֵּשׁ תִּתְפַּתָּל׃

כח כִּֽי־אַתָּה עַם־עָנִי תוֹשִׁיעַ
וְעֵינַיִם רָמוֹת תַּשְׁפִּיל׃
כט כִּֽי־אַתָּה תָּאִיר נֵרִי
יְהוָה אֱלֹהַי יַגִּיהַּ חָשְׁכִּי׃
ל כִּֽי־בְךָ אָרֻץ גְּדוּד
וּבֵֽאלֹהַי אֲדַלֶּג־שׁוּר׃
לא הָאֵל תָּמִים דַּרְכּוֹ
אִמְרַת־יְהוָה צְרוּפָה
מָגֵן הוּא לְכֹל ׀ הַחוֹסִים בּוֹ׃
לב כִּי מִי אֱלוֹהַּ מִבַּלְעֲדֵי יְהוָה
וּמִי צוּר זוּלָתִי אֱלֹהֵינוּ׃
לג הָאֵל הַמְאַזְּרֵנִי חָיִל
וַיִּתֵּן תָּמִים דַּרְכִּי׃
לד מְשַׁוֶּה רַגְלַי כָּאַיָּלוֹת
וְעַל בָּמֹתַי יַעֲמִידֵנִי׃
לה מְלַמֵּד יָדַי לַמִּלְחָמָה
וְנִחֲתָה קֶשֶׁת־נְחוּשָׁה זְרוֹעֹתָי׃
לו וַתִּתֶּן־לִי מָגֵן יִשְׁעֶךָ
וִימִינְךָ תִסְעָדֵנִי
וְעַנְוַתְךָ תַרְבֵּנִי׃

לז תַּרְחִיב צַעֲדִי תַחְתָּי
וְלֹא מָעֲדוּ קַרְסֻלָּי׃
לח אֶרְדּוֹף אוֹיְבַי וְאַשִּׂיגֵם
וְלֹא־אָשׁוּב עַד־כַּלּוֹתָם׃
לט אֶמְחָצֵם וְלֹא־יֻכְלוּ קוּם
יִפְּלוּ תַּחַת רַגְלָי׃
מ וַתְּאַזְּרֵנִי חַיִל לַמִּלְחָמָה
תַּכְרִיעַ קָמַי תַּחְתָּי׃
מא וְאֹיְבַי נָתַתָּה לִּי עֹרֶף
וּמְשַׂנְאַי אַצְמִיתֵם׃
מב יְשַׁוְּעוּ וְאֵין־מוֹשִׁיעַ
עַל־יהוה וְלֹא עָנָם׃
מג וְאֶשְׁחָקֵם כְּעָפָר עַל־פְּנֵי־רוּחַ
כְּטִיט חוּצוֹת אֲרִיקֵם׃
מד תְּפַלְּטֵנִי מֵרִיבֵי עָם
תְּשִׂימֵנִי לְרֹאשׁ גּוֹיִם
עַם לֹא־יָדַעְתִּי יַעַבְדוּנִי׃
מה לְשֵׁמַע אֹזֶן יִשָּׁמְעוּ לִי
בְּנֵי־נֵכָר יְכַחֲשׁוּ־לִי׃

מו בְּנֵי־נֵכָר יִבֹּלוּ
וְיַחְרְגוּ מִמִּסְגְּרוֹתֵיהֶם׃
מז חַי־יהוה וּבָרוּךְ צוּרִי
וְיָרוּם אֱלוֹהֵי יִשְׁעִי׃
מח הָאֵל הַנּוֹתֵן נְקָמוֹת לִי
וַיַּדְבֵּר עַמִּים תַּחְתָּי׃
מט מְפַלְּטִי מֵאֹיְבָי
אַף מִן־קָמַי תְּרוֹמְמֵנִי
מֵאִישׁ חָמָס תַּצִּילֵנִי׃
נ עַל־כֵּן ׀ אוֹדְךָ בַגּוֹיִם ׀ יהוה
וּלְשִׁמְךָ אֲזַמֵּרָה׃
נא מַגְדִּל יְשׁוּעוֹת מַלְכּוֹ
וְעֹשֶׂה חֶסֶד ׀ לִמְשִׁיחוֹ
לְדָוִד וּלְזַרְעוֹ עַד־עוֹלָם׃

התבוננות בבריאה ובתורה מביאה את המשורר להיות עבד לה׳ (כמו יח, א) ולדבוק במידותיו הטובות.

יט א לַמְנַצֵּחַ מִזְמוֹר לְדָוִד׃
ב הַשָּׁמַיִם מְסַפְּרִים כְּבוֹד־אֵל
וּמַעֲשֵׂה יָדָיו מַגִּיד הָרָקִיעַ׃

ג יוֹם לְיוֹם יַבִּיעַ אֹמֶר

וְלַיְלָה לְּלַיְלָה יְחַוֶּה־דָּעַת:

ד אֵין־אֹמֶר וְאֵין דְּבָרִים

בְּלִי נִשְׁמָע קוֹלָם:

ה בְּכָל־הָאָרֶץ ׀ יָצָא קַוָּם

וּבִקְצֵה תֵבֵל מִלֵּיהֶם

לַשֶּׁמֶשׁ שָׂם־אֹהֶל בָּהֶם:

ו וְהוּא כְּחָתָן יֹצֵא מֵחֻפָּתוֹ

יָשִׂישׂ כְּגִבּוֹר לָרוּץ אֹרַח:

ז מִקְצֵה הַשָּׁמַיִם ׀ מוֹצָאוֹ

וּתְקוּפָתוֹ עַל־קְצוֹתָם

וְאֵין נִסְתָּר מֵחַמָּתוֹ:

ח תּוֹרַת יהוה תְּמִימָה

מְשִׁיבַת נָפֶשׁ

עֵדוּת יהוה נֶאֱמָנָה

מַחְכִּימַת פֶּתִי:

ט פִּקּוּדֵי יהוה יְשָׁרִים

מְשַׂמְּחֵי־לֵב

מִצְוַת יהוה בָּרָה

מְאִירַת עֵינָיִם:

י יִרְאַ֤ת יהוה ׀ טְהוֹרָה֮
עוֹמֶ֪דֶת לָ֫עַ֥ד
מִשְׁפְּטֵֽי־יהוָ֥ה אֱמֶ֑ת
צָֽדְק֥וּ יַחְדָּֽו׃
יא הַנֶּחֱמָדִ֗ים מִזָּהָב֮ וּמִפַּ֪ז רָ֫ב
וּמְתוּקִ֥ים מִ֝דְּבַ֗שׁ
וְנֹ֣פֶת צוּפִֽים׃
יב גַּֽם־עַ֭בְדְּךָ נִזְהָ֣ר בָּהֶ֑ם
בְּ֝שָׁמְרָ֗ם עֵ֣קֶב רָֽב׃
יג שְׁגִיא֥וֹת מִֽי־יָבִ֑ין
מִנִּסְתָּר֥וֹת נַקֵּֽנִי׃
יד גַּ֤ם מִזֵּדִ֨ים ׀ חֲשֹׂ֬ךְ עַבְדֶּ֗ךָ
אַֽל־יִמְשְׁלוּ־בִ֣י
אָ֣ז אֵיתָ֑ם וְ֝נִקֵּ֗יתִי מִפֶּ֥שַׁע רָֽב׃
טו יִהְי֥וּ לְרָצ֨וֹן ׀ אִמְרֵי־פִ֡י
וְהֶגְי֣וֹן לִבִּ֣י לְפָנֶ֑יךָ
יְ֝הוָ֗ה צוּרִ֥י וְגֹאֲלִֽי׃

בְּיוֹם צָרָה המשורר בוטח בישועת ה׳ מציון
(חתימה של יח משולבת במזמור זה).

כ א לַמְנַצֵּחַ מִזְמוֹר לְדָוִד:

ב יַעַנְךָ יהוה בְּיוֹם צָרָה
יְשַׂגֶּבְךָ שֵׁם ׀ אֱלֹהֵי יַעֲקֹב:

ג יִשְׁלַח־עֶזְרְךָ מִקֹּדֶשׁ
וּמִצִּיּוֹן יִסְעָדֶךָּ:

ד יִזְכֹּר כָּל־מִנְחֹתֶךָ
וְעוֹלָתְךָ יְדַשְּׁנֶה סֶלָה:

ה יִתֶּן־לְךָ כִלְבָבֶךָ
וְכָל־עֲצָתְךָ יְמַלֵּא:

ו נְרַנְּנָה ׀ בִּישׁוּעָתֶךָ
וּבְשֵׁם־אֱלֹהֵינוּ נִדְגֹּל
יְמַלֵּא יהוה
כָּל־מִשְׁאֲלוֹתֶיךָ:

ז עַתָּה יָדַעְתִּי
כִּי הוֹשִׁיעַ ׀ יהוה מְשִׁיחוֹ
יַעֲנֵהוּ מִשְּׁמֵי קָדְשׁוֹ
בִּגְבֻרוֹת יֵשַׁע יְמִינוֹ:

ח אֵלֶּה בָרֶכֶב וְאֵלֶּה בַסּוּסִים
וַאֲנַחְנוּ ׀ בְּשֵׁם־יהוה אֱלֹהֵינוּ נַזְכִּיר:

ט הֵמָּה כָּרְעוּ וְנָפָלוּ
וַאֲנַחְנוּ קַּמְנוּ וַנִּתְעוֹדָד׃
י יְהוָה הוֹשִׁיעָה הַמֶּלֶךְ
יַעֲנֵנוּ בְיוֹם־קָרְאֵנוּ׃

המשורר מתאר את ברכת ה׳ למלך ומתפלל להצלחתו במלחמותיו; בזמן הניצחון העם ישיר ויזמר את גבורת ה׳.

כא א לַמְנַצֵּחַ מִזְמוֹר לְדָוִד׃
ב יְהוָה בְּעָזְּךָ יִשְׂמַח־מֶלֶךְ
יָגִיל וּבִישׁוּעָתְךָ מַה־יָּגֶל מְאֹד׃
ג תַּאֲוַת לִבּוֹ נָתַתָּה לּוֹ
וַאֲרֶשֶׁת שְׂפָתָיו בַּל־מָנַעְתָּ סֶּלָה׃
ד כִּי־תְקַדְּמֶנּוּ בִּרְכוֹת טוֹב
תָּשִׁית לְרֹאשׁוֹ עֲטֶרֶת פָּז׃
ה חַיִּים ׀ שָׁאַל מִמְּךָ נָתַתָּה לּוֹ
אֹרֶךְ יָמִים עוֹלָם וָעֶד׃
ו גָּדוֹל כְּבוֹדוֹ בִּישׁוּעָתֶךָ
הוֹד וְהָדָר תְּשַׁוֶּה עָלָיו׃
ז כִּי־תְשִׁיתֵהוּ בְרָכוֹת לָעַד
תְּחַדֵּהוּ בְשִׂמְחָה אֶת־פָּנֶיךָ׃

ח כִּי־הַמֶּלֶךְ בֹּטֵחַ בַּיהוָה
וּבְחֶסֶד עֶלְיוֹן בַּל־יִמּוֹט:
ט תִּמְצָא יָדְךָ לְכָל־אֹיְבֶיךָ
יְמִינְךָ תִּמְצָא שֹׂנְאֶיךָ:
י תְּשִׁיתֵמוֹ ׀ כְּתַנּוּר אֵשׁ
לְעֵת פָּנֶיךָ
יהוה בְּאַפּוֹ יְבַלְּעֵם
וְתֹאכְלֵם אֵשׁ:
יא פִּרְיָמוֹ מֵאֶרֶץ תְּאַבֵּד
וְזַרְעָם מִבְּנֵי אָדָם:
יב כִּי־נָטוּ עָלֶיךָ רָעָה
חָשְׁבוּ מְזִמָּה בַּל־יוּכָלוּ:
יג כִּי תְּשִׁיתֵמוֹ שֶׁכֶם
בְּמֵיתָרֶיךָ תְּכוֹנֵן עַל־פְּנֵיהֶם:
יד רוּמָה יהוה בְעֻזֶּךָ
נָשִׁירָה וּנְזַמְּרָה גְּבוּרָתֶךָ:

המשורר זועק לה׳ בצרה ונודר להלל לה׳ על הצלת עם ישראל
הן בפני כָּל זֶרַע יַעֲקֹב (לאומי) והן בפני כָּל אַפְסֵי אָרֶץ (אוניברסלי).

כב א לַמְנַצֵּחַ עַל־אַיֶּלֶת הַשַּׁחַר מִזְמוֹר לְדָוִד:
ב אֵלִי אֵלִי לָמָה עֲזַבְתָּנִי
רָחוֹק מִישׁוּעָתִי דִּבְרֵי שַׁאֲגָתִי:
ג אֱלֹהַי אֶקְרָא יוֹמָם וְלֹא תַעֲנֶה
וְלַיְלָה וְלֹא־דוּמִיָּה לִי:
ד וְאַתָּה קָדוֹשׁ
יוֹשֵׁב תְּהִלּוֹת יִשְׂרָאֵל:
ה בְּךָ בָּטְחוּ אֲבֹתֵינוּ
בָּטְחוּ וַתְּפַלְּטֵמוֹ:
ו אֵלֶיךָ זָעֲקוּ וְנִמְלָטוּ
בְּךָ בָטְחוּ וְלֹא־בוֹשׁוּ:
ז וְאָנֹכִי תוֹלַעַת וְלֹא־אִישׁ
חֶרְפַּת אָדָם וּבְזוּי עָם:
ח כָּל־רֹאַי יַלְעִגוּ לִי
יַפְטִירוּ בְשָׂפָה יָנִיעוּ רֹאשׁ:
ט גֹּל אֶל־יְהוָה יְפַלְּטֵהוּ
יַצִּילֵהוּ כִּי חָפֵץ בּוֹ:
י כִּי־אַתָּה גֹחִי מִבָּטֶן
מַבְטִיחִי עַל־שְׁדֵי אִמִּי:

יא עָלֶיךָ הָשְׁלַכְתִּי מֵרָחֶם
מִבֶּטֶן אִמִּי אֵלִי אָתָּה׃
יב אַל־תִּרְחַק מִמֶּנִּי
כִּי־צָרָה קְרוֹבָה
כִּי־אֵין עוֹזֵר׃
יג סְבָבוּנִי פָּרִים רַבִּים
אַבִּירֵי בָשָׁן כִּתְּרוּנִי׃
יד פָּצוּ עָלַי פִּיהֶם
אַרְיֵה טֹרֵף וְשֹׁאֵג׃
טו כַּמַּיִם נִשְׁפַּכְתִּי
וְהִתְפָּרְדוּ כָּל־עַצְמוֹתָי
הָיָה לִבִּי כַּדּוֹנָג
נָמֵס בְּתוֹךְ מֵעָי׃
טז יָבֵשׁ כַּחֶרֶשׂ ׀ כֹּחִי
וּלְשׁוֹנִי מֻדְבָּק מַלְקוֹחָי
וְלַעֲפַר־מָוֶת תִּשְׁפְּתֵנִי׃
יז כִּי סְבָבוּנִי כְּלָבִים
עֲדַת מְרֵעִים הִקִּיפוּנִי
כָּאֲרִי יָדַי וְרַגְלָי׃

יח אֲסַפֵּר כׇּל־עַצְמוֹתָי
הֵמָּה יַבִּיטוּ יִרְאוּ־בִי׃
יט יְחַלְּקוּ בְגָדַי לָהֶם
וְעַל־לְבוּשִׁי יַפִּילוּ גוֹרָל׃
כ וְאַתָּה יהוה אַל־תִּרְחָק
אֱיָלוּתִי לְעֶזְרָתִי חוּשָׁה׃
כא הַצִּילָה מֵחֶרֶב נַפְשִׁי
מִיַּד־כֶּלֶב יְחִידָתִי׃
כב הוֹשִׁיעֵנִי מִפִּי אַרְיֵה
וּמִקַּרְנֵי רֵמִים עֲנִיתָנִי׃
כג אֲסַפְּרָה שִׁמְךָ לְאֶחָי
בְּתוֹךְ קָהָל אֲהַלְלֶךָּ׃
כד יִרְאֵי יהוה ׀ הַלְלוּהוּ
כׇּל־זֶרַע יַעֲקֹב כַּבְּדוּהוּ
וְגוּרוּ מִמֶּנּוּ כׇּל־זֶרַע יִשְׂרָאֵל׃
כה כִּי לֹא־בָזָה וְלֹא שִׁקַּץ
עֱנוּת עָנִי
וְלֹא־הִסְתִּיר פָּנָיו מִמֶּנּוּ
וּבְשַׁוְּעוֹ אֵלָיו שָׁמֵעַ׃

כו מֵאִתְּךָ תְּהִלָּתִי בְּקָהָל רָב
נְדָרַי אֲשַׁלֵּם נֶגֶד יְרֵאָיו:
כז יֹאכְלוּ עֲנָוִים ׀ וְיִשְׂבָּעוּ
יְהַלְלוּ יהוה דֹּרְשָׁיו
יְחִי לְבַבְכֶם לָעַד:
כח יִזְכְּרוּ ׀ וְיָשֻׁבוּ אֶל־יהוה
כָּל־אַפְסֵי־אָרֶץ
וְיִשְׁתַּחֲווּ לְפָנֶיךָ
כָּל־מִשְׁפְּחוֹת גּוֹיִם:
כט כִּי לַיהוה הַמְּלוּכָה
וּמֹשֵׁל בַּגּוֹיִם:
ל אָכְלוּ וַיִּשְׁתַּחֲווּ ׀
כָּל־דִּשְׁנֵי־אֶרֶץ
לְפָנָיו יִכְרְעוּ
כָּל־יוֹרְדֵי עָפָר
וְנַפְשׁוֹ לֹא חִיָּה:
לא זֶרַע יַעַבְדֶנּוּ
יְסֻפַּר לַאדֹנָי לַדּוֹר:
לב יָבֹאוּ וְיַגִּידוּ צִדְקָתוֹ
לְעַם נוֹלָד כִּי עָשָׂה:

המשורר נמשל לשה וה׳ לרועהו, השומר עליו גם
בְּגֵיא צַלְמָוֶת; המשורר זוכה לקרבת ה׳ בבית ה׳.

כג א מִזְמוֹר לְדָוִד
יְהוָה רֹעִי לֹא אֶחְסָר:
ב בִּנְאוֹת דֶּשֶׁא יַרְבִּיצֵנִי
עַל־מֵי מְנֻחוֹת יְנַהֲלֵנִי:
ג נַפְשִׁי יְשׁוֹבֵב
יַנְחֵנִי בְמַעְגְּלֵי־צֶדֶק
לְמַעַן שְׁמוֹ:
ד גַּם כִּי־אֵלֵךְ בְּגֵיא צַלְמָוֶת
לֹא־אִירָא רָע
כִּי־אַתָּה עִמָּדִי
שִׁבְטְךָ וּמִשְׁעַנְתֶּךָ
הֵמָּה יְנַחֲמֻנִי:
ה תַּעֲרֹךְ לְפָנַי ׀ שֻׁלְחָן
נֶגֶד צֹרְרָי
דִּשַּׁנְתָּ בַשֶּׁמֶן רֹאשִׁי
כּוֹסִי רְוָיָה:
ו אַךְ ׀ טוֹב וָחֶסֶד יִרְדְּפוּנִי
כָּל־יְמֵי חַיָּי
וְשַׁבְתִּי בְּבֵית־יְהוָה
לְאֹרֶךְ יָמִים:

הַמשורר מונה את מידותיו הטובות של האדם הראוי להתגלות מֶלֶךְ הַכָּבוד (מקביל למזמור טו, אך כאן מופיעה התגלות ה׳ לעם ישראל).

כד א לְדָוִד מִזְמוֹר

לַיהוה הָאָרֶץ וּמְלוֹאָהּ

תֵּבֵל וְיֹשְׁבֵי בָהּ:

ב כִּי־הוּא עַל־יַמִּים יְסָדָהּ

וְעַל־נְהָרוֹת יְכוֹנְנֶהָ:

ג מִי־יַעֲלֶה בְהַר־יְהוָה

וּמִי־יָקוּם בִּמְקוֹם קָדְשׁוֹ:

ד נְקִי כַפַּיִם וּבַר־לֵבָב

אֲשֶׁר לֹא־נָשָׂא לַשָּׁוְא נַפְשִׁי נַפְשׁוֹ

וְלֹא נִשְׁבַּע לְמִרְמָה:

ה יִשָּׂא בְרָכָה מֵאֵת יְהוָה

וּצְדָקָה מֵאֱלֹהֵי יִשְׁעוֹ:

ו זֶה דּוֹר דֹּרְשָׁו

מְבַקְשֵׁי פָנֶיךָ יַעֲקֹב סֶלָה:

ז שְׂאוּ שְׁעָרִים ׀ רָאשֵׁיכֶם

וְהִנָּשְׂאוּ פִּתְחֵי עוֹלָם

וְיָבוֹא מֶלֶךְ הַכָּבוֹד:

ח מִי זֶה מֶלֶךְ הַכָּבוֹד

יְהוָה עִזּוּז וְגִבּוֹר

יְהוָה גִּבּוֹר מִלְחָמָה:

ט שְׂאוּ שְׁעָרִים ׀ רָאשֵׁיכֶם
וּשְׂאוּ פִּתְחֵי עוֹלָם
וְיָבֹא מֶלֶךְ הַכָּבוֹד:
י מִי הוּא זֶה מֶלֶךְ הַכָּבוֹד
יְהוָה צְבָאוֹת
הוּא מֶלֶךְ הַכָּבוֹד
סֶלָה:

בחטיבה השלישית (כה–לד) המשורר מחפש הדרכה מה׳ והצלה מאויבים; בציר החטיבה (כט) התגלות ה׳ הופכת את בקשת המשורר להצלה – להודאה לה׳ על הצלתו (כפי שעולה למשל מהדמיון בין כח, ב למזמור ל, ד, ובין מזמורים כה ולד).

המשורר מתאר את מצוקותיו של העני, ואת בקשותיו מה׳ להצלה, לסליחה על עוונות ולהוראת דרכי ה׳
(סגירת המעגל במזמור לד המקביל; בשני המזמורים אקרוסטיכון אלפביתי, ולאחריו פסוק הפותח בשורש פד״ה).

כה א לְדָוִד
אֵלֶיךָ יְהוָה נַפְשִׁי אֶשָּׂא:
ב אֱלֹהַי בְּךָ בָטַחְתִּי אַל־אֵבוֹשָׁה
אַל־יַעַלְצוּ אֹיְבַי לִי:
ג גַּם כָּל־קֹוֶיךָ לֹא יֵבֹשׁוּ
יֵבֹשׁוּ הַבּוֹגְדִים רֵיקָם:

ד דְּרָכֶיךָ יְהוָה הוֹדִיעֵנִי
אֹרְחוֹתֶיךָ לַמְּדֵנִי׃
ה הַדְרִיכֵנִי בַאֲמִתֶּךָ ׀ וְלַמְּדֵנִי
כִּי־אַתָּה אֱלֹהֵי יִשְׁעִי
אוֹתְךָ קִוִּיתִי כָּל־הַיּוֹם׃
ו זְכֹר־רַחֲמֶיךָ יְהוָה וַחֲסָדֶיךָ
כִּי מֵעוֹלָם הֵמָּה׃
ז חַטֹּאות נְעוּרַי ׀ וּפְשָׁעַי
אַל־תִּזְכֹּר
כְּחַסְדְּךָ זְכָר־לִי־אַתָּה
לְמַעַן טוּבְךָ יְהוָה׃
ח טוֹב־וְיָשָׁר יְהוָה
עַל־כֵּן יוֹרֶה חַטָּאִים בַּדָּרֶךְ׃
ט יַדְרֵךְ עֲנָוִים בַּמִּשְׁפָּט
וִילַמֵּד עֲנָוִים דַּרְכּוֹ׃
י כָּל־אָרְחוֹת יְהוָה חֶסֶד וֶאֱמֶת
לְנֹצְרֵי בְרִיתוֹ וְעֵדֹתָיו׃
יא לְמַעַן־שִׁמְךָ יְהוָה
וְסָלַחְתָּ לַעֲוֺנִי כִּי רַב־הוּא׃
יב מִי־זֶה הָאִישׁ יְרֵא יְהוָה
יוֹרֶנּוּ בְּדֶרֶךְ יִבְחָר׃

יג נַפְשׁוֹ בְּטוֹב תָּלִין
וְזַרְעוֹ יִירַשׁ אָרֶץ׃
יד סוֹד יְהוָה לִירֵאָיו
וּבְרִיתוֹ לְהוֹדִיעָם׃
טו עֵינַי תָּמִיד אֶל־יְהוָה
כִּי הוּא־יוֹצִיא מֵרֶשֶׁת רַגְלָי׃
טז פְּנֵה־אֵלַי וְחָנֵּנִי
כִּי־יָחִיד וְעָנִי אָנִי׃
יז צָרוֹת לְבָבִי הִרְחִיבוּ
מִמְּצוּקוֹתַי הוֹצִיאֵנִי׃
יח רְאֵה עָנְיִי וַעֲמָלִי
וְשָׂא לְכָל־חַטֹּאותָי׃
יט רְאֵה־אוֹיְבַי כִּי־רָבּוּ
וְשִׂנְאַת חָמָס שְׂנֵאוּנִי׃
כ שָׁמְרָה נַפְשִׁי וְהַצִּילֵנִי
אַל־אֵבוֹשׁ כִּי־חָסִיתִי בָךְ׃
כא תֹּם־וָיֹשֶׁר יִצְּרוּנִי
כִּי קִוִּיתִיךָ׃
כב פְּדֵה אֱלֹהִים אֶת־יִשְׂרָאֵל
מִכֹּל צָרוֹתָיו׃

המשורר בוטח בחסדי ה׳, מבקש עזרה ומקבלה.

כו א לְדָוִד ׀
שְׁפָטֵנִי יהוה
כִּי־אֲנִי בְּתֻמִּי הָלַכְתִּי
וּבַיהוָה בָּטַחְתִּי
לֹא אֶמְעָד׃
ב בְּחָנֵנִי יְהוָה וְנַסֵּנִי
צָרְפָה כִלְיוֹתַי וְלִבִּי׃ צְרוֹפָה
ג כִּי־חַסְדְּךָ לְנֶגֶד עֵינָי
וְהִתְהַלַּכְתִּי בַּאֲמִתֶּךָ׃
ד לֹא־יָשַׁבְתִּי עִם־מְתֵי־שָׁוְא
וְעִם נַעֲלָמִים לֹא אָבוֹא׃
ה שָׂנֵאתִי קְהַל מְרֵעִים
וְעִם־רְשָׁעִים לֹא אֵשֵׁב׃
ו אֶרְחַץ בְּנִקָּיוֹן כַּפָּי
וַאֲסֹבְבָה אֶת־מִזְבַּחֲךָ יְהוָה׃
ז לַשְׁמִעַ בְּקוֹל תּוֹדָה
וּלְסַפֵּר כָּל־נִפְלְאוֹתֶיךָ׃
ח יְהוָה אָהַבְתִּי מְעוֹן בֵּיתֶךָ
וּמְקוֹם מִשְׁכַּן כְּבוֹדֶךָ׃

ט אַל־תֶּאֱסֹף עִם־חַטָּאִים נַפְשִׁי

וְעִם־אַנְשֵׁי דָמִים חַיָּי:

י אֲשֶׁר־בִּידֵיהֶם זִמָּה

וִֽ֝ימִינָם מָלְאָה שֹּׁחַד:

יא וַאֲנִי בְּתֻמִּי אֵלֵךְ

פְּדֵנִי וְחָנֵּנִי:

יב רַגְלִי עָמְדָה בְמִישׁוֹר

בְּ֝מַקְהֵלִים אֲבָרֵךְ יְהוָה:

המשורר בוטח בה', ומבקש להינצל מאויביו
וּלְבַקֵּר בְּהֵיכָלוֹ של ה'; המשורר מתחזק ומקווה לה'.

כז א לְדָוִד ׀

יְהוָה ׀ אוֹרִי וְיִשְׁעִי

מִמִּי אִירָא

יְהוָה מָעוֹז־חַיַּי

מִמִּי אֶפְחָד:

ב בִּקְרֹב עָלַי ׀ מְרֵעִים

לֶאֱכֹל אֶת־בְּשָׂרִי

צָרַי וְאֹיְבַי לִי

הֵמָּה כָשְׁלוּ וְנָפָלוּ:

ג אִם־תַּחֲנֶה עָלַי ׀ מַחֲנֶה
לֹא־יִירָא לִבִּי
אִם־תָּקוּם עָלַי מִלְחָמָה
בְּזֹאת אֲנִי בוֹטֵחַ:
ד אַחַת ׀ שָׁאַלְתִּי מֵאֵת־יהוה
אוֹתָהּ אֲבַקֵּשׁ
שִׁבְתִּי בְּבֵית־יהוה
כָּל־יְמֵי חַיַּי
לַחֲזוֹת בְּנֹעַם־יהוה
וּלְבַקֵּר בְּהֵיכָלוֹ:
ה כִּי יִצְפְּנֵנִי ׀ בְּסֻכֹּה
בְּיוֹם רָעָה
יַסְתִּרֵנִי בְּסֵתֶר אָהֳלוֹ
בְּצוּר יְרוֹמְמֵנִי:
ו וְעַתָּה יָרוּם רֹאשִׁי
עַל אֹיְבַי סְבִיבוֹתַי
וְאֶזְבְּחָה בְאָהֳלוֹ
זִבְחֵי תְרוּעָה
אָשִׁירָה וַאֲזַמְּרָה לַיהוה:
ז שְׁמַע־יהוה קוֹלִי אֶקְרָא
וְחָנֵּנִי וַעֲנֵנִי:

ח לְךָ ׀ אָמַר לִבִּי
בַּקְּשׁוּ פָנָי
אֶת־פָּנֶיךָ יהוה אֲבַקֵּשׁ׃
ט אַל־תַּסְתֵּר פָּנֶיךָ ׀ מִמֶּנִּי
אַל תַּט־בְּאַף עַבְדֶּךָ
עֶזְרָתִי הָיִיתָ
אַל־תִּטְּשֵׁנִי וְאַל־תַּעַזְבֵנִי
אֱלֹהֵי יִשְׁעִי׃
י כִּי־אָבִי וְאִמִּי עֲזָבוּנִי
וַיהוה יַאַסְפֵנִי׃
יא הוֹרֵנִי יהוה דַּרְכֶּךָ
וּנְחֵנִי בְּאֹרַח מִישׁוֹר
לְמַעַן שׁוֹרְרָי׃
יב אַל־תִּתְּנֵנִי בְּנֶפֶשׁ צָרָי
כִּי קָמוּ־בִי עֵדֵי־שֶׁקֶר
וִיפֵחַ חָמָס׃
יג לוּלֵא הֶאֱמַנְתִּי לִרְאוֹת
בְּטוּב־יהוה בְּאֶרֶץ חַיִּים׃

יד קַוֵּה אֶל־יְהוָה
חֲזַק וְיַאֲמֵץ לִבֶּךָ
וְקַוֵּה אֶל־יְהוָה׃

המשורר קורא לה׳ במצוקתו ומודה לו על קבלת התפילה.

כח א לְדָוִד
אֵלֶיךָ יְהוָה ׀ אֶקְרָא
צוּרִי אַל־תֶּחֱרַשׁ מִמֶּנִּי
פֶּן־תֶּחֱשֶׁה מִמֶּנִּי
וְנִמְשַׁלְתִּי עִם־יוֹרְדֵי בוֹר׃
ב שְׁמַע קוֹל תַּחֲנוּנַי
בְּשַׁוְּעִי אֵלֶיךָ
בְּנָשְׂאִי יָדַי
אֶל־דְּבִיר קָדְשֶׁךָ׃
ג אַל־תִּמְשְׁכֵנִי עִם־רְשָׁעִים
וְעִם־פֹּעֲלֵי אָוֶן
דֹּבְרֵי שָׁלוֹם עִם־רֵעֵיהֶם
וְרָעָה בִּלְבָבָם׃

ד תֶּן־לָהֶם כְּפָעֳלָם

וּכְרֹעַ מַעַלְלֵיהֶם

כְּמַעֲשֵׂה יְדֵיהֶם תֵּן לָהֶם

הָשֵׁב גְּמוּלָם לָהֶם:

ה כִּי לֹא יָבִינוּ אֶל־פְּעֻלֹּת יְהוָה

וְאֶל־מַעֲשֵׂה יָדָיו

יֶהֶרְסֵם וְלֹא יִבְנֵם:

ו בָּרוּךְ יְהוָה

כִּי־שָׁמַע קוֹל תַּחֲנוּנָי:

ז יְהוָה ׀ עֻזִּי וּמָגִנִּי

בּוֹ בָטַח לִבִּי וְנֶעֱזָרְתִּי

וַיַּעֲלֹז לִבִּי וּמִשִּׁירִי אֲהוֹדֶנּוּ:

ח יְהוָה עֹז־לָמוֹ

וּמָעוֹז יְשׁוּעוֹת מְשִׁיחוֹ הוּא:

ט הוֹשִׁיעָה ׀ אֶת־עַמֶּךָ

וּבָרֵךְ אֶת־נַחֲלָתֶךָ

וּרְעֵם וְנַשְּׂאֵם עַד־הָעוֹלָם:

המשורר קורא לפנות לה׳ בפנייה חגיגית;
קול ה׳ נשמע בכל הבריאה; מלכות ה׳ וברכתו לישראל נגלים.

כט

א מִזְמוֹר לְדָוִד
הָבוּ לַיהוה בְּנֵי אֵלִים
הָבוּ לַיהוה כָּבוֹד וָעֹז:
ב הָבוּ לַיהוה כְּבוֹד שְׁמוֹ
הִשְׁתַּחֲווּ לַיהוה בְּהַדְרַת־קֹדֶשׁ:
ג קוֹל יהוה עַל־הַמָּיִם
אֵל־הַכָּבוֹד הִרְעִים
יהוה עַל־מַיִם רַבִּים:
ד קוֹל־יהוה בַּכֹּחַ
קוֹל יהוה בֶּהָדָר:
ה קוֹל יהוה שֹׁבֵר אֲרָזִים
וַיְשַׁבֵּר יהוה אֶת־אַרְזֵי הַלְּבָנוֹן:
ו וַיַּרְקִידֵם כְּמוֹ־עֵגֶל
לְבָנוֹן וְשִׂרְיוֹן כְּמוֹ בֶן־רְאֵמִים:
ז קוֹל־יהוה
חֹצֵב לַהֲבוֹת אֵשׁ:
ח קוֹל יהוה יָחִיל מִדְבָּר
יָחִיל יהוה מִדְבַּר קָדֵשׁ:

ט קוֹל יְהוָה ׀ יְחוֹלֵל אַיָּלוֹת
וַיֶּחֱשֹׂף יְעָרוֹת
וּבְהֵיכָלוֹ כֻּלּוֹ אֹמֵר כָּבוֹד׃
י יְהוָה לַמַּבּוּל יָשָׁב
וַיֵּשֶׁב יְהוָה מֶלֶךְ לְעוֹלָם׃
יא יְהוָה עֹז לְעַמּוֹ יִתֵּן
יְהוָה ׀ יְבָרֵךְ אֶת־עַמּוֹ בַשָּׁלוֹם׃

המשורר מערער על ביטחונו של האדם בכוח זרועו;
המשורר מודה לה׳ על שהצילו ממוות.

ל א מִזְמוֹר שִׁיר־חֲנֻכַּת הַבַּיִת לְדָוִד׃
ב אֲרוֹמִמְךָ יְהוָה
כִּי דִלִּיתָנִי
וְלֹא־שִׂמַּחְתָּ אֹיְבַי לִי׃
ג יְהוָה אֱלֹהָי
שִׁוַּעְתִּי אֵלֶיךָ וַתִּרְפָּאֵנִי׃
ד יְהוָה הֶעֱלִיתָ מִן־שְׁאוֹל נַפְשִׁי
חִיִּיתַנִי מִיָּרְדִי־בוֹר׃ מיורדי־
ה זַמְּרוּ לַיהוָה חֲסִידָיו
וְהוֹדוּ לְזֵכֶר קָדְשׁוֹ׃

ו כִּי רֶגַע ׀ בְּאַפּוֹ
חַיִּים בִּרְצוֹנוֹ
בָּעֶרֶב יָלִין בֶּכִי
וְלַבֹּקֶר רִנָּה:
ז וַאֲנִי אָמַרְתִּי בְשַׁלְוִי
בַּל־אֶמּוֹט לְעוֹלָם:
ח יְהוָה
בִּרְצוֹנְךָ הֶעֱמַדְתָּה לְהַרְרִי עֹז
הִסְתַּרְתָּ פָנֶיךָ
הָיִיתִי נִבְהָל:
ט אֵלֶיךָ יְהוָה אֶקְרָא
וְאֶל־אֲדֹנָי אֶתְחַנָּן:
י מַה־בֶּצַע בְּדָמִי
בְּרִדְתִּי אֶל שָׁחַת
הֲיוֹדְךָ עָפָר
הֲיַגִּיד אֲמִתֶּךָ:
יא שְׁמַע־יְהוָה וְחָנֵּנִי
יְהוָה הֱיֵה־עֹזֵר לִי:
יב הָפַכְתָּ מִסְפְּדִי לְמָחוֹל לִי
פִּתַּחְתָּ שַׂקִּי וַתְּאַזְּרֵנִי שִׂמְחָה:

יג לְמַעַן ׀ יְזַמֶּרְךָ כָבוֹד
וְלֹא יִדֹּם
יְהוָה אֱלֹהַי
לְעוֹלָם אוֹדֶךָּ׃

המשורר מתפלל להצלה, ומודה לה׳ לאחריה; הגמול מובטח לצדיקים ועל כן הם נקראים להתחזק באמונה בה׳.

לא א לַמְנַצֵּחַ מִזְמוֹר לְדָוִד׃
ב בְּךָ־יְהוָה חָסִיתִי
אַל־אֵבוֹשָׁה לְעוֹלָם
בְּצִדְקָתְךָ פַלְּטֵנִי׃
ג הַטֵּה אֵלַי ׀ אָזְנְךָ
מְהֵרָה הַצִּילֵנִי
הֱיֵה לִי ׀ לְצוּר־מָעוֹז
לְבֵית מְצוּדוֹת לְהוֹשִׁיעֵנִי׃
ד כִּי־סַלְעִי וּמְצוּדָתִי אָתָּה
וּלְמַעַן שִׁמְךָ תַּנְחֵנִי וּתְנַהֲלֵנִי׃
ה תּוֹצִיאֵנִי מֵרֶשֶׁת זוּ טָמְנוּ לִי
כִּי־אַתָּה מָעוּזִּי׃

ו בְּיָדְךָ אַפְקִיד רוּחִי
פָּדִיתָה אוֹתִי יְהוָה אֵל אֱמֶת׃
ז שָׂנֵאתִי הַשֹּׁמְרִים הַבְלֵי־שָׁוְא
וַאֲנִי אֶל־יְהוָה בָּטָחְתִּי׃
ח אָגִילָה וְאֶשְׂמְחָה בְּחַסְדֶּךָ
אֲשֶׁר רָאִיתָ אֶת־עָנְיִי
יָדַעְתָּ בְּצָרוֹת נַפְשִׁי׃
ט וְלֹא הִסְגַּרְתַּנִי בְּיַד־אוֹיֵב
הֶעֱמַדְתָּ בַמֶּרְחָב רַגְלָי׃
י חָנֵּנִי יְהוָה כִּי צַר לִי
עָשְׁשָׁה בְכַעַס עֵינִי
נַפְשִׁי וּבִטְנִי׃
יא כִּי כָלוּ בְיָגוֹן חַיַּי
וּשְׁנוֹתַי בַּאֲנָחָה
כָּשַׁל בַּעֲוֺנִי כֹחִי
וַעֲצָמַי עָשֵׁשׁוּ׃
יב מִכָּל־צֹרְרַי הָיִיתִי חֶרְפָּה
וְלִשְׁכֵנַי ׀ מְאֹד
וּפַחַד לִמְיֻדָּעָי
רֹאַי בַּחוּץ נָדְדוּ מִמֶּנִּי׃

יג נִשְׁכַּחְתִּי כְּמֵת מִלֵּב
הָיִיתִי כִּכְלִי אֹבֵד:
יד כִּי שָׁמַעְתִּי ׀ דִּבַּת רַבִּים
מָגוֹר מִסָּבִיב
בְּהִוָּסְדָם יַחַד עָלַי
לָקַחַת נַפְשִׁי זָמָמוּ:
טו וַאֲנִי ׀ עָלֶיךָ בָטַחְתִּי יְהוָה
אָמַרְתִּי אֱלֹהַי אָתָּה:
טז בְּיָדְךָ עִתֹּתָי
הַצִּילֵנִי מִיַּד־אוֹיְבַי וּמֵרֹדְפָי:
יז הָאִירָה פָנֶיךָ עַל־עַבְדֶּךָ
הוֹשִׁיעֵנִי בְחַסְדֶּךָ:
יח יְהוָה אַל־אֵבוֹשָׁה
כִּי קְרָאתִיךָ
יֵבֹשׁוּ רְשָׁעִים
יִדְּמוּ לִשְׁאוֹל:
יט תֵּאָלַמְנָה שִׂפְתֵי שָׁקֶר
הַדֹּבְרוֹת עַל־צַדִּיק עָתָק
בְּגַאֲוָה וָבוּז:

כ מָה רַב טוּבְךָ
אֲשֶׁר־צָפַנְתָּ לִּירֵאֶיךָ
פָּעַלְתָּ לַחוֹסִים בָּךְ
נֶגֶד בְּנֵי אָדָם:
כא תַּסְתִּירֵם ׀ בְּסֵתֶר פָּנֶיךָ
מֵרֻכְסֵי אִישׁ
תִּצְפְּנֵם בְּסֻכָּה
מֵרִיב לְשֹׁנוֹת:
כב בָּרוּךְ יְהוָה
כִּי הִפְלִיא חַסְדּוֹ לִי בְּעִיר מָצוֹר:
כג וַאֲנִי ׀ אָמַרְתִּי בְחָפְזִי
נִגְרַזְתִּי מִנֶּגֶד עֵינֶיךָ
אָכֵן שָׁמַעְתָּ קוֹל תַּחֲנוּנַי
בְּשַׁוְּעִי אֵלֶיךָ:
כד אֶהֱבוּ אֶת־יְהוָה כָּל־חֲסִידָיו
אֱמוּנִים נֹצֵר יְהוָה
וּמְשַׁלֵּם עַל־יֶתֶר עֹשֵׂה גַאֲוָה:
כה חִזְקוּ וְיַאֲמֵץ לְבַבְכֶם
כָּל־הַמְיַחֲלִים לַיהוָה:

אַשְׁרֵי הָאָדָם שֶׁה׳ מְכַפֵּר עַל חֲטָאָיו וּמַדְרִיכוֹ לָלֶכֶת בִּדְרָכָיו;
הַמְשׁוֹרֵר מְזַמֵּן אֶת הַצַּדִּיקִים לִשְׂמוֹחַ עִמּוֹ.

לב א לְדָוִד מַשְׂכִּיל
אַשְׁרֵי נְשׂוּי־פֶּשַׁע
כְּסוּי חֲטָאָה׃
ב אַשְׁרֵי־אָדָם
לֹא יַחְשֹׁב יְהוָה לוֹ עָוֺן
וְאֵין בְּרוּחוֹ רְמִיָּה׃
ג כִּי־הֶחֱרַשְׁתִּי
בָּלוּ עֲצָמָי
בְּשַׁאֲגָתִי כָּל־הַיּוֹם׃
ד כִּי ׀ יוֹמָם וָלַיְלָה תִּכְבַּד עָלַי יָדֶךָ
נֶהְפַּךְ לְשַׁדִּי
בְּחַרְבֹנֵי קַיִץ סֶלָה׃
ה חַטָּאתִי אוֹדִיעֲךָ
וַעֲוֺנִי לֹא־כִסִּיתִי
אָמַרְתִּי אוֹדֶה עֲלֵי פְשָׁעַי לַיהוָה
וְאַתָּה נָשָׂאתָ עֲוֺן חַטָּאתִי
סֶלָה׃

ו עַל־זֹאת יִתְפַּלֵּל כָּל־חָסִיד ׀ אֵלֶיךָ
לְעֵת מְצֹא
רַק לְשֵׁטֶף מַיִם רַבִּים
אֵלָיו לֹא יַגִּיעוּ׃
ז אַתָּה ׀ סֵתֶר לִי
מִצַּר תִּצְּרֵנִי
רָנֵּי פַלֵּט תְּסוֹבְבֵנִי סֶלָה׃
ח אַשְׂכִּילְךָ ׀ וְאוֹרְךָ
בְּדֶרֶךְ־זוּ תֵלֵךְ
אִיעֲצָה עָלֶיךָ עֵינִי׃
ט אַל־תִּהְיוּ ׀ כְּסוּס כְּפֶרֶד אֵין הָבִין
בְּמֶתֶג־וָרֶסֶן עֶדְיוֹ לִבְלוֹם
בַּל קְרֹב אֵלֶיךָ׃
י רַבִּים מַכְאוֹבִים לָרָשָׁע
וְהַבּוֹטֵחַ בַּיהוָה
חֶסֶד יְסוֹבְבֶנּוּ׃
יא שִׂמְחוּ בַיהוָה
וְגִילוּ צַדִּיקִים
וְהַרְנִינוּ כָּל־יִשְׁרֵי־לֵב׃

המשך המזמור הקודם: המשורר מודה ומשבח את ה׳, בורא העולם, המנהיג את העולם בחסד ומשגיח על עם ישראל ועל כל יושבי תבל.

לג א רַנְּנוּ צַדִּיקִים בַּיהוָה
לַיְשָׁרִים נָאוָה תְהִלָּה:
ב הוֹדוּ לַיהוָה בְּכִנּוֹר
בְּנֵבֶל עָשׂוֹר זַמְּרוּ־לוֹ:
ג שִׁירוּ־לוֹ שִׁיר חָדָשׁ
הֵיטִיבוּ נַגֵּן בִּתְרוּעָה:
ד כִּי־יָשָׁר דְּבַר־יְהוָה
וְכָל־מַעֲשֵׂהוּ בֶּאֱמוּנָה:
ה אֹהֵב צְדָקָה וּמִשְׁפָּט
חֶסֶד יְהוָה מָלְאָה הָאָרֶץ:
ו בִּדְבַר יְהוָה שָׁמַיִם נַעֲשׂוּ
וּבְרוּחַ פִּיו כָּל־צְבָאָם:
ז כֹּנֵס כַּנֵּד מֵי הַיָּם
נֹתֵן בְּאוֹצָרוֹת תְּהוֹמוֹת:
ח יִירְאוּ מֵיְהוָה כָּל־הָאָרֶץ
מִמֶּנּוּ יָגוּרוּ כָּל־יֹשְׁבֵי תֵבֵל:
ט כִּי הוּא אָמַר וַיֶּהִי
הוּא־צִוָּה וַיַּעֲמֹד:

י יְהוָה הֵפִיר עֲצַת־גּוֹיִם
הֵנִיא מַחְשְׁבוֹת עַמִּים:
יא עֲצַת יְהוָה לְעוֹלָם תַּעֲמֹד
מַחְשְׁבוֹת לִבּוֹ לְדֹר וָדֹר:
יב אַשְׁרֵי הַגּוֹי אֲשֶׁר־יְהוָה אֱלֹהָיו
הָעָם ׀ בָּחַר לְנַחֲלָה לוֹ:
יג מִשָּׁמַיִם הִבִּיט יְהוָה
רָאָה אֶת־כָּל־בְּנֵי הָאָדָם:
יד מִמְּכוֹן־שִׁבְתּוֹ הִשְׁגִּיחַ
אֶל כָּל־יֹשְׁבֵי הָאָרֶץ:
טו הַיֹּצֵר יַחַד לִבָּם
הַמֵּבִין אֶל־כָּל־מַעֲשֵׂיהֶם:
טז אֵין־הַמֶּלֶךְ נוֹשָׁע בְּרָב־חָיִל
גִּבּוֹר לֹא־יִנָּצֵל בְּרָב־כֹּחַ:
יז שֶׁקֶר הַסּוּס לִתְשׁוּעָה
וּבְרֹב חֵילוֹ לֹא יְמַלֵּט:
יח הִנֵּה עֵין יְהוָה אֶל־יְרֵאָיו
לַמְיַחֲלִים לְחַסְדּוֹ:
יט לְהַצִּיל מִמָּוֶת נַפְשָׁם
וּלְחַיּוֹתָם בָּרָעָב:

כ נַפְשֵׁנוּ חִכְּתָה לַיהוָה
עֶזְרֵנוּ וּמָגִנֵּנוּ הוּא:
כא כִּי־בוֹ יִשְׂמַח לִבֵּנוּ
כִּי בְשֵׁם קָדְשׁוֹ בָטָחְנוּ:
כב יְהִי־חַסְדְּךָ יְהוָה עָלֵינוּ
כַּאֲשֶׁר יִחַלְנוּ לָךְ:

הנושע בידי ה׳ אומר הלל, והוא מלמד את יראי ה׳ מוסר;
ה׳ שומר צדיקים ומעניש רשעים (סגירת מעגל עם מזמור כה).

לד א לְדָוִד
בְּשַׁנּוֹתוֹ אֶת־טַעְמוֹ לִפְנֵי אֲבִימֶלֶךְ
וַיְגָרְשֵׁהוּ וַיֵּלַךְ:
ב אֲבָרְכָה אֶת־יְהוָה בְּכָל־עֵת
תָּמִיד תְּהִלָּתוֹ בְּפִי:
ג בַּיהוָה תִּתְהַלֵּל נַפְשִׁי
יִשְׁמְעוּ עֲנָוִים וְיִשְׂמָחוּ:
ד גַּדְּלוּ לַיהוָה אִתִּי
וּנְרוֹמְמָה שְׁמוֹ יַחְדָּו:
ה דָּרַשְׁתִּי אֶת־יְהוָה וְעָנָנִי
וּמִכָּל־מְגוּרוֹתַי הִצִּילָנִי:

ו הִבִּיטוּ אֵלָיו וְנָהָרוּ
וּפְנֵיהֶם אַל־יֶחְפָּרוּ׃
ז זֶה עָנִי קָרָא וַיהוָה שָׁמֵעַ
וּמִכָּל־צָרוֹתָיו הוֹשִׁיעוֹ׃
ח חֹנֶה מַלְאַךְ־יְהוָה
סָבִיב לִירֵאָיו וַיְחַלְּצֵם׃
ט טַעֲמוּ וּרְאוּ כִּי־טוֹב יְהוָה
אַשְׁרֵי הַגֶּבֶר יֶחֱסֶה־בּוֹ׃
י יְראוּ אֶת־יְהוָה קְדֹשָׁיו
כִּי־אֵין מַחְסוֹר לִירֵאָיו׃
יא כְּפִירִים רָשׁוּ וְרָעֵבוּ
וְדֹרְשֵׁי יְהוָה לֹא־יַחְסְרוּ כָל־טוֹב׃
יב לְכוּ־בָנִים שִׁמְעוּ־לִי
יִרְאַת יְהוָה אֲלַמֶּדְכֶם׃
יג מִי־הָאִישׁ הֶחָפֵץ חַיִּים
אֹהֵב יָמִים לִרְאוֹת טוֹב׃
יד נְצֹר לְשׁוֹנְךָ מֵרָע
וּשְׂפָתֶיךָ מִדַּבֵּר מִרְמָה׃
טו סוּר מֵרָע וַעֲשֵׂה־טוֹב
בַּקֵּשׁ שָׁלוֹם וְרָדְפֵהוּ׃

טז עֵינֵי יהוה אֶל־צַדִּיקִים
וְאׇזְנָיו אֶל־שַׁוְעָתָם:
יז פְּנֵי יהוה בְּעֹשֵׂי רָע
לְהַכְרִית מֵאֶרֶץ זִכְרָם:
יח צָעֲקוּ וַיהוה שָׁמֵעַ
וּמִכׇּל־צָרוֹתָם הִצִּילָם:
יט קָרוֹב יהוה לְנִשְׁבְּרֵי־לֵב
וְאֶת־דַּכְּאֵי־רוּחַ יוֹשִׁיעַ:
כ רַבּוֹת רָעוֹת צַדִּיק
וּמִכֻּלָּם יַצִּילֶנּוּ יהוה:
כא שֹׁמֵר כׇּל־עַצְמוֹתָיו
אַחַת מֵהֵנָּה לֹא נִשְׁבָּרָה:
כב תְּמוֹתֵת רָשָׁע רָעָה
וְשֹׂנְאֵי צַדִּיק יֶאְשָׁמוּ:
כג פּוֹדֶה יהוה נֶפֶשׁ עֲבָדָיו
וְלֹא יֶאְשְׁמוּ כׇּל־הַחֹסִים בּוֹ:

בחטיבה הרביעית (לה–מא) המשורר, הסובל ממחלה ומאויבים, זוכה להצלת ה׳; הוא עוסק בתיקון הרשע ובבניין העולם; המשורר מפנים את תורת ה׳, שהיא ׳בתוך מעיו׳, ורוצה לחיות לפיה ולעשות את רצון ה׳ (לז, לא; מ, ט).

המשורר מתפלל למפלת האויבים הרשעים ולהצלתו; מבקשי רעתו יֵבושו, ואילו חבריו ישמחו בצדקת ה׳ הֶחָפֵץ שְׁלוֹם עַבְדּוֹ.

לה א לְדָוִד ׀

רִיבָה יְהוָה אֶת־יְרִיבַי

לְחַם אֶת־לֹחֲמָי:

ב הַחֲזֵק מָגֵן וְצִנָּה

וְקוּמָה בְּעֶזְרָתִי:

ג וְהָרֵק חֲנִית וּסְגֹר

לִקְרַאת רֹדְפָי

אֱמֹר לְנַפְשִׁי יְשֻׁעָתֵךְ אָנִי:

ד יֵבֹשׁוּ וְיִכָּלְמוּ

מְבַקְשֵׁי נַפְשִׁי

יִסֹּגוּ אָחוֹר וְיַחְפְּרוּ

חֹשְׁבֵי רָעָתִי:

ה יִהְיוּ כְּמֹץ לִפְנֵי־רוּחַ

וּמַלְאַךְ יְהוָה דּוֹחֶה:

ו יְהִי־דַרְכָּם חֹשֶׁךְ וַחֲלַקְלַקֹּת

וּמַלְאַךְ יְהוָה רֹדְפָם:

ז כִּי־חִנָּם טָמְנוּ־לִי שַׁחַת רִשְׁתָּם

חִנָּם חָפְרוּ לְנַפְשִׁי:

ח תְּבוֹאֵהוּ שׁוֹאָה לֹא־יֵדָע

וְרִשְׁתּוֹ אֲשֶׁר־טָמַן תִּלְכְּדוֹ

בְּשׁוֹאָה יִפָּל־בָּהּ:

ט וְנַפְשִׁי תָּגִיל בַּיהוָה

תָּשִׂישׂ בִּישׁוּעָתוֹ:

י כָּל עַצְמֹתַי ׀ תֹּאמַרְנָה

יהוה מִי כָמוֹךָ

מַצִּיל עָנִי מֵחָזָק מִמֶּנּוּ

וְעָנִי וְאֶבְיוֹן מִגֹּזְלוֹ:

יא יְקוּמוּן עֵדֵי חָמָס

אֲשֶׁר לֹא־יָדַעְתִּי יִשְׁאָלוּנִי:

יב יְשַׁלְּמוּנִי רָעָה תַּחַת טוֹבָה

שְׁכוֹל לְנַפְשִׁי:

יג וַאֲנִי ׀ בַּחֲלוֹתָם לְבוּשִׁי שָׂק

עִנֵּיתִי בַצּוֹם נַפְשִׁי

וּתְפִלָּתִי עַל־חֵיקִי תָשׁוּב:

יד כְּרֵעַ־כְּאָח לִי הִתְהַלָּכְתִּי

כַּאֲבֶל־אֵם קֹדֵר שַׁחוֹתִי:

טו וּבְצַלְעִי שָׂמְחוּ וְנֶאֱסָפוּ

נֶאֶסְפוּ עָלַי נֵכִים וְלֹא יָדַעְתִּי

קָרְעוּ וְלֹא־דָמּוּ׃

טז בְּחַנְפֵי לַעֲגֵי מָעוֹג

חָרֹק עָלַי שִׁנֵּימוֹ׃

יז אֲדֹנָי כַּמָּה תִּרְאֶה

הָשִׁיבָה נַפְשִׁי מִשֹּׁאֵיהֶם

מִכְּפִירִים יְחִידָתִי׃

יח אוֹדְךָ בְּקָהָל רָב

בְּעַם עָצוּם אֲהַלְלֶךָּ׃

יט אַל־יִשְׂמְחוּ־לִי אֹיְבַי שֶׁקֶר

שֹׂנְאַי חִנָּם יִקְרְצוּ־עָיִן׃

כ כִּי לֹא שָׁלוֹם יְדַבֵּרוּ

וְעַל רִגְעֵי־אֶרֶץ

דִּבְרֵי מִרְמוֹת יַחֲשֹׁבוּן׃

כא וַיַּרְחִיבוּ עָלַי פִּיהֶם

אָמְרוּ הֶאָח ׀ הֶאָח

רָאֲתָה עֵינֵינוּ׃

כב רָאִיתָה יְהוָה אַל־תֶּחֱרַשׁ

אֲדֹנָי אַל־תִּרְחַק מִמֶּנִּי׃

כג הָעִירָה וְהָקִיצָה לְמִשְׁפָּטִי
אֱלֹהַי וַאדֹנָי לְרִיבִי:
כד שָׁפְטֵנִי כְצִדְקְךָ יְהוָה אֱלֹהָי
וְאַל־יִשְׂמְחוּ־לִי:
כה אַל־יֹאמְרוּ בְלִבָּם
הֶאָח נַפְשֵׁנוּ
אַל־יֹאמְרוּ בִּלַּעֲנוּהוּ:
כו יֵבֹשׁוּ וְיַחְפְּרוּ ׀ יַחְדָּו
שְׂמֵחֵי רָעָתִי
יִלְבְּשׁוּ־בֹשֶׁת וּכְלִמָּה
הַמַּגְדִּילִים עָלָי:
כז יָרֹנּוּ וְיִשְׂמְחוּ חֲפֵצֵי צִדְקִי
וְיֹאמְרוּ תָמִיד יִגְדַּל יְהוָה
הֶחָפֵץ שְׁלוֹם עַבְדּוֹ:
כח וּלְשׁוֹנִי תֶּהְגֶּה צִדְקֶךָ
כָּל־הַיּוֹם תְּהִלָּתֶךָ:

עבד ה׳ מאוים על ידי הרשע, אך בוטח בחסדי ה׳
ובאמונתו, שהם מְקוֹר חַיִּים לְיִשְׁרֵי לֵב.

לו א לַמְנַצֵּחַ ׀ לְעֶבֶד־יְהוָה לְדָוִד:
ב נְאֻם־פֶּשַׁע לָרָשָׁע בְּקֶרֶב לִבִּי
אֵין־פַּחַד אֱלֹהִים לְנֶגֶד עֵינָיו:
ג כִּי־הֶחֱלִיק אֵלָיו בְּעֵינָיו
לִמְצֹא עֲוֺנוֹ לִשְׂנֹא:
ד דִּבְרֵי־פִיו אָוֶן וּמִרְמָה
חָדַל לְהַשְׂכִּיל לְהֵיטִיב:
ה אָוֶן ׀ יַחְשֹׁב עַל־מִשְׁכָּבוֹ
יִתְיַצֵּב עַל־דֶּרֶךְ לֹא־טוֹב
רָע לֹא יִמְאָס:
ו יְהוָה בְּהַשָּׁמַיִם חַסְדֶּךָ
אֱמוּנָתְךָ עַד־שְׁחָקִים:
ז צִדְקָתְךָ ׀ כְּהַרְרֵי־אֵל
מִשְׁפָּטֶיךָ תְּהוֹם רַבָּה
אָדָם וּבְהֵמָה תוֹשִׁיעַ ׀ יְהוָה:
ח מַה־יָּקָר חַסְדְּךָ אֱלֹהִים
וּבְנֵי אָדָם בְּצֵל כְּנָפֶיךָ יֶחֱסָיוּן:
ט יִרְוְיֻן מִדֶּשֶׁן בֵּיתֶךָ
וְנַחַל עֲדָנֶיךָ תַשְׁקֵם:

י כִּי־עִמְּךָ מְקוֹר חַיִּים
בְּאוֹרְךָ נִרְאֶה־אוֹר׃
יא מְשֹׁךְ חַסְדְּךָ לְיֹדְעֶיךָ
וְצִדְקָתְךָ לְיִשְׁרֵי־לֵב׃
יב אַל־תְּבוֹאֵנִי רֶגֶל גַּאֲוָה
וְיַד־רְשָׁעִים אַל־תְּנִדֵנִי׃
יג שָׁם נָפְלוּ פֹּעֲלֵי אָוֶן
דֹּחוּ וְלֹא־יָכְלוּ קוּם׃

המשורר מעודד את השומעים לבטוח בה',
כי הוא מאבד את הרשעים ומטיב לצדיקים,
היורשים את הארץ ועוסקים בבניינה (אקרוסטיכון אלפביתי).

לז א לְדָוִד ׀
אַל־תִּתְחַר בַּמְּרֵעִים
אַל־תְּקַנֵּא בְּעֹשֵׂי עַוְלָה׃
ב כִּי כֶחָצִיר מְהֵרָה יִמָּלוּ
וּכְיֶרֶק דֶּשֶׁא יִבּוֹלוּן׃
ג בְּטַח בַּיהוָה וַעֲשֵׂה־טוֹב
שְׁכָן־אֶרֶץ וּרְעֵה אֱמוּנָה׃
ד וְהִתְעַנַּג עַל־יְהוָה
וְיִתֶּן־לְךָ מִשְׁאֲלֹת לִבֶּךָ׃

ה גּוֹל עַל־יְהוָה דַּרְכֶּךָ
וּבְטַח עָלָיו וְהוּא יַעֲשֶׂה:
ו וְהוֹצִיא כָאוֹר צִדְקֶךָ
וּמִשְׁפָּטֶךָ כַּצָּהֳרָיִם:
ז דּוֹם ׀ לַיהוָה וְהִתְחוֹלֵל לוֹ
אַל־תִּתְחַר בְּמַצְלִיחַ דַּרְכּוֹ
בְּאִישׁ עֹשֶׂה מְזִמּוֹת:
ח הֶרֶף מֵאַף וַעֲזֹב חֵמָה
אַל־תִּתְחַר אַךְ־לְהָרֵעַ:
ט כִּי־מְרֵעִים יִכָּרֵתוּן
וְקֹוֵי יְהוָה הֵמָּה יִירְשׁוּ־אָרֶץ:
י וְעוֹד מְעַט וְאֵין רָשָׁע
וְהִתְבּוֹנַנְתָּ עַל־מְקוֹמוֹ וְאֵינֶנּוּ:
יא וַעֲנָוִים יִירְשׁוּ־אָרֶץ
וְהִתְעַנְּגוּ עַל־רֹב שָׁלוֹם:
יב זֹמֵם רָשָׁע לַצַּדִּיק
וְחֹרֵק עָלָיו שִׁנָּיו:
יג אֲדֹנָי יִשְׂחַק־לוֹ
כִּי־רָאָה כִּי־יָבֹא יוֹמוֹ:

יד חֶ֤רֶב ׀ פָּֽתְח֣וּ רְשָׁעִים֮
וְדָרְכ֪וּ קַ֫שְׁתָּ֥ם
לְ֭הַפִּיל עָנִ֣י וְאֶבְי֑וֹן
לִ֝טְב֗וֹחַ יִשְׁרֵי־דָֽרֶךְ׃
טו חַ֭רְבָּם תָּב֣וֹא בְלִבָּ֑ם
וְ֝קַשְּׁתוֹתָ֗ם תִּשָּׁבַֽרְנָה׃
טז טֽוֹב־מְ֭עַט לַצַּדִּ֑יק
מֵ֝הֲמ֗וֹן רְשָׁעִ֥ים רַבִּֽים׃
יז כִּ֤י זְרוֹע֣וֹת רְ֭שָׁעִים תִּשָּׁבַ֑רְנָה
וְסוֹמֵ֖ךְ צַדִּיקִ֣ים יהוָֽה׃
יח יוֹדֵ֣עַ יהוה יְמֵ֣י תְמִימִ֑ם
וְ֝נַחֲלָתָ֗ם לְעוֹלָ֥ם תִּהְיֶֽה׃
יט לֹֽא־יֵ֭בֹשׁוּ בְּעֵ֣ת רָעָ֑ה
וּבִימֵ֖י רְעָב֣וֹן יִשְׂבָּֽעוּ׃
כ כִּ֤י רְשָׁעִ֨ים ׀ יֹאבֵ֗דוּ
וְאֹיְבֵ֣י יהוה כִּיקַ֣ר כָּרִ֑ים
כָּל֖וּ בֶעָשָׁ֣ן כָּֽלוּ׃
כא לֹוֶ֣ה רָ֭שָׁע וְלֹ֣א יְשַׁלֵּ֑ם
וְ֝צַדִּ֗יק חוֹנֵ֥ן וְנוֹתֵֽן׃

כב כִּי מְבֹרָכָיו יִירְשׁוּ אָרֶץ
וּמְקֻלָּלָיו יִכָּרֵתוּ:
כג מֵיְהוָה מִצְעֲדֵי־גֶבֶר כּוֹנָנוּ
וְדַרְכּוֹ יֶחְפָּץ:
כד כִּי־יִפֹּל לֹא־יוּטָל
כִּי־יְהוָה סוֹמֵךְ יָדוֹ:
כה נַעַר ׀ הָיִיתִי גַּם־זָקַנְתִּי
וְלֹא־רָאִיתִי צַדִּיק נֶעֱזָב
וְזַרְעוֹ מְבַקֶּשׁ־לָחֶם:
כו כָּל־הַיּוֹם חוֹנֵן וּמַלְוֶה
וְזַרְעוֹ לִבְרָכָה:
כז סוּר מֵרָע וַעֲשֵׂה־טוֹב
וּשְׁכֹן לְעוֹלָם:
כח כִּי יְהוָה ׀ אֹהֵב מִשְׁפָּט
וְלֹא־יַעֲזֹב אֶת־חֲסִידָיו
לְעוֹלָם נִשְׁמָרוּ
וְזֶרַע רְשָׁעִים נִכְרָת:
כט צַדִּיקִים יִירְשׁוּ־אָרֶץ
וְיִשְׁכְּנוּ לָעַד עָלֶיהָ:

ל פִּֽי־צַדִּיק יֶהְגֶּה חָכְמָה
וּלְשׁוֹנוֹ תְּדַבֵּר מִשְׁפָּט׃
לא תּוֹרַת אֱלֹהָיו בְּלִבּוֹ
לֹא תִמְעַד אֲשֻׁרָיו׃
לב צוֹפֶה רָשָׁע לַצַּדִּיק
וּמְבַקֵּשׁ לַהֲמִיתוֹ׃
לג יְהוָה לֹא־יַעַזְבֶנּוּ בְיָדוֹ
וְלֹא יַרְשִׁיעֶנּוּ בְּהִשָּׁפְטוֹ׃
לד קַוֵּה אֶל־יְהוָה ׀
וּשְׁמֹר דַּרְכּוֹ
וִירוֹמִמְךָ לָרֶשֶׁת אָרֶץ
בְּהִכָּרֵת רְשָׁעִים תִּרְאֶה׃
לה רָאִיתִי רָשָׁע עָרִיץ
וּמִתְעָרֶה כְּאֶזְרָח רַעֲנָן׃
לו וַיַּעֲבֹר וְהִנֵּה אֵינֶנּוּ
וָאֲבַקְשֵׁהוּ וְלֹא נִמְצָא׃
לז שְׁמָר־תָּם וּרְאֵה יָשָׁר
כִּי־אַחֲרִית לְאִישׁ שָׁלוֹם׃
לח וּפֹשְׁעִים נִשְׁמְדוּ יַחְדָּו
אַחֲרִית רְשָׁעִים נִכְרָתָה׃

לט וּתְשׁוּעַת צַדִּיקִים מֵיְהוָה
מָעוּזָּם בְּעֵת צָרָה׃
מ וַיַּעְזְרֵם יהוה וַיְפַלְּטֵם
יְפַלְּטֵם מֵרְשָׁעִים וְיוֹשִׁיעֵם
כִּי־חָסוּ בוֹ׃

למרות חולשתו של המשורר ופחדיו מאויביו,
מחטאיו ומעוונותיו – הוא בוטח בה׳ ומקווה לישועתו.

לח א מִזְמוֹר לְדָוִד לְהַזְכִּיר׃
ב יהוה אַל־בְּקֶצְפְּךָ תוֹכִיחֵנִי
וּבַחֲמָתְךָ תְיַסְּרֵנִי׃
ג כִּי־חִצֶּיךָ נִחֲתוּ בִי
וַתִּנְחַת עָלַי יָדֶךָ׃
ד אֵין־מְתֹם בִּבְשָׂרִי מִפְּנֵי זַעְמֶךָ
אֵין־שָׁלוֹם בַּעֲצָמַי מִפְּנֵי חַטָּאתִי׃
ה כִּי עֲוֺנֹתַי עָבְרוּ רֹאשִׁי
כְּמַשָּׂא כָבֵד יִכְבְּדוּ מִמֶּנִּי׃
ו הִבְאִישׁוּ נָמַקּוּ חַבּוּרֹתָי
מִפְּנֵי אִוַּלְתִּי׃

ז נַעֲוֵיתִי שַׁחֹתִי עַד־מְאֹד
כָּל־הַיּוֹם קֹדֵר הִלָּכְתִּי׃
ח כִּי־כְסָלַי מָלְאוּ נִקְלֶה
וְאֵין מְתֹם בִּבְשָׂרִי׃
ט נְפוּגוֹתִי וְנִדְכֵּיתִי עַד־מְאֹד
שָׁאַגְתִּי מִנַּהֲמַת לִבִּי׃
י אֲדֹנָי נֶגְדְּךָ כָל־תַּאֲוָתִי
וְאַנְחָתִי מִמְּךָ לֹא־נִסְתָּרָה׃
יא לִבִּי סְחַרְחַר עֲזָבַנִי כֹחִי
וְאוֹר־עֵינַי גַּם־הֵם אֵין אִתִּי׃
יב אֹהֲבַי ׀ וְרֵעַי מִנֶּגֶד נִגְעִי יַעֲמֹדוּ
וּקְרוֹבַי מֵרָחֹק עָמָדוּ׃
יג וַיְנַקְשׁוּ ׀ מְבַקְשֵׁי נַפְשִׁי
וְדֹרְשֵׁי רָעָתִי דִּבְּרוּ הַוּוֹת
וּמִרְמוֹת כָּל־הַיּוֹם יֶהְגּוּ׃
יד וַאֲנִי כְחֵרֵשׁ לֹא אֶשְׁמָע
וּכְאִלֵּם לֹא יִפְתַּח־פִּיו׃
טו וָאֱהִי כְּאִישׁ אֲשֶׁר לֹא־שֹׁמֵעַ
וְאֵין בְּפִיו תּוֹכָחוֹת׃

טז כִּֽי־לְךָ֣ יְהֹוָ֣ה הוֹחָ֑לְתִּי

אַתָּ֥ה תַ֝עֲנֶ֗ה אֲדֹנָ֥י אֱלֹהָֽי׃

יז כִּֽי־אָ֭מַרְתִּי פֶּן־יִשְׂמְחוּ־לִ֑י

בְּמ֥וֹט רַ֝גְלִ֗י עָלַ֥י הִגְדִּֽילוּ׃

יח כִּֽי־אֲ֭נִי לְצֶ֣לַע נָכ֑וֹן

וּמַכְאוֹבִ֖י נֶגְדִּ֣י תָמִֽיד׃

יט כִּֽי־עֲוֺנִ֥י אַגִּ֑יד

אֶ֝דְאַ֗ג מֵֽחַטָּאתִֽי׃

כ וְ֭אֹיְבַי חַיִּ֣ים עָצֵ֑מוּ

וְרַבּ֖וּ שֹׂנְאַ֣י שָֽׁקֶר׃

כא וּמְשַׁלְּמֵ֣י רָ֭עָה תַּ֣חַת טוֹבָ֑ה

יִ֝שְׂטְנ֗וּנִי תַּ֣חַת רָדְפִי־טֽוֹב׃ רדופי־

כב אַל־תַּעַזְבֵ֥נִי יְהֹוָ֑ה

אֱ֝לֹהַ֗י אַל־תִּרְחַ֥ק מִמֶּֽנִּי׃

כג ח֥וּשָׁה לְעֶזְרָתִ֑י

אֲ֝דֹנָ֗י תְּשׁוּעָתִֽי׃

המשורר חש באפסות חייו בשל פשעיו ועוונותיו,
אך מתפלל ומקווה לישועת ה'.

ידיתון לט א לַמְנַצֵּחַ לִידוּתוּן מִזְמוֹר לְדָוִד:
ב אָמַרְתִּי אֶשְׁמְרָה דְרָכַי
מֵחֲטוֹא בִלְשׁוֹנִי
אֶשְׁמְרָה־לְפִי מַחְסוֹם
בְּעֹד רָשָׁע לְנֶגְדִּי:
ג נֶאֱלַמְתִּי דוּמִיָּה הֶחֱשֵׁיתִי מִטּוֹב
וּכְאֵבִי נֶעְכָּר:
ד חַם־לִבִּי ׀ בְּקִרְבִּי
בַּהֲגִיגִי תִבְעַר־אֵשׁ
דִּבַּרְתִּי בִּלְשׁוֹנִי:
ה הוֹדִיעֵנִי יְהוָה ׀ קִצִּי
וּמִדַּת יָמַי מַה־הִיא
אֵדְעָה מֶה־חָדֵל אָנִי:
ו הִנֵּה טְפָחוֹת ׀ נָתַתָּה יָמַי
וְחֶלְדִּי כְאַיִן נֶגְדֶּךָ
אַךְ־כָּל־הֶבֶל כָּל־אָדָם נִצָּב סֶלָה:
ז אַךְ־בְּצֶלֶם ׀ יִתְהַלֶּךְ־אִישׁ
אַךְ־הֶבֶל יֶהֱמָיוּן
יִצְבֹּר וְלֹא־יֵדַע מִי־אֹסְפָם:

ח וְעַתָּה מַה־קִּוִּיתִי אֲדֹנָי
תּוֹחַלְתִּי לְךָ הִיא׃
ט מִכָּל־פְּשָׁעַי הַצִּילֵנִי
חֶרְפַּת נָבָל אַל־תְּשִׂימֵנִי׃
י נֶאֱלַמְתִּי לֹא אֶפְתַּח־פִּי
כִּי אַתָּה עָשִׂיתָ׃
יא הָסֵר מֵעָלַי נִגְעֶךָ
מִתִּגְרַת יָדְךָ אֲנִי כָלִיתִי׃
יב בְּתוֹכָחוֹת עַל־עָוֺן ׀ יִסַּרְתָּ אִישׁ
וַתֶּמֶס כָּעָשׁ חֲמוּדוֹ
אַךְ הֶבֶל כָּל־אָדָם סֶלָה׃
יג שִׁמְעָה תְפִלָּתִי ׀ יְהוָה
וְשַׁוְעָתִי ׀ הַאֲזִינָה
אֶל־דִּמְעָתִי אַל־תֶּחֱרַשׁ
כִּי גֵר אָנֹכִי עִמָּךְ
תּוֹשָׁב כְּכָל־אֲבוֹתָי׃
יד הָשַׁע מִמֶּנִּי וְאַבְלִיגָה
בְּטֶרֶם אֵלֵךְ וְאֵינֶנִּי׃

המשורר מהלל את ה׳ בקהל רב על שהושיעו בזכות התורה,
ומבקש שה׳ ינהג עמו בחסד גם בעתיד.

מ א לַמְנַצֵּחַ לְדָוִד מִזְמוֹר:
ב קַוֹּה קִוִּיתִי יְהוָה
וַיֵּט אֵלַי וַיִּשְׁמַע שַׁוְעָתִי:
ג וַיַּעֲלֵנִי ׀ מִבּוֹר שָׁאוֹן
מִטִּיט הַיָּוֵן
וַיָּקֶם עַל־סֶלַע רַגְלַי
כּוֹנֵן אֲשֻׁרָי:
ד וַיִּתֵּן בְּפִי ׀ שִׁיר חָדָשׁ
תְּהִלָּה לֵאלֹהֵינוּ
יִרְאוּ רַבִּים וְיִירָאוּ
וְיִבְטְחוּ בַּיהוָה:
ה אַשְׁרֵי־הַגֶּבֶר
אֲשֶׁר־שָׂם יְהוָה מִבְטַחוֹ
וְלֹא־פָנָה אֶל־רְהָבִים וְשָׂטֵי כָזָב:
ו רַבּוֹת עָשִׂיתָ ׀ אַתָּה ׀ יְהוָה אֱלֹהַי
נִפְלְאֹתֶיךָ וּמַחְשְׁבֹתֶיךָ אֵלֵינוּ
אֵין ׀ עֲרֹךְ אֵלֶיךָ
אַגִּידָה וַאֲדַבֵּרָה
עָצְמוּ מִסַּפֵּר:

ז זֶבַח וּמִנְחָה ׀ לֹא־חָפַצְתָּ
אָזְנַיִם כָּרִיתָ לִּי
עוֹלָה וַחֲטָאָה לֹא שָׁאָלְתָּ׃
ח אָז אָמַרְתִּי הִנֵּה־בָאתִי
בִּמְגִלַּת־סֵפֶר כָּתוּב עָלָי׃
ט לַעֲשׂוֹת־רְצוֹנְךָ אֱלֹהַי חָפָצְתִּי
וְתוֹרָתְךָ בְּתוֹךְ מֵעָי׃
י בִּשַּׂרְתִּי צֶדֶק ׀ בְּקָהָל רָב
הִנֵּה שְׂפָתַי לֹא אֶכְלָא
יהוה אַתָּה יָדָעְתָּ׃
יא צִדְקָתְךָ לֹא־כִסִּיתִי ׀ בְּתוֹךְ לִבִּי
אֱמוּנָתְךָ וּתְשׁוּעָתְךָ אָמָרְתִּי
לֹא־כִחַדְתִּי חַסְדְּךָ וַאֲמִתְּךָ
לְקָהָל רָב׃
יב אַתָּה יהוה לֹא־תִכְלָא רַחֲמֶיךָ מִמֶּנִּי
חַסְדְּךָ וַאֲמִתְּךָ תָּמִיד יִצְּרוּנִי׃
יג כִּי אָפְפוּ־עָלַי ׀ רָעוֹת
עַד־אֵין מִסְפָּר
הִשִּׂיגוּנִי עֲוֺנֹתַי
וְלֹא־יָכֹלְתִּי לִרְאוֹת
עָצְמוּ מִשַּׂעֲרוֹת רֹאשִׁי וְלִבִּי עֲזָבָנִי׃

יד רְצֵה יְהוָה לְהַצִּילֵנִי
יְהוָה לְעֶזְרָתִי חוּשָׁה:
טו יֵבֹשׁוּ וְיַחְפְּרוּ ׀ יַחַד
מְבַקְשֵׁי נַפְשִׁי לִסְפּוֹתָהּ
יִסֹּגוּ אָחוֹר וְיִכָּלְמוּ
חֲפֵצֵי רָעָתִי:
טז יָשֹׁמּוּ עַל־עֵקֶב בָּשְׁתָּם
הָאֹמְרִים לִי הֶאָח ׀ הֶאָח:
יז יָשִׂישׂוּ וְיִשְׂמְחוּ ׀ בְּךָ
כָּל־מְבַקְשֶׁיךָ
יֹאמְרוּ תָמִיד יִגְדַּל יְהוָה
אֹהֲבֵי תְּשׁוּעָתֶךָ:
יח וַאֲנִי ׀ עָנִי וְאֶבְיוֹן
אֲדֹנָי יַחֲשָׁב לִי
עֶזְרָתִי וּמְפַלְטִי אַתָּה
אֱלֹהַי אַל־תְּאַחַר:

המשורר מתפלל שה׳ ישמור עליו ויציל אותו מאויביו
מבקשי רעתו, ובזאת יֵדע שה׳ חפץ בו לעולם.

מא א לַמְנַצֵּחַ מִזְמוֹר לְדָוִד:
ב אַשְׁרֵי מַשְׂכִּיל אֶל־דָּל
בְּיוֹם רָעָה יְמַלְּטֵהוּ יְהוָה:
ג יְהוָה ׀ יִשְׁמְרֵהוּ וִיחַיֵּהוּ
וְאֻשַּׁר בָּאָרֶץ — יְאֻשַּׁר
וְאַל־תִּתְּנֵהוּ בְּנֶפֶשׁ אֹיְבָיו:
ד יְהוָה יִסְעָדֶנּוּ עַל־עֶרֶשׂ דְּוָי
כָּל־מִשְׁכָּבוֹ הָפַכְתָּ בְחָלְיוֹ:
ה אֲנִי־אָמַרְתִּי יְהוָה חָנֵּנִי
רְפָאָה נַפְשִׁי כִּי־חָטָאתִי לָךְ:
ו אוֹיְבַי יֹאמְרוּ רַע לִי
מָתַי יָמוּת וְאָבַד שְׁמוֹ:
ז וְאִם־בָּא לִרְאוֹת ׀ שָׁוְא יְדַבֵּר
לִבּוֹ יִקְבָּץ־אָוֶן לוֹ
יֵצֵא לַחוּץ יְדַבֵּר:
ח יַחַד עָלַי יִתְלַחֲשׁוּ כָּל־שֹׂנְאָי
עָלַי ׀ יַחְשְׁבוּ רָעָה לִי:
ט דְּבַר־בְּלִיַּעַל יָצוּק בּוֹ
וַאֲשֶׁר שָׁכַב לֹא־יוֹסִיף לָקוּם:

י גַּם־אִישׁ שְׁלוֹמִי ׀
אֲשֶׁר־בָּטַחְתִּי בוֹ
אוֹכֵל לַחְמִי
הִגְדִּיל עָלַי עָקֵב:
יא וְאַתָּה יהוה חָנֵּנִי וַהֲקִימֵנִי
וַאֲשַׁלְּמָה לָהֶם:
יב בְּזֹאת יָדַעְתִּי כִּי־חָפַצְתָּ בִּי
כִּי לֹא־יָרִיעַ אֹיְבִי עָלָי:
יג וַאֲנִי בְּתֻמִּי תָּמַכְתָּ בִּי
וַתַּצִּיבֵנִי לְפָנֶיךָ לְעוֹלָם:
יד בָּרוּךְ יהוה ׀ אֱלֹהֵי יִשְׂרָאֵל
מֵהָעוֹלָם וְעַד־הָעוֹלָם
אָמֵן ׀ וְאָמֵן:

הספר השני

מבוא

בספר השני ישנם שלושה אוספים, המשקפים את תקופתו של דוד המלך, כביכול, עם משוררי המקדש במזמורים ׳לְאָסָף׳ ו׳לִבְנֵי קֹרַח׳:

א. המזמורים ׳לִבְנֵי קֹרַח׳ (מב-מט) עוסקים בציון, בגעגועים למקדש ובחזון של ירושלים כעיר אֱלֹהִים לכל העמים (מו, ה; מח, ב וט).

ב. המזמור ׳לְאָסָף׳ (נ) עוסק בתוכחה על עבודת הקרבנות ובתוכחה לשונאי המוסר.

ג. באוסף השני ׳לְדָוִד׳ (נא-עב) יש פרטים רבים מחייו של דוד. האוסף פותח בווידויו של דוד על חטאו עם בת־שבע (נא) וחותם בהעברת מלכות דוד לשלמה בנה (עב) ללמדנו, שרק לאחר שדוד תיקן את חטאו – ראוי בנו שלמה להיות יורש העצר שלו, וגם בשמואל ב יב, כד-כה לידת שלמה מתוארת כקבלת תשובתו של דוד. ניתן לראות באוסף השני לדוד (נא-עב) כעין מדרש על תשובתו של דוד, אשר מתבונן בכל חייו על פי תוכחתו של נתן (שם ז-ט). כשם שנתן מזכיר לדוד את הצלתו בידי ה׳ משאול והמלכתו למלך על ישראל, כך גם המזמורים שאחרי מזמור נא עוסקים בנושאים אלה. נָתָן הַנָּבִיא כתב את דִּבְרֵי דָּוִיד הַמֶּלֶךְ ואת דִּבְרֵי שְׁלֹמֹה הָרִאשֹׁנִים וְהָאַחֲרֹנִים (דה״א כט, כט; דה״ב ט, כט-ל), ולכן יש לראות בתוכחתו של נתן במזמור נא פתיח העוסק בחיי דוד מחטא בת שבע עד לידת שלמה בנו. מזמור עא מסכם את חייו של דוד. בקשת דוד לעת זקנתו: ׳**אַל תַּשְׁלִיכֵנִי** לְעֵת זִקְנָה׳ (עא, ט) – סוגרת מעגל עם בקשתו בתחילת דרכו: ׳**אַל תַּשְׁלִיכֵנִי** מִלְּפָנֶיךָ׳ (נא, יג). באוסף זה מזמורים בשם ׳מַשְׂכִּיל׳ (נב-נה) על האויבים הרודפים את דוד, ומזמורים בשם ׳מִכְתָּם׳ (נו-ס; ובהם גם הכותרת ׳אַל תַּשְׁחֵת׳ נז-נט) על ביטחון דוד בה׳ בזמן היותו נרדף; לאחר מזמורי הניצחון (סא-סד) באים מזמורי ׳שִׁיר׳ (סה-סח) ובהם בקשות על כלל ישראל. בכותרות של האוסף השני ׳לְדָוִד׳ מופיעים שמונה ציונים ביוגרפיים מחיי דוד. הספר נחתם בפסוק ׳כָּלּוּ תְפִלּוֹת דָּוִד בֶּן יִשָׁי׳ (עב, כ), החותם את חיי דוד.

בני קֹרח ואסף היו משוררים במקדש, על כן המזמורים שחיברו הם בעלי סגנון ומסרים אופייניים – אוסף בן שנים־עשר מזמורים ׳לִבְנֵי קֹרַח׳ ואוסף בן שנים־עשר מזמורים ׳לְאָסָף׳. שני האוספים מחולקים לשני חלקים. חלקם השני יופיע רק בספר השלישי (בהיפוך סדר). האוסף השני ׳לְדָוִד׳ (נא-עב) עטוף באופן סימטרי במזמורים ׳לְאָסָף׳ (נ; עג-פג) ו׳לִבְנֵי קֹרַח׳ (מב-מט; פד-פח). האוסף ׳לִבְנֵי קֹרַח׳ על שני חלקיו עוסק בחזון של ציון, בניגוד לאוסף ׳לְאָסָף׳ על שני חלקיו, העוסק במרחק מירושלים ובחורבנה. בכך שני האוספים משלימים זה את זה בגעגועים ובחיבה לירושלים מחד גיסא, ובתוכחה ומרחק מירושלים מאידך גיסא.

רצף המזמורים בספר השני מלמד, שלמרות הגעגועים לירושלים ולמקדש (מב-מט) מידות טובות וישרות חשובות יותר מעבודת הקרבנות (נ), כפי שגם נלמַד מווידויו של דוד על חטא בת־שבע (נא; דמיון בין נ-נא).

	בני קרח	אסף	דוד
נושאי המזמורים	הגעגועים לירושלים ולמקדש עקב החורבן	מידות טובות וישרה ראויים יותר מעבודת הקרבנות	חיי דוד האדם, המצביא, המלך עד מלכות שלמה
	מב-מט	נ	נא-עב
מחברי המזמורים	בני קרח	אסף	דוד

החלק הראשון של אוסף המזמורים 'לִבְנֵי קֹרַח' (מב-מט) עוסק בציון, בגעגועים למקדש ובחזון של ירושלים כעיר אֱלֹהִים (מו, ה; מח, ב, ט) לכל העמים.

המשורר מתאר את הגעגועים והצימאון לה' ולמקדש. המרחק מבית ה' והאויבים הכופרים בה' הם הסיבה לגעגועים אלה (המשך במזמור הבא).

מב א לַמְנַצֵּחַ מַשְׂכִּיל לִבְנֵי־קֹרַח׃
ב כְּאַיָּל תַּעֲרֹג עַל־אֲפִיקֵי־מָיִם
כֵּן נַפְשִׁי תַעֲרֹג אֵלֶיךָ אֱלֹהִים׃
ג צָמְאָה נַפְשִׁי ׀ לֵאלֹהִים לְאֵל חָי
מָתַי אָבוֹא וְאֵרָאֶה פְּנֵי אֱלֹהִים׃
ד הָיְתָה־לִּי דִמְעָתִי לֶחֶם
יוֹמָם וָלָיְלָה
בֶּאֱמֹר אֵלַי כָּל־הַיּוֹם
אַיֵּה אֱלֹהֶיךָ׃
ה אֵלֶּה אֶזְכְּרָה ׀
וְאֶשְׁפְּכָה עָלַי ׀ נַפְשִׁי
כִּי אֶעֱבֹר ׀ בַּסָּךְ
אֶדַּדֵּם עַד־בֵּית אֱלֹהִים
בְּקוֹל־רִנָּה וְתוֹדָה
הָמוֹן חוֹגֵג׃

ו מַה־תִּשְׁתּוֹחֲחִי ׀ נַפְשִׁי
וַתֶּהֱמִי עָלָי
הוֹחִלִי לֵאלֹהִים
כִּי־עוֹד אוֹדֶנּוּ
יְשׁוּעוֹת פָּנָיו:
ז אֱלֹהַי עָלַי נַפְשִׁי תִשְׁתּוֹחָח
עַל־כֵּן אֶזְכָּרְךָ מֵאֶרֶץ יַרְדֵּן
וְחֶרְמוֹנִים מֵהַר מִצְעָר:
ח תְּהוֹם־אֶל־תְּהוֹם קוֹרֵא
לְקוֹל צִנּוֹרֶיךָ
כָּל־מִשְׁבָּרֶיךָ וְגַלֶּיךָ
עָלַי עָבָרוּ:
ט יוֹמָם ׀ יְצַוֶּה יהוה ׀ חַסְדּוֹ
וּבַלַּיְלָה שִׁירֹה עִמִּי
תְּפִלָּה לְאֵל חַיָּי:
י אוֹמְרָה ׀ לְאֵל סַלְעִי
לָמָה שְׁכַחְתָּנִי
לָמָּה־קֹדֵר אֵלֵךְ בְּלַחַץ אוֹיֵב:

יא בְּרֶצַח ׀ בְּעַצְמוֹתַי
חֵרְפוּנִי צוֹרְרָי
בְּאָמְרָם אֵלַי כָּל־הַיּוֹם
אַיֵּה אֱלֹהֶיךָ׃
יב מַה־תִּשְׁתּוֹחֲחִי ׀ נַפְשִׁי
וּמַה־תֶּהֱמִי עָלָי
הוֹחִילִי לֵאלֹהִים
כִּי־עוֹד אוֹדֶנּוּ
יְשׁוּעֹת פָּנַי וֵאלֹהָי׃

המשך המזמור הקודם: המשורר מתפלל להינצל מהאויבים
ומחירוף שם ה', כדי להודות לה' בבית המקדש.

מג א שָׁפְטֵנִי אֱלֹהִים ׀
וְרִיבָה רִיבִי
מִגּוֹי לֹא־חָסִיד
מֵאִישׁ־מִרְמָה וְעַוְלָה תְפַלְּטֵנִי׃
ב כִּי־אַתָּה ׀ אֱלֹהֵי מָעוּזִּי
לָמָה זְנַחְתָּנִי
לָמָּה־קֹדֵר אֶתְהַלֵּךְ בְּלַחַץ אוֹיֵב׃

ג שְׁלַח־אוֹרְךָ וַאֲמִתְּךָ
הֵמָּה יַנְחוּנִי
יְבִיאוּנִי אֶל־הַר־קָדְשְׁךָ
וְאֶל־מִשְׁכְּנוֹתֶיךָ׃
ד וְאָבוֹאָה ׀ אֶל־מִזְבַּח אֱלֹהִים
אֶל־אֵל שִׂמְחַת גִּילִי
וְאוֹדְךָ בְכִנּוֹר אֱלֹהִים אֱלֹהָי׃
ה מַה־תִּשְׁתּוֹחֲחִי ׀ נַפְשִׁי
וּמַה־תֶּהֱמִי עָלָי
הוֹחִילִי לֵאלֹהִים
כִּי־עוֹד אוֹדֶנּוּ
יְשׁוּעֹת פָּנַי וֵאלֹהָי׃

המשורר מתאר את ישועות ה׳ בִּימֵי קֶדֶם ואת הצרות מהגויים והכלימה בהווה, ומבקש את ישועת ה׳ לעם ישראל הבוטח בו.

מד א לַמְנַצֵּחַ לִבְנֵי־קֹרַח מַשְׂכִּיל׃
ב אֱלֹהִים ׀ בְּאָזְנֵינוּ שָׁמַעְנוּ
אֲבוֹתֵינוּ סִפְּרוּ־לָנוּ
פֹּעַל־פָּעַלְתָּ בִימֵיהֶם
בִּימֵי קֶדֶם׃

ג אַתָּה ׀ יָדְךָ גּוֹיִם הוֹרַשְׁתָּ
וַתִּטָּעֵם
תָּרַע לְאֻמִּים וַתְּשַׁלְּחֵם:
ד כִּי לֹא בְחַרְבָּם יָרְשׁוּ אָרֶץ
וּזְרוֹעָם לֹא־הוֹשִׁיעָה לָּמוֹ
כִּי־יְמִינְךָ וּזְרוֹעֲךָ וְאוֹר פָּנֶיךָ
כִּי רְצִיתָם:
ה אַתָּה־הוּא מַלְכִּי אֱלֹהִים
צַוֵּה יְשׁוּעוֹת יַעֲקֹב:
ו בְּךָ צָרֵינוּ נְנַגֵּחַ
בְּשִׁמְךָ נָבוּס קָמֵינוּ:
ז כִּי לֹא בְקַשְׁתִּי אֶבְטָח
וְחַרְבִּי לֹא תוֹשִׁיעֵנִי:
ח כִּי הוֹשַׁעְתָּנוּ מִצָּרֵינוּ
וּמְשַׂנְאֵינוּ הֱבִישׁוֹתָ:
ט בֵּאלֹהִים הִלַּלְנוּ כָל־הַיּוֹם
וְשִׁמְךָ ׀ לְעוֹלָם נוֹדֶה סֶלָה:
י אַף־זָנַחְתָּ וַתַּכְלִימֵנוּ
וְלֹא־תֵצֵא בְּצִבְאוֹתֵינוּ:

יא תְּשִׁיבֵנוּ אָחוֹר מִנִּי־צָר
וּמְשַׂנְאֵינוּ שָׁסוּ לָמוֹ:
יב תִּתְּנֵנוּ כְּצֹאן מַאֲכָל
וּבַגּוֹיִם זֵרִיתָנוּ:
יג תִּמְכֹּר־עַמְּךָ בְלֹא־הוֹן
וְלֹא־רִבִּיתָ בִּמְחִירֵיהֶם:
יד תְּשִׂימֵנוּ חֶרְפָּה לִשְׁכֵנֵינוּ
לַעַג וָקֶלֶס לִסְבִיבוֹתֵינוּ:
טו תְּשִׂימֵנוּ מָשָׁל בַּגּוֹיִם
מְנוֹד־רֹאשׁ בַּלְאֻמִּים:
טז כָּל־הַיּוֹם כְּלִמָּתִי נֶגְדִּי
וּבֹשֶׁת פָּנַי כִּסָּתְנִי:
יז מִקּוֹל מְחָרֵף וּמְגַדֵּף
מִפְּנֵי אוֹיֵב וּמִתְנַקֵּם:
יח כָּל־זֹאת בָּאַתְנוּ וְלֹא שְׁכַחֲנוּךָ
וְלֹא־שִׁקַּרְנוּ בִּבְרִיתֶךָ:
יט לֹא־נָסוֹג אָחוֹר לִבֵּנוּ
וַתֵּט אֲשֻׁרֵינוּ מִנִּי אָרְחֶךָ:
כ כִּי דִכִּיתָנוּ בִּמְקוֹם תַּנִּים
וַתְּכַס עָלֵינוּ בְצַלְמָוֶת:

כא אִם־שָׁכַחְנוּ שֵׁם אֱלֹהֵינוּ
וַנִּפְרֹשׂ כַּפֵּינוּ לְאֵל זָר:
כב הֲלֹא אֱלֹהִים יַחֲקָר־זֹאת
כִּי־הוּא יֹדֵעַ תַּעֲלֻמוֹת לֵב:
כג כִּי־עָלֶיךָ הֹרַגְנוּ כָל־הַיּוֹם
נֶחְשַׁבְנוּ כְּצֹאן טִבְחָה:
כד עוּרָה | לָמָּה תִישַׁן | אֲדֹנָי
הָקִיצָה אַל־תִּזְנַח לָנֶצַח:
כה לָמָּה־פָנֶיךָ תַסְתִּיר
תִּשְׁכַּח עָנְיֵנוּ וְלַחֲצֵנוּ:
כו כִּי שָׁחָה לֶעָפָר נַפְשֵׁנוּ
דָּבְקָה לָאָרֶץ בִּטְנֵנוּ:
כז קוּמָה עֶזְרָתָה לָּנוּ
וּפְדֵנוּ לְמַעַן חַסְדֶּךָ:

המשורר משבח את המלך ואת הכלה בחתונתם; המשורר
מתפלל שהמלכות תתמיד ותהיה לברכה לכל העמים –
'שׂוֹשׂ אָשִׂישׂ... חָתָן עַל־כַּלָּה, יָשִׂישׂ עָלַיִךְ אֱלֹהָיִךְ' (ישעיה סב, ה).

מה א לַמְנַצֵּחַ עַל־שֹׁשַׁנִּים לִבְנֵי־קֹרַח
מַשְׂכִּיל שִׁיר יְדִידֹת:
ב רָחַשׁ לִבִּי ׀ דָּבָר טוֹב
אֹמֵר אָנִי מַעֲשַׂי לְמֶלֶךְ
לְשׁוֹנִי עֵט ׀ סוֹפֵר מָהִיר:
ג יָפְיָפִיתָ מִבְּנֵי אָדָם
הוּצַק חֵן בְּשְׂפְתוֹתֶיךָ
עַל־כֵּן בֵּרַכְךָ אֱלֹהִים לְעוֹלָם:
ד חֲגוֹר־חַרְבְּךָ עַל־יָרֵךְ גִּבּוֹר
הוֹדְךָ וַהֲדָרֶךָ:
ה וַהֲדָרְךָ ׀ צְלַח רְכַב
עַל־דְּבַר־אֱמֶת וְעַנְוָה־צֶדֶק
וְתוֹרְךָ נוֹרָאוֹת יְמִינֶךָ:
ו חִצֶּיךָ שְׁנוּנִים
עַמִּים תַּחְתֶּיךָ יִפְּלוּ
בְּלֵב אוֹיְבֵי הַמֶּלֶךְ:
ז כִּסְאֲךָ אֱלֹהִים עוֹלָם וָעֶד
שֵׁבֶט מִישֹׁר שֵׁבֶט מַלְכוּתֶךָ:

ח אָהַבְתָּ צֶּדֶק וַתִּשְׂנָא רֶשַׁע
עַל־כֵּן ׀ מְשָׁחֲךָ אֱלֹהִים אֱלֹהֶיךָ
שֶׁמֶן שָׂשׂוֹן מֵחֲבֵרֶךָ:
ט מֹר־וַאֲהָלוֹת קְצִיעוֹת כָּל־בִּגְדֹתֶיךָ
מִן־הֵיכְלֵי שֵׁן מִנִּי שִׂמְּחוּךָ:
י בְּנוֹת מְלָכִים בְּיִקְּרוֹתֶיךָ
נִצְּבָה שֵׁגַל לִימִינְךָ בְּכֶתֶם אוֹפִיר:
יא שִׁמְעִי־בַת וּרְאִי
וְהַטִּי אָזְנֵךְ
וְשִׁכְחִי עַמֵּךְ וּבֵית אָבִיךְ:
יב וְיִתְאָו הַמֶּלֶךְ יָפְיֵךְ
כִּי־הוּא אֲדֹנַיִךְ וְהִשְׁתַּחֲוִי־לוֹ:
יג וּבַת־צֹר ׀
בְּמִנְחָה פָּנַיִךְ יְחַלּוּ עֲשִׁירֵי עָם:
יד כָּל־כְּבוּדָּה בַת־מֶלֶךְ פְּנִימָה
מִמִּשְׁבְּצוֹת זָהָב לְבוּשָׁהּ:
טו לִרְקָמוֹת תּוּבַל לַמֶּלֶךְ
בְּתוּלוֹת אַחֲרֶיהָ רֵעוֹתֶיהָ
מוּבָאוֹת לָךְ:

טז תּוּבַלְנָה בִּשְׂמָחֹת וָגִיל
תְּבֹאֶינָה בְּהֵיכַל מֶלֶךְ׃
יז תַּחַת אֲבֹתֶיךָ יִהְיוּ בָנֶיךָ
תְּשִׁיתֵמוֹ לְשָׂרִים בְּכָל־הָאָרֶץ׃
יח אַזְכִּירָה שִׁמְךָ בְּכָל־דֹּר וָדֹר
עַל־כֵּן עַמִּים יְהוֹדוּךָ לְעוֹלָם וָעֶד׃

ירושלים היא מקלט לישראל בצרות ובמלחמות; ה׳ קורא להכיר במלכותו בַּגּוֹיִם וּבָאָרֶץ (יא), כפי שיפורט בשני המזמורים הבאים.

מו א לַמְנַצֵּחַ לִבְנֵי־קֹרַח עַל־עֲלָמוֹת שִׁיר׃
ב אֱלֹהִים לָנוּ מַחֲסֶה וָעֹז
עֶזְרָה בְצָרוֹת נִמְצָא מְאֹד׃
ג עַל־כֵּן לֹא־נִירָא בְּהָמִיר אָרֶץ
וּבְמוֹט הָרִים בְּלֵב יַמִּים׃
ד יֶהֱמוּ יֶחְמְרוּ מֵימָיו
יִרְעֲשׁוּ־הָרִים בְּגַאֲוָתוֹ סֶלָה׃
ה נָהָר פְּלָגָיו יְשַׂמְּחוּ עִיר־אֱלֹהִים
קְדֹשׁ מִשְׁכְּנֵי עֶלְיוֹן׃
ו אֱלֹהִים בְּקִרְבָּהּ בַּל־תִּמּוֹט
יַעְזְרֶהָ אֱלֹהִים לִפְנוֹת בֹּקֶר׃

ז הָמוּ גוֹיִם מָטוּ מַמְלָכוֹת
נָתַן בְּקוֹלוֹ תָּמוּג אָרֶץ:
ח יהוָה צְבָאוֹת עִמָּנוּ
מִשְׂגָּב לָנוּ אֱלֹהֵי יַעֲקֹב סֶלָה:
ט לְכוּ־חֲזוּ מִפְעֲלוֹת יהוָה
אֲשֶׁר־שָׂם שַׁמּוֹת בָּאָרֶץ:
י מַשְׁבִּית מִלְחָמוֹת עַד־קְצֵה הָאָרֶץ
קֶשֶׁת יְשַׁבֵּר וְקִצֵּץ חֲנִית
עֲגָלוֹת יִשְׂרֹף בָּאֵשׁ:
יא הַרְפּוּ וּדְעוּ כִּי־אָנֹכִי אֱלֹהִים
אָרוּם בַּגּוֹיִם אָרוּם בָּאָרֶץ:
יב יהוָה צְבָאוֹת עִמָּנוּ
מִשְׂגָּב לָנוּ אֱלֹהֵי יַעֲקֹב סֶלָה:

ישראל והעמים מקבלים עליהם מלכות שמים,
ויחדיו הם נקראים עַם אֱלֹהֵי אַבְרָהָם.

מז א לַמְנַצֵּחַ לִבְנֵי־קֹרַח מִזְמוֹר:
ב כָּל־הָעַמִּים תִּקְעוּ־כָף
הָרִיעוּ לֵאלֹהִים בְּקוֹל רִנָּה:
ג כִּי־יהוה עֶלְיוֹן נוֹרָא
מֶלֶךְ גָּדוֹל עַל־כָּל־הָאָרֶץ:

ד יַדְבֵּר עַמִּים תַּחְתֵּינוּ

וּלְאֻמִּים תַּחַת רַגְלֵינוּ:

ה יִבְחַר־לָנוּ אֶת־נַחֲלָתֵנוּ

אֶת גְּאוֹן יַעֲקֹב אֲשֶׁר־אָהֵב סֶלָה:

ו עָלָה אֱלֹהִים בִּתְרוּעָה

יְהוָה בְּקוֹל שׁוֹפָר:

ז זַמְּרוּ אֱלֹהִים זַמֵּרוּ

זַמְּרוּ לְמַלְכֵּנוּ זַמֵּרוּ:

ח כִּי מֶלֶךְ כָּל־הָאָרֶץ אֱלֹהִים

זַמְּרוּ מַשְׂכִּיל:

ט מָלַךְ אֱלֹהִים עַל־גּוֹיִם

אֱלֹהִים יָשַׁב ׀ עַל־כִּסֵּא קָדְשׁוֹ:

י נְדִיבֵי עַמִּים ׀ נֶאֱסָפוּ

עַם אֱלֹהֵי אַבְרָהָם

כִּי לֵאלֹהִים מָגִנֵּי־אֶרֶץ

מְאֹד נַעֲלָה:

ירושלים היא מקום השכינה וּמְשׂוֹשׂ כָּל הָאָרֶץ גם לעמים;
העמים חוגגים עם תושביה ושמחים בה׳ ובציון.

מח א שִׁיר מִזְמוֹר לִבְנֵי־קֹרַח:
ב גָּדוֹל יְהוָה וּמְהֻלָּל מְאֹד
בְּעִיר אֱלֹהֵינוּ
הַר־קָדְשׁוֹ:
ג יְפֵה נוֹף
מְשׂוֹשׂ כָּל־הָאָרֶץ
הַר־צִיּוֹן יַרְכְּתֵי צָפוֹן
קִרְיַת מֶלֶךְ רָב:
ד אֱלֹהִים בְּאַרְמְנוֹתֶיהָ
נוֹדַע לְמִשְׂגָּב:
ה כִּי־הִנֵּה הַמְּלָכִים נוֹעֲדוּ
עָבְרוּ יַחְדָּו:
ו הֵמָּה רָאוּ כֵּן תָּמָהוּ
נִבְהֲלוּ נֶחְפָּזוּ:
ז רְעָדָה אֲחָזָתַם שָׁם
חִיל כַּיּוֹלֵדָה:
ח בְּרוּחַ קָדִים תְּשַׁבֵּר
אֳנִיּוֹת תַּרְשִׁישׁ:

ט כַּאֲשֶׁר שָׁמַעְנוּ ׀
כֵּן רָאִינוּ
בְּעִיר־יְהוָה צְבָאוֹת
בְּעִיר אֱלֹהֵינוּ
אֱלֹהִים יְכוֹנְנֶהָ עַד־עוֹלָם סֶלָה׃
י דִּמִּינוּ אֱלֹהִים חַסְדֶּךָ
בְּקֶרֶב הֵיכָלֶךָ׃
יא כְּשִׁמְךָ ׀ אֱלֹהִים כֵּן תְּהִלָּתְךָ
עַל־קַצְוֵי־אֶרֶץ
צֶדֶק מָלְאָה יְמִינֶךָ׃
יב יִשְׂמַח ׀ הַר־צִיּוֹן
תָּגֵלְנָה בְּנוֹת יְהוּדָה
לְמַעַן מִשְׁפָּטֶיךָ׃
יג סֹבּוּ צִיּוֹן וְהַקִּיפוּהָ
סִפְרוּ מִגְדָּלֶיהָ׃
יד שִׁיתוּ לִבְּכֶם ׀ לְחֵילָה
פַּסְּגוּ אַרְמְנוֹתֶיהָ
לְמַעַן תְּסַפְּרוּ לְדוֹר אַחֲרוֹן׃
טו כִּי זֶה ׀ אֱלֹהִים אֱלֹהֵינוּ
עוֹלָם וָעֶד
הוּא יְנַהֲגֵנוּ עַל־מוּת׃

דברי מוסר לְכָל־הָעַמִּים: ביטחון הוא רק בה' ולא בממון ובעושר;
הממון והעושר אינם עוזרים לאדם לאחר מותו.

מט א לַמְנַצֵּחַ לִבְנֵי־קֹרַח מִזְמוֹר:

ב שִׁמְעוּ־זֹאת כָּל־הָעַמִּים
הַאֲזִינוּ כָּל־יֹשְׁבֵי חָלֶד:

ג גַּם־בְּנֵי אָדָם גַּם־בְּנֵי־אִישׁ
יַחַד עָשִׁיר וְאֶבְיוֹן:

ד פִּי יְדַבֵּר חָכְמוֹת
וְהָגוּת לִבִּי תְבוּנוֹת:

ה אַטֶּה לְמָשָׁל אָזְנִי
אֶפְתַּח בְּכִנּוֹר חִידָתִי:

ו לָמָּה אִירָא בִּימֵי רָע
עֲוֺן עֲקֵבַי יְסוּבֵּנִי:

ז הַבֹּטְחִים עַל־חֵילָם
וּבְרֹב עָשְׁרָם יִתְהַלָּלוּ:

ח אָח לֹא־פָדֹה יִפְדֶּה אִישׁ
לֹא־יִתֵּן לֵאלֹהִים כָּפְרוֹ:

ט וְיֵקַר פִּדְיוֹן נַפְשָׁם
וְחָדַל לְעוֹלָם:

י וִיחִי־עוֹד לָנֶצַח
לֹא יִרְאֶה הַשָּׁחַת:

יא כִּי יִרְאֶה ׀ חֲכָמִים יָמוּתוּ
יַחַד כְּסִיל וָבַעַר יֹאבֵדוּ
וְעָזְבוּ לַאֲחֵרִים חֵילָם:
יב קִרְבָּם בָּתֵּימוֹ ׀ לְעוֹלָם
מִשְׁכְּנֹתָם לְדֹר וָדֹר
קָרְאוּ בִשְׁמוֹתָם עֲלֵי אֲדָמוֹת:
יג וְאָדָם בִּיקָר בַּל־יָלִין
נִמְשַׁל כַּבְּהֵמוֹת נִדְמוּ:
יד זֶה דַרְכָּם כֵּסֶל לָמוֹ
וְאַחֲרֵיהֶם ׀ בְּפִיהֶם יִרְצוּ סֶלָה:
טו כַּצֹּאן ׀ לִשְׁאוֹל שַׁתּוּ
מָוֶת יִרְעֵם
וַיִּרְדּוּ בָם יְשָׁרִים ׀ לַבֹּקֶר
וְצוּרָם לְבַלּוֹת שְׁאוֹל מִזְּבֻל לוֹ: וְצִירָם
טז אַךְ־אֱלֹהִים יִפְדֶּה נַפְשִׁי מִיַּד שְׁאוֹל
כִּי יִקָּחֵנִי סֶלָה:
יז אַל־תִּירָא כִּי־יַעֲשִׁר אִישׁ
כִּי־יִרְבֶּה כְּבוֹד בֵּיתוֹ:
יח כִּי לֹא בְמוֹתוֹ יִקַּח הַכֹּל
לֹא־יֵרֵד אַחֲרָיו כְּבוֹדוֹ:

יט כִּֽי־נַפְשׁוֹ בְּחַיָּיו יְבָרֵךְ
וְיוֹדֻךָ כִּֽי־תֵיטִיב לָךְ׃
כ תָּבוֹא עַד־דּוֹר אֲבוֹתָיו
עַד־נֵצַח לֹא יִרְאוּ־אוֹר׃
כא אָדָם בִּיקָר וְלֹא יָבִין
נִמְשַׁל כַּבְּהֵמוֹת נִדְמוּ׃

התגלות ה׳ בציון ותוכחה לישראל:
ה׳ מעדיף מוסר על פני קרבנות.

נ א מִזְמוֹר לְאָסָף
אֵל ׀ אֱלֹהִים יְהוָה
דִּבֶּר וַיִּקְרָא־אָרֶץ
מִמִּזְרַח־שֶׁמֶשׁ עַד־מְבֹאוֹ׃
ב מִצִּיּוֹן מִכְלַל־יֹפִי
אֱלֹהִים הוֹפִיעַ׃
ג יָבֹא אֱלֹהֵינוּ וְאַל־יֶחֱרַשׁ
אֵשׁ־לְפָנָיו תֹּאכֵל
וּסְבִיבָיו נִשְׂעֲרָה מְאֹד׃
ד יִקְרָא אֶל־הַשָּׁמַיִם מֵעָל
וְאֶל־הָאָרֶץ לָדִין עַמּוֹ׃

ה אִסְפוּ־לִי חֲסִידָי

כֹּרְתֵי בְרִיתִי עֲלֵי־זָבַח:

ו וַיַּגִּידוּ שָׁמַיִם צִדְקוֹ

כִּי־אֱלֹהִים ׀ שֹׁפֵט הוּא סֶלָה:

ז שִׁמְעָה עַמִּי ׀ וַאֲדַבֵּרָה

יִשְׂרָאֵל וְאָעִידָה בָּךְ

אֱלֹהִים אֱלֹהֶיךָ אָנֹכִי:

ח לֹא עַל־זְבָחֶיךָ אוֹכִיחֶךָ

וְעוֹלֹתֶיךָ לְנֶגְדִּי תָמִיד:

ט לֹא־אֶקַּח מִבֵּיתְךָ פָר

מִמִּכְלְאֹתֶיךָ עַתּוּדִים:

י כִּי־לִי כָל־חַיְתוֹ־יָעַר

בְּהֵמוֹת בְּהַרְרֵי־אָלֶף:

יא יָדַעְתִּי כָּל־עוֹף הָרִים

וְזִיז שָׂדַי עִמָּדִי:

יב אִם־אֶרְעַב לֹא־אֹמַר לָךְ

כִּי־לִי תֵבֵל וּמְלֹאָהּ:

יג הַאוֹכַל בְּשַׂר אַבִּירִים

וְדַם עַתּוּדִים אֶשְׁתֶּה:

יד זְבַח לֵאלֹהִים תּוֹדָה

וְשַׁלֵּם לְעֶלְיוֹן נְדָרֶיךָ:

טו וּקְרָאֵנִי בְּיוֹם צָרָה
אֲחַלֶּצְךָ וּתְכַבְּדֵנִי:
טז וְלָרָשָׁע ׀ אָמַר אֱלֹהִים
מַה־לְּךָ לְסַפֵּר חֻקָּי
וַתִּשָּׂא בְרִיתִי עֲלֵי־פִיךָ:
יז וְאַתָּה שָׂנֵאתָ מוּסָר
וַתַּשְׁלֵךְ דְּבָרַי אַחֲרֶיךָ:
יח אִם־רָאִיתָ גַנָּב וַתִּרֶץ עִמּוֹ
וְעִם מְנָאֲפִים חֶלְקֶךָ:
יט פִּיךָ שָׁלַחְתָּ בְרָעָה
וּלְשׁוֹנְךָ תַּצְמִיד מִרְמָה:
כ תֵּשֵׁב בְּאָחִיךָ תְדַבֵּר
בְּבֶן־אִמְּךָ תִּתֶּן־דֹּפִי:
כא אֵלֶּה עָשִׂיתָ ׀ וְהֶחֱרַשְׁתִּי
דִּמִּיתָ הֱיוֹת־אֶהְיֶה כָמוֹךָ
אוֹכִיחֲךָ וְאֶעֶרְכָה לְעֵינֶיךָ:
כב בִּינוּ־נָא זֹאת שֹׁכְחֵי אֱלוֹהַּ
פֶּן־אֶטְרֹף וְאֵין מַצִּיל:
כג זֹבֵחַ תּוֹדָה יְכַבְּדָנְנִי
וְשָׂם דֶּרֶךְ אַרְאֶנּוּ בְּיֵשַׁע אֱלֹהִים:

דוד מתוודה על חטא בת־שבע, ומבקש מחילה
והתחדשות הלב, כדי לספר תהילת ה׳ ולבנות את ירושלים.

נא א לַמְנַצֵּחַ מִזְמוֹר לְדָוִד׃
ב בְּבוֹא־אֵלָיו נָתָן הַנָּבִיא
כַּאֲשֶׁר־בָּא אֶל־בַּת־שָׁבַע׃
ג חָנֵּנִי אֱלֹהִים כְּחַסְדֶּךָ
כְּרֹב רַחֲמֶיךָ מְחֵה פְשָׁעָי׃
הַרְבֵּה ד הֶרֶב כַּבְּסֵנִי מֵעֲוֹנִי
וּמֵחַטָּאתִי טַהֲרֵנִי׃
ה כִּי־פְשָׁעַי אֲנִי אֵדָע
וְחַטָּאתִי נֶגְדִּי תָמִיד׃
ו לְךָ לְבַדְּךָ ׀ חָטָאתִי
וְהָרַע בְּעֵינֶיךָ עָשִׂיתִי
לְמַעַן תִּצְדַּק בְּדָבְרֶךָ
תִּזְכֶּה בְשָׁפְטֶךָ׃
ז הֵן־בְּעָווֹן חוֹלָלְתִּי
וּבְחֵטְא יֶחֱמַתְנִי אִמִּי׃
ח הֵן־אֱמֶת חָפַצְתָּ בַטֻּחוֹת
וּבְסָתֻם חָכְמָה תוֹדִיעֵנִי׃
ט תְּחַטְּאֵנִי בְאֵזוֹב וְאֶטְהָר
תְּכַבְּסֵנִי וּמִשֶּׁלֶג אַלְבִּין׃

י תַּשְׁמִיעֵנִי שָׂשׂוֹן וְשִׂמְחָה
תָּגֵלְנָה עֲצָמוֹת דִּכִּיתָ:
יא הַסְתֵּר פָּנֶיךָ מֵחֲטָאָי
וְכָל־עֲוֺנֹתַי מְחֵה:
יב לֵב טָהוֹר בְּרָא־לִי אֱלֹהִים
וְרוּחַ נָכוֹן חַדֵּשׁ בְּקִרְבִּי:
יג אַל־תַּשְׁלִיכֵנִי מִלְּפָנֶיךָ
וְרוּחַ קָדְשְׁךָ אַל־תִּקַּח מִמֶּנִּי:
יד הָשִׁיבָה לִּי שְׂשׂוֹן יִשְׁעֶךָ
וְרוּחַ נְדִיבָה תִסְמְכֵנִי:
טו אֲלַמְּדָה פֹשְׁעִים דְּרָכֶיךָ
וְחַטָּאִים אֵלֶיךָ יָשׁוּבוּ:
טז הַצִּילֵנִי מִדָּמִים ׀ אֱלֹהִים
אֱלֹהֵי תְּשׁוּעָתִי
תְּרַנֵּן לְשׁוֹנִי צִדְקָתֶךָ:
יז אֲדֹנָי שְׂפָתַי תִּפְתָּח
וּפִי יַגִּיד תְּהִלָּתֶךָ:
יח כִּי ׀ לֹא־תַחְפֹּץ זֶבַח וְאֶתֵּנָה
עוֹלָה לֹא תִרְצֶה:

יט זִבְחֵי אֱלֹהִים רוּחַ נִשְׁבָּרָה
לֵב־נִשְׁבָּר וְנִדְכֶּה אֱלֹהִים לֹא תִבְזֶה׃
כ הֵיטִיבָה בִרְצוֹנְךָ אֶת־צִיּוֹן
תִּבְנֶה חוֹמוֹת יְרוּשָׁלִָם׃
כא אָז תַּחְפֹּץ זִבְחֵי־צֶדֶק
עוֹלָה וְכָלִיל
אָז יַעֲלוּ עַל־מִזְבַּחֲךָ פָרִים׃

תוכחה ועונש לגיבור רשע, דובר שקרים;
הצדיקים הבוטחים בה׳ יושבים בְּבֵית אֱלֹהִים.

נב א לַמְנַצֵּחַ מַשְׂכִּיל לְדָוִד׃
ב בְּבוֹא ׀ דּוֹאֵג הָאֲדֹמִי וַיַּגֵּד לְשָׁאוּל
וַיֹּאמֶר לוֹ בָּא דָוִד אֶל־בֵּית אֲחִימֶלֶךְ׃
ג מַה־תִּתְהַלֵּל בְּרָעָה הַגִּבּוֹר
חֶסֶד אֵל כָּל־הַיּוֹם׃
ד הַוּוֹת תַּחְשֹׁב לְשׁוֹנֶךָ
כְּתַעַר מְלֻטָּשׁ עֹשֵׂה רְמִיָּה׃
ה אָהַבְתָּ רָּע מִטּוֹב
שֶׁקֶר ׀ מִדַּבֵּר צֶדֶק סֶלָה׃

ו אָהַבְתָּ כָל־דִּבְרֵי־בָלַע
לְשׁוֹן מִרְמָה׃
ז גַּם־אֵל יִתָּצְךָ לָנֶצַח
יַחְתְּךָ וְיִסָּחֲךָ מֵאֹהֶל
וְשֵׁרֶשְׁךָ מֵאֶרֶץ חַיִּים סֶלָה׃
ח וְיִרְאוּ צַדִּיקִים וְיִירָאוּ
וְעָלָיו יִשְׂחָקוּ׃
ט הִנֵּה הַגֶּבֶר
לֹא יָשִׂים אֱלֹהִים מָעוּזּוֹ
וַיִּבְטַח בְּרֹב עָשְׁרוֹ יָעֹז בְּהַוָּתוֹ׃
י וַאֲנִי ׀ כְּזַיִת רַעֲנָן
בְּבֵית אֱלֹהִים
בָּטַחְתִּי בְחֶסֶד־אֱלֹהִים
עוֹלָם וָעֶד׃
יא אוֹדְךָ לְעוֹלָם
כִּי עָשִׂיתָ
וַאֲקַוֶּה שִׁמְךָ כִי־טוֹב
נֶגֶד חֲסִידֶיךָ׃

הרשעים משחיתים את מידותיהם וייענשו על כך;
המשורר מתפלל לה׳ שיושיע את ישראל (מקביל למזמור יד).

נג א לַמְנַצֵּחַ עַל־מָחֲלַת מַשְׂכִּיל לְדָוִד:
ב אָמַר נָבָל בְּלִבּוֹ אֵין אֱלֹהִים
הִשְׁחִיתוּ וְהִתְעִיבוּ עָוֶל
אֵין עֹשֵׂה־טוֹב:
ג אֱלֹהִים מִשָּׁמַיִם הִשְׁקִיף עַל־בְּנֵי־אָדָם
לִרְאוֹת הֲיֵשׁ מַשְׂכִּיל
דֹּרֵשׁ אֶת־אֱלֹהִים:
ד כֻּלּוֹ סָג יַחְדָּו נֶאֱלָחוּ
אֵין עֹשֵׂה־טוֹב אֵין גַּם־אֶחָד:
ה הֲלֹא יָדְעוּ פֹּעֲלֵי אָוֶן
אֹכְלֵי עַמִּי אָכְלוּ לֶחֶם
אֱלֹהִים לֹא קָרָאוּ:
ו שָׁם ׀ פָּחֲדוּ־פַחַד
לֹא־הָיָה פָחַד
כִּי־אֱלֹהִים פִּזַּר עַצְמוֹת חֹנָךְ
הֱבִשֹׁתָה כִּי־אֱלֹהִים מְאָסָם:
ז מִי יִתֵּן מִצִּיּוֹן יְשֻׁעוֹת יִשְׂרָאֵל
בְּשׁוּב אֱלֹהִים שְׁבוּת עַמּוֹ
יָגֵל יַעֲקֹב יִשְׂמַח יִשְׂרָאֵל:

המשורר מתפלל ובוטח בה׳ שיושיעו מידי הרשעים.

נד א לַמְנַצֵּחַ בִּנְגִינֹת מַשְׂכִּיל לְדָוִד׃
ב בְּבוֹא הַזִּיפִים וַיֹּאמְרוּ לְשָׁאוּל
הֲלֹא דָוִד מִסְתַּתֵּר עִמָּנוּ׃
ג אֱלֹהִים בְּשִׁמְךָ הוֹשִׁיעֵנִי
וּבִגְבוּרָתְךָ תְדִינֵנִי׃
ד אֱלֹהִים שְׁמַע תְּפִלָּתִי
הַאֲזִינָה לְאִמְרֵי־פִי׃
ה כִּי זָרִים ׀ קָמוּ עָלַי
וְעָרִיצִים בִּקְשׁוּ נַפְשִׁי
לֹא שָׂמוּ אֱלֹהִים לְנֶגְדָּם סֶלָה׃
ו הִנֵּה אֱלֹהִים עֹזֵר לִי
אֲדֹנָי בְּסֹמְכֵי נַפְשִׁי׃
ז יָשִׁיב הָרַע לְשֹׁרְרָי ישוּב
בַּאֲמִתְּךָ הַצְמִיתֵם׃
ח בִּנְדָבָה אֶזְבְּחָה־לָּךְ
אוֹדֶה שִּׁמְךָ יְהוָה כִּי־טוֹב׃
ט כִּי מִכָּל־צָרָה הִצִּילָנִי
וּבְאֹיְבַי רָאֲתָה עֵינִי׃

המשורר מייחל לברוח מהרשעים ומבקש את עונשם;
הוא מכריז כי הוא בוטח בה׳.

נה א לַמְנַצֵּ֥חַ בִּנְגִינֹ֗ת מַשְׂכִּ֥יל לְדָוִֽד:
ב הַאֲזִ֣ינָה אֱ֭לֹהִים תְּפִלָּתִ֑י
וְאַל־תִּ֝תְעַלַּ֗ם מִתְּחִנָּתִֽי:
ג הַקְשִׁ֣יבָה לִּ֣י וַעֲנֵ֑נִי
אָרִ֖יד בְּשִׂיחִ֣י וְאָהִֽימָה:
ד מִקּ֤וֹל אוֹיֵ֗ב
מִפְּנֵ֣י עָקַ֣ת רָשָׁ֑ע
כִּֽי־יָמִ֥יטוּ עָלַ֥י אָ֝֗וֶן
וּבְאַ֥ף יִשְׂטְמֽוּנִי:
ה לִ֭בִּי יָחִ֣יל בְּקִרְבִּ֑י
וְאֵימ֥וֹת מָ֝֗וֶת נָפְל֥וּ עָלָֽי:
ו יִרְאָ֣ה וָ֭רַעַד יָ֣בֹא בִ֑י
וַ֝תְּכַסֵּ֗נִי פַּלָּצֽוּת:
ז וָאֹמַ֗ר
מִי־יִתֶּן־לִּ֣י אֵ֭בֶר כַּיּוֹנָ֗ה
אָע֥וּפָה וְאֶשְׁכֹּֽנָה:
ח הִ֭נֵּה אַרְחִ֣יק נְדֹ֑ד
אָלִ֖ין בַּמִּדְבָּ֣ר סֶֽלָה:

ט אָחִישָׁה מִפְלָט לִי
מֵרוּחַ סֹעָה מִסָּעַר:
י בַּלַּע אֲדֹנָי
פַּלַּג לְשׁוֹנָם
כִּי־רָאִיתִי חָמָס וְרִיב בָּעִיר:
יא יוֹמָם וָלַיְלָה יְסוֹבְבֻהָ
עַל־חוֹמֹתֶיהָ
וְאָוֶן וְעָמָל בְּקִרְבָּהּ:
יב הַוּוֹת בְּקִרְבָּהּ
וְלֹא־יָמִישׁ מֵרְחֹבָהּ
תֹּךְ וּמִרְמָה:
יג כִּי לֹא־אוֹיֵב יְחָרְפֵנִי
וְאֶשָּׂא
לֹא־מְשַׂנְאִי עָלַי הִגְדִּיל
וְאֶסָּתֵר מִמֶּנּוּ:
יד וְאַתָּה אֱנוֹשׁ כְּעֶרְכִּי
אַלּוּפִי וּמְיֻדָּעִי:
טו אֲשֶׁר יַחְדָּו נַמְתִּיק סוֹד
בְּבֵית אֱלֹהִים נְהַלֵּךְ בְּרָגֶשׁ:

יַשִּׁימָוֶת | טז יַשִּׁיא מָוֶת | עָלֵימוֹ
יֵרְדוּ שְׁאוֹל חַיִּים
כִּי־רָעוֹת בִּמְגוּרָם בְּקִרְבָּם:
יז אֲנִי אֶל־אֱלֹהִים אֶקְרָא
וַיהוָה יוֹשִׁיעֵנִי:
יח עֶרֶב וָבֹקֶר וְצָהֳרַיִם
אָשִׂיחָה וְאֶהֱמֶה
וַיִּשְׁמַע קוֹלִי:
יט פָּדָה בְשָׁלוֹם נַפְשִׁי מִקְּרָב־לִי
כִּי־בְרַבִּים הָיוּ עִמָּדִי:
כ יִשְׁמַע | אֵל | וְיַעֲנֵם
וְיֹשֵׁב קֶדֶם סֶלָה
אֲשֶׁר אֵין חֲלִיפוֹת לָמוֹ
וְלֹא יָרְאוּ אֱלֹהִים:
כא שָׁלַח יָדָיו בִּשְׁלֹמָיו
חִלֵּל בְּרִיתוֹ:
כב חָלְקוּ | מַחְמָאֹת פִּיו
וּקְרָב־לִבּוֹ
רַכּוּ דְבָרָיו מִשֶּׁמֶן
וְהֵמָּה פְתִחוֹת:

כג הַשְׁלֵךְ עַל־יְהֹוָה ׀ יְהָבְךָ
וְהוּא יְכַלְכְּלֶךָ
לֹא־יִתֵּן לְעוֹלָם מוֹט לַצַּדִּיק׃
כד וְאַתָּה אֱלֹהִים ׀
תּוֹרִדֵם לִבְאֵר שַׁחַת
אַנְשֵׁי דָמִים וּמִרְמָה
לֹא־יֶחֱצוּ יְמֵיהֶם
וַאֲנִי אֶבְטַח־בָּךְ׃

המשורר מבקש הצלה מידי האויבים; המשורר בוטח בה', ונודר להודות לו על ישועתו ולהתהלך לפניו.

נו א לַמְנַצֵּחַ ׀ עַל־יוֹנַת אֵלֶם רְחֹקִים
לְדָוִד מִכְתָּם בֶּאֱחֹז אֹתוֹ פְלִשְׁתִּים בְּגַת׃
ב חָנֵּנִי אֱלֹהִים
כִּי־שְׁאָפַנִי אֱנוֹשׁ
כָּל־הַיּוֹם לֹחֵם יִלְחָצֵנִי׃
ג שָׁאֲפוּ שׁוֹרְרַי כָּל־הַיּוֹם
כִּי־רַבִּים לֹחֲמִים לִי מָרוֹם׃
ד יוֹם אִירָא אֲנִי אֵלֶיךָ אֶבְטָח׃

ה בֵּאלֹהִים אֲהַלֵּל דְּבָרוֹ
בֵּאלֹהִים בָּטַחְתִּי לֹא אִירָא
מַה־יַּעֲשֶׂה בָשָׂר לִי:
ו כָּל־הַיּוֹם דְּבָרַי יְעַצֵּבוּ
עָלַי כָּל־מַחְשְׁבֹתָם לָרָע:
יצפינו ז יָגוּרוּ ׀ יִצְפּוֹנוּ הֵמָּה
עֲקֵבַי יִשְׁמֹרוּ כַּאֲשֶׁר קִוּוּ נַפְשִׁי:
ח עַל־אָוֶן פַּלֶּט־לָמוֹ
בְּאַף עַמִּים ׀ הוֹרֵד אֱלֹהִים:
ט נֹדִי סָפַרְתָּה אָתָּה
שִׂימָה דִמְעָתִי בְנֹאדֶךָ
הֲלֹא בְּסִפְרָתֶךָ:
י אָז יָשׁוּבוּ אוֹיְבַי אָחוֹר
בְּיוֹם אֶקְרָא זֶה־יָדַעְתִּי
כִּי־אֱלֹהִים לִי:
יא בֵּאלֹהִים אֲהַלֵּל דָּבָר
בַּיהוָה אֲהַלֵּל דָּבָר:
יב בֵּאלֹהִים בָּטַחְתִּי לֹא אִירָא
מַה־יַּעֲשֶׂה אָדָם לִי:

יג עָלַי אֱלֹהִים נְדָרֶיךָ
אֲשַׁלֵּם תּוֹדֹת לָךְ:
יד כִּי הִצַּלְתָּ נַפְשִׁי מִמָּוֶת
הֲלֹא רַגְלַי מִדֶּחִי
לְהִתְהַלֵּךְ לִפְנֵי אֱלֹהִים
בְּאוֹר הַחַיִּים:

המשורר מתפלל לה׳ שיושיע אותו מאויביו,
ומודה לו על התשועה (מקבילה במזמור קח).

נז א לַמְנַצֵּחַ אַל־תַּשְׁחֵת
לְדָוִד מִכְתָּם
בְּבָרְחוֹ מִפְּנֵי־שָׁאוּל בַּמְּעָרָה:
ב חָנֵּנִי אֱלֹהִים ׀ חָנֵּנִי
כִּי בְךָ חָסָיָה נַפְשִׁי
וּבְצֵל־כְּנָפֶיךָ אֶחְסֶה
עַד יַעֲבֹר הַוּוֹת:
ג אֶקְרָא לֵאלֹהִים עֶלְיוֹן
לָאֵל גֹּמֵר עָלָי:
ד יִשְׁלַח מִשָּׁמַיִם ׀ וְיוֹשִׁיעֵנִי
חֵרֵף שֹׁאֲפִי סֶלָה
יִשְׁלַח אֱלֹהִים חַסְדּוֹ וַאֲמִתּוֹ:

ה נַפְשִׁי ׀ בְּתוֹךְ לְבָאִם
אֶשְׁכְּבָה לֹהֲטִים בְּנֵי־אָדָם
שִׁנֵּיהֶם חֲנִית וְחִצִּים
וּלְשׁוֹנָם חֶרֶב חַדָּה׃
ו רוּמָה עַל־הַשָּׁמַיִם אֱלֹהִים
עַל כָּל־הָאָרֶץ כְּבוֹדֶךָ׃
ז רֶשֶׁת ׀ הֵכִינוּ לִפְעָמַי
כָּפַף נַפְשִׁי כָּרוּ לְפָנַי שִׁיחָה
נָפְלוּ בְתוֹכָהּ סֶלָה׃
ח נָכוֹן לִבִּי אֱלֹהִים נָכוֹן לִבִּי
אָשִׁירָה וַאֲזַמֵּרָה׃
ט עוּרָה כְבוֹדִי
עוּרָה הַנֵּבֶל וְכִנּוֹר
אָעִירָה שָּׁחַר׃
י אוֹדְךָ בָעַמִּים ׀ אֲדֹנָי
אֲזַמֶּרְךָ בַּלְאֻמִּים׃
יא כִּי־גָדֹל עַד־שָׁמַיִם חַסְדֶּךָ
וְעַד־שְׁחָקִים אֲמִתֶּךָ׃
יב רוּמָה עַל־שָׁמַיִם אֱלֹהִים
עַל כָּל־הָאָרֶץ כְּבוֹדֶךָ׃

המשורר מתלונן על רשעות השופטים ומתפלל שהצדיקים יצאו זכאים בדין, כדי שכולם יראו כי יֵשׁ אֱלֹהִים שֹׁפְטִים בָּאָרֶץ.

נח א לַמְנַצֵּחַ אַל־תַּשְׁחֵת לְדָוִד מִכְתָּם׃

ב הַאֻמְנָם אֵלֶם צֶדֶק תְּדַבֵּרוּן

מֵישָׁרִים תִּשְׁפְּטוּ בְּנֵי אָדָם׃

ג אַף־בְּלֵב עוֹלֹת תִּפְעָלוּן

בָּאָרֶץ חֲמַס יְדֵיכֶם תְּפַלֵּסוּן׃

ד זֹרוּ רְשָׁעִים מֵרָחֶם

תָּעוּ מִבֶּטֶן דֹּבְרֵי כָזָב׃

ה חֲמַת־לָמוֹ כִּדְמוּת חֲמַת־נָחָשׁ

כְּמוֹ־פֶתֶן חֵרֵשׁ יַאְטֵם אָזְנוֹ׃

ו אֲשֶׁר לֹא־יִשְׁמַע לְקוֹל מְלַחֲשִׁים

חוֹבֵר חֲבָרִים מְחֻכָּם׃

ז אֱלֹהִים הֲרָס־שִׁנֵּימוֹ בְּפִימוֹ

מַלְתְּעוֹת כְּפִירִים נְתֹץ ׀ יְהוָה׃

ח יִמָּאֲסוּ כְמוֹ־מַיִם

יִתְהַלְּכוּ־לָמוֹ

יִדְרֹךְ חִצָּו

כְּמוֹ יִתְמֹלָלוּ׃

ט כְּמוֹ שַׁבְּלוּל תֶּמֶס יַהֲלֹךְ

נֵפֶל אֵשֶׁת בַּל־חָזוּ שָׁמֶשׁ׃

י בְּטֶרֶם יָבִינוּ סִּירֹתֵיכֶם אָטָד
כְּמוֹ־חַי כְּמוֹ־חָרוֹן יִשְׂעָרֶנּוּ׃
יא יִשְׂמַח צַדִּיק כִּי־חָזָה נָקָם
פְּעָמָיו יִרְחַץ בְּדַם הָרָשָׁע׃
יב וְיֹאמַר אָדָם אַךְ־פְּרִי לַצַּדִּיק
אַךְ יֵשׁ־אֱלֹהִים שֹׁפְטִים בָּאָרֶץ׃

המשורר מתפלל לה׳ שיציל אותו מהרשעים כיוון שלא חטא; עונשם יוכיח את השגחת ה׳ על ישראל, והוא ישמח בה׳.

נט א לַמְנַצֵּחַ אַל־תַּשְׁחֵת לְדָוִד מִכְתָּם
בִּשְׁלֹחַ שָׁאוּל
וַיִּשְׁמְרוּ אֶת־הַבַּיִת לַהֲמִיתוֹ׃
ב הַצִּילֵנִי מֵאֹיְבַי ׀ אֱלֹהָי
מִמִּתְקוֹמְמַי תְּשַׂגְּבֵנִי׃
ג הַצִּילֵנִי מִפֹּעֲלֵי אָוֶן
וּמֵאַנְשֵׁי דָמִים הוֹשִׁיעֵנִי׃
ד כִּי הִנֵּה אָרְבוּ לְנַפְשִׁי
יָגוּרוּ עָלַי עַזִּים
לֹא־פִשְׁעִי וְלֹא־חַטָּאתִי יְהוָה׃

ה בְּלִי־עָוֺן יְרֻצוּן וְיִכּוֹנָנוּ
עוּרָה לִקְרָאתִי וּרְאֵה:
ו וְאַתָּה יְהוָה־אֱלֹהִים ׀ צְבָאוֹת אֱלֹהֵי יִשְׂרָאֵל
הָקִיצָה לִפְקֹד כָּל־הַגּוֹיִם
אַל־תָּחֹן כָּל־בֹּגְדֵי אָוֶן סֶלָה:
ז יָשׁוּבוּ לָעֶרֶב
יֶהֱמוּ כַכָּלֶב
וִיסוֹבְבוּ עִיר:
ח הִנֵּה ׀ יַבִּיעוּן בְּפִיהֶם
חֲרָבוֹת בְּשִׂפְתוֹתֵיהֶם
כִּי־מִי שֹׁמֵעַ:
ט וְאַתָּה יְהוָה תִּשְׂחַק־לָמוֹ
תִּלְעַג לְכָל־גּוֹיִם:
י עֻזּוֹ אֵלֶיךָ אֶשְׁמֹרָה
כִּי־אֱלֹהִים מִשְׂגַּבִּי:
יא אֱלֹהֵי חַסְדִּי יְקַדְּמֵנִי
אֱלֹהִים יַרְאֵנִי בְשֹׁרְרָי:
יב אַל־תַּהַרְגֵם ׀ פֶּן־יִשְׁכְּחוּ עַמִּי
הֲנִיעֵמוֹ בְחֵילְךָ וְהוֹרִידֵמוֹ
מָגִנֵּנוּ אֲדֹנָי:

יג חַטַּאת־פִּימוֹ דְּבַר־שְׂפָתֵימוֹ
וְיִלָּכְדוּ בִגְאוֹנָם
וּמֵאָלָה וּמִכַּחַשׁ יְסַפֵּרוּ:
יד כַּלֵּה בְחֵמָה כַּלֵּה וְאֵינֵמוֹ
וְיֵדְעוּ כִּי־אֱלֹהִים מֹשֵׁל בְּיַעֲקֹב
לְאַפְסֵי הָאָרֶץ סֶלָה:
טו וְיָשֻׁבוּ לָעֶרֶב
יֶהֱמוּ כַכָּלֶב
וִיסוֹבְבוּ עִיר:
יְנוּעוּן טז הֵמָּה יְנִיעוּן לֶאֱכֹל
אִם־לֹא יִשְׂבְּעוּ וַיָּלִינוּ:
יז וַאֲנִי ׀ אָשִׁיר עֻזֶּךָ
וַאֲרַנֵּן לַבֹּקֶר חַסְדֶּךָ
כִּי־הָיִיתָ מִשְׂגָּב לִי
וּמָנוֹס בְּיוֹם צַר־לִי:
יח עֻזִּי אֵלֶיךָ אֲזַמֵּרָה
כִּי־אֱלֹהִים מִשְׂגַּבִּי
אֱלֹהֵי חַסְדִּי:

המשורר מקונן על תבוסתו ומתפלל לקיום ההבטחה
להושיע את ישראל; המשורר בוטח בישועת ה׳ (מקבילה במזמור קח).

ס א לַמְנַצֵּחַ עַל־שׁוּשַׁן עֵדוּת
מִכְתָּם לְדָוִד לְלַמֵּד:
ב בְּהַצּוֹתוֹ ׀ אֶת אֲרַם נַהֲרַיִם וְאֶת־אֲרַם צוֹבָה
וַיָּשָׁב יוֹאָב וַיַּךְ אֶת־אֱדוֹם בְּגֵיא־מֶלַח
שְׁנֵים עָשָׂר אָלֶף:
ג אֱלֹהִים זְנַחְתָּנוּ פְרַצְתָּנוּ
אָנַפְתָּ תְּשׁוֹבֵב לָנוּ:
ד הִרְעַשְׁתָּה אֶרֶץ פְּצַמְתָּהּ
רְפָה שְׁבָרֶיהָ כִי־מָטָה:
ה הִרְאִיתָ עַמְּךָ קָשָׁה
הִשְׁקִיתָנוּ יַיִן תַּרְעֵלָה:
ו נָתַתָּה לִּירֵאֶיךָ נֵּס לְהִתְנוֹסֵס
מִפְּנֵי קֹשֶׁט סֶלָה:
ז לְמַעַן יֵחָלְצוּן יְדִידֶיךָ
הוֹשִׁיעָה יְמִינְךָ ועננִי: ועֲנֵנוּ
ח אֱלֹהִים ׀ דִּבֶּר בְּקָדְשׁוֹ אֶעְלֹזָה
אֲחַלְּקָה שְׁכֶם
וְעֵמֶק סֻכּוֹת אֲמַדֵּד:

ט לִי גִלְעָד | וְלִי מְנַשֶּׁה
וְאֶפְרַיִם מָעוֹז רֹאשִׁי
יְהוּדָה מְחֹקְקִי:
י מוֹאָב | סִיר רַחְצִי
עַל־אֱדוֹם אַשְׁלִיךְ נַעֲלִי
עָלַי פְּלֶשֶׁת הִתְרוֹעָעִי:
יא מִי יֹבִלֵנִי עִיר מָצוֹר
מִי נָחַנִי עַד־אֱדוֹם:
יב הֲלֹא־אַתָּה אֱלֹהִים זְנַחְתָּנוּ
וְלֹא־תֵצֵא אֱלֹהִים בְּצִבְאוֹתֵינוּ:
יג הָבָה־לָּנוּ עֶזְרָת מִצָּר
וְשָׁוְא תְּשׁוּעַת אָדָם:
יד בֵּאלֹהִים נַעֲשֶׂה־חָיִל
וְהוּא יָבוּס צָרֵינוּ:

המשורר מבקש להינצל מפני האויבים,
ומתפלל להצלחת המלך; המלך ישלם את נדריו לה׳.

סא א לַמְנַצֵּחַ ׀ עַל־נְגִינַת לְדָוִד׃
ב שִׁמְעָה אֱלֹהִים רִנָּתִי
הַקְשִׁיבָה תְּפִלָּתִי׃
ג מִקְצֵה הָאָרֶץ ׀ אֵלֶיךָ אֶקְרָא
בַּעֲטֹף לִבִּי
בְּצוּר־יָרוּם מִמֶּנִּי תַנְחֵנִי׃
ד כִּי־הָיִיתָ מַחְסֶה לִי
מִגְדַּל־עֹז מִפְּנֵי אוֹיֵב׃
ה אָגוּרָה בְאָהָלְךָ עוֹלָמִים
אֶחֱסֶה בְסֵתֶר כְּנָפֶיךָ סֶּלָה׃
ו כִּי־אַתָּה אֱלֹהִים שָׁמַעְתָּ לִנְדָרָי
נָתַתָּ יְרֻשַּׁת יִרְאֵי שְׁמֶךָ׃
ז יָמִים עַל־יְמֵי־מֶלֶךְ תּוֹסִיף
שְׁנוֹתָיו כְּמוֹ־דֹר וָדֹר׃
ח יֵשֵׁב עוֹלָם לִפְנֵי אֱלֹהִים
חֶסֶד וֶאֱמֶת מַן יִנְצְרֻהוּ׃
ט כֵּן אֲזַמְּרָה שִׁמְךָ לָעַד
לְשַׁלְּמִי נְדָרַי יוֹם ׀ יוֹם׃

פזמון ביטחון בה': המשורר מוכיח את האויבים על מעשיהם
הרעים ומטיף להם לבטוח בה', וה' ישלם לְאִישׁ כְּמַעֲשֵׂהוּ.

סב א לַמְנַצֵּחַ עַל־יְדוּתוּן מִזְמוֹר לְדָוִד:
ב אַךְ אֶל־אֱלֹהִים דּוּמִיָּה נַפְשִׁי
מִמֶּנּוּ יְשׁוּעָתִי:
ג אַךְ־הוּא צוּרִי וִישׁוּעָתִי
מִשְׂגַּבִּי לֹא־אֶמּוֹט רַבָּה:
ד עַד־אָנָה | תְּהוֹתְתוּ עַל־אִישׁ
תְּרָצְּחוּ כֻלְּכֶם
כְּקִיר נָטוּי
גָּדֵר הַדְּחוּיָה:
ה אַךְ מִשְּׂאֵתוֹ | יָעֲצוּ לְהַדִּיחַ
יִרְצוּ כָזָב בְּפִיו יְבָרֵכוּ
וּבְקִרְבָּם יְקַלְלוּ־סֶלָה:
ו אַךְ לֵאלֹהִים דּוֹמִּי נַפְשִׁי
כִּי־מִמֶּנּוּ תִּקְוָתִי:
ז אַךְ־הוּא צוּרִי וִישׁוּעָתִי
מִשְׂגַּבִּי לֹא אֶמּוֹט:
ח עַל־אֱלֹהִים יִשְׁעִי וּכְבוֹדִי
צוּר־עֻזִּי מַחְסִי בֵּאלֹהִים:

ט בטחו בו בכל־עת | עם
שפכו־לפניו לבבכם
אלהים מחסה־לנו סלה:
י אך | הבל בני־אדם
כזב בני איש
במאזנים לעלות
המה מהבל יחד:
יא אל־תבטחו בעשק
ובגזל אל־תהבלו
חיל | כי־ינוב
אל־תשיתו לב:
יב אחת | דבר אלהים
שתים־זו שמעתי
כי עז לאלהים:
יג ולך־אדני חסד
כי־אתה תשלם
לאיש כמעשהו:

המשורר כוסף לקרבת אלהים; הוא מקלל את הרשעים,
ומברך את המלך ואת הבוטחים בה׳.

סג א מִזְמוֹר לְדָוִד בִּהְיוֹתוֹ בְּמִדְבַּר יְהוּדָה:
ב אֱלֹהִים ׀ אֵלִי אַתָּה
אֲשַׁחֲרֶךָּ
צָמְאָה לְךָ ׀ נַפְשִׁי
כָּמַהּ לְךָ בְשָׂרִי
בְּאֶרֶץ־צִיָּה וְעָיֵף בְּלִי־מָיִם:
ג כֵּן בַּקֹּדֶשׁ חֲזִיתִךָ
לִרְאוֹת עֻזְּךָ וּכְבוֹדֶךָ:
ד כִּי־טוֹב חַסְדְּךָ מֵחַיִּים
שְׂפָתַי יְשַׁבְּחוּנְךָ:
ה כֵּן אֲבָרֶכְךָ בְחַיָּי
בְּשִׁמְךָ אֶשָּׂא כַפָּי:
ו כְּמוֹ חֵלֶב וָדֶשֶׁן תִּשְׂבַּע נַפְשִׁי
וְשִׂפְתֵי רְנָנוֹת יְהַלֶּל־פִּי:
ז אִם־זְכַרְתִּיךָ עַל־יְצוּעָי
בְּאַשְׁמֻרוֹת אֶהְגֶּה־בָּךְ:
ח כִּי־הָיִיתָ עֶזְרָתָה לִּי
וּבְצֵל כְּנָפֶיךָ אֲרַנֵּן:

ט דָּבְקָה נַפְשִׁי אַחֲרֶיךָ
בִּי תָּמְכָה יְמִינֶךָ:
י וְהֵמָּה לְשׁוֹאָה יְבַקְשׁוּ נַפְשִׁי
יָבֹאוּ בְּתַחְתִּיּוֹת הָאָרֶץ:
יא יַגִּירֻהוּ עַל־יְדֵי־חָרֶב
מְנָת שֻׁעָלִים יִהְיוּ:
יב וְהַמֶּלֶךְ יִשְׂמַח בֵּאלֹהִים
יִתְהַלֵּל כָּל־הַנִּשְׁבָּע בּוֹ
כִּי יִסָּכֵר פִּי דוֹבְרֵי־שָׁקֶר:

המשורר מבקש להינצל מהאויבים;
הוא מתאר את עונשם ואת שמחת הצדיק בה׳.

סד א לַמְנַצֵּחַ מִזְמוֹר לְדָוִד:
ב שְׁמַע־אֱלֹהִים קוֹלִי בְשִׂיחִי
מִפַּחַד אוֹיֵב תִּצֹּר חַיָּי:
ג תַּסְתִּירֵנִי מִסּוֹד מְרֵעִים
מֵרִגְשַׁת פֹּעֲלֵי אָוֶן:
ד אֲשֶׁר שָׁנְנוּ כַחֶרֶב לְשׁוֹנָם
דָּרְכוּ חִצָּם דָּבָר מָר:

ה לִירוֹת בַּמִּסְתָּרִים תָּם
פִּתְאֹם יֹרֻהוּ וְלֹא יִירָאוּ:
ו יְחַזְּקוּ־לָמוֹ ׀ דָּבָר רָע
יְסַפְּרוּ לִטְמוֹן מוֹקְשִׁים
אָמְרוּ מִי יִרְאֶה־לָּמוֹ:
ז יַחְפְּשׂוּ־עוֹלֹת
תַּמְנוּ חֵפֶשׂ מְחֻפָּשׂ
וְקֶרֶב אִישׁ וְלֵב עָמֹק:
ח וַיֹּרֵם אֱלֹהִים
חֵץ פִּתְאוֹם הָיוּ מַכּוֹתָם:
ט וַיַּכְשִׁילֻהוּ עָלֵימוֹ לְשׁוֹנָם
יִתְנֹדְדוּ כָּל־רֹאֵה בָם:
י וַיִּירְאוּ כָּל־אָדָם
וַיַּגִּידוּ פֹּעַל אֱלֹהִים
וּמַעֲשֵׂהוּ הִשְׂכִּילוּ:
יא יִשְׂמַח צַדִּיק בַּיהוה
וְחָסָה בוֹ
וְיִתְהַלְלוּ כָּל־יִשְׁרֵי־לֵב:

המשורר מהלל את אֱלֹהִים בְּצִיּוֹן על כפרת העוונות,
בריאת העולם והורדת הגשמים; הברואים שרים לה'.

סה א לַמְנַצֵּחַ מִזְמוֹר לְדָוִד שִׁיר׃
ב לְךָ דֻמִיָּה תְהִלָּה
אֱלֹהִים בְּצִיּוֹן
וּלְךָ יְשֻׁלַּם־נֶדֶר׃
ג שֹׁמֵעַ תְּפִלָּה
עָדֶיךָ כָּל־בָּשָׂר יָבֹאוּ׃
ד דִּבְרֵי עֲוֹנֹת גָּבְרוּ מֶנִּי
פְּשָׁעֵינוּ אַתָּה תְכַפְּרֵם׃
ה אַשְׁרֵי ׀ תִּבְחַר וּתְקָרֵב
יִשְׁכֹּן חֲצֵרֶיךָ
נִשְׂבְּעָה בְּטוּב בֵּיתֶךָ
קְדֹשׁ הֵיכָלֶךָ׃
ו נוֹרָאוֹת ׀ בְּצֶדֶק תַּעֲנֵנוּ
אֱלֹהֵי יִשְׁעֵנוּ
מִבְטָח כָּל־קַצְוֵי־אֶרֶץ
וְיָם רְחֹקִים׃
ז מֵכִין הָרִים בְּכֹחוֹ
נֶאְזָר בִּגְבוּרָה׃

ח מַשְׁבִּיחַ ׀ שְׁאוֹן יַמִּים
שְׁאוֹן גַּלֵּיהֶם וַהֲמוֹן לְאֻמִּים׃
ט וַיִּירְאוּ ׀ יֹשְׁבֵי קְצָוֹת מֵאוֹתֹתֶיךָ
מוֹצָאֵי־בֹקֶר וָעֶרֶב תַּרְנִין׃
י פָּקַדְתָּ הָאָרֶץ ׀ וַתְּשֹׁקְקֶהָ
רַבַּת תַּעְשְׁרֶנָּה
פֶּלֶג אֱלֹהִים מָלֵא מָיִם
תָּכִין דְּגָנָם
כִּי־כֵן תְּכִינֶהָ׃
יא תְּלָמֶיהָ רַוֵּה נַחֵת גְּדוּדֶהָ
בִּרְבִיבִים תְּמֹגְגֶנָּה
צִמְחָהּ תְּבָרֵךְ׃
יב עִטַּרְתָּ שְׁנַת טוֹבָתֶךָ
וּמַעְגָּלֶיךָ יִרְעֲפוּן דָּשֶׁן׃
יג יִרְעֲפוּ נְאוֹת מִדְבָּר
וְגִיל גְּבָעוֹת תַּחְגֹּרְנָה׃
יד לָבְשׁוּ כָרִים ׀ הַצֹּאן
וַעֲמָקִים יַעַטְפוּ־בָר
יִתְרוֹעֲעוּ אַף־יָשִׁירוּ׃

כָּל הָאָרֶץ מודה לה׳ על נפלאותיו לישראל;
המשורר נודר להודות לה׳ על ההצלה לפני כָּל יִרְאֵי אֱלֹהִים.

סו א לַמְנַצֵּחַ שִׁיר מִזְמוֹר
הָרִיעוּ לֵאלֹהִים כָּל־הָאָרֶץ׃
ב זַמְּרוּ כְבוֹד־שְׁמוֹ
שִׂימוּ כָבוֹד תְּהִלָּתוֹ׃
ג אִמְרוּ לֵאלֹהִים
מַה־נּוֹרָא מַעֲשֶׂיךָ
בְּרֹב עֻזְּךָ יְכַחֲשׁוּ־לְךָ אֹיְבֶיךָ׃
ד כָּל־הָאָרֶץ ׀ יִשְׁתַּחֲווּ לְךָ
וִיזַמְּרוּ־לָךְ
יְזַמְּרוּ שִׁמְךָ סֶלָה׃
ה לְכוּ וּרְאוּ מִפְעֲלוֹת אֱלֹהִים
נוֹרָא עֲלִילָה עַל־בְּנֵי אָדָם׃
ו הָפַךְ יָם ׀ לְיַבָּשָׁה
בַּנָּהָר יַעַבְרוּ בְרָגֶל
שָׁם נִשְׂמְחָה־בּוֹ׃
ז מֹשֵׁל בִּגְבוּרָתוֹ ׀ עוֹלָם
עֵינָיו בַּגּוֹיִם תִּצְפֶּינָה
הַסּוֹרְרִים ׀ אַל־יָרוּמוּ לָמוֹ סֶלָה׃ יָרִימוּ

ח בָּרְכוּ עַמִּים ׀ אֱלֹהֵינוּ

וְהַשְׁמִיעוּ קוֹל תְּהִלָּתוֹ:

ט הַשָּׂם נַפְשֵׁנוּ בַּחַיִּים

וְלֹא־נָתַן לַמּוֹט רַגְלֵנוּ:

י כִּי־בְחַנְתָּנוּ אֱלֹהִים

צְרַפְתָּנוּ כִּצְרָף־כָּסֶף:

יא הֲבֵאתָנוּ בַמְּצוּדָה

שַׂמְתָּ מוּעָקָה בְמָתְנֵינוּ:

יב הִרְכַּבְתָּ אֱנוֹשׁ לְרֹאשֵׁנוּ

בָּאנוּ־בָאֵשׁ וּבַמַּיִם

וַתּוֹצִיאֵנוּ לָרְוָיָה:

יג אָבוֹא בֵיתְךָ בְעוֹלוֹת

אֲשַׁלֵּם לְךָ נְדָרָי:

יד אֲשֶׁר־פָּצוּ שְׂפָתָי

וְדִבֶּר־פִּי בַּצַּר־לִי:

טו עֹלוֹת מֵחִים אַעֲלֶה־לָּךְ

עִם־קְטֹרֶת אֵילִים

אֶעֱשֶׂה בָקָר עִם־עַתּוּדִים סֶלָה:

טז לְכוּ־שִׁמְעוּ וַאֲסַפְּרָה כָּל־יִרְאֵי אֱלֹהִים

אֲשֶׁר עָשָׂה לְנַפְשִׁי:

יז אֵלָיו פִּי־קָרָאתִי
וְרוֹמַם תַּחַת לְשׁוֹנִי:
יח אָוֶן אִם־רָאִיתִי בְלִבִּי
לֹא יִשְׁמַע ׀ אֲדֹנָי:
יט אָכֵן שָׁמַע אֱלֹהִים
הִקְשִׁיב בְּקוֹל תְּפִלָּתִי:
כ בָּרוּךְ אֱלֹהִים
אֲשֶׁר לֹא־הֵסִיר תְּפִלָּתִי וְחַסְדּוֹ מֵאִתִּי:

ברכת אלהים לישראל מתגלה לעיני כל העולם,
ביבול הארץ ובמשפט ה' בכל הארץ.

סז א לַמְנַצֵּחַ בִּנְגִינֹת מִזְמוֹר שִׁיר:
ב אֱלֹהִים יְחָנֵּנוּ וִיבָרְכֵנוּ
יָאֵר פָּנָיו אִתָּנוּ סֶלָה:
ג לָדַעַת בָּאָרֶץ דַּרְכֶּךָ
בְּכָל־גּוֹיִם יְשׁוּעָתֶךָ:
ד יוֹדוּךָ עַמִּים ׀ אֱלֹהִים
יוֹדוּךָ עַמִּים כֻּלָּם:
ה יִשְׂמְחוּ וִירַנְּנוּ לְאֻמִּים
כִּי־תִשְׁפֹּט עַמִּים מִישֹׁר
וּלְאֻמִּים ׀ בָּאָרֶץ תַּנְחֵם סֶלָה:

ו יוֹדוּךָ עַמִּים ׀ אֱלֹהִים
יוֹדוּךָ עַמִּים כֻּלָּם:
ז אֶרֶץ נָתְנָה יְבוּלָהּ
יְבָרְכֵנוּ אֱלֹהִים אֱלֹהֵינוּ:
ח יְבָרְכֵנוּ אֱלֹהִים
וְיִירְאוּ אוֹתוֹ כָּל־אַפְסֵי־אָרֶץ:

המשורר מזמין את העם להודות לה׳ על התגלותו,
על נפלאותיו ועל ההצלה מהאויבים;
בְּמַקְהֵלוֹת ישראל וּמַמְלְכוֹת הָאָרֶץ ישירו לה׳ בירושלים.

סח א לַמְנַצֵּחַ לְדָוִד מִזְמוֹר שִׁיר:
ב יָקוּם אֱלֹהִים
יָפוּצוּ אוֹיְבָיו
וְיָנוּסוּ מְשַׂנְאָיו מִפָּנָיו:
ג כְּהִנְדֹּף עָשָׁן תִּנְדֹּף
כְּהִמֵּס דּוֹנַג מִפְּנֵי־אֵשׁ
יֹאבְדוּ רְשָׁעִים מִפְּנֵי אֱלֹהִים:
ד וְצַדִּיקִים יִשְׂמְחוּ
יַעַלְצוּ לִפְנֵי אֱלֹהִים
וְיָשִׂישׂוּ בְשִׂמְחָה:

ה שִׁירוּ ׀ לֵאלֹהִים זַמְּרוּ שְׁמוֹ
סֹלּוּ לָרֹכֵב בָּעֲרָבוֹת
בְּיָהּ שְׁמוֹ וְעִלְזוּ לְפָנָיו:
ו אֲבִי יְתוֹמִים וְדַיַּן אַלְמָנוֹת
אֱלֹהִים בִּמְעוֹן קָדְשׁוֹ:
ז אֱלֹהִים ׀ מוֹשִׁיב יְחִידִים ׀ בַּיְתָה
מוֹצִיא אֲסִירִים בַּכּוֹשָׁרוֹת
אַךְ סוֹרְרִים שָׁכְנוּ צְחִיחָה:
ח אֱלֹהִים בְּצֵאתְךָ לִפְנֵי עַמֶּךָ
בְּצַעְדְּךָ בִישִׁימוֹן סֶלָה:
ט אֶרֶץ רָעָשָׁה ׀
אַף־שָׁמַיִם נָטְפוּ
מִפְּנֵי אֱלֹהִים
זֶה סִינַי מִפְּנֵי אֱלֹהִים אֱלֹהֵי יִשְׂרָאֵל:
י גֶּשֶׁם נְדָבוֹת תָּנִיף אֱלֹהִים
נַחֲלָתְךָ וְנִלְאָה אַתָּה כוֹנַנְתָּהּ:
יא חַיָּתְךָ יָשְׁבוּ־בָהּ
תָּכִין בְּטוֹבָתְךָ לֶעָנִי אֱלֹהִים:
יב אֲדֹנָי יִתֶּן־אֹמֶר
הַמְבַשְּׂרוֹת צָבָא רָב:

יג מַלְכֵי צְבָאוֹת יִדֹּדוּן יִדֹּדוּן
וּנְוַת־בַּיִת תְּחַלֵּק שָׁלָל׃
יד אִם־תִּשְׁכְּבוּן בֵּין שְׁפַתָּיִם
כַּנְפֵי יוֹנָה נֶחְפָּה בַכֶּסֶף
וְאֶבְרוֹתֶיהָ בִּירַקְרַק חָרוּץ׃
טו בְּפָרֵשׂ שַׁדַּי מְלָכִים בָּהּ
תַּשְׁלֵג בְּצַלְמוֹן׃
טז הַר־אֱלֹהִים הַר־בָּשָׁן
הַר גַּבְנֻנִּים הַר־בָּשָׁן׃
יז לָמָּה ׀ תְּרַצְּדוּן הָרִים גַּבְנֻנִּים
הָהָר חָמַד אֱלֹהִים לְשִׁבְתּוֹ
אַף־יהוה יִשְׁכֹּן לָנֶצַח׃
יח רֶכֶב אֱלֹהִים
רִבֹּתַיִם אַלְפֵי שִׁנְאָן
אֲדֹנָי בָם סִינַי בַּקֹּדֶשׁ׃
יט עָלִיתָ לַמָּרוֹם ׀ שָׁבִיתָ שֶּׁבִי
לָקַחְתָּ מַתָּנוֹת בָּאָדָם
וְאַף סוֹרְרִים לִשְׁכֹּן ׀ יָהּ אֱלֹהִים׃
כ בָּרוּךְ אֲדֹנָי יוֹם ׀ יוֹם
יַעֲמָס־לָנוּ הָאֵל יְשׁוּעָתֵנוּ סֶלָה׃

כא הָאֵל ׀ לָנוּ אֵל לְמוֹשָׁעוֹת

וְלֵיהֹוִה אֲדֹנָי לַמָּוֶת תּוֹצָאוֹת׃

כב אַךְ־אֱלֹהִים יִמְחַץ רֹאשׁ אֹיְבָיו

קָדְקֹד שֵׂעָר מִתְהַלֵּךְ בַּאֲשָׁמָיו׃

כג אָמַר אֲדֹנָי מִבָּשָׁן אָשִׁיב

אָשִׁיב מִמְּצֻלוֹת יָם׃

כד לְמַעַן ׀ תִּמְחַץ רַגְלְךָ בְּדָם

לְשׁוֹן כְּלָבֶיךָ מֵאוֹיְבִים מִנֵּהוּ׃

כה רָאוּ הֲלִיכוֹתֶיךָ אֱלֹהִים

הֲלִיכוֹת אֵלִי מַלְכִּי בַקֹּדֶשׁ׃

כו קִדְּמוּ שָׁרִים אַחַר נֹגְנִים

בְּתוֹךְ עֲלָמוֹת תּוֹפֵפוֹת׃

כז בְּמַקְהֵלוֹת בָּרְכוּ אֱלֹהִים

אֲדֹנָי מִמְּקוֹר יִשְׂרָאֵל׃

כח שָׁם בִּנְיָמִן ׀ צָעִיר רֹדֵם

שָׂרֵי יְהוּדָה רִגְמָתָם

שָׂרֵי זְבוּלוּן שָׂרֵי נַפְתָּלִי׃

כט צִוָּה אֱלֹהֶיךָ עֻזֶּךָ

עוּזָּה אֱלֹהִים זוּ פָּעַלְתָּ לָּנוּ׃

ל מֵהֵיכָלֶךָ עַל־יְרוּשָׁלָםִ
לְךָ יוֹבִילוּ מְלָכִים שָׁי׃
לא גְּעַר חַיַּת קָנֶה
עֲדַת אַבִּירִים ׀ בְּעֶגְלֵי עַמִּים
מִתְרַפֵּס בְּרַצֵּי־כָסֶף
בִּזַּר עַמִּים קְרָבוֹת יֶחְפָּצוּ׃
לב יֶאֱתָיוּ חַשְׁמַנִּים מִנִּי מִצְרָיִם
כּוּשׁ תָּרִיץ יָדָיו לֵאלֹהִים׃
לג מַמְלְכוֹת הָאָרֶץ שִׁירוּ לֵאלֹהִים
זַמְּרוּ אֲדֹנָי סֶלָה׃
לד לָרֹכֵב בִּשְׁמֵי שְׁמֵי־קֶדֶם
הֵן יִתֵּן בְּקוֹלוֹ קוֹל עֹז׃
לה תְּנוּ עֹז לֵאלֹהִים
עַל־יִשְׂרָאֵל גַּאֲוָתוֹ
וְעֻזּוֹ בַּשְּׁחָקִים׃
לו נוֹרָא אֱלֹהִים ׀ מִמִּקְדָּשֶׁיךָ
אֵל יִשְׂרָאֵל
הוּא נֹתֵן ׀ עֹז וְתַעֲצֻמוֹת לָעָם
בָּרוּךְ אֱלֹהִים׃

המשורר מתאר את מצוקותיו ואת אויביו המחרפים אותו;
המשורר בטוח בישועת ה׳ ומבטיח להודות לו
בשמחה יחד עם יראי ה׳ בבניין ירושלים.

סט א לַמְנַצֵּחַ עַל־שׁוֹשַׁנִּים לְדָוִד:
ב הוֹשִׁיעֵנִי אֱלֹהִים
כִּי בָאוּ מַיִם עַד־נָפֶשׁ:
ג טָבַעְתִּי ׀ בִּיוֵן מְצוּלָה וְאֵין מָעֳמָד
בָּאתִי בְמַעֲמַקֵּי־מַיִם
וְשִׁבֹּלֶת שְׁטָפָתְנִי:
ד יָגַעְתִּי בְקָרְאִי נִחַר גְּרוֹנִי
כָּלוּ עֵינַי מְיַחֵל לֵאלֹהָי:
ה רַבּוּ ׀ מִשַּׂעֲרוֹת רֹאשִׁי שֹׂנְאַי חִנָּם
עָצְמוּ מַצְמִיתַי אֹיְבַי שֶׁקֶר
אֲשֶׁר לֹא־גָזַלְתִּי אָז אָשִׁיב:
ו אֱלֹהִים אַתָּה יָדַעְתָּ לְאִוַּלְתִּי
וְאַשְׁמוֹתַי מִמְּךָ לֹא־נִכְחָדוּ:
ז אַל־יֵבֹשׁוּ בִי ׀ קֹוֶיךָ
אֲדֹנָי יֱהוִֹה צְבָאוֹת
אַל־יִכָּלְמוּ בִי מְבַקְשֶׁיךָ
אֱלֹהֵי יִשְׂרָאֵל:
ח כִּי־עָלֶיךָ נָשָׂאתִי חֶרְפָּה
כִּסְּתָה כְלִמָּה פָנָי:

ט מ֭וּזָר הָיִ֣יתִי לְאֶחָ֑י
וְ֝נָכְרִ֗י לִבְנֵ֥י אִמִּֽי׃
י כִּֽי־קִנְאַ֣ת בֵּיתְךָ֣ אֲכָלָ֑תְנִי
וְחֶרְפּ֥וֹת ח֝וֹרְפֶ֗יךָ נָפְל֥וּ עָלָֽי׃
יא וָאֶבְכֶּ֣ה בַצּ֣וֹם נַפְשִׁ֑י
וַתְּהִ֖י לַחֲרָפ֣וֹת לִֽי׃
יב וָאֶתְּנָ֣ה לְבוּשִׁ֣י שָׂ֑ק
וָאֱהִ֥י לָהֶ֗ם לְמָשָֽׁל׃
יג יָשִׂ֣יחוּ בִ֭י יֹ֣שְׁבֵי שָׁ֑עַר
וּ֝נְגִינ֗וֹת שׁוֹתֵ֥י שֵׁכָֽר׃
יד וַאֲנִ֤י תְפִלָּֽתִי־לְךָ֨ ׀ יְהֹוָ֡ה
עֵ֤ת רָצ֗וֹן
אֱלֹהִ֥ים בְּרָב־חַסְדֶּ֑ךָ
עֲ֝נֵ֗נִי בֶּאֱמֶ֥ת יִשְׁעֶֽךָ׃
טו הַצִּילֵ֣נִי מִ֭טִּיט וְאַל־אֶטְבָּ֑עָה
אִנָּצְלָ֥ה מִ֝שֹּׂנְאַ֗י וּמִמַּֽעֲמַקֵּי־מָֽיִם׃
טז אַל־תִּשְׁטְפֵ֤נִי ׀ שִׁבֹּ֣לֶת מַ֭יִם
וְאַל־תִּבְלָעֵ֣נִי מְצוּלָ֑ה
וְאַל־תֶּאְטַר־עָלַ֖י בְּאֵ֣ר פִּֽיהָ׃

יז עֲנֵנִי יהוה כִּי־טוֹב חַסְדֶּךָ
כְּרֹב רַחֲמֶיךָ פְּנֵה אֵלָי׃
יח וְאַל־תַּסְתֵּר פָּנֶיךָ מֵעַבְדֶּךָ
כִּי־צַר־לִי מַהֵר עֲנֵנִי׃
יט קָרְבָה אֶל־נַפְשִׁי גְאָלָהּ
לְמַעַן אֹיְבַי פְּדֵנִי׃
כ אַתָּה יָדַעְתָּ
חֶרְפָּתִי וּבָשְׁתִּי וּכְלִמָּתִי
נֶגְדְּךָ כָּל־צוֹרְרָי׃
כא חֶרְפָּה ׀ שָׁבְרָה לִבִּי וָאָנוּשָׁה
וָאֲקַוֶּה לָנוּד וָאַיִן
וְלַמְנַחֲמִים וְלֹא מָצָאתִי׃
כב וַיִּתְּנוּ בְּבָרוּתִי רֹאשׁ
וְלִצְמָאִי יַשְׁקוּנִי חֹמֶץ׃
כג יְהִי־שֻׁלְחָנָם לִפְנֵיהֶם לְפָח
וְלִשְׁלוֹמִים לְמוֹקֵשׁ׃
כד תֶּחְשַׁכְנָה עֵינֵיהֶם מֵרְאוֹת
וּמָתְנֵיהֶם תָּמִיד הַמְעַד׃
כה שְׁפָךְ־עֲלֵיהֶם זַעְמֶךָ
וַחֲרוֹן אַפְּךָ יַשִּׂיגֵם׃

כו תְּהִי־טִירָתָם נְשַׁמָּה
בְּאָהֳלֵיהֶם אַל־יְהִי יֹשֵׁב׃
כז כִּי־אַתָּה אֲשֶׁר־הִכִּיתָ רָדָפוּ
וְאֶל־מַכְאוֹב חֲלָלֶיךָ יְסַפֵּרוּ׃
כח תְּנָה־עָוֹן עַל־עֲוֹנָם
וְאַל־יָבֹאוּ בְּצִדְקָתֶךָ׃
כט יִמָּחוּ מִסֵּפֶר חַיִּים
וְעִם צַדִּיקִים אַל־יִכָּתֵבוּ׃
ל וַאֲנִי עָנִי וְכוֹאֵב
יְשׁוּעָתְךָ אֱלֹהִים תְּשַׂגְּבֵנִי׃
לא אֲהַלְלָה שֵׁם־אֱלֹהִים בְּשִׁיר
וַאֲגַדְּלֶנּוּ בְתוֹדָה׃
לב וְתִיטַב לַיהוה מִשּׁוֹר פָּר
מַקְרִן מַפְרִיס׃
לג רָאוּ עֲנָוִים יִשְׂמָחוּ
דֹּרְשֵׁי אֱלֹהִים וִיחִי לְבַבְכֶם׃
לד כִּי־שֹׁמֵעַ אֶל־אֶבְיוֹנִים יהוה
וְאֶת־אֲסִירָיו לֹא בָזָה׃

לה יְהַלְלוּהוּ שָׁמַיִם וָאָרֶץ
יַמִּים וְכׇל־רֹמֵשׂ בָּם:
לו כִּי אֱלֹהִים ׀ יוֹשִׁיעַ צִיּוֹן
וְיִבְנֶה עָרֵי יְהוּדָה
וְיָשְׁבוּ שָׁם וִירֵשׁוּהָ:
לז וְזֶרַע עֲבָדָיו יִנְחָלוּהָ
וְאֹהֲבֵי שְׁמוֹ יִשְׁכְּנוּ־בָהּ:

המשורר מבקש להינצל מהאויבים,
והוא בוטח בה׳ (מקביל למזמור מ, יד-יח).

ע א לַמְנַצֵּחַ לְדָוִד לְהַזְכִּיר:
ב אֱלֹהִים לְהַצִּילֵנִי
יְהוָה לְעֶזְרָתִי חוּשָׁה:
ג יֵבֹשׁוּ וְיַחְפְּרוּ
מְבַקְשֵׁי נַפְשִׁי
יִסֹּגוּ אָחוֹר וְיִכָּלְמוּ
חֲפֵצֵי רָעָתִי:
ד יָשׁוּבוּ עַל־עֵקֶב בָּשְׁתָּם
הָאֹמְרִים הֶאָח ׀ הֶאָח:

ה יָשִׂישׂוּ וְיִשְׂמְחוּ ׀ בְּךָ
כָּל־מְבַקְשֶׁיךָ
וְיֹאמְרוּ תָמִיד
יִגְדַּל אֱלֹהִים
אֹהֲבֵי יְשׁוּעָתֶךָ׃
ו וַאֲנִי ׀ עָנִי וְאֶבְיוֹן
אֱלֹהִים חוּשָׁה לִּי
עֶזְרִי וּמְפַלְטִי אַתָּה
יהוה אַל־תְּאַחַר׃

המשך המזמור הקודם: הצלת המשורר
תהיה בושה לרשעים ושמחה לצדיקים;
המשורר מבטיח לספר ולשיר את נפלאות ה׳ בימי זקנתו.

עא א בְּךָ־יהוה חָסִיתִי
אַל־אֵבוֹשָׁה לְעוֹלָם׃
ב בְּצִדְקָתְךָ תַּצִּילֵנִי
וּתְפַלְּטֵנִי
הַטֵּה־אֵלַי אָזְנְךָ
וְהוֹשִׁיעֵנִי׃

ג הֱיֵה לִי ׀ לְצוּר מָעוֹן לָבוֹא
תָּמִיד צִוִּיתָ לְהוֹשִׁיעֵנִי
כִּי־סַלְעִי וּמְצוּדָתִי אָתָּה׃
ד אֱלֹהַי פַּלְּטֵנִי מִיַּד רָשָׁע
מִכַּף מְעַוֵּל וְחוֹמֵץ׃
ה כִּי־אַתָּה תִקְוָתִי
אֲדֹנָי יֱהֹוִה מִבְטַחִי מִנְּעוּרָי׃
ו עָלֶיךָ ׀ נִסְמַכְתִּי מִבֶּטֶן
מִמְּעֵי אִמִּי אַתָּה גוֹזִי
בְּךָ תְהִלָּתִי תָמִיד׃
ז כְּמוֹפֵת הָיִיתִי לְרַבִּים
וְאַתָּה מַחֲסִי־עֹז׃
ח יִמָּלֵא פִי תְּהִלָּתֶךָ
כָּל־הַיּוֹם תִּפְאַרְתֶּךָ׃
ט אַל־תַּשְׁלִיכֵנִי לְעֵת זִקְנָה
כִּכְלוֹת כֹּחִי אַל־תַּעַזְבֵנִי׃
י כִּי־אָמְרוּ אוֹיְבַי לִי
וְשֹׁמְרֵי נַפְשִׁי נוֹעֲצוּ יַחְדָּו׃
יא לֵאמֹר אֱלֹהִים עֲזָבוֹ
רִדְפוּ וְתִפְשׂוּהוּ כִּי־אֵין מַצִּיל׃

יב אֱלֹהִים אַל־תִּרְחַק מִמֶּנִּי
חִישָׁה אֱלֹהַי לְעֶזְרָתִי חוּשָׁה:
יג יֵבֹשׁוּ יִכְלוּ שֹׂטְנֵי נַפְשִׁי
יַעֲטוּ חֶרְפָּה וּכְלִמָּה
מְבַקְשֵׁי רָעָתִי:
יד וַאֲנִי תָּמִיד אֲיַחֵל
וְהוֹסַפְתִּי עַל־כָּל־תְּהִלָּתֶךָ:
טו פִּי ׀ יְסַפֵּר צִדְקָתֶךָ
כָּל־הַיּוֹם תְּשׁוּעָתֶךָ
כִּי לֹא יָדַעְתִּי סְפֹרוֹת:
טז אָבוֹא בִּגְבוּרוֹת אֲדֹנָי יֱהוִה
אַזְכִּיר צִדְקָתְךָ לְבַדֶּךָ:
יז אֱלֹהִים לִמַּדְתַּנִי מִנְּעוּרָי
וְעַד־הֵנָּה אַגִּיד נִפְלְאוֹתֶיךָ:
יח וְגַם עַד־זִקְנָה ׀ וְשֵׂיבָה
אֱלֹהִים אַל־תַּעַזְבֵנִי
עַד־אַגִּיד זְרוֹעֲךָ לְדוֹר
לְכָל־יָבוֹא גְּבוּרָתֶךָ:
יט וְצִדְקָתְךָ אֱלֹהִים עַד־מָרוֹם
אֲשֶׁר־עָשִׂיתָ גְדֹלוֹת
אֱלֹהִים מִי כָמוֹךָ:

כ אֲשֶׁר הִרְאִיתַנִי ׀ הראיתנו
צָרוֹת רַבּוֹת וְרָעוֹת
תָּשׁוּב תְּחַיֵּינִי תחיינו
וּמִתְּהֹמוֹת הָאָרֶץ
תָּשׁוּב תַּעֲלֵנִי׃ תעלנו
כא תֶּרֶב ׀ גְּדֻלָּתִי
וְתִסֹּב תְּנַחֲמֵנִי׃
כב גַּם־אֲנִי ׀ אוֹדְךָ
בִכְלִי־נֶבֶל
אֲמִתְּךָ אֱלֹהָי
אֲזַמְּרָה לְךָ בְכִנּוֹר
קְדוֹשׁ יִשְׂרָאֵל׃
כג תְּרַנֵּנָּה שְׂפָתַי
כִּי אֲזַמְּרָה־לָּךְ
וְנַפְשִׁי אֲשֶׁר פָּדִיתָ׃
כד גַּם־לְשׁוֹנִי כָּל־הַיּוֹם
תֶּהְגֶּה צִדְקָתֶךָ
כִּי־בֹשׁוּ כִי־חָפְרוּ
מְבַקְשֵׁי רָעָתִי׃

דוד מברך את שלמה שיהיה למלך ושופט לעם ישראל ולעולם כולו; בחתימת הספר נחתמות גם תפילות דוד.

עב א לִשְׁלֹמֹה ׀
אֱלֹהִים מִשְׁפָּטֶיךָ לְמֶלֶךְ תֵּן
וְצִדְקָתְךָ לְבֶן־מֶלֶךְ׃
ב יָדִין עַמְּךָ בְצֶדֶק
וַעֲנִיֶּיךָ בְמִשְׁפָּט׃
ג יִשְׂאוּ הָרִים שָׁלוֹם לָעָם
וּגְבָעוֹת בִּצְדָקָה׃
ד יִשְׁפֹּט ׀ עֲנִיֵּי־עָם
יוֹשִׁיעַ לִבְנֵי אֶבְיוֹן
וִידַכֵּא עוֹשֵׁק׃
ה יִירָאוּךָ עִם־שָׁמֶשׁ
וְלִפְנֵי יָרֵחַ דּוֹר דּוֹרִים׃
ו יֵרֵד כְּמָטָר עַל־גֵּז
כִּרְבִיבִים זַרְזִיף אָרֶץ׃
ז יִפְרַח־בְּיָמָיו צַדִּיק
וְרֹב שָׁלוֹם עַד־בְּלִי יָרֵחַ׃
ח וְיֵרְדְּ מִיָּם עַד־יָם
וּמִנָּהָר עַד־אַפְסֵי־אָרֶץ׃

ט לְפָנָיו יִכְרְעוּ צִיִּים
וְאֹיְבָיו עָפָר יְלַחֵכוּ׃
י מַלְכֵי תַרְשִׁישׁ וְאִיִּים מִנְחָה יָשִׁיבוּ
מַלְכֵי שְׁבָא וּסְבָא אֶשְׁכָּר יַקְרִיבוּ׃
יא וְיִשְׁתַּחֲווּ־לוֹ כָל־מְלָכִים
כָּל־גּוֹיִם יַעַבְדוּהוּ׃
יב כִּי־יַצִּיל אֶבְיוֹן מְשַׁוֵּעַ
וְעָנִי וְאֵין־עֹזֵר לוֹ׃
יג יָחֹס עַל־דַּל וְאֶבְיוֹן
וְנַפְשׁוֹת אֶבְיוֹנִים יוֹשִׁיעַ׃
יד מִתּוֹךְ וּמֵחָמָס יִגְאַל נַפְשָׁם
וְיֵיקַר דָּמָם בְּעֵינָיו׃
טו וִיחִי וְיִתֶּן־לוֹ מִזְּהַב שְׁבָא
וְיִתְפַּלֵּל בַּעֲדוֹ תָמִיד
כָּל־הַיּוֹם יְבָרְכֶנְהוּ׃
טז יְהִי פִסַּת־בַּר ׀ בָּאָרֶץ
בְּרֹאשׁ הָרִים
יִרְעַשׁ כַּלְּבָנוֹן פִּרְיוֹ
וְיָצִיצוּ מֵעִיר כְּעֵשֶׂב הָאָרֶץ׃

יז יְהִי שְׁמוֹ ׀ לְעוֹלָם
ינין לִפְנֵי־שֶׁמֶשׁ יִנּוֹן שְׁמוֹ
וְיִתְבָּרְכוּ בוֹ
כָּל־גּוֹיִם יְאַשְּׁרוּהוּ׃
יח בָּרוּךְ ׀ יְהוָה אֱלֹהִים אֱלֹהֵי יִשְׂרָאֵל
עֹשֵׂה נִפְלָאוֹת לְבַדּוֹ׃
יט וּבָרוּךְ ׀ שֵׁם כְּבוֹדוֹ לְעוֹלָם
וְיִמָּלֵא כְבוֹדוֹ אֶת־כֹּל־הָאָרֶץ
אָמֵן ׀ וְאָמֵן׃
כ כָּלּוּ תְפִלּוֹת דָּוִד בֶּן־יִשָׁי׃

הספר השלישי

מבוא

לאחר תיאור שיאה של מלכות בית דוד בימי שלמה בסוף הספר השני (עב), מתאר הספר השלישי – שהוא מעין המשך שלו על דרך הניגוד – את משבריה, עליותיה וירידותיה של המלכות עד לחורבן (פט, לט ואילך). הספר פותח בצרותיו האישיות של המשורר בזמן משבר, בלשון ׳וָאֱהִי **נָגוּעַ** כָּל הַיּוֹם׳ (עג, יד), וחותם באותו ניסות, המוסב על צאצאיו של דוד המלך: ׳וּפָקַדְתִּי בְשֵׁבֶט פִּשְׁעָם **וּבִנְגָעִים** עֲוֹנָם׳ (פט, לג).

בספר השלישי מושלמים בהיפוך כיאסטי אוספי המזמורים ׳לְאָסָף׳ ו׳לִבְנֵי קֹרַח׳ (השוו עם המבוא לספר השני), ובסוף הספר השלישי מופיעים מזמור ׳לְהֵימָן׳ (פח) ומזמור ׳לְאֵיתָן הָאֶזְרָחִי׳ (פט), המתארים את הצרות של המשורר ואת חורבן מלכות בית דוד.

א. במזמורים ׳לְאָסָף׳ (עג-פג) המשורר בוטח בה׳ למרות שלטון הרשעים והמרחק מהמקדש (עג). אף שאֵין עוֹד נָבִיא (עד, ט), ה׳ מתגלה ומבטיח לשפוט את האויבים ולהגן על ישראל. ה׳ משקה את הרשעים מכוסו ומענישם (עה, ט), ובא לשפוט את הארץ וּלְהוֹשִׁיעַ כָּל־עַנְוֵי־אֶרֶץ (עו, י). המשורר מתבונן בהנהגת ה׳ בזמן משה ואהרן (עז) ומתאר את קורות העם לפרטי פרטים עד לבחירת שבט יהודה, הר ציון ודוד למלכות (עח; ציר ספר תהלים כולו). העמים מחריבים את ירושלים והמקדש (עט) ואת עם ישראל (פ); עם ישראל נקרא להיות נאמן לה׳ (פא) ולכבד את המשפט ואת השופטים (פב), כי עיוות הדין מביא חורבן ואילו ׳צִיּוֹן בְּמִשְׁפָּט תִּפָּדֶה וְשָׁבֶיהָ בִּצְדָקָה׳ (ישעיה א, כז); העמים מבקשים להשמיד את ישראל, אך המשורר מבקש את נקמת ה׳ וישועתו (פג).

ב. המזמורים ׳לִבְנֵי קֹרַח׳ (פד-פה; פז-פח) כאן, כמו המזמורים ׳לִבְנֵי קֹרַח׳ בספר השני, עוסקים בגעגועים למקדש (פד) ובבקשה מה׳ להושיע את ישראל בארצו (פה); בעקבות הַתְּפִלָּה לְדָוִד שגם כָּל גּוֹיִם... יָבוֹאוּ וְיִשְׁתַּחֲווּ לה׳ (פו) – המשתלבת היטב בקובץ – ירושלים עִיר הָאֱלֹהִים תהיה המרכז והמולדת לכל העמים (פז), אך המשורר, השרוי בצרות רבות, עדיין רחוק מחזון זה (פח).

ג. שני המזמורים המיוחסים לחכמים הקדמונים ׳לְהֵימָן הָאֶזְרָחִי׳ (פח) ו׳לְאֵיתָן הָאֶזְרָחִי׳ (פט) מציגים את המציאות הקשה של המשורר ושל מלכות בית דוד בזמן משבר וחורבן. תיאורים אלה מערערים מצד אחד את התקווה לגאולת ישראל, אך הם גם בסיס חשוב לשיקום עם ישראל לאחר החורבן, כפי שיפורט לאורך הספר הרביעי (ראו במבוא לספר תהלים, דיון על מזמור פט כבסיס לספר הרביעי).

הספר השלישי מציג, אם כן, חוויות של חורבן ולצדן תובנות באשר לבחירתו ולגאולתו של עם ישראל חרף משבר זה.

	עג-פג	פד-פח	פח-פט
נושאי המזמורים	**חורבן ירושלים והמקדש, קריאה למוסר ולמשפט**	**געגועים למקדש ולארץ והעלייה לציון**	**מלכות דוד בזמן משבר וחורבן**
מחברי המזמורים	אסף	בני קרח	הימן ואיתן האורחי

אוסף המזמורים 'לְאָסָף' (עג-פג) עוסק בהנהגת ה' את עמו ואת עולמו במשפט בתולדות עם ישראל, במיוחד בימי גלות וחורבן.

המשורר מֵצר על שלוות הרשעים ועל חוצפתם, אך שמח שבימי משבר טוב לצדיק בקרבת אלהים (ניגוד של מזמור עב).

עג א מִזְמוֹר לְאָסָף
אַךְ טוֹב לְיִשְׂרָאֵל אֱלֹהִים
לְבָרֵי לֵבָב:
ב וַאֲנִי כִּמְעַט נָטָיוּ רַגְלָי נטוי
כְּאַיִן שֻׁפְּכוּ אֲשֻׁרָי: שפכה
ג כִּי־קִנֵּאתִי בַּהוֹלְלִים
שְׁלוֹם רְשָׁעִים אֶרְאֶה:
ד כִּי אֵין חַרְצֻבּוֹת לְמוֹתָם
וּבָרִיא אוּלָם:
ה בַּעֲמַל אֱנוֹשׁ אֵינֵמוֹ
וְעִם־אָדָם לֹא יְנֻגָּעוּ:
ו לָכֵן עֲנָקַתְמוֹ גַאֲוָה
יַעֲטָף־שִׁית חָמָס לָמוֹ:
ז יָצָא מֵחֵלֶב עֵינֵמוֹ
עָבְרוּ מַשְׂכִּיּוֹת לֵבָב:

ח יָמִיקוּ ׀ וִידַבְּרוּ בְרָע עֹשֶׁק
מִמָּרוֹם יְדַבֵּרוּ׃
ט שַׁתּוּ בַשָּׁמַיִם פִּיהֶם
וּלְשׁוֹנָם תִּהֲלַךְ בָּאָרֶץ׃
י לָכֵן ׀ יָשׁוּב עַמּוֹ הֲלֹם ישיב
וּמֵי מָלֵא יִמָּצוּ לָמוֹ׃
יא וְאָמְרוּ אֵיכָה יָדַע־אֵל
וְיֵשׁ דֵּעָה בְעֶלְיוֹן׃
יב הִנֵּה־אֵלֶּה רְשָׁעִים
וְשַׁלְוֵי עוֹלָם הִשְׂגּוּ־חָיִל׃
יג אַךְ־רִיק זִכִּיתִי לְבָבִי
וָאֶרְחַץ בְּנִקָּיוֹן כַּפָּי׃
יד וָאֱהִי נָגוּעַ כָּל־הַיּוֹם
וְתוֹכַחְתִּי לַבְּקָרִים׃
טו אִם־אָמַרְתִּי אֲסַפְּרָה כְמוֹ
הִנֵּה דוֹר בָּנֶיךָ בָגָדְתִּי׃
טז וָאֲחַשְּׁבָה לָדַעַת זֹאת
עָמָל הוּא בְעֵינָי׃ היא
יז עַד־אָבוֹא אֶל־מִקְדְּשֵׁי־אֵל
אָבִינָה לְאַחֲרִיתָם׃

יח אַךְ בַּחֲלָקוֹת תָּשִׁית לָמוֹ
הִפַּלְתָּם לְמַשּׁוּאוֹת׃
יט אֵיךְ הָיוּ לְשַׁמָּה כְרָגַע
סָפוּ תַמּוּ מִן־בַּלָּהוֹת׃
כ כַּחֲלוֹם מֵהָקִיץ
אֲדֹנָי בָּעִיר ׀ צַלְמָם תִּבְזֶה׃
כא כִּי יִתְחַמֵּץ לְבָבִי
וְכִלְיוֹתַי אֶשְׁתּוֹנָן׃
כב וַאֲנִי־בַעַר וְלֹא אֵדָע
בְּהֵמוֹת הָיִיתִי עִמָּךְ׃
כג וַאֲנִי תָמִיד עִמָּךְ
אָחַזְתָּ בְּיַד־יְמִינִי׃
כד בַּעֲצָתְךָ תַנְחֵנִי
וְאַחַר כָּבוֹד תִּקָּחֵנִי׃
כה מִי־לִי בַשָּׁמָיִם
וְעִמְּךָ לֹא־חָפַצְתִּי בָאָרֶץ׃
כו כָּלָה שְׁאֵרִי וּלְבָבִי
צוּר־לְבָבִי וְחֶלְקִי
אֱלֹהִים לְעוֹלָם׃

כִּי־הִנֵּה רְחֵקֶיךָ יֹאבֵדוּ
הִצְמַתָּה כָּל־זוֹנֶה מִמֶּךָּ:
כח וַאֲנִי ׀ קִרֲבַת אֱלֹהִים לִי טוֹב
שַׁתִּי ׀ בַּאדֹנָי יֱהֹוִה מַחְסִי
לְסַפֵּר כָּל־מַלְאֲכוֹתֶיךָ:

המשורר זועק על חילול המקדש בידי האויבים ועל שה׳ מזניח את ישראל; המשורר מבקש מה׳ לרחם על ישראל כבעבר.

עד א מַשְׂכִּיל לְאָסָף
לָמָה אֱלֹהִים זָנַחְתָּ לָנֶצַח
יֶעְשַׁן אַפְּךָ בְּצֹאן מַרְעִיתֶךָ:
ב זְכֹר עֲדָתְךָ ׀ קָנִיתָ קֶּדֶם
גָּאַלְתָּ שֵׁבֶט נַחֲלָתֶךָ
הַר־צִיּוֹן זֶה ׀ שָׁכַנְתָּ בּוֹ:
ג הָרִימָה פְעָמֶיךָ לְמַשֻּׁאוֹת נֶצַח
כָּל־הֵרַע אוֹיֵב בַּקֹּדֶשׁ:
ד שָׁאֲגוּ צֹרְרֶיךָ בְּקֶרֶב מוֹעֲדֶךָ
שָׂמוּ אוֹתֹתָם אֹתוֹת:
ה יִוָּדַע כְּמֵבִיא לְמָעְלָה
בִּסֲבָךְ־עֵץ קַרְדֻּמּוֹת:

ו וְעַתָּ פִּתּוּחֶיהָ יָּחַד
בְּכַשִּׁיל וְכֵילַפּוֹת יַהֲלֹמוּן:
ז שִׁלְחוּ בָאֵשׁ מִקְדָּשֶׁךָ
לָאָרֶץ חִלְּלוּ מִשְׁכַּן־שְׁמֶךָ:
ח אָמְרוּ בְלִבָּם נִינָם יָחַד
שָׂרְפוּ כָל־מוֹעֲדֵי־אֵל בָּאָרֶץ:
ט אוֹתוֹתֵינוּ לֹא־רָאִינוּ
אֵין־עוֹד נָבִיא
וְלֹא־אִתָּנוּ יוֹדֵעַ עַד־מָה:
י עַד־מָתַי אֱלֹהִים יְחָרֶף צָר
יְנָאֵץ אוֹיֵב שִׁמְךָ לָנֶצַח:
יא לָמָּה תָשִׁיב יָדְךָ וִימִינֶךָ
מִקֶּרֶב חֵיקְךָ כַלֵּה: חוקך
יב וֵאלֹהִים מַלְכִּי מִקֶּדֶם
פֹּעֵל יְשׁוּעוֹת בְּקֶרֶב הָאָרֶץ:
יג אַתָּה פוֹרַרְתָּ בְעָזְּךָ יָם
שִׁבַּרְתָּ רָאשֵׁי תַנִּינִים עַל־הַמָּיִם:
יד אַתָּה רִצַּצְתָּ רָאשֵׁי לִוְיָתָן
תִּתְּנֶנּוּ מַאֲכָל לְעָם לְצִיִּים:

טו אַתָּה בָקַעְתָּ מַעְיָן וָנָחַל
אַתָּה הוֹבַשְׁתָּ נַהֲרוֹת אֵיתָן:
טז לְךָ יוֹם אַף־לְךָ לָיְלָה
אַתָּה הֲכִינוֹתָ מָאוֹר וָשָׁמֶשׁ:
יז אַתָּה הִצַּבְתָּ כָּל־גְּבוּלוֹת אָרֶץ
קַיִץ וָחֹרֶף אַתָּה יְצַרְתָּם:
יח זְכָר־זֹאת אוֹיֵב חֵרֵף ׀ יְהוָה
וְעַם־נָבָל נִאֲצוּ שְׁמֶךָ:
יט אַל־תִּתֵּן לְחַיַּת נֶפֶשׁ תּוֹרֶךָ
חַיַּת עֲנִיֶּיךָ אַל־תִּשְׁכַּח לָנֶצַח:
כ הַבֵּט לַבְּרִית
כִּי־מָלְאוּ מַחֲשַׁכֵּי־אֶרֶץ
נְאוֹת חָמָס:
כא אַל־יָשֹׁב דַּךְ נִכְלָם
עָנִי וְאֶבְיוֹן יְהַלְלוּ שְׁמֶךָ:
כב קוּמָה אֱלֹהִים רִיבָה רִיבֶךָ
זְכֹר חֶרְפָּתְךָ מִנִּי־נָבָל כָּל־הַיּוֹם:
כג אַל־תִּשְׁכַּח קוֹל צֹרְרֶיךָ
שְׁאוֹן קָמֶיךָ עֹלֶה תָמִיד:

המשורר מודה לה׳ שופט הארץ, ומתאר את
עונשם של הרשעים – לשתות את כוס התרעלה –
ואת הרמת קרנם של הצדיקים.

עה א לַמְנַצֵּחַ אַל־תַּשְׁחֵת מִזְמוֹר לְאָסָף שִׁיר:

ב הוֹדִינוּ לְּךָ ׀ אֱלֹהִים

הוֹדִינוּ וְקָרוֹב שְׁמֶךָ

סִפְּרוּ נִפְלְאוֹתֶיךָ:

ג כִּי אֶקַּח מוֹעֵד

אֲנִי מֵישָׁרִים אֶשְׁפֹּט:

ד נְמֹגִים אֶרֶץ וְכָל־יֹשְׁבֶיהָ

אָנֹכִי תִכַּנְתִּי עַמּוּדֶיהָ סֶּלָה:

ה אָמַרְתִּי לַהוֹלְלִים אַל־תָּהֹלּוּ

וְלָרְשָׁעִים אַל־תָּרִימוּ קָרֶן:

ו אַל־תָּרִימוּ לַמָּרוֹם קַרְנְכֶם

תְּדַבְּרוּ בְצַוָּאר עָתָק:

ז כִּי לֹא מִמּוֹצָא וּמִמַּעֲרָב

וְלֹא מִמִּדְבַּר הָרִים:

ח כִּי־אֱלֹהִים שֹׁפֵט

זֶה יַשְׁפִּיל וְזֶה יָרִים:

ט כִּי כוֹס בְּיַד־יְהֹוָה
וְיַיִן חָמַר ׀ מָלֵא מֶסֶךְ
וַיַּגֵּר מִזֶּה
אַךְ־שְׁמָרֶיהָ יִמְצוּ יִשְׁתּוּ
כֹּל רִשְׁעֵי־אָרֶץ׃
י וַאֲנִי אַגִּיד לְעֹלָם
אֲזַמְּרָה לֵאלֹהֵי יַעֲקֹב׃
יא וְכָל־קַרְנֵי רְשָׁעִים אֲגַדֵּעַ
תְּרוֹמַמְנָה קַרְנוֹת צַדִּיק׃

גדולת ה׳ תתגלה בציון כאשר אלהים ישפוט את הרשעים ויציל מידם את הענווים; כל הנוכחים לרבות מַלְכֵי־אָרֶץ ישלמו נדר לה׳.

עו א לַמְנַצֵּחַ בִּנְגִינֹת
מִזְמוֹר לְאָסָף שִׁיר׃
ב נוֹדָע בִּיהוּדָה אֱלֹהִים
בְּיִשְׂרָאֵל גָּדוֹל שְׁמוֹ׃
ג וַיְהִי בְשָׁלֵם סוּכּוֹ
וּמְעוֹנָתוֹ בְצִיּוֹן׃
ד שָׁמָּה שִׁבַּר רִשְׁפֵי־קָשֶׁת
מָגֵן וְחֶרֶב וּמִלְחָמָה סֶלָה׃

ה נָאוֹר אַתָּה
אַדִּיר מֵהַרְרֵי־טָרֶף׃
ו אֶשְׁתּוֹלְלוּ ׀ אַבִּירֵי לֵב
נָמוּ שְׁנָתָם
וְלֹא־מָצְאוּ כָל־אַנְשֵׁי־חַיִל יְדֵיהֶם׃
ז מִגַּעֲרָתְךָ אֱלֹהֵי יַעֲקֹב
נִרְדָּם וְרֶכֶב וָסוּס׃
ח אַתָּה ׀ נוֹרָא אַתָּה
וּמִי־יַעֲמֹד לְפָנֶיךָ מֵאָז אַפֶּךָ׃
ט מִשָּׁמַיִם הִשְׁמַעְתָּ דִּין
אֶרֶץ יָרְאָה וְשָׁקָטָה׃
י בְּקוּם־לַמִּשְׁפָּט אֱלֹהִים
לְהוֹשִׁיעַ כָּל־עַנְוֵי־אֶרֶץ סֶלָה׃
יא כִּי־חֲמַת אָדָם תּוֹדֶךָּ
שְׁאֵרִית חֵמֹת תַּחְגֹּר׃
יב נִדְרוּ וְשַׁלְּמוּ לַיהוָה אֱלֹהֵיכֶם
כָּל־סְבִיבָיו יֹבִילוּ שַׁי לַמּוֹרָא׃
יג יִבְצֹר רוּחַ נְגִידִים
נוֹרָא לְמַלְכֵי־אָרֶץ׃

המשורר זועק ביום צרה שה' שכח את בריתו,
ומתפלל שה' יעשה נפלאות לישראל כבימי מֹשֶׁה וְאַהֲרֹן.

עז דיתון

א לַמְנַצֵּחַ עַל־יְדוּתוּן לְאָסָף מִזְמוֹר׃
ב קוֹלִי אֶל־אֱלֹהִים וְאֶצְעָקָה
קוֹלִי אֶל־אֱלֹהִים וְהַאֲזִין אֵלָי׃
ג בְּיוֹם צָרָתִי אֲדֹנָי דָּרָשְׁתִּי
יָדִי ׀ לַיְלָה נִגְּרָה וְלֹא תָפוּג
מֵאֲנָה הִנָּחֵם נַפְשִׁי׃
ד אֶזְכְּרָה אֱלֹהִים וְאֶהֱמָיָה
אָשִׂיחָה ׀ וְתִתְעַטֵּף רוּחִי סֶלָה׃
ה אָחַזְתָּ שְׁמֻרוֹת עֵינָי
נִפְעַמְתִּי וְלֹא אֲדַבֵּר׃
ו חִשַּׁבְתִּי יָמִים מִקֶּדֶם
שְׁנוֹת עוֹלָמִים׃
ז אֶזְכְּרָה נְגִינָתִי בַּלָּיְלָה
עִם־לְבָבִי אָשִׂיחָה
וַיְחַפֵּשׂ רוּחִי׃
ח הַלְעוֹלָמִים יִזְנַח ׀ אֲדֹנָי
וְלֹא־יֹסִיף לִרְצוֹת עוֹד׃
ט הֶאָפֵס לָנֶצַח חַסְדּוֹ
גָּמַר אֹמֶר לְדֹר וָדֹר׃

י הֲשָׁכַח חַנּוֹת אֵל
אִם־קָפַץ בְּאַף רַחֲמָיו סֶלָה׃
יא וָאֹמַר חַלּוֹתִי הִיא
שְׁנוֹת יְמִין עֶלְיוֹן׃
יב אֶזְכּוֹר מַעַלְלֵי־יָהּ אזכיר
כִּי־אֶזְכְּרָה מִקֶּדֶם פִּלְאֶךָ׃
יג וְהָגִיתִי בְכָל־פָּעֳלֶךָ
וּבַעֲלִילוֹתֶיךָ אָשִׂיחָה׃
יד אֱלֹהִים בַּקֹּדֶשׁ דַּרְכֶּךָ
מִי־אֵל גָּדוֹל כֵּאלֹהִים׃
טו אַתָּה הָאֵל עֹשֵׂה פֶלֶא
הוֹדַעְתָּ בָעַמִּים עֻזֶּךָ׃
טז גָּאַלְתָּ בִּזְרוֹעַ עַמֶּךָ
בְּנֵי־יַעֲקֹב וְיוֹסֵף סֶלָה׃
יז רָאוּךָ מַּיִם ׀ אֱלֹהִים
רָאוּךָ מַּיִם יָחִילוּ
אַף יִרְגְּזוּ תְהֹמוֹת׃
יח זֹרְמוּ מַיִם ׀ עָבוֹת
קוֹל נָתְנוּ שְׁחָקִים
אַף־חֲצָצֶיךָ יִתְהַלָּכוּ׃

יט קוֹל רַעַמְךָ ׀ בַּגַּלְגַּל
הֵאִירוּ בְרָקִים תֵּבֵל
רָגְזָה וַתִּרְעַשׁ הָאָרֶץ׃
וּשביליך כ בַּיָּם דַּרְכֶּךָ וּשְׁבִילְךָ בְּמַיִם רַבִּים
וְעִקְּבוֹתֶיךָ לֹא נֹדָעוּ׃
כא נָחִיתָ כַצֹּאן עַמֶּךָ
בְּיַד־מֹשֶׁה וְאַהֲרֹן׃

המשורר קורא לספר את נפלאות ה׳ מיציאת מצרים
עד כיבוש הארץ; המשורר מתאר את חורבן שילה ואת
הבחירה בדוד ובירושלים למען יִשְׂרָאֵל נַחֲלָתוֹ (עח, עא).

עח א מַשְׂכִּיל לְאָסָף
הַאֲזִינָה עַמִּי תּוֹרָתִי
הַטּוּ אָזְנְכֶם לְאִמְרֵי־פִי׃
ב אֶפְתְּחָה בְמָשָׁל פִּי
אַבִּיעָה חִידוֹת מִנִּי־קֶדֶם׃
ג אֲשֶׁר שָׁמַעְנוּ וַנֵּדָעֵם
וַאֲבוֹתֵינוּ סִפְּרוּ־לָנוּ׃
ד לֹא נְכַחֵד ׀ מִבְּנֵיהֶם לְדוֹר אַחֲרוֹן
מְסַפְּרִים תְּהִלּוֹת יְהוָה
וֶעֱזוּזוֹ וְנִפְלְאוֹתָיו אֲשֶׁר עָשָׂה׃

ה וַיָּקֶם עֵדוּת ׀ בְּיַעֲקֹב
וְתוֹרָה שָׂם בְּיִשְׂרָאֵל
אֲשֶׁר צִוָּה אֶת־אֲבוֹתֵינוּ
לְהוֹדִיעָם לִבְנֵיהֶם:
ו לְמַעַן יֵדְעוּ ׀ דּוֹר אַחֲרוֹן
בָּנִים יִוָּלֵדוּ
יָקֻמוּ וִיסַפְּרוּ לִבְנֵיהֶם:
ז וְיָשִׂימוּ בֵאלֹהִים כִּסְלָם
וְלֹא יִשְׁכְּחוּ מַעַלְלֵי־אֵל
וּמִצְוֹתָיו יִנְצֹרוּ:
ח וְלֹא יִהְיוּ ׀ כַּאֲבוֹתָם
דּוֹר סוֹרֵר וּמֹרֶה
דּוֹר לֹא־הֵכִין לִבּוֹ
וְלֹא־נֶאֶמְנָה אֶת־אֵל רוּחוֹ:
ט בְּנֵי־אֶפְרַיִם
נוֹשְׁקֵי רוֹמֵי־קָשֶׁת
הָפְכוּ בְּיוֹם קְרָב:
י לֹא שָׁמְרוּ בְּרִית אֱלֹהִים
וּבְתוֹרָתוֹ מֵאֲנוּ לָלֶכֶת:

יא וַיִּשְׁכְּחוּ עֲלִילוֹתָיו
וְנִפְלְאוֹתָיו אֲשֶׁר הֶרְאָם:
יב נֶגֶד אֲבוֹתָם עָשָׂה פֶלֶא
בְּאֶרֶץ מִצְרַיִם שְׂדֵה־צֹעַן:
יג בָּקַע יָם וַיַּעֲבִירֵם
וַיַּצֶּב־מַיִם כְּמוֹ־נֵד:
יד וַיַּנְחֵם בֶּעָנָן יוֹמָם
וְכָל־הַלַּיְלָה בְּאוֹר אֵשׁ:
טו יְבַקַּע צֻרִים בַּמִּדְבָּר
וַיַּשְׁקְ כִּתְהֹמוֹת רַבָּה:
טז וַיּוֹצִא נוֹזְלִים מִסָּלַע
וַיּוֹרֶד כַּנְּהָרוֹת מָיִם:
יז וַיּוֹסִיפוּ עוֹד לַחֲטֹא־לוֹ
לַמְרוֹת עֶלְיוֹן בַּצִּיָּה:
יח וַיְנַסּוּ־אֵל בִּלְבָבָם
לִשְׁאָל־אֹכֶל לְנַפְשָׁם:
יט וַיְדַבְּרוּ בֵּאלֹהִים
אָמְרוּ הֲיוּכַל אֵל
לַעֲרֹךְ שֻׁלְחָן בַּמִּדְבָּר:

כ הֵן הִכָּה־צוּר ׀
וַיָּזוּבוּ מַיִם
וּנְחָלִים יִשְׁטֹפוּ
הֲגַם־לֶחֶם יוּכַל תֵּת
אִם־יָכִין שְׁאֵר לְעַמּוֹ:
כא לָכֵן ׀ שָׁמַע יהוה וַיִּתְעַבָּר
וְאֵשׁ נִשְּׂקָה בְיַעֲקֹב
וְגַם־אַף עָלָה בְיִשְׂרָאֵל:
כב כִּי לֹא הֶאֱמִינוּ בֵּאלֹהִים
וְלֹא בָטְחוּ בִּישׁוּעָתוֹ:
כג וַיְצַו שְׁחָקִים מִמָּעַל
וְדַלְתֵי שָׁמַיִם פָּתָח:
כד וַיַּמְטֵר עֲלֵיהֶם מָן לֶאֱכֹל
וּדְגַן־שָׁמַיִם נָתַן לָמוֹ:
כה לֶחֶם אַבִּירִים אָכַל אִישׁ
צֵידָה שָׁלַח לָהֶם לָשֹׂבַע:
כו יַסַּע קָדִים בַּשָּׁמָיִם
וַיְנַהֵג בְּעֻזּוֹ תֵימָן:
כז וַיַּמְטֵר עֲלֵיהֶם כֶּעָפָר שְׁאֵר
וּכְחוֹל יַמִּים עוֹף כָּנָף:

כח וַיַּפֵּל בְּקֶרֶב מַחֲנֵהוּ

סָבִיב לְמִשְׁכְּנֹתָיו:

כט וַיֹּאכְלוּ וַיִּשְׂבְּעוּ מְאֹד

וְתַאֲוָתָם יָבִא לָהֶם:

ל לֹא־זָרוּ מִתַּאֲוָתָם

עוֹד אָכְלָם בְּפִיהֶם:

לא וְאַף אֱלֹהִים ׀ עָלָה בָהֶם

וַיַּהֲרֹג בְּמִשְׁמַנֵּיהֶם

וּבַחוּרֵי יִשְׂרָאֵל הִכְרִיעַ:

לב בְּכָל־זֹאת חָטְאוּ־עוֹד

וְלֹא הֶאֱמִינוּ בְּנִפְלְאוֹתָיו:

לג וַיְכַל־בַּהֶבֶל יְמֵיהֶם

וּשְׁנוֹתָם בַּבֶּהָלָה:

לד אִם־הֲרָגָם וּדְרָשׁוּהוּ

וְשָׁבוּ וְשִׁחֲרוּ־אֵל:

לה וַיִּזְכְּרוּ כִּי־אֱלֹהִים צוּרָם

וְאֵל עֶלְיוֹן גֹּאֲלָם:

לו וַיְפַתּוּהוּ בְּפִיהֶם

וּבִלְשׁוֹנָם יְכַזְּבוּ־לוֹ:

לז וְלִבָּם לֹא־נָכוֹן עִמּוֹ

וְלֹא נֶאֶמְנוּ בִּבְרִיתוֹ׃

לח וְהוּא רַחוּם ׀ יְכַפֵּר עָוֹן

וְלֹא־יַשְׁחִית

וְהִרְבָּה לְהָשִׁיב אַפּוֹ

וְלֹא־יָעִיר כָּל־חֲמָתוֹ׃

לט וַיִּזְכֹּר כִּי־בָשָׂר הֵמָּה

רוּחַ הוֹלֵךְ וְלֹא יָשׁוּב׃

מ כַּמָּה יַמְרוּהוּ בַמִּדְבָּר

יַעֲצִיבוּהוּ בִּישִׁימוֹן׃

מא וַיָּשׁוּבוּ וַיְנַסּוּ אֵל

וּקְדוֹשׁ יִשְׂרָאֵל הִתְווּ׃

מב לֹא־זָכְרוּ אֶת־יָדוֹ

יוֹם אֲשֶׁר־פָּדָם מִנִּי־צָר׃

מג אֲשֶׁר־שָׂם בְּמִצְרַיִם אֹתוֹתָיו

וּמוֹפְתָיו בִּשְׂדֵה־צֹעַן׃

מד וַיַּהֲפֹךְ לְדָם יְאֹרֵיהֶם

וְנֹזְלֵיהֶם בַּל־יִשְׁתָּיוּן׃

מה יְשַׁלַּח בָּהֶם עָרֹב וַיֹּאכְלֵם

וּצְפַרְדֵּעַ וַתַּשְׁחִיתֵם׃

מו וַיִּתֵּן לֶחָסִיל יְבוּלָם
וִיגִיעָם לָאַרְבֶּה:
מז יַהֲרֹג בַּבָּרָד גַּפְנָם
וְשִׁקְמוֹתָם בַּחֲנָמַל:
מח וַיַּסְגֵּר לַבָּרָד בְּעִירָם
וּמִקְנֵיהֶם לָרְשָׁפִים:
מט יְשַׁלַּח־בָּם ׀ חֲרוֹן אַפּוֹ
עֶבְרָה וָזַעַם וְצָרָה
מִשְׁלַחַת מַלְאֲכֵי רָעִים:
נ יְפַלֵּס נָתִיב לְאַפּוֹ
לֹא־חָשַׂךְ מִמָּוֶת נַפְשָׁם
וְחַיָּתָם לַדֶּבֶר הִסְגִּיר:
נא וַיַּךְ כָּל־בְּכוֹר בְּמִצְרָיִם
רֵאשִׁית אוֹנִים בְּאָהֳלֵי־חָם:
נב וַיַּסַּע כַּצֹּאן עַמּוֹ
וַיְנַהֲגֵם כַּעֵדֶר בַּמִּדְבָּר:
נג וַיַּנְחֵם לָבֶטַח וְלֹא פָחָדוּ
וְאֶת־אוֹיְבֵיהֶם כִּסָּה הַיָּם:
נד וַיְבִיאֵם אֶל־גְּבוּל קָדְשׁוֹ
הַר־זֶה קָנְתָה יְמִינוֹ:

נה וַיְגָרֶשׁ מִפְּנֵיהֶם ׀ גּוֹיִם
וַיַּפִּילֵם בְּחֶבֶל נַחֲלָה
וַיַּשְׁכֵּן בְּאָהֳלֵיהֶם שִׁבְטֵי יִשְׂרָאֵל׃
נו וַיְנַסּוּ וַיַּמְרוּ אֶת־אֱלֹהִים עֶלְיוֹן
וְעֵדוֹתָיו לֹא שָׁמָרוּ׃
נז וַיִּסֹּגוּ וַיִּבְגְּדוּ כַּאֲבוֹתָם
נֶהְפְּכוּ כְּקֶשֶׁת רְמִיָּה׃
נח וַיַּכְעִיסוּהוּ בְּבָמוֹתָם
וּבִפְסִילֵיהֶם יַקְנִיאוּהוּ׃
נט שָׁמַע אֱלֹהִים וַיִּתְעַבָּר
וַיִּמְאַס מְאֹד בְּיִשְׂרָאֵל׃
ס וַיִּטֹּשׁ מִשְׁכַּן שִׁלוֹ
אֹהֶל שִׁכֵּן בָּאָדָם׃
סא וַיִּתֵּן לַשְּׁבִי עֻזּוֹ
וְתִפְאַרְתּוֹ בְיַד־צָר׃
סב וַיַּסְגֵּר לַחֶרֶב עַמּוֹ
וּבְנַחֲלָתוֹ הִתְעַבָּר׃
סג בַּחוּרָיו אָכְלָה־אֵשׁ
וּבְתוּלֹתָיו לֹא הוּלָּלוּ׃

סד כֹּהֲנָיו בַּחֶרֶב נָפָלוּ
וְאַלְמְנֹתָיו לֹא תִבְכֶּינָה:
סה וַיִּקַץ כְּיָשֵׁן ׀ אֲדֹנָי
כְּגִבּוֹר מִתְרוֹנֵן מִיָּיִן:
סו וַיַּךְ־צָרָיו אָחוֹר
חֶרְפַּת עוֹלָם נָתַן לָמוֹ:
סז וַיִּמְאַס בְּאֹהֶל יוֹסֵף
וּבְשֵׁבֶט אֶפְרַיִם לֹא בָחָר:
סח וַיִּבְחַר אֶת־שֵׁבֶט יְהוּדָה
אֶת־הַר צִיּוֹן אֲשֶׁר אָהֵב:
סט וַיִּבֶן כְּמוֹ־רָמִים מִקְדָּשׁוֹ
כְּאֶרֶץ יְסָדָהּ לְעוֹלָם:
ע וַיִּבְחַר בְּדָוִד עַבְדּוֹ
וַיִּקָּחֵהוּ מִמִּכְלְאֹת צֹאן:
עא מֵאַחַר עָלוֹת הֱבִיאוֹ
לִרְעוֹת בְּיַעֲקֹב עַמּוֹ
וּבְיִשְׂרָאֵל נַחֲלָתוֹ:
עב וַיִּרְעֵם כְּתֹם לְבָבוֹ
וּבִתְבוּנוֹת כַּפָּיו יַנְחֵם:

המשורר מתאר את חורבן ירושלים – בָּאוּ גוֹיִם בְּנַחֲלָתֶךָ,
בניגוד לבחירת יִשְׂרָאֵל נַחֲלָתוֹ בסוף המזמור הקודם.
המשורר מתפלל לישועה ולנקמה בגויים, כדי שישראל
יספרו את תהילותיו (עט, יג) כמו בעבר (=עח, ג-ו).

עט א מִזְמוֹר לְאָסָף
אֱלֹהִים בָּאוּ גוֹיִם ׀ בְּנַחֲלָתֶךָ
טִמְּאוּ אֶת־הֵיכַל קָדְשֶׁךָ
שָׂמוּ אֶת־יְרוּשָׁלַ͏ִם לְעִיִּים:
ב נָתְנוּ אֶת־נִבְלַת עֲבָדֶיךָ
מַאֲכָל לְעוֹף הַשָּׁמָיִם
בְּשַׂר חֲסִידֶיךָ לְחַיְתוֹ־אָרֶץ:
ג שָׁפְכוּ דָמָם ׀ כַּמַּיִם
סְבִיבוֹת יְרוּשָׁלָ͏ִם וְאֵין קוֹבֵר:
ד הָיִינוּ חֶרְפָּה לִשְׁכֵנֵינוּ
לַעַג וָקֶלֶס לִסְבִיבוֹתֵינוּ:
ה עַד־מָה יהוה תֶּאֱנַף לָנֶצַח
תִּבְעַר כְּמוֹ־אֵשׁ קִנְאָתֶךָ:
ו שְׁפֹךְ חֲמָתְךָ ׀ אֶל־הַגּוֹיִם
אֲשֶׁר לֹא־יְדָעוּךָ
וְעַל מַמְלָכוֹת
אֲשֶׁר בְּשִׁמְךָ לֹא קָרָאוּ:

ז כִּי אָכַל אֶת־יַעֲקֹב
וְאֶת־נָוֵהוּ הֵשַׁמּוּ:
ח אַל־תִּזְכָּר־לָנוּ עֲוֺנֹת רִאשֹׁנִים
מַהֵר יְקַדְּמוּנוּ רַחֲמֶיךָ
כִּי דַלּוֹנוּ מְאֹד:
ט עָזְרֵנוּ ׀ אֱלֹהֵי יִשְׁעֵנוּ
עַל־דְּבַר כְּבוֹד־שְׁמֶךָ
וְהַצִּילֵנוּ וְכַפֵּר עַל־חַטֹּאתֵינוּ
לְמַעַן שְׁמֶךָ:
י לָמָּה ׀ יֹאמְרוּ הַגּוֹיִם
אַיֵּה אֱלֹהֵיהֶם
בגיים יִוָּדַע בַּגּוֹיִם לְעֵינֵינוּ
נִקְמַת דַּם־עֲבָדֶיךָ הַשָּׁפוּךְ:
יא תָּבוֹא לְפָנֶיךָ אֶנְקַת אָסִיר
כְּגֹדֶל זְרוֹעֲךָ הוֹתֵר בְּנֵי תְמוּתָה:
יב וְהָשֵׁב לִשְׁכֵנֵינוּ שִׁבְעָתַיִם אֶל־חֵיקָם
חֶרְפָּתָם אֲשֶׁר חֵרְפוּךָ אֲדֹנָי:
יג וַאֲנַחְנוּ עַמְּךָ ׀
וְצֹאן מַרְעִיתֶךָ
נוֹדֶה לְּךָ לְעוֹלָם
לְדֹר וָדֹר נְסַפֵּר תְּהִלָּתֶךָ:

המשורר מתפלל לה' שיופיע, יגרש את האויבים ויושיע
את עם ישראל, הנמשל לגפן (פזמון בפסוקים ד, ח, כ).

פ א לַמְנַצֵּחַ אֶל־שֹׁשַׁנִּים עֵדוּת לְאָסָף מִזְמוֹר:
ב רֹעֵה יִשְׂרָאֵל ׀ הַאֲזִינָה נֹהֵג כַּצֹּאן יוֹסֵף
יֹשֵׁב הַכְּרוּבִים הוֹפִיעָה:
ג לִפְנֵי אֶפְרַיִם ׀ וּבִנְיָמִן וּמְנַשֶּׁה
עוֹרְרָה אֶת־גְּבוּרָתֶךָ
וּלְכָה לִישֻׁעָתָה לָּנוּ:
ד אֱלֹהִים הֲשִׁיבֵנוּ
וְהָאֵר פָּנֶיךָ וְנִוָּשֵׁעָה:
ה יְהוָה אֱלֹהִים צְבָאוֹת
עַד־מָתַי עָשַׁנְתָּ בִּתְפִלַּת עַמֶּךָ:
ו הֶאֱכַלְתָּם לֶחֶם דִּמְעָה
וַתַּשְׁקֵמוֹ בִּדְמָעוֹת שָׁלִישׁ:
ז תְּשִׂימֵנוּ מָדוֹן לִשְׁכֵנֵינוּ
וְאֹיְבֵינוּ יִלְעֲגוּ־לָמוֹ:
ח אֱלֹהִים צְבָאוֹת הֲשִׁיבֵנוּ
וְהָאֵר פָּנֶיךָ וְנִוָּשֵׁעָה:
ט גֶּפֶן מִמִּצְרַיִם תַּסִּיעַ
תְּגָרֵשׁ גּוֹיִם וַתִּטָּעֶהָ:
י פִּנִּיתָ לְפָנֶיהָ וַתַּשְׁרֵשׁ שָׁרָשֶׁיהָ
וַתְּמַלֵּא־אָרֶץ:

יא כָּסּוּ הָרִים צִלָּהּ
וַעֲנָפֶיהָ אַרְזֵי־אֵל:
יב תְּשַׁלַּח קְצִירֶהָ עַד־יָם
וְאֶל־נָהָר יוֹנְקוֹתֶיהָ:
יג לָמָּה פָּרַצְתָּ גְדֵרֶיהָ
וְאָרוּהָ כָּל־עֹבְרֵי דָרֶךְ:
יד יְכַרְסְמֶנָּה חֲזִיר מִיָּעַר
וְזִיז שָׂדַי יִרְעֶנָּה:
טו אֱלֹהִים צְבָאוֹת שׁוּב נָא
הַבֵּט מִשָּׁמַיִם וּרְאֵה
וּפְקֹד גֶּפֶן זֹאת:
טז וְכַנָּה אֲשֶׁר־נָטְעָה יְמִינֶךָ
וְעַל־בֵּן אִמַּצְתָּה לָּךְ:
יז שְׂרֻפָה בָאֵשׁ כְּסוּחָה
מִגַּעֲרַת פָּנֶיךָ יֹאבֵדוּ:
יח תְּהִי־יָדְךָ עַל־אִישׁ יְמִינֶךָ
עַל־בֶּן־אָדָם אִמַּצְתָּ לָּךְ:
יט וְלֹא־נָסוֹג מִמֶּךָּ
תְּחַיֵּנוּ וּבְשִׁמְךָ נִקְרָא:
כ יְהוָה אֱלֹהִים צְבָאוֹת הֲשִׁיבֵנוּ
הָאֵר פָּנֶיךָ וְנִוָּשֵׁעָה:

המשורר מזמין את העם להריע לה'; המשורר מזהיר את עם
ישראל שלא לעבוד עבודה זרה, כדי שיזכו לברכות ה'.

פא א לַמְנַצֵּחַ | עַל־הַגִּתִּית לְאָסָף׃
ב הַרְנִינוּ לֵאלֹהִים עוּזֵּנוּ
הָרִיעוּ לֵאלֹהֵי יַעֲקֹב׃
ג שְׂאוּ־זִמְרָה וּתְנוּ־תֹף
כִּנּוֹר נָעִים עִם־נָבֶל׃
ד תִּקְעוּ בַחֹדֶשׁ שׁוֹפָר
בַּכֵּסֶה לְיוֹם חַגֵּנוּ׃
ה כִּי חֹק לְיִשְׂרָאֵל הוּא
מִשְׁפָּט לֵאלֹהֵי יַעֲקֹב׃
ו עֵדוּת | בִּיהוֹסֵף שָׂמוֹ
בְּצֵאתוֹ עַל־אֶרֶץ מִצְרָיִם
שְׂפַת לֹא־יָדַעְתִּי אֶשְׁמָע׃
ז הֲסִירוֹתִי מִסֵּבֶל שִׁכְמוֹ
כַּפָּיו מִדּוּד תַּעֲבֹרְנָה׃
ח בַּצָּרָה קָרָאתָ וָאֲחַלְּצֶךָּ
אֶעֶנְךָ בְּסֵתֶר רַעַם
אֶבְחָנְךָ עַל־מֵי מְרִיבָה סֶלָה׃
ט שְׁמַע עַמִּי וְאָעִידָה בָּךְ
יִשְׂרָאֵל אִם־תִּשְׁמַע־לִי׃

י לא־יהיה בך אל זר
ולא תשתחוה לאל נכר:
יא אנכי ׀ יהוה אלהיך
המעלך מארץ מצרים
הרחב־פיך ואמלאהו:
יב ולא־שמע עמי לקולי
וישראל לא־אבה לי:
יג ואשלחהו בשרירות לבם
ילכו במועצותיהם:
יד לו עמי שמע לי
ישראל בדרכי יהלכו:
טו כמעט אויביהם אכניע
ועל־צריהם אשיב ידי:
טז משנאי יהוה יכחשו־לו
ויהי עתם לעולם:
יז ויאכילהו מחלב חטה
ומצור דבש אשביעך:

המשורר מוכיח ומזהיר את השופטים לשפוט את החלשים בצדק, וקורא לה׳ לשפוט את הארץ.

פב א מִזְמוֹר לְאָסָף
אֱלֹהִים נִצָּב בַּעֲדַת־אֵל
בְּקֶרֶב אֱלֹהִים יִשְׁפֹּט׃
ב עַד־מָתַי תִּשְׁפְּטוּ־עָוֶל
וּפְנֵי רְשָׁעִים תִּשְׂאוּ־סֶלָה׃
ג שִׁפְטוּ־דַל וְיָתוֹם
עָנִי וָרָשׁ הַצְדִּיקוּ׃
ד פַּלְּטוּ־דַל וְאֶבְיוֹן
מִיַּד רְשָׁעִים הַצִּילוּ׃
ה לֹא יָדְעוּ ׀ וְלֹא יָבִינוּ
בַּחֲשֵׁכָה יִתְהַלָּכוּ
יִמּוֹטוּ כָּל־מוֹסְדֵי אָרֶץ׃
ו אֲנִי־אָמַרְתִּי אֱלֹהִים אַתֶּם
וּבְנֵי עֶלְיוֹן כֻּלְּכֶם׃
ז אָכֵן כְּאָדָם תְּמוּתוּן
וּכְאַחַד הַשָּׂרִים תִּפֹּלוּ׃
ח קוּמָה אֱלֹהִים שָׁפְטָה הָאָרֶץ
כִּי־אַתָּה תִנְחַל בְּכָל־הַגּוֹיִם׃

שונאי ישראל מבקשים להשמיד את ישראל כליל;
המשורר מתפלל למפלתם ולנקמה בהם, ומבקש שיכירו בה׳.

פג א שִׁיר מִזְמוֹר לְאָסָף:
ב אֱלֹהִים אַל־דֳּמִי־לָךְ
אַל־תֶּחֱרַשׁ וְאַל־תִּשְׁקֹט אֵל:
ג כִּי־הִנֵּה אוֹיְבֶיךָ יֶהֱמָיוּן
וּמְשַׂנְאֶיךָ נָשְׂאוּ רֹאשׁ:
ד עַל־עַמְּךָ יַעֲרִימוּ סוֹד
וְיִתְיָעֲצוּ עַל־צְפוּנֶיךָ:
ה אָמְרוּ לְכוּ וְנַכְחִידֵם מִגּוֹי
וְלֹא־יִזָּכֵר שֵׁם־יִשְׂרָאֵל עוֹד:
ו כִּי נוֹעֲצוּ לֵב יַחְדָּו
עָלֶיךָ בְּרִית יִכְרֹתוּ:
ז אָהֳלֵי אֱדוֹם וְיִשְׁמְעֵאלִים
מוֹאָב וְהַגְרִים:
ח גְּבָל וְעַמּוֹן וַעֲמָלֵק
פְּלֶשֶׁת עִם־יֹשְׁבֵי צוֹר:
ט גַּם־אַשּׁוּר נִלְוָה עִמָּם
הָיוּ זְרוֹעַ לִבְנֵי־לוֹט סֶלָה:
י עֲשֵׂה־לָהֶם כְּמִדְיָן
כְּסִיסְרָא כְיָבִין בְּנַחַל קִישׁוֹן:

יא נִשְׁמְדוּ בְעֵין־דֹּאר
הָיוּ דֹּמֶן לָאֲדָמָה:
יב שִׁיתֵמוֹ נְדִיבֵמוֹ כְּעֹרֵב וְכִזְאֵב
וּכְזֶבַח וּכְצַלְמֻנָּע כָּל־נְסִיכֵמוֹ:
יג אֲשֶׁר אָמְרוּ נִירְשָׁה לָּנוּ
אֵת נְאוֹת אֱלֹהִים:
יד אֱלֹהַי שִׁיתֵמוֹ כַגַּלְגַּל
כְּקַשׁ לִפְנֵי־רוּחַ:
טו כְּאֵשׁ תִּבְעַר־יָעַר
וּכְלֶהָבָה תְּלַהֵט הָרִים:
טז כֵּן תִּרְדְּפֵם בְּסַעֲרֶךָ
וּבְסוּפָתְךָ תְבַהֲלֵם:
יז מַלֵּא פְנֵיהֶם קָלוֹן
וִיבַקְשׁוּ שִׁמְךָ יְהוָה:
יח יֵבֹשׁוּ וְיִבָּהֲלוּ עֲדֵי־עַד
וְיַחְפְּרוּ וְיֹאבֵדוּ:
יט וְיֵדְעוּ כִּי־אַתָּה שִׁמְךָ יְהוָה לְבַדֶּךָ
עֶלְיוֹן עַל־כָּל־הָאָרֶץ:

אוסף המזמורים 'לִבְנֵי קֹרַח' (פד-פה; פז-פח), 'הֵימָן' (פח) ו'אֵיתָן הָאֶזְרָחִי' (פט), החכמים הקדמונים, עוסק בגעגועים לירושלים ולארץ ישראל כמוקד עלייה של המשורר וכמולדת לכל העמים, אך גם בתיאור הצרות הקשות שעברו על עם ישראל בימי חורבן מלכות בית דוד.

המשוררים בני קרח מתארים את הגעגועים למקדש,
ואת שבחם של העולים והיושבים בבית ה' בירושלים;
המשוררים מבקשים לשכון בחצרות ה'.

פד א לַמְנַצֵּחַ עַל־הַגִּתִּית לִבְנֵי־קֹרַח מִזְמוֹר:
ב מַה־יְּדִידוֹת מִשְׁכְּנוֹתֶיךָ
יְהוָה צְבָאוֹת:
ג נִכְסְפָה וְגַם־כָּלְתָה ׀ נַפְשִׁי
לְחַצְרוֹת יְהוָה
לִבִּי וּבְשָׂרִי
יְרַנְּנוּ אֶל אֵל־חָי:
ד גַּם־צִפּוֹר ׀ מָצְאָה בַיִת
וּדְרוֹר ׀ קֵן ׀ לָהּ
אֲשֶׁר־שָׁתָה אֶפְרֹחֶיהָ
אֶת־מִזְבְּחוֹתֶיךָ
יְהוָה צְבָאוֹת
מַלְכִּי וֵאלֹהָי:
ה אַשְׁרֵי יוֹשְׁבֵי בֵיתֶךָ
עוֹד יְהַלְלוּךָ סֶּלָה:
ו אַשְׁרֵי אָדָם עוֹז־לוֹ בָךְ
מְסִלּוֹת בִּלְבָבָם:

ז עֹבְרֵי ׀ בְּעֵמֶק הַבָּכָא

מַעְיָן יְשִׁיתוּהוּ

גַּם־בְּרָכוֹת יַעְטֶה מוֹרֶה:

ח יֵלְכוּ מֵחַיִל אֶל־חָיִל

יֵרָאֶה אֶל־אֱלֹהִים בְּצִיּוֹן:

ט יְהוָה אֱלֹהִים צְבָאוֹת

שִׁמְעָה תְפִלָּתִי

הַאֲזִינָה אֱלֹהֵי יַעֲקֹב סֶלָה:

י מָגִנֵּנוּ רְאֵה אֱלֹהִים

וְהַבֵּט פְּנֵי מְשִׁיחֶךָ:

יא כִּי טוֹב־יוֹם בַּחֲצֵרֶיךָ מֵאָלֶף

בָּחַרְתִּי הִסְתּוֹפֵף בְּבֵית אֱלֹהַי

מִדּוּר בְּאָהֳלֵי־רֶשַׁע:

יב כִּי שֶׁמֶשׁ ׀ וּמָגֵן יְהוָה אֱלֹהִים

חֵן וְכָבוֹד יִתֵּן יְהוָה

לֹא יִמְנַע־טוֹב

לַהֹלְכִים בְּתָמִים:

יג יְהוָה צְבָאוֹת

אַשְׁרֵי אָדָם בֹּטֵחַ בָּךְ:

המשוררים בני קרח מבקשים מה׳ לרחם על ישראל עמו,
ולברך את ישראל בארצו ביבול רב ובשלום.

פה א לַמְנַצֵּחַ לִבְנֵי־קֹרַח מִזְמוֹר׃

ב רָצִיתָ יְהוָה אַרְצֶךָ

שבות שַׁבְתָּ שְׁבִית יַעֲקֹב׃

ג נָשָׂאתָ עֲוֺן עַמֶּךָ

כִּסִּיתָ כָל־חַטָּאתָם סֶלָה׃

ד אָסַפְתָּ כָל־עֶבְרָתֶךָ

הֱשִׁיבוֹתָ מֵחֲרוֹן אַפֶּךָ׃

ה שׁוּבֵנוּ אֱלֹהֵי יִשְׁעֵנוּ

וְהָפֵר כַּעַסְךָ עִמָּנוּ׃

ו הַלְעוֹלָם תֶּאֱנַף־בָּנוּ

תִּמְשֹׁךְ אַפְּךָ לְדֹר וָדֹר׃

ז הֲלֹא־אַתָּה תָּשׁוּב תְּחַיֵּנוּ

וְעַמְּךָ יִשְׂמְחוּ־בָךְ׃

ח הַרְאֵנוּ יְהוָה חַסְדֶּךָ

וְיֶשְׁעֲךָ תִּתֶּן־לָנוּ׃

ט אֶשְׁמְעָה מַה־יְדַבֵּר הָאֵל ׀ יְהוָה

כִּי ׀ יְדַבֵּר שָׁלוֹם

אֶל־עַמּוֹ וְאֶל־חֲסִידָיו

וְאַל־יָשׁוּבוּ לְכִסְלָה׃

י אַךְ קָרוֹב לִירֵאָיו יִשְׁעוֹ
לִשְׁכֹּן כָּבוֹד בְּאַרְצֵנוּ:
יא חֶסֶד־וֶאֱמֶת נִפְגָּשׁוּ
צֶדֶק וְשָׁלוֹם נָשָׁקוּ:
יב אֱמֶת מֵאֶרֶץ תִּצְמָח
וְצֶדֶק מִשָּׁמַיִם נִשְׁקָף:
יג גַּם־יהוה יִתֵּן הַטּוֹב
וְאַרְצֵנוּ תִּתֵּן יְבוּלָהּ:
יד צֶדֶק לְפָנָיו יְהַלֵּךְ
וְיָשֵׂם לְדֶרֶךְ פְּעָמָיו:

המשורר מבקש שה׳ ישמע את תפילותיו ויצילו מאויביו,
והוא יודה לה׳ עם כל הגויים (מקביל למזמור עב).

פו א תְּפִלָּה לְדָוִד
הַטֵּה־יהוה אָזְנְךָ עֲנֵנִי
כִּי־עָנִי וְאֶבְיוֹן אָנִי:
ב שָׁמְרָה נַפְשִׁי כִּי־חָסִיד אָנִי
הוֹשַׁע עַבְדְּךָ אַתָּה אֱלֹהַי
הַבּוֹטֵחַ אֵלֶיךָ:

ג חָנֵּנִי אֲדֹנָי

כִּי־אֵלֶיךָ אֶקְרָא כָּל־הַיּוֹם:

ד שַׂמֵּחַ נֶפֶשׁ עַבְדֶּךָ

כִּי־אֵלֶיךָ אֲדֹנָי נַפְשִׁי אֶשָּׂא:

ה כִּי־אַתָּה אֲדֹנָי טוֹב וְסַלָּח

וְרַב־חֶסֶד לְכָל־קֹרְאֶיךָ:

ו הַאֲזִינָה יְהוָה תְּפִלָּתִי

וְהַקְשִׁיבָה בְּקוֹל תַּחֲנוּנוֹתָי:

ז בְּיוֹם צָרָתִי אֶקְרָאֶךָּ

כִּי תַעֲנֵנִי:

ח אֵין־כָּמוֹךָ בָאֱלֹהִים ׀ אֲדֹנָי

וְאֵין כְּמַעֲשֶׂיךָ:

ט כָּל־גּוֹיִם ׀ אֲשֶׁר עָשִׂיתָ

יָבוֹאוּ ׀ וְיִשְׁתַּחֲווּ לְפָנֶיךָ אֲדֹנָי

וִיכַבְּדוּ לִשְׁמֶךָ:

י כִּי־גָדוֹל אַתָּה וְעֹשֵׂה נִפְלָאוֹת

אַתָּה אֱלֹהִים לְבַדֶּךָ:

יא הוֹרֵנִי יְהוָה ׀ דַּרְכֶּךָ

אֲהַלֵּךְ בַּאֲמִתֶּךָ

יַחֵד לְבָבִי לְיִרְאָה שְׁמֶךָ:

יב אוֹדְךָ ׀ אֲדֹנָי אֱלֹהַי בְּכָל־לְבָבִי
וַאֲכַבְּדָה שִׁמְךָ לְעוֹלָם׃
יג כִּי־חַסְדְּךָ גָּדוֹל עָלָי
וְהִצַּלְתָּ נַפְשִׁי
מִשְּׁאוֹל תַּחְתִּיָּה׃
יד אֱלֹהִים ׀ זֵדִים קָמוּ־עָלַי
וַעֲדַת עָרִיצִים בִּקְשׁוּ נַפְשִׁי
וְלֹא שָׂמוּךָ לְנֶגְדָּם׃
טו וְאַתָּה אֲדֹנָי אֵל־רַחוּם וְחַנּוּן
אֶרֶךְ אַפַּיִם וְרַב־חֶסֶד וֶאֱמֶת׃
טז פְּנֵה אֵלַי וְחָנֵּנִי
תְּנָה־עֻזְּךָ לְעַבְדֶּךָ
וְהוֹשִׁיעָה לְבֶן־אֲמָתֶךָ׃
יז עֲשֵׂה־עִמִּי אוֹת לְטוֹבָה
וְיִרְאוּ שֹׂנְאַי וְיֵבֹשׁוּ
כִּי־אַתָּה יהוה
עֲזַרְתַּנִי וְנִחַמְתָּנִי׃

ציון האהובה והמכובדת תהיה מולדת
לכל העמים, והם ישירו בה לה׳.

פז א לִבְנֵי־קֹרַח מִזְמוֹר שִׁיר
יְסוּדָתוֹ בְּהַרְרֵי־קֹדֶשׁ׃
ב אֹהֵב יהוה שַׁעֲרֵי צִיּוֹן
מִכֹּל מִשְׁכְּנוֹת יַעֲקֹב׃
ג נִכְבָּדוֹת מְדֻבָּר בָּךְ
עִיר הָאֱלֹהִים סֶלָה׃
ד אַזְכִּיר ׀ רַהַב וּבָבֶל לְיֹדְעָי
הִנֵּה פְלֶשֶׁת וְצוֹר עִם־כּוּשׁ
זֶה יֻלַּד־שָׁם׃
ה וּלְצִיּוֹן ׀ יֵאָמַר
אִישׁ וְאִישׁ יֻלַּד־בָּהּ
וְהוּא יְכוֹנְנֶהָ עֶלְיוֹן׃
ו יהוה יִסְפֹּר בִּכְתוֹב עַמִּים
זֶה יֻלַּד־שָׁם סֶלָה׃
ז וְשָׁרִים כְּחֹלְלִים
כָּל־מַעְיָנַי בָּךְ׃

המשורר, החשוב כמת וסובל מייסורים ומבדידות, זועק לישועת ה׳ (מיוחס הן ׳לִבְנֵי קֹרַח׳ הן ׳לְאֵיתָן הָאֶזְרָחִי׳).

פח א שִׁיר מִזְמוֹר לִבְנֵי קֹרַח
לַמְנַצֵּחַ עַל־מָחֲלַת לְעַנּוֹת
מַשְׂכִּיל לְהֵימָן הָאֶזְרָחִי:
ב יְהוָה אֱלֹהֵי יְשׁוּעָתִי
יוֹם־צָעַקְתִּי בַלַּיְלָה נֶגְדֶּךָ:
ג תָּבוֹא לְפָנֶיךָ תְּפִלָּתִי
הַטֵּה אָזְנְךָ לְרִנָּתִי:
ד כִּי־שָׂבְעָה בְרָעוֹת נַפְשִׁי
וְחַיַּי לִשְׁאוֹל הִגִּיעוּ:
ה נֶחְשַׁבְתִּי עִם־יוֹרְדֵי בוֹר
הָיִיתִי כְּגֶבֶר אֵין־אֱיָל:
ו בַּמֵּתִים חָפְשִׁי
כְּמוֹ חֲלָלִים ׀ שֹׁכְבֵי קֶבֶר
אֲשֶׁר לֹא זְכַרְתָּם עוֹד
וְהֵמָּה מִיָּדְךָ נִגְזָרוּ:
ז שַׁתַּנִי בְּבוֹר תַּחְתִּיּוֹת
בְּמַחֲשַׁכִּים בִּמְצֹלוֹת:
ח עָלַי סָמְכָה חֲמָתֶךָ
וְכָל־מִשְׁבָּרֶיךָ עִנִּיתָ סֶּלָה:

ט הִרְחַקְתָּ מְיֻדָּעַי מִמֶּנִּי
שַׁתַּנִי תוֹעֵבוֹת לָמוֹ
כָּלֻא וְלֹא אֵצֵא׃
י עֵינִי דָאֲבָה מִנִּי עֹנִי
קְרָאתִיךָ יְהוָה בְּכָל־יוֹם
שִׁטַּחְתִּי אֵלֶיךָ כַפָּי׃
יא הֲלַמֵּתִים תַּעֲשֶׂה־פֶּלֶא
אִם־רְפָאִים יָקוּמוּ ׀ יוֹדוּךָ סֶּלָה׃
יב הַיְסֻפַּר בַּקֶּבֶר חַסְדֶּךָ
אֱמוּנָתְךָ בָּאֲבַדּוֹן׃
יג הֲיִוָּדַע בַּחֹשֶׁךְ פִּלְאֶךָ
וְצִדְקָתְךָ בְּאֶרֶץ נְשִׁיָּה׃
יד וַאֲנִי ׀ אֵלֶיךָ יְהוָה שִׁוַּעְתִּי
וּבַבֹּקֶר תְּפִלָּתִי תְקַדְּמֶךָּ׃
טו לָמָה יְהוָה תִּזְנַח נַפְשִׁי
תַּסְתִּיר פָּנֶיךָ מִמֶּנִּי׃
טז עָנִי אֲנִי וְגוֹוֵעַ מִנֹּעַר
נָשָׂאתִי אֵמֶיךָ אָפוּנָה׃
יז עָלַי עָבְרוּ חֲרוֹנֶיךָ
בִּעוּתֶיךָ צִמְּתוּתֻנִי׃

יח סַבּוּנִי כַמַּיִם כָּל־הַיּוֹם

הִקִּיפוּ עָלַי יָחַד׃

יט הִרְחַקְתָּ מִמֶּנִּי אֹהֵב וָרֵעַ

מְיֻדָּעַי מַחְשָׁךְ׃

המשורר מזכיר את חסדי ה׳ ואת בריתו עם דוד בימי מלכות בית דוד, אך בעקבות החורבן המשורר תוהה היכן אותם חסידים, הרי האויבים מחרפים את ה׳ ואת משיחו.

פט א מַשְׂכִּיל לְאֵיתָן הָאֶזְרָחִי׃

ב חַסְדֵי יְהוָה עוֹלָם אָשִׁירָה

לְדֹר וָדֹר ׀ אוֹדִיעַ אֱמוּנָתְךָ בְּפִי׃

ג כִּי־אָמַרְתִּי עוֹלָם חֶסֶד יִבָּנֶה

שָׁמַיִם ׀ תָּכִן אֱמוּנָתְךָ בָהֶם׃

ד כָּרַתִּי בְרִית לִבְחִירִי

נִשְׁבַּעְתִּי לְדָוִד עַבְדִּי׃

ה עַד־עוֹלָם אָכִין זַרְעֶךָ

וּבָנִיתִי לְדֹר־וָדוֹר כִּסְאֲךָ סֶלָה׃

ו וְיוֹדוּ שָׁמַיִם פִּלְאֲךָ יְהוָה

אַף־אֱמוּנָתְךָ בִּקְהַל קְדֹשִׁים׃

ז כִּי מִי בַשַּׁחַק יַעֲרֹךְ לַיהוָה

יִדְמֶה לַיהוָה בִּבְנֵי אֵלִים׃

ח אֵל נַעֲרָץ בְּסוֹד־קְדֹשִׁים רַבָּה
וְנוֹרָא עַל־כָּל־סְבִיבָיו׃
ט יהוה ׀ אֱלֹהֵי צְבָאוֹת
מִי־כָמוֹךָ חֲסִין ׀ יָהּ
וֶאֱמוּנָתְךָ סְבִיבוֹתֶיךָ׃
י אַתָּה מוֹשֵׁל בְּגֵאוּת הַיָּם
בְּשׂוֹא גַלָּיו אַתָּה תְשַׁבְּחֵם׃
יא אַתָּה דִכִּאתָ כֶחָלָל רָהַב
בִּזְרוֹעַ עֻזְּךָ פִּזַּרְתָּ אוֹיְבֶיךָ׃
יב לְךָ שָׁמַיִם אַף־לְךָ אָרֶץ
תֵּבֵל וּמְלֹאָהּ אַתָּה יְסַדְתָּם׃
יג צָפוֹן וְיָמִין אַתָּה בְרָאתָם
תָּבוֹר וְחֶרְמוֹן בְּשִׁמְךָ יְרַנֵּנוּ׃
יד לְךָ זְרוֹעַ עִם־גְּבוּרָה
תָּעֹז יָדְךָ תָּרוּם יְמִינֶךָ׃
טו צֶדֶק וּמִשְׁפָּט מְכוֹן כִּסְאֶךָ
חֶסֶד וֶאֱמֶת יְקַדְּמוּ פָנֶיךָ׃
טז אַשְׁרֵי הָעָם יוֹדְעֵי תְרוּעָה
יהוה בְּאוֹר־פָּנֶיךָ יְהַלֵּכוּן׃

יז בְּשִׁמְךָ יְגִילוּן כָּל־הַיּוֹם
וּבְצִדְקָתְךָ יָרוּמוּ׃
יח כִּי־תִפְאֶרֶת עֻזָּמוֹ אָתָּה
וּבִרְצוֹנְךָ תָּרוּם קַרְנֵנוּ׃ תָּרִים
יט כִּי לַיהוה מָגִנֵּנוּ
וְלִקְדוֹשׁ יִשְׂרָאֵל מַלְכֵּנוּ׃
כ אָז דִּבַּרְתָּ בְחָזוֹן לַחֲסִידֶיךָ
וַתֹּאמֶר
שִׁוִּיתִי עֵזֶר עַל־גִּבּוֹר
הֲרִימוֹתִי בָחוּר מֵעָם׃
כא מָצָאתִי דָּוִד עַבְדִּי
בְּשֶׁמֶן קָדְשִׁי מְשַׁחְתִּיו׃
כב אֲשֶׁר יָדִי תִּכּוֹן עִמּוֹ
אַף־זְרוֹעִי תְאַמְּצֶנּוּ׃
כג לֹא־יַשִּׁא אוֹיֵב בּוֹ
וּבֶן־עַוְלָה לֹא יְעַנֶּנּוּ׃
כד וְכַתּוֹתִי מִפָּנָיו צָרָיו
וּמְשַׂנְאָיו אֶגּוֹף׃
כה וֶאֱמוּנָתִי וְחַסְדִּי עִמּוֹ
וּבִשְׁמִי תָּרוּם קַרְנוֹ׃

כו וְשַׂמְתִּי בַיָּם יָדוֹ
וּבַנְּהָרוֹת יְמִינוֹ:
כז הוּא יִקְרָאֵנִי אָבִי אָתָּה
אֵלִי וְצוּר יְשׁוּעָתִי:
כח אַף־אָנִי בְּכוֹר אֶתְּנֵהוּ
עֶלְיוֹן לְמַלְכֵי־אָרֶץ:
כט לְעוֹלָם אֶשְׁמָר־לוֹ חַסְדִּי אשמור־
וּבְרִיתִי נֶאֱמֶנֶת לוֹ:
ל וְשַׂמְתִּי לָעַד זַרְעוֹ
וְכִסְאוֹ כִּימֵי שָׁמָיִם:
לא אִם־יַעַזְבוּ בָנָיו תּוֹרָתִי
וּבְמִשְׁפָּטַי לֹא יֵלֵכוּן:
לב אִם־חֻקֹּתַי יְחַלֵּלוּ
וּמִצְוֹתַי לֹא יִשְׁמֹרוּ:
לג וּפָקַדְתִּי בְשֵׁבֶט פִּשְׁעָם
וּבִנְגָעִים עֲוֹנָם:
לד וְחַסְדִּי לֹא־אָפִיר מֵעִמּוֹ
וְלֹא אֲשַׁקֵּר בֶּאֱמוּנָתִי:
לה לֹא־אֲחַלֵּל בְּרִיתִי
וּמוֹצָא שְׂפָתַי לֹא אֲשַׁנֶּה:

לו אַחַת נִשְׁבַּעְתִּי בְקׇדְשִׁי
אִם־לְדָוִד אֲכַזֵּב׃
לז זַרְעוֹ לְעוֹלָם יִהְיֶה
וְכִסְאוֹ כַשֶּׁמֶשׁ נֶגְדִּי׃
לח כְּיָרֵחַ יִכּוֹן עוֹלָם
וְעֵד בַּשַּׁחַק נֶאֱמָן סֶלָה׃
לט וְאַתָּה זָנַחְתָּ וַתִּמְאָס
הִתְעַבַּרְתָּ עִם־מְשִׁיחֶךָ׃
מ נֵאַרְתָּה בְּרִית עַבְדֶּךָ
חִלַּלְתָּ לָאָרֶץ נִזְרוֹ׃
מא פָּרַצְתָּ כׇל־גְּדֵרֹתָיו
שַׂמְתָּ מִבְצָרָיו מְחִתָּה׃
מב שַׁסֻּהוּ כׇּל־עֹבְרֵי דָרֶךְ
הָיָה חֶרְפָּה לִשְׁכֵנָיו׃
מג הֲרִימוֹתָ יְמִין צָרָיו
הִשְׂמַחְתָּ כׇּל־אוֹיְבָיו׃
מד אַף־תָּשִׁיב צוּר חַרְבּוֹ
וְלֹא הֲקֵמֹתוֹ בַּמִּלְחָמָה׃
מה הִשְׁבַּתָּ מִטְּהָרוֹ
וְכִסְאוֹ לָאָרֶץ מִגַּרְתָּה׃

מו הִ֭קְצַרְתָּ יְמֵ֣י עֲלוּמָ֑יו
הֶ֥עֱטִ֨יתָ עָלָ֖יו בּוּשָׁ֣ה סֶֽלָה׃
מז עַד־מָ֣ה יְ֭הוָה תִּסָּתֵ֣ר לָנֶ֑צַח
תִּבְעַ֖ר כְּמוֹ־אֵ֣שׁ חֲמָתֶֽךָ׃
מח זְכָר־אֲנִ֥י מֶה־חָ֑לֶד
עַל־מַה־שָּׁ֝֗וְא בָּרָ֥אתָ כָל־בְּנֵי־אָדָֽם׃
מט מִ֤י גֶ֣בֶר יִֽ֭חְיֶה וְלֹ֣א יִרְאֶה־מָּ֑וֶת
יְמַלֵּ֖ט נַפְשׁ֥וֹ מִֽיַּד־שְׁא֣וֹל סֶֽלָה׃
נ אַיֵּ֤ה ׀ חֲסָדֶ֖יךָ הָרִאשֹׁנִ֥ים ׀ אֲדֹנָ֑י
נִשְׁבַּ֥עְתָּ לְ֝דָוִ֗ד בֶּאֱמוּנָתֶֽךָ׃
נא זְכֹ֣ר אֲ֭דֹנָי חֶרְפַּ֣ת עֲבָדֶ֑יךָ
שְׂאֵתִ֥י בְ֝חֵיקִ֗י כָּל־רַבִּ֥ים עַמִּֽים׃
נב אֲשֶׁ֤ר חֵרְפ֖וּ אוֹיְבֶ֥יךָ ׀ יְהוָ֑ה
אֲשֶׁ֥ר חֵ֝רְפ֗וּ עִקְּב֥וֹת מְשִׁיחֶֽךָ׃
נג בָּר֖וּךְ יְהוָ֥ה לְ֝עוֹלָ֗ם
אָ֘מֵ֥ן ׀ וְאָמֵֽן׃

הספר הרביעי

מבוא

בין הספר השלישי, החותם בתיאור מלכות בית דוד וחורבנה (פט, לח-נב), ובין הספר החמישי, הפותח בשיר ההודאה של גאולי ה׳ על קיבוץ הגלויות (קז), מגשר הספר הרביעי. בספר זה מוצג תהליך הדרגתי של שיקום. **חַסְדֵי ה׳** מימי דוד (פט, ב) ״נעלמו״ בחורבן ובגלות, והם שבים להופיע בדור שיבת ציון: ׳מִי חָכָם וְיִשְׁמָר אֵלֶּה וְיִתְבּוֹנְנוּ **חַסְדֵי ה׳**״. המושג ״חַסְדֵי ה׳״ מופיע בספר תהלים רק בשני מקומות אלה, דהיינו בפתיחת המזמור האחרון של הספר השלישי (פט, ב), ובחתימת המזמור הראשון של הספר החמישי (קז, מג). מרכיב מרכזי בתהליך זה הוא קבלת מלכות ה׳ (קז, מב).

תְּפִלָּה לְמֹשֶׁה (צ-צד): משה המשווע לה׳ בתפילה על ישראל בשעות משבר, הוא הדמות המעצבת את מזמורי השיקום: שבעה מתוך שמונת אזכורי ׳מֹשֶׁה׳ בספר תהלים מופיעים בספר הרביעי. דמותו של משה מופיעה בכותרת מזמור צ, שכל כולו בקשה לרחמי ה׳ על עמו אחרי החורבן; בתשובתו לתפילה מבטיח ה׳ להגן על המשורר (צא), והמשורר מצִדו מודה לה׳ על שהצילו (צב). מלכות ה׳ מתגלה בעולם בהדרגתיות (צג), והמשורר פונה לשֹׁפֵט הָאָרֶץ לעשות דין צדק ברשעים וללמד תועים בינה (צד).

ישראל והעמים מקבלים את מלכות ה׳ (צה-ק): ישראל נקראים להמליך את ה׳ עליהם (צה) ולהפיץ את ההכרה במלכות ה׳ לאומות העולם (צו-צז) ולישראל (צח-צט). לבסוף מוזמנת כל הארץ לקבל עליה את מלכות ה׳ (ק) בלשונות הדומים ללשונות המופיעים במזמור צה.

חזרת מלכות בית דוד וגאולת ישראל (קא-קו): בעקבות הופעת מלכות ה׳ בעולם דמותו של דוד המלך מופיעה שוב, כדי לסמל את חזרתה של מלכות בית דוד לעיר ה׳ (קא). אבלי ציון, למודי סבל הגלות, יצטרפו לדוד לבניין העיר מחדש (קב). ההתחדשות שבגאולה (קג) מביאה את המשורר לשמוח בבריאה ולטהר אותה מהרשע (קד). המשורר מודה לה׳ על חסדיו עם ישראל (קה) ומתוודה על חטאי העבר, ועל רקע זה הוא מתפלל לקיבוץ הגלויות (קו), תפילה החותמת את הספר הרביעי. ימי בית דוד המפוארים הם אידיאל לגולים לקראת שיבת ציון וחזרתם לעיר בה דוד חנה.

שיר הגאולה (קז), הפותח את תיאור התחייה בספר החמישי, הוא המשך והשלמה למזמורים קה-קו.

	צ-צד	צה-ק	קא-קו
נושאי המזמורים	**תפילות משה לרחמי ה׳ בשל החורבן**	**ישראל והעמים מקבלים את מלכות ה׳**	**חזרת מלכות בית דוד וגאולת ישראל**
מקבילות בין מזמורים		צה צו צז צח צט ק	קה קו | קז

בעקבות תיאור חורבן מלכות בית דוד (פט, לח-נג),
דמותו של משה מתפללת לה׳ ומבקשת ממנו רחמים
על עמו ישראל והצלחה במעשי ידיהם.

צ א תְּפִלָּ֗ה לְמֹשֶׁ֥ה אִֽישׁ־הָאֱלֹ֫הִ֥ים
אֲדֹנָ֗י מָע֣וֹן אַ֭תָּה הָיִ֥יתָ לָּ֗נוּ בְּדֹ֣ר וָדֹֽר׃
ב בְּטֶ֤רֶם ׀ הָ֘רִ֤ים יֻלָּ֗דוּ
וַתְּח֣וֹלֵֽל אֶ֣רֶץ וְתֵבֵ֑ל
וּֽמֵעוֹלָ֥ם עַד־ע֝וֹלָ֗ם אַתָּ֥ה אֵֽל׃
ג תָּשֵׁ֣ב אֱ֭נוֹשׁ עַד־דַּכָּ֑א
וַ֝תֹּ֗אמֶר שׁ֣וּבוּ בְנֵי־אָדָֽם׃
ד כִּ֤י אֶ֪לֶף שָׁנִ֡ים בְּֽעֵינֶ֗יךָ
כְּי֣וֹם אֶ֭תְמוֹל כִּ֣י יַעֲבֹ֑ר
וְאַשְׁמוּרָ֥ה בַלָּֽיְלָה׃
ה זְ֭רַמְתָּם שֵׁנָ֣ה יִהְי֑וּ
בַּ֝בֹּ֗קֶר כֶּחָצִ֥יר יַחֲלֹֽף׃
ו בַּ֭בֹּקֶר יָצִ֣יץ וְחָלָ֑ף
לָ֝עֶ֗רֶב יְמוֹלֵ֥ל וְיָבֵֽשׁ׃
ז כִּֽי־כָלִ֥ינוּ בְאַפֶּ֑ךָ
וּבַחֲמָתְךָ֥ נִבְהָֽלְנוּ׃

ח שַׁתָּ עֲוֺנֹתֵינוּ לְנֶגְדֶּךָ
עֲלֻמֵנוּ לִמְאוֹר פָּנֶיךָ׃
ט כִּי כָל־יָמֵינוּ פָּנוּ בְעֶבְרָתֶךָ
כִּלִּינוּ שָׁנֵינוּ כְמוֹ־הֶגֶה׃
י יְמֵי־שְׁנוֹתֵינוּ בָהֶם שִׁבְעִים שָׁנָה
וְאִם בִּגְבוּרֹת ׀ שְׁמוֹנִים שָׁנָה
וְרָהְבָּם עָמָל וָאָוֶן
כִּי־גָז חִישׁ וַנָּעֻפָה׃
יא מִי־יוֹדֵעַ עֹז אַפֶּךָ
וּכְיִרְאָתְךָ עֶבְרָתֶךָ׃
יב לִמְנוֹת יָמֵינוּ כֵּן הוֹדַע
וְנָבִא לְבַב חָכְמָה׃
יג שׁוּבָה יהוה עַד־מָתָי
וְהִנָּחֵם עַל־עֲבָדֶיךָ׃
יד שַׂבְּעֵנוּ בַבֹּקֶר חַסְדֶּךָ
וּנְרַנְּנָה וְנִשְׂמְחָה בְּכָל־יָמֵינוּ׃
טו שַׂמְּחֵנוּ כִּימוֹת עִנִּיתָנוּ
שְׁנוֹת רָאִינוּ רָעָה׃

טז יֵרָאֶה אֶל־עֲבָדֶיךָ פָעֳלֶךָ
וַהֲדָרְךָ עַל־בְּנֵיהֶם׃
יז וִיהִי ׀ נֹעַם אֲדֹנָי אֱלֹהֵינוּ עָלֵינוּ
וּמַעֲשֵׂה יָדֵינוּ כּוֹנְנָה עָלֵינוּ
וּמַעֲשֵׂה יָדֵינוּ כּוֹנְנֵהוּ׃

תשובת ה׳ ל׳תְּפִלָּה לְמשֶׁה׳ (צ): הגנה וביטחון בצרה והבטחה לישועה עתידית.

צא א יֹשֵׁב בְּסֵתֶר עֶלְיוֹן
בְּצֵל שַׁדַּי יִתְלוֹנָן׃
ב אֹמַר לַיהוה מַחְסִי וּמְצוּדָתִי
אֱלֹהַי אֶבְטַח־בּוֹ׃
ג כִּי הוּא יַצִּילְךָ מִפַּח יָקוּשׁ
מִדֶּבֶר הַוּוֹת׃
ד בְּאֶבְרָתוֹ ׀ יָסֶךְ לָךְ
וְתַחַת־כְּנָפָיו תֶּחְסֶה
צִנָּה וְסֹחֵרָה אֲמִתּוֹ׃

ה לֹא־תִירָא מִפַּחַד לָיְלָה
מֵחֵץ יָעוּף יוֹמָם׃
ו מִדֶּבֶר בָּאֹפֶל יַהֲלֹךְ
מִקֶּטֶב יָשׁוּד צָהֳרָיִם׃
ז יִפֹּל מִצִּדְּךָ ׀ אֶלֶף
וּרְבָבָה מִימִינֶךָ
אֵלֶיךָ לֹא יִגָּשׁ׃
ח רַק בְּעֵינֶיךָ תַבִּיט
וְשִׁלֻּמַת רְשָׁעִים תִּרְאֶה׃
ט כִּי־אַתָּה יהוָה מַחְסִי
עֶלְיוֹן שַׂמְתָּ מְעוֹנֶךָ׃
י לֹא־תְאֻנֶּה אֵלֶיךָ רָעָה
וְנֶגַע לֹא־יִקְרַב בְּאָהֳלֶךָ׃
יא כִּי מַלְאָכָיו יְצַוֶּה־לָּךְ
לִשְׁמָרְךָ בְּכָל־דְּרָכֶיךָ׃
יב עַל־כַּפַּיִם יִשָּׂאוּנְךָ
פֶּן־תִּגֹּף בָּאֶבֶן רַגְלֶךָ׃
יג עַל־שַׁחַל וָפֶתֶן תִּדְרֹךְ
תִּרְמֹס כְּפִיר וְתַנִּין׃

יד כִּי בִי חָשַׁק וַאֲפַלְּטֵהוּ
אֲשַׂגְּבֵהוּ כִּי־יָדַע שְׁמִי׃
טו יִקְרָאֵנִי ׀ וְאֶעֱנֵהוּ
עִמּוֹ־אָנֹכִי בְצָרָה
אֲחַלְּצֵהוּ וַאֲכַבְּדֵהוּ׃
טז אֹרֶךְ יָמִים אַשְׂבִּיעֵהוּ
וְאַרְאֵהוּ בִּישׁוּעָתִי׃

מזמור תודה לה׳ על הצלת המשורר מהרשעים וישיבתו בבית ה׳,
ובזה יש מעין "עולם שכולו שבת ומנוחה" מאויבים.

צב א מִזְמוֹר שִׁיר לְיוֹם הַשַּׁבָּת׃
ב טוֹב לְהֹדוֹת לַיהוָה
וּלְזַמֵּר לְשִׁמְךָ עֶלְיוֹן׃
ג לְהַגִּיד בַּבֹּקֶר חַסְדֶּךָ
וֶאֱמוּנָתְךָ בַּלֵּילוֹת׃
ד עֲלֵי־עָשׂוֹר וַעֲלֵי־נָבֶל
עֲלֵי הִגָּיוֹן בְּכִנּוֹר׃
ה כִּי שִׂמַּחְתַּנִי יְהוָה בְּפָעֳלֶךָ
בְּמַעֲשֵׂי יָדֶיךָ אֲרַנֵּן׃

ו מַה־גָּדְלוּ מַעֲשֶׂיךָ יְהוָה
מְאֹד עָמְקוּ מַחְשְׁבֹתֶיךָ׃
ז אִישׁ־בַּעַר לֹא יֵדָע
וּכְסִיל לֹא־יָבִין אֶת־זֹאת׃
ח בִּפְרֹחַ רְשָׁעִים וּכְמוֹ עֵשֶׂב
וַיָּצִיצוּ כָּל־פֹּעֲלֵי אָוֶן
לְהִשָּׁמְדָם עֲדֵי־עַד׃
ט וְאַתָּה מָרוֹם לְעֹלָם יְהוָה׃
י כִּי הִנֵּה אֹיְבֶיךָ יְהוָה
כִּי־הִנֵּה אֹיְבֶיךָ יֹאבֵדוּ
יִתְפָּרְדוּ כָּל־פֹּעֲלֵי אָוֶן׃
יא וַתָּרֶם כִּרְאֵים קַרְנִי
בַּלֹּתִי בְּשֶׁמֶן רַעֲנָן׃
יב וַתַּבֵּט עֵינִי בְּשׁוּרָי
בַּקָּמִים עָלַי מְרֵעִים
תִּשְׁמַעְנָה אָזְנָי׃
יג צַדִּיק כַּתָּמָר יִפְרָח
כְּאֶרֶז בַּלְּבָנוֹן יִשְׂגֶּה׃
יד שְׁתוּלִים בְּבֵית יְהוָה
בְּחַצְרוֹת אֱלֹהֵינוּ יַפְרִיחוּ׃

טו עוֹד יְנוּבוּן בְּשֵׂיבָה
דְּשֵׁנִים וְרַעֲנַנִּים יִהְיוּ׃
טז לְהַגִּיד כִּי־יָשָׁר יְהוָה
צוּרִי וְלֹא־עוֹלָתָה בּוֹ׃ עלתה

ב״עולם שכולו שבת״ (צב) מלכות ה׳ ניכרת בכל העולם.

צג א יְהוָה מָלָךְ גֵּאוּת לָבֵשׁ
לָבֵשׁ יְהוָה עֹז הִתְאַזָּר
אַף־תִּכּוֹן תֵּבֵל בַּל־תִּמּוֹט׃
ב נָכוֹן כִּסְאֲךָ מֵאָז מֵעוֹלָם אָתָּה׃
ג נָשְׂאוּ נְהָרוֹת ׀ יְהוָה
נָשְׂאוּ נְהָרוֹת קוֹלָם
יִשְׂאוּ נְהָרוֹת דָּכְיָם׃
ד מִקֹּלוֹת ׀ מַיִם רַבִּים
אַדִּירִים מִשְׁבְּרֵי־יָם
אַדִּיר בַּמָּרוֹם יְהוָה׃
ה עֵדֹתֶיךָ ׀ נֶאֶמְנוּ מְאֹד
לְבֵיתְךָ נַאֲוָה־קֹדֶשׁ
יְהוָה לְאֹרֶךְ יָמִים׃

בקשה לתיקון עוולותיהם של הרשעים בעולם ולהגנה על הצדיקים. על ידי לימוד דעת לבני האדם ישרו צדק ומשפט.

צד א אֵל־נְקָמוֹת יְהוָה
אֵל נְקָמוֹת הוֹפִיעַ׃
ב הִנָּשֵׂא שֹׁפֵט הָאָרֶץ
הָשֵׁב גְּמוּל עַל־גֵּאִים׃
ג עַד־מָתַי רְשָׁעִים ׀ יְהוָה
עַד־מָתַי רְשָׁעִים יַעֲלֹזוּ׃
ד יַבִּיעוּ יְדַבְּרוּ עָתָק
יִתְאַמְּרוּ כָּל־פֹּעֲלֵי אָוֶן׃
ה עַמְּךָ יְהוָה יְדַכְּאוּ
וְנַחֲלָתְךָ יְעַנּוּ׃
ו אַלְמָנָה וְגֵר יַהֲרֹגוּ
וִיתוֹמִים יְרַצֵּחוּ׃
ז וַיֹּאמְרוּ לֹא יִרְאֶה־יָּהּ
וְלֹא־יָבִין אֱלֹהֵי יַעֲקֹב׃
ח בִּינוּ בֹּעֲרִים בָּעָם
וּכְסִילִים מָתַי תַּשְׂכִּילוּ׃
ט הֲנֹטַע אֹזֶן הֲלֹא יִשְׁמָע
אִם־יֹצֵר עַיִן הֲלֹא יַבִּיט׃

י הֲיֹסֵר גּוֹיִם הֲלֹא יוֹכִיחַ

הַמְלַמֵּד אָדָם דָּעַת:

יא יהוה יֹדֵעַ מַחְשְׁבוֹת אָדָם

כִּי־הֵמָּה הָבֶל:

יב אַשְׁרֵי הַגֶּבֶר אֲשֶׁר־תְּיַסְּרֶנּוּ יָּהּ

וּמִתּוֹרָתְךָ תְלַמְּדֶנּוּ:

יג לְהַשְׁקִיט לוֹ מִימֵי רָע

עַד יִכָּרֶה לָרָשָׁע שָׁחַת:

יד כִּי ׀ לֹא־יִטֹּשׁ יהוה עַמּוֹ

וְנַחֲלָתוֹ לֹא יַעֲזֹב:

טו כִּי־עַד־צֶדֶק יָשׁוּב מִשְׁפָּט

וְאַחֲרָיו כָּל־יִשְׁרֵי־לֵב:

טז מִי־יָקוּם לִי עִם־מְרֵעִים

מִי־יִתְיַצֵּב לִי עִם־פֹּעֲלֵי אָוֶן:

יז לוּלֵי יהוה עֶזְרָתָה לִּי

כִּמְעַט ׀ שָׁכְנָה דוּמָה נַפְשִׁי:

יח אִם־אָמַרְתִּי מָטָה רַגְלִי

חַסְדְּךָ יהוה יִסְעָדֵנִי:

יט בְּרֹב שַׂרְעַפַּי בְּקִרְבִּי

תַּנְחוּמֶיךָ יְשַׁעַשְׁעוּ נַפְשִׁי:

כ הֲיְחָבְרְךָ כִּסֵּא הַוּוֹת
יֹצֵר עָמָל עֲלֵי־חֹק׃
כא יָגוֹדּוּ עַל־נֶפֶשׁ צַדִּיק
וְדָם נָקִי יַרְשִׁיעוּ׃
כב וַיְהִי יהוָה לִי לְמִשְׂגָּב
וֵאלֹהַי לְצוּר מַחְסִי׃
כג וַיָּשֶׁב עֲלֵיהֶם ׀ אֶת־אוֹנָם
וּבְרָעָתָם יַצְמִיתֵם
יַצְמִיתֵם יהוָה אֱלֹהֵינוּ׃

הזמנה לעם ישראל לקבל את מלכות ה׳, ולא לחזור
על חטאי דור המדבר שלא נכנסו לארץ.

צה א לְכוּ נְרַנְּנָה לַיהוָה
נָרִיעָה לְצוּר יִשְׁעֵנוּ׃
ב נְקַדְּמָה פָנָיו בְּתוֹדָה
בִּזְמִרוֹת נָרִיעַ לוֹ׃
ג כִּי אֵל גָּדוֹל יהוָה
וּמֶלֶךְ גָּדוֹל עַל־כָּל־אֱלֹהִים׃

ד אֲשֶׁר בְּיָדוֹ מֶחְקְרֵי־אָרֶץ
וְתוֹעֲפוֹת הָרִים לוֹ:
ה אֲשֶׁר־לוֹ הַיָּם וְהוּא עָשָׂהוּ
וְיַבֶּשֶׁת יָדָיו יָצָרוּ:
ו בֹּאוּ נִשְׁתַּחֲוֶה וְנִכְרָעָה
נִבְרְכָה לִפְנֵי־יְהוָה עֹשֵׂנוּ:
ז כִּי הוּא אֱלֹהֵינוּ
וַאֲנַחְנוּ ׀ עַם מַרְעִיתוֹ וְצֹאן יָדוֹ
הַיּוֹם אִם־בְּקֹלוֹ תִשְׁמָעוּ:
ח אַל־תַּקְשׁוּ לְבַבְכֶם כִּמְרִיבָה
כְּיוֹם מַסָּה בַּמִּדְבָּר:
ט אֲשֶׁר נִסּוּנִי אֲבוֹתֵיכֶם
בְּחָנוּנִי גַּם־רָאוּ פָעֳלִי:
י אַרְבָּעִים שָׁנָה ׀ אָקוּט בְּדוֹר
וָאֹמַר עַם תֹּעֵי לֵבָב הֵם
וְהֵם לֹא־יָדְעוּ דְרָכָי:
יא אֲשֶׁר־נִשְׁבַּעְתִּי בְאַפִּי
אִם־יְבֹאוּן אֶל־מְנוּחָתִי:

הזמנה לכל הארץ להפיץ בגויים את ההכרה
במלכות ה׳, אשר ישפוט את הארץ בצדק.

צו א שִׁירוּ לַיהוה שִׁיר חָדָשׁ
שִׁירוּ לַיהוה כָּל־הָאָרֶץ׃
ב שִׁירוּ לַיהוה בָּרְכוּ שְׁמוֹ
בַּשְּׂרוּ מִיּוֹם־לְיוֹם יְשׁוּעָתוֹ׃
ג סַפְּרוּ בַגּוֹיִם כְּבוֹדוֹ
בְּכָל־הָעַמִּים נִפְלְאוֹתָיו׃
ד כִּי גָדוֹל יהוה וּמְהֻלָּל מְאֹד
נוֹרָא הוּא עַל־כָּל־אֱלֹהִים׃
ה כִּי ׀ כָּל־אֱלֹהֵי הָעַמִּים אֱלִילִים
וַיהוה שָׁמַיִם עָשָׂה׃
ו הוֹד־וְהָדָר לְפָנָיו
עֹז וְתִפְאֶרֶת בְּמִקְדָּשׁוֹ׃
ז הָבוּ לַיהוה מִשְׁפְּחוֹת עַמִּים
הָבוּ לַיהוה כָּבוֹד וָעֹז׃
ח הָבוּ לַיהוה כְּבוֹד שְׁמוֹ
שְׂאוּ־מִנְחָה וּבֹאוּ לְחַצְרוֹתָיו׃
ט הִשְׁתַּחֲווּ לַיהוה בְּהַדְרַת־קֹדֶשׁ
חִילוּ מִפָּנָיו כָּל־הָאָרֶץ׃

י אִמְרוּ בַגּוֹיִם ׀ יְהוָה מָלָךְ
אַף־תִּכּוֹן תֵּבֵל בַּל־תִּמּוֹט
יָדִין עַמִּים בְּמֵישָׁרִים׃
יא יִשְׂמְחוּ הַשָּׁמַיִם וְתָגֵל הָאָרֶץ
יִרְעַם הַיָּם וּמְלֹאוֹ׃
יב יַעֲלֹז שָׂדַי וְכָל־אֲשֶׁר־בּוֹ
אָז יְרַנְּנוּ כָּל־עֲצֵי־יָעַר׃
יג לִפְנֵי יהוה ׀ כִּי בָא
כִּי בָא לִשְׁפֹּט הָאָרֶץ
יִשְׁפֹּט־תֵּבֵל בְּצֶדֶק
וְעַמִּים בֶּאֱמוּנָתוֹ׃

מלכות הצדק של ה׳ מתגלה עַל כָּל הָאָרֶץ ועַל כָּל אֱלֹהִים,
וציון תשמח על שמירת נַפְשׁוֹת חֲסִידָיו מִיַּד רְשָׁעִים.

צז א יְהוָה מָלָךְ תָּגֵל הָאָרֶץ
יִשְׂמְחוּ אִיִּים רַבִּים׃
ב עָנָן וַעֲרָפֶל סְבִיבָיו
צֶדֶק וּמִשְׁפָּט מְכוֹן כִּסְאוֹ׃
ג אֵשׁ לְפָנָיו תֵּלֵךְ
וּתְלַהֵט סָבִיב צָרָיו׃

ד הֵאִ֣ירוּ בְרָקָ֣יו תֵּבֵ֑ל
רָאֲתָ֖ה וַתָּחֵ֣ל הָאָֽרֶץ׃
ה הָרִ֗ים כַּדּוֹנַ֗ג נָ֭מַסּוּ
מִלִּפְנֵ֣י יהוה
מִ֝לִּפְנֵ֗י אֲד֣וֹן כָּל־הָאָֽרֶץ׃
ו הִגִּ֣ידוּ הַשָּׁמַ֣יִם צִדְק֑וֹ
וְרָא֖וּ כָל־הָעַמִּ֣ים כְּבוֹדֽוֹ׃
ז יֵבֹ֤שׁוּ ׀ כָּל־עֹ֬בְדֵי פֶ֗סֶל
הַמִּֽתְהַלְלִ֥ים בָּאֱלִילִ֑ים
הִשְׁתַּחֲווּ־ל֝וֹ כָּל־אֱלֹהִֽים׃
ח שָׁמְעָ֬ה וַתִּשְׂמַ֨ח ׀ צִיּ֗וֹן
וַ֭תָּגֵלְנָה בְּנ֣וֹת יְהוּדָ֑ה
לְמַ֖עַן מִשְׁפָּטֶ֣יךָ יהוה׃
ט כִּֽי־אַתָּ֣ה יהוה
עֶלְי֥וֹן עַל־כָּל־הָאָ֑רֶץ
מְאֹ֥ד נַ֝עֲלֵ֗יתָ
עַל־כָּל־אֱלֹהִֽים׃
י אֹהֲבֵ֥י יהוה שִׂנְא֫וּ רָ֥ע
שֹׁ֭מֵר נַפְשׁ֣וֹת חֲסִידָ֑יו
מִיַּ֥ד רְ֝שָׁעִ֗ים יַצִּילֵֽם׃

יא אוֹר זָרֻעַ לַצַּדִּיק
וּלְיִשְׁרֵי־לֵב שִׂמְחָה׃
יב שִׂמְחוּ צַדִּיקִים בַּיהוָה
וְהוֹדוּ לְזֵכֶר קָדְשׁוֹ׃

כל גויי הארץ מקבלים עליהם את מלכות ה׳ בזמרה,
בעקבות ישועת ה׳ לעמו.

צח א מִזְמוֹר
שִׁירוּ לַיהוָה ׀ שִׁיר חָדָשׁ
כִּי־נִפְלָאוֹת עָשָׂה
הוֹשִׁיעָה־לּוֹ יְמִינוֹ
וּזְרוֹעַ קָדְשׁוֹ׃
ב הוֹדִיעַ יְהוָה יְשׁוּעָתוֹ
לְעֵינֵי הַגּוֹיִם גִּלָּה צִדְקָתוֹ׃
ג זָכַר חַסְדּוֹ ׀ וֶאֱמוּנָתוֹ
לְבֵית יִשְׂרָאֵל
רָאוּ כָל־אַפְסֵי־אָרֶץ
אֵת יְשׁוּעַת אֱלֹהֵינוּ׃
ד הָרִיעוּ לַיהוָה כָּל־הָאָרֶץ
פִּצְחוּ וְרַנְּנוּ וְזַמֵּרוּ׃

ה זַמְּר֣וּ לַיהֹוָ֣ה בְּכִנּ֑וֹר
בְּ֝כִנּ֗וֹר וְק֣וֹל זִמְרָֽה׃
ו בַּֽ֭חֲצֹצְרוֹת וְק֣וֹל שׁוֹפָ֑ר
הָ֝רִ֗יעוּ לִפְנֵ֤י ׀ הַמֶּ֬לֶךְ יְהֹוָֽה׃
ז יִרְעַ֣ם הַ֭יָּם וּמְלֹא֑וֹ
תֵּ֝בֵ֗ל וְיֹ֣שְׁבֵי בָֽהּ׃
ח נְהָר֥וֹת יִמְחֲאוּ־כָ֑ף
יַ֝֗חַד הָרִ֥ים יְרַנֵּֽנוּ׃
ט לִֽפְנֵ֥י־יהוה כִּ֥י בָא֮
לִשְׁפֹּ֪ט הָ֫אָ֥רֶץ
יִשְׁפֹּֽט־תֵּבֵ֥ל בְּצֶ֑דֶק
וְ֝עַמִּ֗ים בְּמֵישָׁרִֽים׃

ה׳ ימלוך בציון הַר קָדְשׁוֹ על כל העמים.

צט א יְהֹוָ֣ה מָ֭לָךְ יִרְגְּז֣וּ עַמִּ֑ים
יֹשֵׁ֥ב כְּ֝רוּבִ֗ים תָּנ֥וּט הָאָֽרֶץ׃
ב יהוה בְּצִיּ֣וֹן גָּד֑וֹל
וְרָ֥ם ה֝֗וּא עַל־כָּל־הָעַמִּֽים׃
ג יוֹד֣וּ שִׁ֭מְךָ גָּד֥וֹל וְנוֹרָ֗א
קָד֥וֹשׁ הֽוּא׃

ד וְעֹז מֶלֶךְ מִשְׁפָּט אָהֵב
אַתָּה כּוֹנַנְתָּ מֵישָׁרִים
מִשְׁפָּט וּצְדָקָה בְּיַעֲקֹב ׀
אַתָּה עָשִׂיתָ׃
ה רוֹמְמוּ יְהֹוָה אֱלֹהֵינוּ
וְהִשְׁתַּחֲווּ לַהֲדֹם רַגְלָיו
קָדוֹשׁ הוּא׃
ו מֹשֶׁה וְאַהֲרֹן ׀ בְּכֹהֲנָיו
וּשְׁמוּאֵל בְּקֹרְאֵי שְׁמוֹ
קֹרְאִים אֶל־יְהֹוָה
וְהוּא יַעֲנֵם׃
ז בְּעַמּוּד עָנָן יְדַבֵּר אֲלֵיהֶם
שָׁמְרוּ עֵדֹתָיו
וְחֹק נָתַן־לָמוֹ׃
ח יְהֹוָה אֱלֹהֵינוּ אַתָּה עֲנִיתָם
אֵל נֹשֵׂא הָיִיתָ לָהֶם
וְנֹקֵם עַל־עֲלִילוֹתָם׃
ט רוֹמְמוּ יְהֹוָה אֱלֹהֵינוּ
וְהִשְׁתַּחֲווּ לְהַר קָדְשׁוֹ
כִּי־קָדוֹשׁ יְהֹוָה אֱלֹהֵינוּ׃

הזמנה לכל הארץ לבוא לעבוד את ה׳ בשמחה,
ולהודות לו בחצרותיו.

ק א מִזְמ֥וֹר לְתוֹדָ֑ה
הָרִ֥יעוּ לַ֝יהוָ֗ה כָּל־הָאָֽרֶץ׃
ב עִבְד֣וּ אֶת־יְהוָ֣ה בְּשִׂמְחָ֑ה
בֹּ֥אוּ לְ֝פָנָ֗יו בִּרְנָנָֽה׃
ג דְּע֗וּ כִּֽי־יְהוָה֮ ה֤וּא אֱלֹ֫הִ֥ים
ולא הֽוּא עָ֭שָׂנוּ וְל֣וֹ אֲנַ֑חְנוּ
עַ֝מּ֗וֹ וְצֹ֣אן מַרְעִיתֽוֹ׃
ד בֹּ֤אוּ שְׁעָרָ֨יו ׀ בְּתוֹדָ֗ה
חֲצֵרֹתָ֥יו בִּתְהִלָּ֑ה
הֽוֹדוּ ל֝֗וֹ בָּרְכ֥וּ שְׁמֽוֹ׃
ה כִּי־ט֣וֹב יְ֭הוָה
לְעוֹלָ֣ם חַסְדּ֑וֹ
וְעַד־דֹּ֥ר וָ֝דֹ֗ר אֱמוּנָתֽוֹ׃

החזרתה של מלכות דוד לעיר ה׳ וביסוסה על חסד ומשפט.

קא

א לְדָוִד מִ֫זְמ֥וֹר
חֶֽסֶד־וּמִשְׁפָּ֥ט אָשִׁ֑ירָה
לְךָ֖ יְהֹוָ֣ה אֲזַמֵּֽרָה׃
ב אַשְׂכִּ֤ילָה ׀ בְּדֶ֬רֶךְ תָּמִ֗ים
מָ֭תַי תָּב֣וֹא אֵלָ֑י
אֶתְהַלֵּ֥ךְ בְּתָם־לְ֝בָבִ֗י
בְּקֶ֣רֶב בֵּיתִֽי׃
ג לֹֽא־אָשִׁ֤ית ׀ לְנֶ֥גֶד עֵינַ֗י
דְּֽבַר־בְּלִ֫יָּ֥עַל
עֲשֹׂה־סֵטִ֥ים שָׂנֵ֑אתִי
לֹ֖א יִדְבַּ֣ק בִּֽי׃
ד לֵבָ֣ב עִ֭קֵּשׁ יָס֣וּר מִמֶּ֑נִּי
רָ֝֗ע לֹ֣א אֵדָֽע׃
ה מְלָושְׁנִ֘י בַסֵּ֤תֶר ׀ רֵעֵ֗הוּ (מלושני)
אוֹת֥וֹ אַ֫צְמִ֥ית
גְּֽבַהּ־עֵ֭ינַיִם וּרְחַ֣ב לֵבָ֑ב
אֹ֝ת֗וֹ לֹ֣א אוּכָֽל׃

ו עֵינַ֤י ׀ בְּנֶאֶמְנֵי־אֶ֡רֶץ
לָשֶׁ֬בֶת עִמָּדִ֗י
הֹ֭לֵךְ בְּדֶ֣רֶךְ תָּמִ֑ים
ה֝֗וּא יְשָׁרְתֵֽנִי׃
ז לֹֽא־יֵשֵׁ֨ב ׀ בְּקֶ֥רֶב בֵּיתִי֮
עֹשֵׂ֪ה רְמִ֫יָּ֥ה
דֹּבֵ֥ר שְׁקָרִ֑ים
לֹֽא־י֝כּ֗וֹן לְנֶ֣גֶד עֵינָֽי׃
ח לַבְּקָרִ֗ים אַצְמִ֥ית כָּל־רִשְׁעֵי־אָ֑רֶץ
לְהַכְרִ֥ית מֵֽעִיר־י֝הוה
כָּל־פֹּ֥עֲלֵי אָֽוֶן׃

העני, המייצג את אבלי ציון למודי סבל הגלות, מתפלל
ושמח לראות בחזרתה של ירושלים לתפארתה,
כשיתקבצו בה כל מלכי ארץ לעבוד את ה'.

קב א תְּפִלָּ֣ה לְעָנִ֣י כִֽי־יַעֲטֹ֑ף
וְלִפְנֵ֥י י֝הוה יִשְׁפֹּ֥ךְ שִׂיחֽוֹ׃
ב יהוה שִׁמְעָ֣ה תְפִלָּתִ֑י
וְ֝שַׁוְעָתִ֗י אֵלֶ֥יךָ תָבֽוֹא׃

ג אַל־תַּסְתֵּר פָּנֶיךָ ׀ מִמֶּנִּי
בְּיוֹם צַר לִי
הַטֵּה־אֵלַי אָזְנֶךָ
בְּיוֹם אֶקְרָא מַהֵר עֲנֵנִי:
ד כִּי־כָלוּ בְעָשָׁן יָמָי
וְעַצְמוֹתַי כְּמוֹקֵד נִחָרוּ:
ה הוּכָּה כָעֵשֶׂב וַיִּבַשׁ לִבִּי
כִּי־שָׁכַחְתִּי מֵאֲכֹל לַחְמִי:
ו מִקּוֹל אַנְחָתִי
דָּבְקָה עַצְמִי לִבְשָׂרִי:
ז דָּמִיתִי לִקְאַת מִדְבָּר
הָיִיתִי כְּכוֹס חֳרָבוֹת:
ח שָׁקַדְתִּי וָאֶהְיֶה
כְּצִפּוֹר בּוֹדֵד עַל־גָּג:
ט כָּל־הַיּוֹם חֵרְפוּנִי אוֹיְבָי
מְהוֹלָלַי בִּי נִשְׁבָּעוּ:
י כִּי־אֵפֶר כַּלֶּחֶם אָכָלְתִּי
וְשִׁקֻּוַי בִּבְכִי מָסָכְתִּי:
יא מִפְּנֵי־זַעַמְךָ וְקִצְפֶּךָ
כִּי נְשָׂאתַנִי וַתַּשְׁלִיכֵנִי:

יב ימי כצל נטוי
ואני כעשב איבש:
יג ואתה יהוה לעולם תשב
וזכרך לדר ודר:
יד אתה תקום תרחם ציון
כי־עת לחננה כי־בא מועד:
טו כי־רצו עבדיך את־אבניה
ואת־עפרה יחננו:
טז וייראו גוים את־שם יהוה
וכל־מלכי הארץ את־כבודך:
יז כי־בנה יהוה ציון
נראה בכבודו:
יח פנה אל־תפלת הערער
ולא־בזה את־תפלתם:
יט תכתב זאת לדור אחרון
ועם נברא יהלל־יה:
כ כי־השקיף ממרום קדשו
יהוה משמים ׀ אל־ארץ הביט:
כא לשמע אנקת אסיר
לפתח בני תמותה:

כב לְסַפֵּר בְּצִיּוֹן שֵׁם יְהֹוָה
וּתְהִלָּתוֹ בִּירוּשָׁלִָם:
כג בְּהִקָּבֵץ עַמִּים יַחְדָּו
וּמַמְלָכוֹת לַעֲבֹד אֶת־יְהֹוָה:
כד עִנָּה בַדֶּרֶךְ כֹּחִי כֹּחוֹ
קִצַּר יָמָי:
כה אֹמַר אֵלִי אַל־תַּעֲלֵנִי בַּחֲצִי יָמָי
בְּדוֹר דּוֹרִים שְׁנוֹתֶיךָ:
כו לְפָנִים הָאָרֶץ יָסַדְתָּ
וּמַעֲשֵׂה יָדֶיךָ שָׁמָיִם:
כז הֵמָּה ׀ יֹאבֵדוּ
וְאַתָּה תַעֲמֹד
וְכֻלָּם כַּבֶּגֶד יִבְלוּ
כַּלְּבוּשׁ תַּחֲלִיפֵם וְיַחֲלֹפוּ:
כח וְאַתָּה־הוּא
וּשְׁנוֹתֶיךָ לֹא יִתָּמּוּ:
כט בְּנֵי־עֲבָדֶיךָ יִשְׁכּוֹנוּ
וְזַרְעָם לְפָנֶיךָ יִכּוֹן:

בעקבות בשורת הגאולה (קב), המשורר מברך את ה׳
(קג, א; קג, כב; קד, א), על רחמיו על יראיו שומרי בריתו.

קג א לְדָוִד ׀

בָּרְכִי נַפְשִׁי אֶת־יְהוָה
וְכָל־קְרָבַי אֶת־שֵׁם קָדְשׁוֹ:
ב בָּרְכִי נַפְשִׁי אֶת־יְהוָה
וְאַל־תִּשְׁכְּחִי כָּל־גְּמוּלָיו:
ג הַסֹּלֵחַ לְכָל־עֲוֺנֵכִי
הָרֹפֵא לְכָל־תַּחֲלוּאָיְכִי:
ד הַגּוֹאֵל מִשַּׁחַת חַיָּיְכִי
הַמְעַטְּרֵכִי חֶסֶד וְרַחֲמִים:
ה הַמַּשְׂבִּיעַ בַּטּוֹב עֶדְיֵךְ
תִּתְחַדֵּשׁ כַּנֶּשֶׁר נְעוּרָיְכִי:
ו עֹשֵׂה צְדָקוֹת יְהוָה
וּמִשְׁפָּטִים לְכָל־עֲשׁוּקִים:
ז יוֹדִיעַ דְּרָכָיו לְמֹשֶׁה
לִבְנֵי יִשְׂרָאֵל עֲלִילוֹתָיו:
ח רַחוּם וְחַנּוּן יְהוָה
אֶרֶךְ אַפַּיִם וְרַב־חָסֶד:
ט לֹא־לָנֶצַח יָרִיב
וְלֹא לְעוֹלָם יִטּוֹר:

י לֹ֣א כַ֭חֲטָאֵינוּ עָ֣שָׂה לָ֑נוּ
וְלֹ֥א כַ֝עֲוֺנֹתֵ֗ינוּ גָּמַ֥ל עָלֵֽינוּ׃
יא כִּ֤י כִגְבֹ֣הַּ שָׁ֭מַיִם עַל־הָאָ֑רֶץ
גָּבַ֥ר חַ֝סְדּ֗וֹ עַל־יְרֵאָֽיו׃
יב כִּרְחֹ֣ק מִ֭זְרָח מִֽמַּעֲרָ֑ב
הִֽרְחִ֥יק מִ֝מֶּ֗נּוּ אֶת־פְּשָׁעֵֽינוּ׃
יג כְּרַחֵ֣ם אָ֭ב עַל־בָּנִ֑ים
רִחַ֥ם יְ֝הוֹ֗ה עַל־יְרֵאָֽיו׃
יד כִּי־ה֭וּא יָדַ֣ע יִצְרֵ֑נוּ
זָ֝כ֗וּר כִּי־עָפָ֥ר אֲנָֽחְנוּ׃
טו אֱ֭נוֹשׁ כֶּחָצִ֣יר יָמָ֑יו
כְּצִ֥יץ הַ֝שָּׂדֶ֗ה כֵּ֣ן יָצִֽיץ׃
טז כִּ֤י ר֣וּחַ עָֽבְרָה־בּ֣וֹ וְאֵינֶ֑נּוּ
וְלֹא־יַכִּירֶ֖נּוּ ע֣וֹד מְקוֹמֽוֹ׃
יז וְחֶ֤סֶד יהוׄ֨ה ׀ מֵעוֹלָ֣ם וְעַד־ע֭וֹלָם
עַל־יְרֵאָ֑יו
וְ֝צִדְקָת֗וֹ לִבְנֵ֥י בָנִֽים׃
יח לְשֹׁמְרֵ֥י בְרִית֑וֹ
וּלְזֹכְרֵ֥י פִ֝קֻּדָ֗יו לַעֲשׂוֹתָֽם׃

יט יהוה בַּשָּׁמַיִם הֵכִין כִּסְאוֹ
וּמַלְכוּתוֹ בַּכֹּל מָשָׁלָה׃
כ בָּרְכוּ יהוה מַלְאָכָיו
גִּבֹּרֵי כֹחַ עֹשֵׂי דְבָרוֹ
לִשְׁמֹעַ בְּקוֹל דְּבָרוֹ׃
כא בָּרְכוּ יהוה כָּל־צְבָאָיו
מְשָׁרְתָיו עֹשֵׂי רְצוֹנוֹ׃
כב בָּרְכוּ יהוה ׀ כָּל־מַעֲשָׂיו
בְּכָל־מְקֹמוֹת מֶמְשַׁלְתּוֹ
בָּרְכִי נַפְשִׁי אֶת־יהוה׃

כהמשך לשמחה על הגאולה העתידה לבוא (קג, א; קג, כב; קד, א), המשורר משבח את ה' על העולם שברא, ומוסיף תפילה להשלמת תיקונו – סילוק החטאים והרשעים.

קד א בָּרְכִי נַפְשִׁי אֶת־יהוה
יהוה אֱלֹהַי גָּדַלְתָּ מְּאֹד
הוֹד וְהָדָר לָבָשְׁתָּ׃
ב עֹטֶה־אוֹר כַּשַּׂלְמָה
נוֹטֶה שָׁמַיִם כַּיְרִיעָה׃

ג הַמְקָרֶה בַמַּיִם עֲלִיּוֹתָיו
הַשָּׂם־עָבִים רְכוּבוֹ
הַמְהַלֵּךְ עַל־כַּנְפֵי־רוּחַ׃
ד עֹשֶׂה מַלְאָכָיו רוּחוֹת
מְשָׁרְתָיו אֵשׁ לֹהֵט׃
ה יָסַד־אֶרֶץ עַל־מְכוֹנֶיהָ
בַּל־תִּמּוֹט עוֹלָם וָעֶד׃
ו תְּהוֹם כַּלְּבוּשׁ כִּסִּיתוֹ
עַל־הָרִים יַעַמְדוּ־מָיִם׃
ז מִן־גַּעֲרָתְךָ יְנוּסוּן
מִן־קוֹל רַעַמְךָ יֵחָפֵזוּן׃
ח יַעֲלוּ הָרִים יֵרְדוּ בְקָעוֹת
אֶל־מְקוֹם זֶה ׀ יָסַדְתָּ לָהֶם׃
ט גְּבוּל־שַׂמְתָּ בַּל־יַעֲבֹרוּן
בַּל־יְשׁוּבוּן לְכַסּוֹת הָאָרֶץ׃
י הַמְשַׁלֵּחַ מַעְיָנִים בַּנְּחָלִים
בֵּין הָרִים יְהַלֵּכוּן׃
יא יַשְׁקוּ כָּל־חַיְתוֹ שָׂדָי
יִשְׁבְּרוּ פְרָאִים צְמָאָם׃

יב עֲלֵיהֶם עוֹף־הַשָּׁמַיִם יִשְׁכּוֹן
מִבֵּין עֳפָאיִם יִתְּנוּ־קוֹל׃
יג מַשְׁקֶה הָרִים מֵעֲלִיּוֹתָיו
מִפְּרִי מַעֲשֶׂיךָ תִּשְׂבַּע הָאָרֶץ׃
יד מַצְמִיחַ חָצִיר ׀ לַבְּהֵמָה
וְעֵשֶׂב לַעֲבֹדַת הָאָדָם
לְהוֹצִיא לֶחֶם מִן־הָאָרֶץ׃
טו וְיַיִן ׀ יְשַׂמַּח לְבַב־אֱנוֹשׁ
לְהַצְהִיל פָּנִים מִשָּׁמֶן
וְלֶחֶם לְבַב־אֱנוֹשׁ יִסְעָד׃
טז יִשְׂבְּעוּ עֲצֵי יְהוָה
אַרְזֵי לְבָנוֹן אֲשֶׁר נָטָע׃
יז אֲשֶׁר־שָׁם צִפֳּרִים יְקַנֵּנוּ
חֲסִידָה בְּרוֹשִׁים בֵּיתָהּ׃
יח הָרִים הַגְּבֹהִים לַיְּעֵלִים
סְלָעִים מַחְסֶה לַשְׁפַנִּים׃
יט עָשָׂה יָרֵחַ לְמוֹעֲדִים
שֶׁמֶשׁ יָדַע מְבוֹאוֹ׃
כ תָּשֶׁת־חֹשֶׁךְ וִיהִי לָיְלָה
בּוֹ־תִרְמֹשׂ כָּל־חַיְתוֹ־יָעַר׃

כא הַכְּפִירִים שֹׁאֲגִים לַטָּרֶף
וּלְבַקֵּשׁ מֵאֵל אָכְלָם:
כב תִּזְרַח הַשֶּׁמֶשׁ יֵאָסֵפוּן
וְאֶל־מְעוֹנֹתָם יִרְבָּצוּן:
כג יֵצֵא אָדָם לְפָעֳלוֹ
וְלַעֲבֹדָתוֹ עֲדֵי־עָרֶב:
כד מָה־רַבּוּ מַעֲשֶׂיךָ ׀ יְהוָה
כֻּלָּם בְּחָכְמָה עָשִׂיתָ
מָלְאָה הָאָרֶץ קִנְיָנֶךָ:
כה זֶה ׀ הַיָּם גָּדוֹל וּרְחַב יָדָיִם
שָׁם־רֶמֶשׂ וְאֵין מִסְפָּר
חַיּוֹת קְטַנּוֹת עִם־גְּדֹלוֹת:
כו שָׁם אֳנִיּוֹת יְהַלֵּכוּן
לִוְיָתָן זֶה־יָצַרְתָּ
לְשַׂחֶק־בּוֹ:
כז כֻּלָּם אֵלֶיךָ יְשַׂבֵּרוּן
לָתֵת אָכְלָם בְּעִתּוֹ:
כח תִּתֵּן לָהֶם יִלְקֹטוּן
תִּפְתַּח יָדְךָ יִשְׂבְּעוּן טוֹב:

כט תַּסְתִּיר פָּנֶיךָ יִבָּהֵלוּן
תֹּסֵף רוּחָם יִגְוָעוּן
וְאֶל־עֲפָרָם יְשׁוּבוּן׃
ל תְּשַׁלַּח רוּחֲךָ יִבָּרֵאוּן
וּתְחַדֵּשׁ פְּנֵי אֲדָמָה׃
לא יְהִי כְבוֹד יהוָה לְעוֹלָם
יִשְׂמַח יהוָה בְּמַעֲשָׂיו׃
לב הַמַּבִּיט לָאָרֶץ וַתִּרְעָד
יִגַּע בֶּהָרִים וְיֶעֱשָׁנוּ׃
לג אָשִׁירָה לַיהוָה בְּחַיָּי
אֲזַמְּרָה לֵאלֹהַי בְּעוֹדִי׃
לד יֶעֱרַב עָלָיו שִׂיחִי
אָנֹכִי אֶשְׂמַח בַּיהוָה׃
לה יִתַּמּוּ חַטָּאִים ׀ מִן־הָאָרֶץ
וּרְשָׁעִים ׀ עוֹד אֵינָם
בָּרְכִי נַפְשִׁי אֶת־יהוָה
הַלְלוּיָהּ׃

קריאה לעם ישראל להודות לה׳ על בריתו עם אברהם
(פסוקים ו; מב), ועל יישומה ביציאת מצרים ובכניסה לארץ.

קה א הוֹדוּ לַיהוה קִרְאוּ בִּשְׁמוֹ
הוֹדִיעוּ בָעַמִּים עֲלִילוֹתָיו:
ב שִׁירוּ־לוֹ זַמְּרוּ־לוֹ
שִׂיחוּ בְּכָל־נִפְלְאוֹתָיו:
ג הִתְהַלְלוּ בְּשֵׁם קָדְשׁוֹ
יִשְׂמַח לֵב ׀ מְבַקְשֵׁי יְהוָה:
ד דִּרְשׁוּ יְהוָה וְעֻזּוֹ
בַּקְּשׁוּ פָנָיו תָּמִיד:
ה זִכְרוּ נִפְלְאוֹתָיו אֲשֶׁר־עָשָׂה
מֹפְתָיו וּמִשְׁפְּטֵי־פִיו:
ו זֶרַע אַבְרָהָם עַבְדּוֹ
בְּנֵי יַעֲקֹב בְּחִירָיו:
ז הוּא יְהוָה אֱלֹהֵינוּ
בְּכָל־הָאָרֶץ מִשְׁפָּטָיו:
ח זָכַר לְעוֹלָם בְּרִיתוֹ
דָּבָר צִוָּה לְאֶלֶף דּוֹר:
ט אֲשֶׁר כָּרַת אֶת־אַבְרָהָם
וּשְׁבוּעָתוֹ לְיִשְׂחָק:

י וַיַּעֲמִידֶהָ לְיַעֲקֹב לְחֹק

לְיִשְׂרָאֵל בְּרִית עוֹלָם:

יא לֵאמֹר

לְךָ אֶתֵּן אֶת־אֶרֶץ־כְּנָעַן

חֶבֶל נַחֲלַתְכֶם:

יב בִּהְיוֹתָם מְתֵי מִסְפָּר

כִּמְעַט וְגָרִים בָּהּ:

יג וַיִּתְהַלְּכוּ מִגּוֹי אֶל־גּוֹי

מִמַּמְלָכָה אֶל־עַם אַחֵר:

יד לֹא־הִנִּיחַ אָדָם לְעָשְׁקָם

וַיּוֹכַח עֲלֵיהֶם מְלָכִים:

טו אַל־תִּגְּעוּ בִמְשִׁיחָי

וְלִנְבִיאַי אַל־תָּרֵעוּ:

טז וַיִּקְרָא רָעָב עַל־הָאָרֶץ

כָּל־מַטֵּה־לֶחֶם שָׁבָר:

יז שָׁלַח לִפְנֵיהֶם אִישׁ

לְעֶבֶד נִמְכַּר יוֹסֵף:

רגליו יח עִנּוּ בַכֶּבֶל רַגְלוֹ

בַּרְזֶל בָּאָה נַפְשׁוֹ:

יט עַד־עֵת בֹּא־דְבָרוֹ

אִמְרַת יְהוָה צְרָפָתְהוּ:

כ שָׁלַח מֶלֶךְ וַיַּתִּירֵהוּ

מֹשֵׁל עַמִּים וַיְפַתְּחֵהוּ:

כא שָׂמוֹ אָדוֹן לְבֵיתוֹ

וּמֹשֵׁל בְּכָל־קִנְיָנוֹ:

כב לֶאְסֹר שָׂרָיו בְּנַפְשׁוֹ

וּזְקֵנָיו יְחַכֵּם:

כג וַיָּבֹא יִשְׂרָאֵל מִצְרָיִם

וְיַעֲקֹב גָּר בְּאֶרֶץ־חָם:

כד וַיֶּפֶר אֶת־עַמּוֹ מְאֹד

וַיַּעֲצִמֵהוּ מִצָּרָיו:

כה הָפַךְ לִבָּם לִשְׂנֹא עַמּוֹ

לְהִתְנַכֵּל בַּעֲבָדָיו:

כו שָׁלַח מֹשֶׁה עַבְדּוֹ

אַהֲרֹן אֲשֶׁר בָּחַר־בּוֹ:

כז שָׂמוּ־בָם דִּבְרֵי אֹתוֹתָיו

וּמֹפְתִים בְּאֶרֶץ חָם:

כח שָׁלַח חֹשֶׁךְ וַיַּחְשִׁךְ

וְלֹא־מָרוּ אֶת־דְּבָרוֹ: דבריו

כט הָפַךְ אֶת־מֵימֵיהֶם לְדָם
וַיָּמֶת אֶת־דְּגָתָם:
ל שָׁרַץ אַרְצָם צְפַרְדְּעִים
בְּחַדְרֵי מַלְכֵיהֶם:
לא אָמַר וַיָּבֹא עָרֹב
כִּנִּים בְּכָל־גְּבוּלָם:
לב נָתַן גִּשְׁמֵיהֶם בָּרָד
אֵשׁ לֶהָבוֹת בְּאַרְצָם:
לג וַיַּךְ גַּפְנָם וּתְאֵנָתָם
וַיְשַׁבֵּר עֵץ גְּבוּלָם:
לד אָמַר וַיָּבֹא אַרְבֶּה
וְיֶלֶק וְאֵין מִסְפָּר:
לה וַיֹּאכַל כָּל־עֵשֶׂב בְּאַרְצָם
וַיֹּאכַל פְּרִי אַדְמָתָם:
לו וַיַּךְ כָּל־בְּכוֹר בְּאַרְצָם
רֵאשִׁית לְכָל־אוֹנָם:
לז וַיּוֹצִיאֵם בְּכֶסֶף וְזָהָב
וְאֵין בִּשְׁבָטָיו כּוֹשֵׁל:
לח שָׂמַח מִצְרַיִם בְּצֵאתָם
כִּי־נָפַל פַּחְדָּם עֲלֵיהֶם:

לט פָּרַשׂ עָנָן לְמָסָךְ
וְאֵשׁ לְהָאִיר לָיְלָה:
מ שָׁאַל וַיָּבֵא שְׂלָו
וְלֶחֶם שָׁמַיִם יַשְׂבִּיעֵם:
מא פָּתַח צוּר וַיָּזוּבוּ מָיִם
הָלְכוּ בַּצִּיּוֹת נָהָר:
מב כִּי־זָכַר אֶת־דְּבַר קָדְשׁוֹ
אֶת־אַבְרָהָם עַבְדּוֹ:
מג וַיּוֹצִא עַמּוֹ בְשָׂשׂוֹן
בְּרִנָּה אֶת־בְּחִירָיו:
מד וַיִּתֵּן לָהֶם אַרְצוֹת גּוֹיִם
וַעֲמַל לְאֻמִּים יִירָשׁוּ:
מה בַּעֲבוּר ׀ יִשְׁמְרוּ חֻקָּיו
וְתוֹרֹתָיו יִנְצֹרוּ
הַלְלוּיָהּ:

המשורר מתוודה על עוונות ישראל במדבר (פסוקים ו; מג), וכמשה בדורו, שביקש את רחמי ה', כך מבקש המשורר לדורו את ישועת ה' – קיבוץ הגלויות לארץ ישראל.

קו א הַֽלְלוּיָ֨הּ ׀
הוֹד֣וּ לַיהֹוָ֣ה כִּי־ט֑וֹב
כִּ֖י לְעוֹלָ֣ם חַסְדּֽוֹ׃
ב מִ֗י יְ֭מַלֵּל גְּבוּר֣וֹת יְהֹוָ֑ה
יַ֝שְׁמִ֗יעַ כָּל־תְּהִלָּתֽוֹ׃
ג אַ֭שְׁרֵי שֹׁמְרֵ֣י מִשְׁפָּ֑ט
עֹשֵׂ֖ה צְדָקָ֣ה בְכָל־עֵֽת׃
ד זָכְרֵ֣נִי יְ֭הוָה בִּרְצ֣וֹן עַמֶּ֑ךָ
פָּ֝קְדֵ֗נִי בִּישׁוּעָתֶֽךָ׃
ה לִרְא֤וֹת ׀ בְּט֘וֹבַ֤ת בְּחִירֶ֗יךָ
לִ֭שְׂמֹחַ בְּשִׂמְחַ֣ת גּוֹיֶ֑ךָ
לְ֝הִתְהַלֵּ֗ל עִם־נַחֲלָתֶֽךָ׃
ו חָטָ֥אנוּ עִם־אֲבוֹתֵ֑ינוּ
הֶעֱוִ֥ינוּ הִרְשָֽׁעְנוּ׃
ז אֲבוֹתֵ֬ינוּ בְמִצְרַ֨יִם ׀
לֹא־הִשְׂכִּ֬ילוּ נִפְלְאוֹתֶ֗יךָ
לֹ֣א זָ֭כְרוּ אֶת־רֹ֣ב חֲסָדֶ֑יךָ
וַיַּמְר֖וּ עַל־יָ֣ם בְּיַם־סֽוּף׃

ח וַיּוֹשִׁיעֵם לְמַעַן שְׁמוֹ

לְהוֹדִיעַ אֶת־גְּבוּרָתוֹ:

ט וַיִּגְעַר בְּיַם־סוּף וַיֶּחֱרָב

וַיּוֹלִיכֵם בַּתְּהֹמוֹת כַּמִּדְבָּר:

י וַיּוֹשִׁיעֵם מִיַּד שׂוֹנֵא

וַיִּגְאָלֵם מִיַּד אוֹיֵב:

יא וַיְכַסּוּ־מַיִם צָרֵיהֶם

אֶחָד מֵהֶם לֹא נוֹתָר:

יב וַיַּאֲמִינוּ בִדְבָרָיו

יָשִׁירוּ תְּהִלָּתוֹ:

יג מִהֲרוּ שָׁכְחוּ מַעֲשָׂיו

לֹא־חִכּוּ לַעֲצָתוֹ:

יד וַיִּתְאַוּוּ תַאֲוָה בַּמִּדְבָּר

וַיְנַסּוּ־אֵל בִּישִׁימוֹן:

טו וַיִּתֵּן לָהֶם שֶׁאֱלָתָם

וַיְשַׁלַּח רָזוֹן בְּנַפְשָׁם:

טז וַיְקַנְאוּ לְמֹשֶׁה בַּמַּחֲנֶה

לְאַהֲרֹן קְדוֹשׁ יְהוָה:

יז תִּפְתַּח־אֶרֶץ וַתִּבְלַע דָּתָן

וַתְּכַס עַל־עֲדַת אֲבִירָם:

יח וַתִּבְעַר־אֵשׁ בַּעֲדָתָם
לֶהָבָה תְּלַהֵט רְשָׁעִים:
יט יַעֲשׂוּ־עֵגֶל בְּחֹרֵב
וַיִּשְׁתַּחֲווּ לְמַסֵּכָה:
כ וַיָּמִירוּ אֶת־כְּבוֹדָם
בְּתַבְנִית שׁוֹר אֹכֵל עֵשֶׂב:
כא שָׁכְחוּ אֵל מוֹשִׁיעָם
עֹשֶׂה גְדֹלוֹת בְּמִצְרָיִם:
כב נִפְלָאוֹת בְּאֶרֶץ חָם
נוֹרָאוֹת עַל־יַם־סוּף:
כג וַיֹּאמֶר לְהַשְׁמִידָם
לוּלֵי מֹשֶׁה בְחִירוֹ
עָמַד בַּפֶּרֶץ לְפָנָיו
לְהָשִׁיב חֲמָתוֹ מֵהַשְׁחִית:
כד וַיִּמְאֲסוּ בְּאֶרֶץ חֶמְדָּה
לֹא־הֶאֱמִינוּ לִדְבָרוֹ:
כה וַיֵּרָגְנוּ בְאָהֳלֵיהֶם
לֹא שָׁמְעוּ בְּקוֹל יְהוָה:
כו וַיִּשָּׂא יָדוֹ לָהֶם
לְהַפִּיל אוֹתָם בַּמִּדְבָּר:

כז וּלְהַפִּיל זַרְעָם בַּגּוֹיִם

וּלְזָרוֹתָם בָּאֲרָצוֹת:

כח וַיִּצָּמְדוּ לְבַעַל פְּעוֹר

וַיֹּאכְלוּ זִבְחֵי מֵתִים:

כט וַיַּכְעִיסוּ בְּמַעַלְלֵיהֶם

וַתִּפְרָץ־בָּם מַגֵּפָה:

ל וַיַּעֲמֹד פִּינְחָס וַיְפַלֵּל

וַתֵּעָצַר הַמַּגֵּפָה:

לא וַתֵּחָשֶׁב לוֹ לִצְדָקָה

לְדֹר וָדֹר עַד־עוֹלָם:

לב וַיַּקְצִיפוּ עַל־מֵי מְרִיבָה

וַיֵּרַע לְמֹשֶׁה בַּעֲבוּרָם:

לג כִּי־הִמְרוּ אֶת־רוּחוֹ

וַיְבַטֵּא בִּשְׂפָתָיו:

לד לֹא־הִשְׁמִידוּ אֶת־הָעַמִּים

אֲשֶׁר אָמַר יְהוָה לָהֶם:

לה וַיִּתְעָרְבוּ בַגּוֹיִם

וַיִּלְמְדוּ מַעֲשֵׂיהֶם:

לו וַיַּעַבְדוּ אֶת־עֲצַבֵּיהֶם

וַיִּהְיוּ לָהֶם לְמוֹקֵשׁ:

לז וַיִּזְבְּחוּ אֶת־בְּנֵיהֶם
וְאֶת־בְּנוֹתֵיהֶם לַשֵּׁדִים׃
לח וַיִּשְׁפְּכוּ דָם נָקִי
דַּם־בְּנֵיהֶם וּבְנוֹתֵיהֶם
אֲשֶׁר זִבְּחוּ לַעֲצַבֵּי כְנָעַן
וַתֶּחֱנַף הָאָרֶץ בַּדָּמִים׃
לט וַיִּטְמְאוּ בְמַעֲשֵׂיהֶם
וַיִּזְנוּ בְּמַעַלְלֵיהֶם׃
מ וַיִּחַר־אַף יהוָה בְּעַמּוֹ
וַיְתָעֵב אֶת־נַחֲלָתוֹ׃
מא וַיִּתְּנֵם בְּיַד־גּוֹיִם
וַיִּמְשְׁלוּ בָהֶם שֹׂנְאֵיהֶם׃
מב וַיִּלְחָצוּם אוֹיְבֵיהֶם
וַיִּכָּנְעוּ תַּחַת יָדָם׃
מג פְּעָמִים רַבּוֹת יַצִּילֵם
וְהֵמָּה יַמְרוּ בַעֲצָתָם
וַיָּמֹכּוּ בַּעֲוֹנָם׃
מד וַיַּרְא בַּצַּר לָהֶם
בְּשָׁמְעוֹ אֶת־רִנָּתָם׃

מה וַיִּזְכֹּר לָהֶם בְּרִיתוֹ
וַיִּנָּחֵם כְּרֹב חֲסָדָו׃
מו וַיִּתֵּן אוֹתָם לְרַחֲמִים
לִפְנֵי כָּל־שׁוֹבֵיהֶם׃
מז הוֹשִׁיעֵנוּ ׀ יְהוָה אֱלֹהֵינוּ
וְקַבְּצֵנוּ מִן־הַגּוֹיִם
לְהוֹדוֹת לְשֵׁם קָדְשֶׁךָ
לְהִשְׁתַּבֵּחַ בִּתְהִלָּתֶךָ׃
מח בָּרוּךְ יהוה ׀ אֱלֹהֵי יִשְׂרָאֵל
מִן־הָעוֹלָם ׀ וְעַד הָעוֹלָם
וְאָמַר כָּל־הָעָם אָמֵן
הַלְלוּיָהּ׃

הספר החמישי

מבוא

בספר הרביעי (צ-קו) עם ישראל מצליח להשתקם מקשיי החורבן (פט). ספר זה חותם בתפילה לקיבוץ גלויות, כדי שֶׁכָּל הָעָם יזכה לְהֹדוֹת וּלְהִשְׁתַּבֵּחַ בתהילת ה׳ (קו, מז-מח); בשאר החתימות אין אזכור של כָּל הָעָם. בספר החמישי מתוארת תחיית ישראל בארצו בהנהגת דוד המלך. בספר זה מוטיב ההלל וההודאה חוזר על עצמו במילים: ׳הַלְלוּיָהּ׳ ו׳הודוּ לַה׳ כִּי טוֹב כִּי לְעוֹלָם חַסְדּוֹ׳, ומחלק את הספר:

א. לאחר ההלל וההודאה על שיבת ציון (קד-קו) חוזרת כביכול גם מלכות בית דוד ליושנה ולתפארתה (קח-קי) ייחוס ׳לְדָוִד׳ שוב מופיע בכותרות, ומזמור קח למעשה משלב שני מזמורים מהספר השני (נז ו־ס), כדי לסמל את חזרת מלכות בית דוד ליושנה.

ב. ההלל וההודאה של האדם הפרטי הירא את ה׳ והדבק במידותיו (קיא-קיב) משתלבים עם הגאולה הלאומית (קיג-קיח); עם ישראל מתחבר לתורה (קיט) ולירושלים, מקום העלייה לרגל והעיר שבה דוד חנה (קכ-קלד).

ג. לאחר ההלל וההודאה במקדש בירושלים (קלה-קלו) הברכה מציון מתרחבת לכל העולם: האומות המשעבדות ייענשו, ויתר יהודי התפוצות יעלו לירושלים (קלז); באוסף האחרון, המיוחס ׳לְדָוִד׳, המשורר עובר תהליך של תיקון מצבו ותיקון העולם כולו לאחר הגלות (קלח-קמה): הוא עצמו ניצל מצרות, וגם ברמה העולמית יש תיקון עולם: כָּל מַלְכֵי אָרֶץ, ובהמשך כל הברואים, מודים לה׳ (קלח, ד; קמה, י), מלכות בית דוד חוזרת ליושנה ותשועה באה לכל המלכים (קמד, י). מלכות ה׳ ניכרת בעולם, וכל הבריאה מצטרפת עם דוד המלך (קמה) להלל את ה׳ במזמורי ׳הַלְלוּיָהּ׳, החותמים את ספר תהלים כולו (קמה-קנ).

העלייה בימי שיבת ציון מתוארת על פי התכנים של העלייה לירושלים בשלוש הרגלים:

1. ״הלל המצרי״ משבח את ה׳ על מעשיו מיציאת מצרים ועד הכניסה לירושלים (קיג-קיח = פסח);
2. לאחר מכן המשורר קושר עצמו לתורת ה׳ (קיט) ומתחבר ב״שירי המעלות״ (קכ-קלד) לעם היושב בירושלים (= שבועות, מצוות ביכורים);
3. ״הלל הגדול״ מתאר את ישראל היושב על אדמתו בטח ונהנה מברכת ה׳, המקרינה מירושלים על העולם כולו (קלה-קלו = סוכות).

בפתיחה לכל ספר תהלים העמים נאבקים בעם ישראל היושב בציון ועוסק בתורה (א-ב); בחתימת הספר עם ישראל מזמין את אומות העולם לציון, לשמוח במלכות ה׳ בהנהגת דוד, ולהלל יחדיו את שם קדשו.

	קד-קו	קח-קי	קיא-קיח	קיט-קלד	קלה-קלו	קלו-קמה	קמה-קנ
נושאי המזמורים	הלל והודאה	**השיבה לירושלים: קיבוץ גלויות וחזרת מלכות בית דוד**	הלל והודאה	**הבנייה בירושלים: שבת התורה, עלייה למקדש ולעיר דוד**	הלל והודאה	**הברכה מירושלים: עונש לבבל וקריאה לתפוצות לתיקון עולם בהנהגת דוד**	הלל
אומרי ההלל	ניצולי הגלות		השבים לציון		בוני הארץ		ישראל והעולם

מזמורים קז-קיב: שיבתם הגיאוגרפית של גאולי ה׳ לציון (קז) משתלבת עם חזרת מלכות בית דוד לתפארתה (קח-קי) ועם תיקונו הרוחני של כל פרט ודבקותו במידותיו של ה׳ (קיא-קיב); בכך משתלבת הגאולה הלאומית הכללית עם גאולה הרוחנית הפרטית.

גאולי ה׳ נקבצים מקצוות תבל לארץ ישראל,
כהגשמתה של התפילה לקיבוץ גלויות בסוף המזמור
הקודם (קו, מז), ומודים לה׳ על חסדיו ועל נפלאותיו.
המשורר מסיים באזהרה להתבונן בחסדי ה׳.

קז א הֹדוּ לַיהוָה כִּי־טוֹב
כִּי לְעוֹלָם חַסְדּוֹ:
ב יֹאמְרוּ גְּאוּלֵי יְהוָה
אֲשֶׁר גְּאָלָם מִיַּד־צָר:
ג וּמֵאֲרָצוֹת קִבְּצָם
מִמִּזְרָח וּמִמַּעֲרָב
מִצָּפוֹן וּמִיָּם:
ד תָּעוּ בַמִּדְבָּר בִּישִׁימוֹן דָּרֶךְ
עִיר מוֹשָׁב לֹא מָצָאוּ:
ה רְעֵבִים גַּם־צְמֵאִים
נַפְשָׁם בָּהֶם תִּתְעַטָּף:
ו וַיִּצְעֲקוּ אֶל־יְהוָה בַּצַּר לָהֶם
מִמְּצוּקוֹתֵיהֶם יַצִּילֵם:
ז וַיַּדְרִיכֵם בְּדֶרֶךְ יְשָׁרָה
לָלֶכֶת אֶל־עִיר מוֹשָׁב:

ח יוֹדוּ לַיהוָה חַסְדּוֹ
וְנִפְלְאוֹתָיו לִבְנֵי אָדָם:
ט כִּי־הִשְׂבִּיעַ נֶפֶשׁ שֹׁקֵקָה
וְנֶפֶשׁ רְעֵבָה מִלֵּא־טוֹב:
י יֹשְׁבֵי חֹשֶׁךְ וְצַלְמָוֶת
אֲסִירֵי עֳנִי וּבַרְזֶל:
יא כִּי־הִמְרוּ אִמְרֵי־אֵל
וַעֲצַת עֶלְיוֹן נָאָצוּ:
יב וַיַּכְנַע בֶּעָמָל לִבָּם
כָּשְׁלוּ וְאֵין עֹזֵר:
יג וַיִּזְעֲקוּ אֶל־יְהוָה בַּצַּר לָהֶם
מִמְּצֻקוֹתֵיהֶם יוֹשִׁיעֵם:
יד יוֹצִיאֵם מֵחֹשֶׁךְ וְצַלְמָוֶת
וּמוֹסְרוֹתֵיהֶם יְנַתֵּק:
טו יוֹדוּ לַיהוָה חַסְדּוֹ
וְנִפְלְאוֹתָיו לִבְנֵי אָדָם:
טז כִּי־שִׁבַּר דַּלְתוֹת נְחֹשֶׁת
וּבְרִיחֵי בַרְזֶל גִּדֵּעַ:
יז אֱוִלִים מִדֶּרֶךְ פִּשְׁעָם
וּמֵעֲוֺנֹתֵיהֶם יִתְעַנּוּ:

יח כָּל־אֹכֶל תְּתַעֵב נַפְשָׁם
וַיַּגִּיעוּ עַד־שַׁעֲרֵי מָוֶת׃
יט וַיִּזְעֲקוּ אֶל־יהוה בַּצַּר לָהֶם
מִמְּצֻקוֹתֵיהֶם יוֹשִׁיעֵם׃
כ יִשְׁלַח דְּבָרוֹ וְיִרְפָּאֵם
וִימַלֵּט מִשְּׁחִיתוֹתָם׃
כא יוֹדוּ לַיהוָה חַסְדּוֹ
וְנִפְלְאוֹתָיו לִבְנֵי אָדָם׃
כב וְיִזְבְּחוּ זִבְחֵי תוֹדָה
וִיסַפְּרוּ מַעֲשָׂיו בְּרִנָּה׃
כג יוֹרְדֵי הַיָּם בָּאֳנִיּוֹת
עֹשֵׂי מְלָאכָה בְּמַיִם רַבִּים׃
כד הֵמָּה רָאוּ מַעֲשֵׂי יְהוָה
וְנִפְלְאוֹתָיו בִּמְצוּלָה׃
כה וַיֹּאמֶר וַיַּעֲמֵד רוּחַ סְעָרָה
וַתְּרוֹמֵם גַּלָּיו׃
כו יַעֲלוּ שָׁמַיִם יֵרְדוּ תְהוֹמוֹת
נַפְשָׁם בְּרָעָה תִתְמוֹגָג׃
כז יָחוֹגּוּ וְיָנוּעוּ כַּשִּׁכּוֹר
וְכָל־חָכְמָתָם תִּתְבַּלָּע׃

כח וַיִּצְעֲקוּ אֶל־יְהוָה בַּצַּר לָהֶם

וּמִמְּצוּקֹתֵיהֶם יוֹצִיאֵם:

כט יָקֵם סְעָרָה לִדְמָמָה

וַיֶּחֱשׁוּ גַּלֵּיהֶם:

ל וַיִּשְׂמְחוּ כִי־יִשְׁתֹּקוּ

וַיַּנְחֵם אֶל־מְחוֹז חֶפְצָם:

לא יוֹדוּ לַיהוָה חַסְדּוֹ

וְנִפְלְאוֹתָיו לִבְנֵי אָדָם:

לב וִירוֹמְמוּהוּ בִּקְהַל־עָם

וּבְמוֹשַׁב זְקֵנִים יְהַלְלוּהוּ:

לג יָשֵׂם נְהָרוֹת לְמִדְבָּר

וּמֹצָאֵי מַיִם לְצִמָּאוֹן:

לד אֶרֶץ פְּרִי לִמְלֵחָה

מֵרָעַת יוֹשְׁבֵי בָהּ:

לה יָשֵׂם מִדְבָּר לַאֲגַם־מַיִם

וְאֶרֶץ צִיָּה לְמֹצָאֵי מָיִם:

לו וַיּוֹשֶׁב שָׁם רְעֵבִים

וַיְכוֹנְנוּ עִיר מוֹשָׁב:

לז וַיִּזְרְעוּ שָׂדוֹת וַיִּטְּעוּ כְרָמִים

וַיַּעֲשׂוּ פְּרִי תְבוּאָה:

לח וַיְבָרְכֵם וַיִּרְבּוּ מְאֹד
וּבְהֶמְתָּם לֹא יַמְעִיט׃
לט וַיִּמְעֲטוּ וַיָּשֹׁחוּ
מֵעֹצֶר רָעָה וְיָגוֹן׃ ב
מ שֹׁפֵךְ בּוּז עַל־נְדִיבִים
וַיַּתְעֵם בְּתֹהוּ לֹא־דָרֶךְ׃
מא וַיְשַׂגֵּב אֶבְיוֹן מֵעוֹנִי
וַיָּשֶׂם כַּצֹּאן מִשְׁפָּחוֹת׃
מב יִרְאוּ יְשָׁרִים וְיִשְׂמָחוּ
וְכָל־עַוְלָה קָפְצָה פִּיהָ׃
מג מִי־חָכָם וְיִשְׁמָר־אֵלֶּה
וְיִתְבּוֹנְנוּ חַסְדֵי יְהוָה׃

מזמורים קח–קי: אוסף 'לְדָוִד'.

בקשה להצלה מצבאות האויבים (שילוב של נז, ח–יב; ס, ז–יד).

קח א שִׁיר מִזְמוֹר לְדָוִד׃
ב נָכוֹן לִבִּי אֱלֹהִים
אָשִׁירָה וַאֲזַמְּרָה אַף־כְּבוֹדִי׃
ג עוּרָה הַנֵּבֶל וְכִנּוֹר
אָעִירָה שָּׁחַר׃

ד אוֹדְךָ בָעַמִּים ׀ יְהוָה
וַאֲזַמֶּרְךָ בַּלְאֻמִּים:
ה כִּי־גָדוֹל מֵעַל־שָׁמַיִם חַסְדֶּךָ
וְעַד־שְׁחָקִים אֲמִתֶּךָ:
ו רוּמָה עַל־שָׁמַיִם אֱלֹהִים
וְעַל כָּל־הָאָרֶץ כְּבוֹדֶךָ:
ז לְמַעַן יֵחָלְצוּן יְדִידֶיךָ
הוֹשִׁיעָה יְמִינְךָ וַעֲנֵנִי: ועננו
ח אֱלֹהִים ׀ דִּבֶּר בְּקָדְשׁוֹ אֶעְלֹזָה
אֲחַלְּקָה שְׁכֶם
וְעֵמֶק סֻכּוֹת אֲמַדֵּד:
ט לִי גִלְעָד ׀ לִי מְנַשֶּׁה
וְאֶפְרַיִם מָעוֹז רֹאשִׁי
יְהוּדָה מְחֹקְקִי:
י מוֹאָב ׀ סִיר רַחְצִי
עַל־אֱדוֹם אַשְׁלִיךְ נַעֲלִי
עֲלֵי־פְלֶשֶׁת אֶתְרוֹעָע:
יא מִי יֹבִלֵנִי עִיר מִבְצָר
מִי נָחַנִי עַד־אֱדוֹם:
יב הֲלֹא־אֱלֹהִים זְנַחְתָּנוּ
וְלֹא־תֵצֵא אֱלֹהִים בְּצִבְאֹתֵינוּ:

יג הָבָה־לָּנוּ עֶזְרָת מִצָּר
וְשָׁוְא תְּשׁוּעַת אָדָם:
יד בֵּאלֹהִים נַעֲשֶׂה־חָיִל
וְהוּא יָבוּס צָרֵינוּ:

המשורר מבקש מה׳ להרשיע את אויביו במשפט,
ולהיפרע מהם כדי להושיעו.

קט א לַמְנַצֵּחַ לְדָוִד מִזְמוֹר
אֱלֹהֵי תְהִלָּתִי אַל־תֶּחֱרַשׁ:
ב כִּי פִי רָשָׁע וּפִי־מִרְמָה
עָלַי פָּתָחוּ
דִּבְּרוּ אִתִּי לְשׁוֹן שָׁקֶר:
ג וְדִבְרֵי שִׂנְאָה סְבָבוּנִי
וַיִּלָּחֲמוּנִי חִנָּם:
ד תַּחַת־אַהֲבָתִי יִשְׂטְנוּנִי
וַאֲנִי תְפִלָּה:
ה וַיָּשִׂימוּ עָלַי רָעָה תַּחַת טוֹבָה
וְשִׂנְאָה תַּחַת אַהֲבָתִי:
ו הַפְקֵד עָלָיו רָשָׁע
וְשָׂטָן יַעֲמֹד עַל־יְמִינוֹ:

ז בְּהִשָּׁפְטוֹ יֵצֵא רָשָׁע
וּתְפִלָּתוֹ תִּהְיֶה לַחֲטָאָה:
ח יִהְיוּ־יָמָיו מְעַטִּים
פְּקֻדָּתוֹ יִקַּח אַחֵר:
ט יִהְיוּ־בָנָיו יְתוֹמִים
וְאִשְׁתּוֹ אַלְמָנָה:
י וְנוֹעַ יָנוּעוּ בָנָיו וְשִׁאֵלוּ
וְדָרְשׁוּ מֵחָרְבוֹתֵיהֶם:
יא יְנַקֵּשׁ נוֹשֶׁה לְכָל־אֲשֶׁר־לוֹ
וְיָבֹזּוּ זָרִים יְגִיעוֹ:
יב אַל־יְהִי־לוֹ מֹשֵׁךְ חָסֶד
וְאַל־יְהִי חוֹנֵן לִיתוֹמָיו:
יג יְהִי־אַחֲרִיתוֹ לְהַכְרִית
בְּדוֹר אַחֵר יִמַּח שְׁמָם:
יד יִזָּכֵר ׀ עֲוֹן אֲבֹתָיו אֶל־יְהוָה
וְחַטַּאת אִמּוֹ אַל־תִּמָּח:
טו יִהְיוּ נֶגֶד־יְהוָה תָּמִיד
וְיַכְרֵת מֵאֶרֶץ זִכְרָם:
טז יַעַן אֲשֶׁר ׀ לֹא זָכַר עֲשׂוֹת חָסֶד
וַיִּרְדֹּף אִישׁ־עָנִי וְאֶבְיוֹן
וְנִכְאֵה לֵבָב לְמוֹתֵת:

יז וַיֶּאֱהַב קְלָלָה
וַתְּבוֹאֵהוּ
וְלֹא־חָפֵץ בִּבְרָכָה
וַתִּרְחַק מִמֶּנּוּ׃
יח וַיִּלְבַּשׁ קְלָלָה כְּמַדּוֹ
וַתָּבֹא כַמַּיִם בְּקִרְבּוֹ
וְכַשֶּׁמֶן בְּעַצְמוֹתָיו׃
יט תְּהִי־לוֹ כְּבֶגֶד יַעְטֶה
וּלְמֵזַח תָּמִיד יַחְגְּרֶהָ׃
כ זֹאת ׀ פְּעֻלַּת שֹׂטְנַי מֵאֵת יְהוָה
וְהַדֹּבְרִים רָע עַל־נַפְשִׁי׃
כא וְאַתָּה ׀ יֱהוִה אֲדֹנָי
עֲשֵׂה־אִתִּי לְמַעַן שְׁמֶךָ
כִּי־טוֹב חַסְדְּךָ הַצִּילֵנִי׃
כב כִּי־עָנִי וְאֶבְיוֹן אָנֹכִי
וְלִבִּי חָלַל בְּקִרְבִּי׃
כג כְּצֵל כִּנְטוֹתוֹ נֶהֱלָכְתִּי
נִנְעַרְתִּי כָּאַרְבֶּה׃
כד בִּרְכַּי כָּשְׁלוּ מִצּוֹם
וּבְשָׂרִי כָּחַשׁ מִשָּׁמֶן׃

כה וַאֲנִי ׀ הָיִיתִי חֶרְפָּה לָהֶם

יִרְאוּנִי יְנִיעוּן רֹאשָׁם:

כו עָזְרֵנִי יְהוָה אֱלֹהָי

הוֹשִׁיעֵנִי כְחַסְדֶּךָ:

כז וְיֵדְעוּ כִּי־יָדְךָ זֹּאת

אַתָּה יְהוָה עֲשִׂיתָהּ:

כח יְקַלְלוּ־הֵמָּה

וְאַתָּה תְבָרֵךְ

קָמוּ ׀ וַיֵּבֹשׁוּ

וְעַבְדְּךָ יִשְׂמָח:

כט יִלְבְּשׁוּ שׂוֹטְנַי כְּלִמָּה

וְיַעֲטוּ כַמְעִיל בָּשְׁתָּם:

ל אוֹדֶה יְהוָה מְאֹד בְּפִי

וּבְתוֹךְ רַבִּים אֲהַלְלֶנּוּ:

לא כִּי־יַעֲמֹד לִימִין אֶבְיוֹן

לְהוֹשִׁיעַ מִשֹּׁפְטֵי נַפְשׁוֹ:

חזרת מלכות בית דוד כחלק ממלכות ה׳ בציון.

קי א לְדָוִד מִזְמוֹר
נְאֻם יהוה ׀ לַאדֹנִי
שֵׁב לִימִינִי
עַד־אָשִׁית אֹיְבֶיךָ
הֲדֹם לְרַגְלֶיךָ׃
ב מַטֵּה עֻזְּךָ יִשְׁלַח יהוה מִצִּיּוֹן
רְדֵה בְּקֶרֶב אֹיְבֶיךָ׃
ג עַמְּךָ נְדָבֹת בְּיוֹם חֵילֶךָ
בְּהַדְרֵי־קֹדֶשׁ מֵרֶחֶם מִשְׁחָר
לְךָ טַל יַלְדֻתֶיךָ׃
ד נִשְׁבַּע יהוה ׀ וְלֹא יִנָּחֵם
אַתָּה־כֹהֵן לְעוֹלָם
עַל־דִּבְרָתִי מַלְכִּי־צֶדֶק׃
ה אֲדֹנָי עַל־יְמִינְךָ
מָחַץ בְּיוֹם־אַפּוֹ מְלָכִים׃
ו יָדִין בַּגּוֹיִם מָלֵא גְוִיּוֹת
מָחַץ רֹאשׁ עַל־אֶרֶץ רַבָּה׃
ז מִנַּחַל בַּדֶּרֶךְ יִשְׁתֶּה
עַל־כֵּן יָרִים רֹאשׁ׃

מזמורים קיא-קיב: מזמורים תאומים, דומים בצורה ובניסות. דרכי ה׳ עם ישראל (קיא) מהוות מודל עבור הצדיק הדבק במידותיו של ה׳ (קיב).

תיאור דרכי ה׳ וחסדיו עם ישראל, לָתֵת לָהֶם נַחֲלַת גּוֹיִם, כדי לקיים בה את פיקודיו.

קיא א הַלְלוּיָהּ ׀
אוֹדֶה יְהוָה בְּכָל־לֵבָב
בְּסוֹד יְשָׁרִים וְעֵדָה׃
ב גְּדֹלִים מַעֲשֵׂי יְהוָה
דְּרוּשִׁים לְכָל־חֶפְצֵיהֶם׃
ג הוֹד־וְהָדָר פָּעֳלוֹ
וְצִדְקָתוֹ עֹמֶדֶת לָעַד׃
ד זֵכֶר עָשָׂה לְנִפְלְאֹתָיו
חַנּוּן וְרַחוּם יְהוָה׃
ה טֶרֶף נָתַן לִירֵאָיו
יִזְכֹּר לְעוֹלָם בְּרִיתוֹ׃
ו כֹּחַ מַעֲשָׂיו הִגִּיד לְעַמּוֹ
לָתֵת לָהֶם נַחֲלַת גּוֹיִם׃
ז מַעֲשֵׂי יָדָיו אֱמֶת וּמִשְׁפָּט
נֶאֱמָנִים כָּל־פִּקּוּדָיו׃
ח סְמוּכִים לָעַד לְעוֹלָם
עֲשׂוּיִם בֶּאֱמֶת וְיָשָׁר׃

ט פְּדוּת ׀ שָׁלַח לְעַמּוֹ
צִוָּה־לְעוֹלָם בְּרִיתוֹ
קָדוֹשׁ וְנוֹרָא שְׁמוֹ:
י רֵאשִׁית חָכְמָה ׀ יִרְאַת יהוה
שֵׂכֶל טוֹב לְכָל־עֹשֵׂיהֶם
תְּהִלָּתוֹ עֹמֶדֶת לָעַד:

ירא ה׳ דבק במידות ה׳ ומגשים את דרכיו עלי אדמות.

קיב א הַלְלוּיָהּ ׀
אַשְׁרֵי־אִישׁ יָרֵא אֶת־יְהוָה
בְּמִצְוֺתָיו חָפֵץ מְאֹד:
ב גִּבּוֹר בָּאָרֶץ יִהְיֶה זַרְעוֹ
דּוֹר יְשָׁרִים יְבֹרָךְ:
ג הוֹן־וָעֹשֶׁר בְּבֵיתוֹ
וְצִדְקָתוֹ עֹמֶדֶת לָעַד:
ד זָרַח בַּחֹשֶׁךְ אוֹר לַיְשָׁרִים
חַנּוּן וְרַחוּם וְצַדִּיק:
ה טוֹב־אִישׁ חוֹנֵן וּמַלְוֶה
יְכַלְכֵּל דְּבָרָיו בְּמִשְׁפָּט:

ו כִּי־לְעוֹלָם לֹא־יִמּוֹט
לְזֵכֶר עוֹלָם יִהְיֶה צַדִּיק:
ז מִשְּׁמוּעָה רָעָה לֹא יִירָא
נָכוֹן לִבּוֹ בָּטֻחַ בַּיהוָה:
ח סָמוּךְ לִבּוֹ לֹא יִירָא
עַד אֲשֶׁר־יִרְאֶה בְצָרָיו:
ט פִּזַּר | נָתַן לָאֶבְיוֹנִים
צִדְקָתוֹ עֹמֶדֶת לָעַד
קַרְנוֹ תָּרוּם בְּכָבוֹד:
י רָשָׁע יִרְאֶה | וְכָעָס
שִׁנָּיו יַחֲרֹק וְנָמָס
תַּאֲוַת רְשָׁעִים תֹּאבֵד:

מזמורים קיג-קיח: "הלל המצרי"; הלל והודאה לה' על מעשיו מיציאת מצרים ועד הכניסה לירושלים (פסח).

עבדי ה' מהללים את ה', שכבודו ניכר בכל העולם; ה' דואג לאביונים ולדלים.

קיג א הַלְלוּיָהּ | הַלְלוּ עַבְדֵי יְהוָה
הַלְלוּ אֶת־שֵׁם יְהוָה:
ב יְהִי שֵׁם יְהוָה מְבֹרָךְ
מֵעַתָּה וְעַד־עוֹלָם:

ג מִמִּזְרַח־שֶׁמֶשׁ עַד־מְבוֹאוֹ

מְהֻלָּל שֵׁם יְהוָה:

ד רָם עַל־כָּל־גּוֹיִם ׀ יְהוָה

עַל הַשָּׁמַיִם כְּבוֹדוֹ:

ה מִי כַּיהוָה אֱלֹהֵינוּ

הַמַּגְבִּיהִי לָשָׁבֶת:

ו הַמַּשְׁפִּילִי לִרְאוֹת

בַּשָּׁמַיִם וּבָאָרֶץ:

ז מְקִימִי מֵעָפָר דָּל

מֵאַשְׁפֹּת יָרִים אֶבְיוֹן:

ח לְהוֹשִׁיבִי עִם־נְדִיבִים

עִם נְדִיבֵי עַמּוֹ:

ט מוֹשִׁיבִי ׀ עֲקֶרֶת הַבַּיִת

אֵם־הַבָּנִים שְׂמֵחָה

הַלְלוּ־יָהּ:

ניסי יציאת מצרים ומעבר הירדן לארץ ישראל עשו
רושם על כל הארץ, והביאו להכרה באֱלוֹהַּ יַעֲקֹב.

קיד א בְּצֵאת יִשְׂרָאֵל מִמִּצְרָיִם
בֵּית יַעֲקֹב מֵעַם לֹעֵז:
ב הָיְתָה יְהוּדָה לְקָדְשׁוֹ
יִשְׂרָאֵל מַמְשְׁלוֹתָיו:
ג הַיָּם רָאָה וַיָּנֹס
הַיַּרְדֵּן יִסֹּב לְאָחוֹר:
ד הֶהָרִים רָקְדוּ כְאֵילִים
גְּבָעוֹת כִּבְנֵי־צֹאן:
ה מַה־לְּךָ הַיָּם כִּי תָנוּס
הַיַּרְדֵּן תִּסֹּב לְאָחוֹר:
ו הֶהָרִים תִּרְקְדוּ כְאֵילִים
גְּבָעוֹת כִּבְנֵי־צֹאן:
ז מִלִּפְנֵי אָדוֹן חוּלִי אָרֶץ
מִלִּפְנֵי אֱלוֹהַּ יַעֲקֹב:
ח הַהֹפְכִי הַצּוּר אֲגַם־מָיִם
חַלָּמִישׁ לְמַעְיְנוֹ־מָיִם:

עם ישראל בוטח בה' ומברך אותו,
בניגוד לגויים שעובדים את עצביהם.

קטו א לֹא לָנוּ יְהוָה לֹא לָנוּ
כִּי־לְשִׁמְךָ תֵּן כָּבוֹד
עַל־חַסְדְּךָ עַל־אֲמִתֶּךָ:
ב לָמָּה יֹאמְרוּ הַגּוֹיִם
אַיֵּה־נָא אֱלֹהֵיהֶם:
ג וֵאלֹהֵינוּ בַשָּׁמָיִם
כֹּל אֲשֶׁר־חָפֵץ עָשָׂה:
ד עֲצַבֵּיהֶם כֶּסֶף וְזָהָב
מַעֲשֵׂה יְדֵי אָדָם:
ה פֶּה־לָהֶם וְלֹא יְדַבֵּרוּ
עֵינַיִם לָהֶם וְלֹא יִרְאוּ:
ו אָזְנַיִם לָהֶם וְלֹא יִשְׁמָעוּ
אַף לָהֶם וְלֹא יְרִיחוּן:
ז יְדֵיהֶם | וְלֹא יְמִישׁוּן
רַגְלֵיהֶם וְלֹא יְהַלֵּכוּ
לֹא־יֶהְגּוּ בִּגְרוֹנָם:
ח כְּמוֹהֶם יִהְיוּ עֹשֵׂיהֶם
כֹּל אֲשֶׁר־בֹּטֵחַ בָּהֶם:
ט יִשְׂרָאֵל בְּטַח בַּיהוָה
עֶזְרָם וּמָגִנָּם הוּא:

י בֵּית אַהֲרֹן בִּטְחוּ בַיהוָה
עֶזְרָם וּמָגִנָּם הוּא:
יא יִרְאֵי יְהוָה בִּטְחוּ בַיהוָה
עֶזְרָם וּמָגִנָּם הוּא:
יב יְהוָה זְכָרָנוּ יְבָרֵךְ
יְבָרֵךְ אֶת־בֵּית יִשְׂרָאֵל
יְבָרֵךְ אֶת־בֵּית אַהֲרֹן:
יג יְבָרֵךְ יִרְאֵי יְהוָה
הַקְּטַנִּים עִם־הַגְּדֹלִים:
יד יֹסֵף יְהוָה עֲלֵיכֶם
עֲלֵיכֶם וְעַל־בְּנֵיכֶם:
טו בְּרוּכִים אַתֶּם לַיהוָה
עֹשֵׂה שָׁמַיִם וָאָרֶץ:
טז הַשָּׁמַיִם שָׁמַיִם לַיהוָה
וְהָאָרֶץ נָתַן לִבְנֵי־אָדָם:
יז לֹא הַמֵּתִים יְהַלְלוּ־יָהּ
וְלֹא כָּל־יֹרְדֵי דוּמָה:
יח וַאֲנַחְנוּ ׀ נְבָרֵךְ יָהּ
מֵעַתָּה וְעַד־עוֹלָם
הַלְלוּיָהּ:

במישור האישי, המשורר מסכם את הצלתו
ממוות, ונודר לזבוח תודה בְּחַצְרוֹת בֵּית ה'.

קטז א אָהַבְתִּי כִּי־יִשְׁמַע ׀ יְהוָה
אֶת־קוֹלִי תַּחֲנוּנָי:
ב כִּי־הִטָּה אָזְנוֹ לִי
וּבְיָמַי אֶקְרָא:
ג אֲפָפוּנִי ׀ חֶבְלֵי־מָוֶת
וּמְצָרֵי שְׁאוֹל מְצָאוּנִי
צָרָה וְיָגוֹן אֶמְצָא:
ד וּבְשֵׁם־יְהוָה אֶקְרָא
אָנָּה יְהוָה מַלְּטָה נַפְשִׁי:
ה חַנּוּן יְהוָה וְצַדִּיק
וֵאלֹהֵינוּ מְרַחֵם:
ו שֹׁמֵר פְּתָאיִם יְהוָה
דַּלּוֹתִי וְלִי יְהוֹשִׁיעַ:
ז שׁוּבִי נַפְשִׁי לִמְנוּחָיְכִי
כִּי־יְהוָה גָּמַל עָלָיְכִי:
ח כִּי חִלַּצְתָּ נַפְשִׁי מִמָּוֶת
אֶת־עֵינִי מִן־דִּמְעָה
אֶת־רַגְלִי מִדֶּחִי:

ט אֶתְהַלֵּךְ לִפְנֵי יְהוָה
בְּאַרְצוֹת הַחַיִּים:
י הֶאֱמַנְתִּי כִּי אֲדַבֵּר
אֲנִי עָנִיתִי מְאֹד:
יא אֲנִי אָמַרְתִּי בְחָפְזִי
כָּל־הָאָדָם כֹּזֵב:
יב מָה־אָשִׁיב לַיהוָה
כָּל־תַּגְמוּלוֹהִי עָלָי:
יג כּוֹס־יְשׁוּעוֹת אֶשָּׂא
וּבְשֵׁם יְהוָה אֶקְרָא:
יד נְדָרַי לַיהוָה אֲשַׁלֵּם
נֶגְדָה־נָּא לְכָל־עַמּוֹ:
טו יָקָר בְּעֵינֵי יְהוָה
הַמָּוְתָה לַחֲסִידָיו:
טז אָנָּה יְהוָה כִּי־אֲנִי עַבְדֶּךָ
אֲנִי־עַבְדְּךָ בֶּן־אֲמָתֶךָ
פִּתַּחְתָּ לְמוֹסֵרָי:
יז לְךָ־אֶזְבַּח זֶבַח תּוֹדָה
וּבְשֵׁם יְהוָה אֶקְרָא:

יח נְדָרַי לַיהוָה אֲשַׁלֵּם
נֶגְדָה־נָּא לְכָל־עַמּוֹ:
יט בְּחַצְרוֹת ׀ בֵּית יהוה בְּתוֹכֵכִי יְרוּשָׁלִָם
הַלְלוּיָהּ:

על כל הגויים לשבח ולהלל לה׳ מתוך הכרתם בו כבורא העולם.

קיז א הַלְלוּ אֶת־יְהוָה כָּל־גּוֹיִם
שַׁבְּחוּהוּ כָּל־הָאֻמִּים:
ב כִּי גָבַר עָלֵינוּ ׀ חַסְדּוֹ
וֶאֱמֶת־יְהוָה לְעוֹלָם
הַלְלוּיָהּ:

המשורר נכנס למקדש כדי להודות לה׳ על שהצילו.

קיח א הוֹדוּ לַיהוָה כִּי־טוֹב
כִּי לְעוֹלָם חַסְדּוֹ:
ב יֹאמַר־נָא יִשְׂרָאֵל
כִּי לְעוֹלָם חַסְדּוֹ:
ג יֹאמְרוּ־נָא בֵית־אַהֲרֹן
כִּי לְעוֹלָם חַסְדּוֹ:

ד יֹאמְרוּ־נָא יִרְאֵי יְהֹוָה
כִּי לְעוֹלָם חַסְדּוֹ:
ה מִן־הַמֵּצַר קָרָאתִי יָּהּ
עָנָנִי בַמֶּרְחָב יָהּ:
ו יְהֹוָה לִי לֹא אִירָא
מַה־יַּעֲשֶׂה לִי אָדָם:
ז יְהֹוָה לִי בְּעֹזְרָי
וַאֲנִי אֶרְאֶה בְשֹׂנְאָי:
ח טוֹב לַחֲסוֹת בַּיהֹוָה
מִבְּטֹחַ בָּאָדָם:
ט טוֹב לַחֲסוֹת בַּיהֹוָה
מִבְּטֹחַ בִּנְדִיבִים:
י כָּל־גּוֹיִם סְבָבוּנִי
בְּשֵׁם יְהֹוָה כִּי אֲמִילַם:
יא סַבּוּנִי גַם־סְבָבוּנִי
בְּשֵׁם יְהֹוָה כִּי אֲמִילַם:
יב סַבּוּנִי כִדְבֹרִים
דֹּעֲכוּ כְּאֵשׁ קוֹצִים
בְּשֵׁם יְהֹוָה כִּי אֲמִילַם:

יג דָּחֹה דְחִיתַנִי לִנְפֹּל

וַיהוָה עֲזָרָנִי:

יד עָזִּי וְזִמְרָת יָהּ

וַיְהִי־לִי לִישׁוּעָה:

טו קוֹל ׀ רִנָּה וִישׁוּעָה

בְּאָהֳלֵי צַדִּיקִים

יְמִין יהוה עֹשָׂה חָיִל:

טז יְמִין יהוה רוֹמֵמָה

יְמִין יהוה עֹשָׂה חָיִל:

יז לֹא־אָמוּת כִּי־אֶחְיֶה

וַאֲסַפֵּר מַעֲשֵׂי יָהּ:

יח יַסֹּר יִסְּרַנִּי יָּהּ

וְלַמָּוֶת לֹא נְתָנָנִי:

יט פִּתְחוּ־לִי שַׁעֲרֵי־צֶדֶק

אָבֹא־בָם אוֹדֶה יָהּ:

כ זֶה־הַשַּׁעַר לַיהוָה

צַדִּיקִים יָבֹאוּ בוֹ:

כא אוֹדְךָ כִּי עֲנִיתָנִי

וַתְּהִי־לִי לִישׁוּעָה:

כב אֶבֶן מָאֲסוּ הַבּוֹנִים
הָיְתָה לְרֹאשׁ פִּנָּה:
כג מֵאֵת יהוה הָיְתָה זֹּאת
הִיא נִפְלָאת בְּעֵינֵינוּ:
כד זֶה־הַיּוֹם עָשָׂה יהוה
נָגִילָה וְנִשְׂמְחָה בוֹ:
כה אָנָּא יהוה הוֹשִׁיעָה נָּא
אָנָּא יהוה הַצְלִיחָה נָּא:
כו בָּרוּךְ הַבָּא בְּשֵׁם יהוה
בֵּרַכְנוּכֶם מִבֵּית יהוה:
כז אֵל ׀ יהוה וַיָּאֶר לָנוּ
אִסְרוּ־חַג בַּעֲבֹתִים
עַד־קַרְנוֹת הַמִּזְבֵּחַ:
כח אֵלִי אַתָּה וְאוֹדֶךָּ
אֱלֹהַי אֲרוֹמְמֶךָּ:
כט הוֹדוּ לַיהוה כִּי־טוֹב
כִּי לְעוֹלָם חַסְדּוֹ:

מזמורים קיט-קלד: כהמשך לשיבה הגיאוגרפית מגלות מצרים למקדש בירושלים (קיג-קיח), המשורר מתחבר לתורת ה׳ היוצאת מציון (קיט) ומצטרף ב״שירי המעלות״ (קכ-קלד) לחוויית העולים לירושלים (כחג מתן תורה ועלייה לרגל להבאת ביכורים).

שבח לתורת ה׳ ולהולכים בדרכיה,
ותפילת המשורר לה׳ שיצליח את דרכו בתורה.

קיט א אַשְׁרֵי תְמִימֵי־דָרֶךְ
הַהֹלְכִים בְּתוֹרַת יְהוָה:
ב אַשְׁרֵי נֹצְרֵי עֵדֹתָיו
בְּכָל־לֵב יִדְרְשׁוּהוּ:
ג אַף לֹא־פָעֲלוּ עַוְלָה
בִּדְרָכָיו הָלָכוּ:
ד אַתָּה צִוִּיתָה פִקֻּדֶיךָ
לִשְׁמֹר מְאֹד:
ה אַחֲלַי יִכֹּנוּ דְרָכָי
לִשְׁמֹר חֻקֶּיךָ:
ו אָז לֹא־אֵבוֹשׁ
בְּהַבִּיטִי אֶל־כָּל־מִצְוֹתֶיךָ:
ז אוֹדְךָ בְּיֹשֶׁר לֵבָב
בְּלָמְדִי מִשְׁפְּטֵי צִדְקֶךָ:
ח אֶת־חֻקֶּיךָ אֶשְׁמֹר
אַל־תַּעַזְבֵנִי עַד־מְאֹד:

ט בַּמֶּה יְזַכֶּה־נַּעַר אֶת־אָרְחוֹ
לִשְׁמֹר כִּדְבָרֶךָ׃
י בְּכָל־לִבִּי דְרַשְׁתִּיךָ
אַל־תַּשְׁגֵּנִי מִמִּצְוֺתֶיךָ׃
יא בְּלִבִּי צָפַנְתִּי אִמְרָתֶךָ
לְמַעַן לֹא אֶחֱטָא־לָךְ׃
יב בָּרוּךְ אַתָּה יְהוָה
לַמְּדֵנִי חֻקֶּיךָ׃
יג בִּשְׂפָתַי סִפַּרְתִּי
כֹּל מִשְׁפְּטֵי־פִיךָ׃
יד בְּדֶרֶךְ עֵדְוֺתֶיךָ שַׂשְׂתִּי
כְּעַל כָּל־הוֹן׃
טו בְּפִקּוּדֶיךָ אָשִׂיחָה
וְאַבִּיטָה אֹרְחֹתֶיךָ׃
טז בְּחֻקֹּתֶיךָ אֶשְׁתַּעֲשָׁע
לֹא אֶשְׁכַּח דְּבָרֶךָ׃

יז גְּמֹל עַל־עַבְדְּךָ אֶחְיֶה
וְאֶשְׁמְרָה דְבָרֶךָ׃
יח גַּל־עֵינַי וְאַבִּיטָה
נִפְלָאוֹת מִתּוֹרָתֶךָ׃
יט גֵּר אָנֹכִי בָאָרֶץ
אַל־תַּסְתֵּר מִמֶּנִּי מִצְוֹתֶיךָ׃
כ גָּרְסָה נַפְשִׁי לְתַאֲבָה
אֶל־מִשְׁפָּטֶיךָ בְכָל־עֵת׃
כא גָּעַרְתָּ זֵדִים אֲרוּרִים
הַשֹּׁגִים מִמִּצְוֹתֶיךָ׃
כב גַּל מֵעָלַי חֶרְפָּה וָבוּז
כִּי עֵדֹתֶיךָ נָצָרְתִּי׃
כג גַּם יָשְׁבוּ שָׂרִים בִּי נִדְבָּרוּ
עַבְדְּךָ יָשִׂיחַ בְּחֻקֶּיךָ׃
כד גַּם־עֵדֹתֶיךָ שַׁעֲשֻׁעָי
אַנְשֵׁי עֲצָתִי׃

כה דָּבְקָה לֶעָפָר נַפְשִׁי
חַיֵּנִי כִּדְבָרֶךָ:
כו דְּרָכַי סִפַּרְתִּי וַתַּעֲנֵנִי
לַמְּדֵנִי חֻקֶּיךָ:
כז דֶּרֶךְ־פִּקּוּדֶיךָ הֲבִינֵנִי
וְאָשִׂיחָה בְּנִפְלְאוֹתֶיךָ:
כח דָּלְפָה נַפְשִׁי מִתּוּגָה
קַיְּמֵנִי כִּדְבָרֶךָ:
כט דֶּרֶךְ־שֶׁקֶר הָסֵר מִמֶּנִּי
וְתוֹרָתְךָ חָנֵּנִי:
ל דֶּרֶךְ־אֱמוּנָה בָחָרְתִּי
מִשְׁפָּטֶיךָ שִׁוִּיתִי:
לא דָּבַקְתִּי בְעֵדְוֹתֶיךָ
יהוה אַל־תְּבִישֵׁנִי:
לב דֶּרֶךְ־מִצְוֹתֶיךָ אָרוּץ
כִּי תַרְחִיב לִבִּי:

לג הוֹרֵנִי יהוה דֶּרֶךְ חֻקֶּיךָ
וְאֶצְּרֶנָּה עֵקֶב:
לד הֲבִינֵנִי וְאֶצְּרָה תוֹרָתֶךָ
וְאֶשְׁמְרֶנָּה בְכָל־לֵב:
לה הַדְרִיכֵנִי בִּנְתִיב מִצְוֹתֶיךָ
כִּי־בוֹ חָפָצְתִּי:
לו הַט־לִבִּי אֶל־עֵדְוֹתֶיךָ
וְאַל אֶל־בָּצַע:
לז הַעֲבֵר עֵינַי מֵרְאוֹת שָׁוְא
בִּדְרָכֶךָ חַיֵּנִי:
לח הָקֵם לְעַבְדְּךָ אִמְרָתֶךָ
אֲשֶׁר לְיִרְאָתֶךָ:
לט הַעֲבֵר חֶרְפָּתִי אֲשֶׁר יָגֹרְתִּי
כִּי מִשְׁפָּטֶיךָ טוֹבִים:
מ הִנֵּה תָּאַבְתִּי לְפִקֻּדֶיךָ
בְּצִדְקָתְךָ חַיֵּנִי:

מא וִיבֹאֻנִי חֲסָדֶךָ יְהוָה
תְּשׁוּעָתְךָ כְּאִמְרָתֶךָ:
מב וְאֶעֱנֶה חֹרְפִי דָבָר
כִּי־בָטַחְתִּי בִּדְבָרֶךָ:
מג וְאַל־תַּצֵּל מִפִּי דְבַר־אֱמֶת עַד־מְאֹד
כִּי לְמִשְׁפָּטֶךָ יִחָלְתִּי:
מד וְאֶשְׁמְרָה תוֹרָתְךָ תָמִיד
לְעוֹלָם וָעֶד:
מה וְאֶתְהַלְּכָה בָרְחָבָה
כִּי פִקֻּדֶיךָ דָרָשְׁתִּי:
מו וַאֲדַבְּרָה בְעֵדֹתֶיךָ נֶגֶד מְלָכִים
וְלֹא אֵבוֹשׁ:
מז וְאֶשְׁתַּעֲשַׁע בְּמִצְוֹתֶיךָ
אֲשֶׁר אָהָבְתִּי:
מח וְאֶשָּׂא־כַפַּי אֶל־מִצְוֹתֶיךָ אֲשֶׁר אָהָבְתִּי
וְאָשִׂיחָה בְחֻקֶּיךָ:

מט זְכָר־דָּבָר לְעַבְדֶּךָ
עַל אֲשֶׁר יִחַלְתָּנִי:
נ זֹאת נֶחָמָתִי בְעָנְיִי
כִּי אִמְרָתְךָ חִיָּתְנִי:
נא זֵדִים הֱלִיצֻנִי עַד־מְאֹד
מִתּוֹרָתְךָ לֹא נָטִיתִי:
נב זָכַרְתִּי מִשְׁפָּטֶיךָ מֵעוֹלָם ׀ יְהוָה
וָאֶתְנֶחָם:
נג זַלְעָפָה אֲחָזַתְנִי מֵרְשָׁעִים
עֹזְבֵי תּוֹרָתֶךָ:
נד זְמִרוֹת הָיוּ־לִי חֻקֶּיךָ
בְּבֵית מְגוּרָי:
נה זָכַרְתִּי בַלַּיְלָה שִׁמְךָ יְהוָה
וָאֶשְׁמְרָה תּוֹרָתֶךָ:
נו זֹאת הָיְתָה־לִּי
כִּי פִקֻּדֶיךָ נָצָרְתִּי:

נז חֶלְקִי יהוָה אָמַרְתִּי

לִשְׁמֹר דְּבָרֶיךָ:

נח חִלִּיתִי פָנֶיךָ בְכָל־לֵב

חָנֵּנִי כְּאִמְרָתֶךָ:

נט חִשַּׁבְתִּי דְרָכָי

וָאָשִׁיבָה רַגְלַי אֶל־עֵדֹתֶיךָ:

ס חַשְׁתִּי וְלֹא הִתְמַהְמָהְתִּי

לִשְׁמֹר מִצְוֹתֶיךָ:

סא חֶבְלֵי רְשָׁעִים עִוְּדֻנִי

תּוֹרָתְךָ לֹא שָׁכָחְתִּי:

סב חֲצוֹת־לַיְלָה אָקוּם לְהוֹדוֹת לָךְ

עַל מִשְׁפְּטֵי צִדְקֶךָ:

סג חָבֵר אָנִי לְכָל־אֲשֶׁר יְרֵאוּךָ

וּלְשֹׁמְרֵי פִּקּוּדֶיךָ:

סד חַסְדְּךָ יהוָה מָלְאָה הָאָרֶץ

חֻקֶּיךָ לַמְּדֵנִי:

סה טוֹב עָשִׂיתָ עִם־עַבְדְּךָ
יְהוָה כִּדְבָרֶךָ:
סו טוּב טַעַם וָדַעַת לַמְּדֵנִי
כִּי בְמִצְוֺתֶיךָ הֶאֱמָנְתִּי:
סז טֶרֶם אֶעֱנֶה אֲנִי שֹׁגֵג
וְעַתָּה אִמְרָתְךָ שָׁמָרְתִּי:
סח טוֹב־אַתָּה וּמֵטִיב
לַמְּדֵנִי חֻקֶּיךָ:
סט טָפְלוּ עָלַי שֶׁקֶר זֵדִים
אֲנִי בְּכָל־לֵב ׀ אֶצֹּר פִּקּוּדֶיךָ:
ע טָפַשׁ כַּחֵלֶב לִבָּם
אֲנִי תּוֹרָתְךָ שִׁעֲשָׁעְתִּי:
עא טוֹב־לִי כִי־עֻנֵּיתִי
לְמַעַן אֶלְמַד חֻקֶּיךָ:
עב טוֹב־לִי תוֹרַת־פִּיךָ
מֵאַלְפֵי זָהָב וָכָסֶף:

עג יָדֶיךָ עָשׂוּנִי וַיְכוֹנְנוּנִי
הֲבִינֵנִי וְאֶלְמְדָה מִצְוֺתֶיךָ׃
עד יְרֵאֶיךָ יִרְאוּנִי וְיִשְׂמָחוּ
כִּי לִדְבָרְךָ יִחָלְתִּי׃
עה יָדַעְתִּי יְהוָה כִּי־צֶדֶק מִשְׁפָּטֶיךָ
וֶאֱמוּנָה עִנִּיתָנִי׃
עו יְהִי־נָא חַסְדְּךָ לְנַחֲמֵנִי
כְּאִמְרָתְךָ לְעַבְדֶּךָ׃
עז יְבֹאוּנִי רַחֲמֶיךָ וְאֶחְיֶה
כִּי־תוֹרָתְךָ שַׁעֲשֻׁעָי׃
עח יֵבֹשׁוּ זֵדִים כִּי־שֶׁקֶר עִוְּתוּנִי
אֲנִי אָשִׂיחַ בְּפִקּוּדֶיךָ׃
עט יָשׁוּבוּ לִי יְרֵאֶיךָ
וְיֹדְעֵי עֵדֹתֶיךָ׃ וידעו
פ יְהִי־לִבִּי תָמִים בְּחֻקֶּיךָ
לְמַעַן לֹא אֵבוֹשׁ׃

פא כָּלְתָה לִתְשׁוּעָתְךָ נַפְשִׁי
לִדְבָרְךָ יִחָלְתִּי׃
פב כָּלוּ עֵינַי לְאִמְרָתֶךָ
לֵאמֹר מָתַי תְּנַחֲמֵנִי׃
פג כִּי־הָיִיתִי כְּנֹאד בְּקִיטוֹר
חֻקֶּיךָ לֹא שָׁכָחְתִּי׃
פד כַּמָּה יְמֵי־עַבְדֶּךָ
מָתַי תַּעֲשֶׂה בְרֹדְפַי מִשְׁפָּט׃
פה כָּרוּ־לִי זֵדִים שִׁיחוֹת
אֲשֶׁר לֹא כְתוֹרָתֶךָ׃
פו כָּל־מִצְוֺתֶיךָ אֱמוּנָה
שֶׁקֶר רְדָפוּנִי עָזְרֵנִי׃
פז כִּמְעַט כִּלּוּנִי בָאָרֶץ
וַאֲנִי לֹא־עָזַבְתִּי פִקֻּדֶיךָ׃
פח כְּחַסְדְּךָ חַיֵּנִי
וְאֶשְׁמְרָה עֵדוּת פִּיךָ׃

פט לְעוֹלָם יְהוָה
דְּבָרְךָ נִצָּב בַּשָּׁמָיִם:
צ לְדֹר וָדֹר אֱמוּנָתֶךָ
כּוֹנַנְתָּ אֶרֶץ וַתַּעֲמֹד:
צא לְמִשְׁפָּטֶיךָ עָמְדוּ הַיּוֹם
כִּי הַכֹּל עֲבָדֶיךָ:
צב לוּלֵי תוֹרָתְךָ שַׁעֲשֻׁעָי
אָז אָבַדְתִּי בְעָנְיִי:
צג לְעוֹלָם לֹא־אֶשְׁכַּח פִּקּוּדֶיךָ
כִּי־בָם חִיִּיתָנִי:
צד לְךָ־אֲנִי הוֹשִׁיעֵנִי
כִּי פִקּוּדֶיךָ דָרָשְׁתִּי:
צה לִי קִוּוּ רְשָׁעִים לְאַבְּדֵנִי
עֵדֹתֶיךָ אֶתְבּוֹנָן:
צו לְכָל־תִּכְלָה רָאִיתִי קֵץ
רְחָבָה מִצְוָתְךָ מְאֹד:

צז מָה־אָהַבְתִּי תוֹרָתֶךָ
כׇּל־הַיּוֹם הִיא שִׂיחָתִי:
צח מֵאֹיְבַי תְּחַכְּמֵנִי מִצְוֺתֶךָ
כִּי לְעוֹלָם הִיא־לִי:
צט מִכׇּל־מְלַמְּדַי הִשְׂכַּלְתִּי
כִּי עֵדְוֺתֶיךָ שִׂיחָה לִי:
ק מִזְּקֵנִים אֶתְבּוֹנָן
כִּי פִקּוּדֶיךָ נָצָרְתִּי:
קא מִכׇּל־אֹרַח רָע כָּלִאתִי רַגְלָי
לְמַעַן אֶשְׁמֹר דְּבָרֶךָ:
קב מִמִּשְׁפָּטֶיךָ לֹא־סָרְתִּי
כִּי־אַתָּה הוֹרֵתָנִי:
קג מַה־נִּמְלְצוּ לְחִכִּי אִמְרָתֶךָ
מִדְּבַשׁ לְפִי:
קד מִפִּקּוּדֶיךָ אֶתְבּוֹנָן
עַל־כֵּן שָׂנֵאתִי ׀ כׇּל־אֹרַח שָׁקֶר:

קה נֵר־לְרַגְלִי דְבָרֶךָ
וְאוֹר לִנְתִיבָתִי:
קו נִשְׁבַּעְתִּי וָאֲקַיֵּמָה
לִשְׁמֹר מִשְׁפְּטֵי צִדְקֶךָ:
קז נַעֲנֵיתִי עַד־מְאֹד
יהוה חַיֵּנִי כִדְבָרֶךָ:
קח נִדְבוֹת פִּי רְצֵה־נָא יהוה
וּמִשְׁפָּטֶיךָ לַמְּדֵנִי:
קט נַפְשִׁי בְכַפִּי תָמִיד
וְתוֹרָתְךָ לֹא שָׁכָחְתִּי:
קי נָתְנוּ רְשָׁעִים פַּח לִי
וּמִפִּקּוּדֶיךָ לֹא תָעִיתִי:
קיא נָחַלְתִּי עֵדְוֹתֶיךָ לְעוֹלָם
כִּי־שְׂשׂוֹן לִבִּי הֵמָּה:
קיב נָטִיתִי לִבִּי לַעֲשׂוֹת חֻקֶּיךָ
לְעוֹלָם עֵקֶב:

קיג סעפים שנאתי
ותורתך אהבתי:
קיד סתרי ומגני אתה
לדברך יחלתי:
קטו סורו ממני מרעים
ואצרה מצות אלהי:
קטז סמכני כאמרתך ואחיה
ואל־תבישני משברי:
קיז סעדני ואושעה
ואשעה בחקיך תמיד:
קיח סלית כל־שוגים מחקיך
כי־שקר תרמיתם:
קיט סגים השבת כל־רשעי־ארץ
לכן אהבתי עדתיך:
קכ סמר מפחדך בשרי
וממשפטיך יראתי:

קכא עָשִׂיתִי מִשְׁפָּט וָצֶדֶק
בַּל־תַּנִּיחֵנִי לְעֹשְׁקָי:
קכב עֲרֹב עַבְדְּךָ לְטוֹב
אַל־יַעַשְׁקֻנִי זֵדִים:
קכג עֵינַי כָּלוּ לִישׁוּעָתֶךָ
וּלְאִמְרַת צִדְקֶךָ:
קכד עֲשֵׂה עִם־עַבְדְּךָ כְחַסְדֶּךָ
וְחֻקֶּיךָ לַמְּדֵנִי:
קכה עַבְדְּךָ־אָנִי הֲבִינֵנִי
וְאֵדְעָה עֵדֹתֶיךָ:
קכו עֵת לַעֲשׂוֹת לַיהוָה
הֵפֵרוּ תּוֹרָתֶךָ:
קכז עַל־כֵּן אָהַבְתִּי מִצְוֹתֶיךָ
מִזָּהָב וּמִפָּז:
קכח עַל־כֵּן ׀ כָּל־פִּקּוּדֵי כֹל יִשָּׁרְתִּי
כָּל־אֹרַח שֶׁקֶר שָׂנֵאתִי:

קכט פְּלָאוֹת עֵדְוֺתֶיךָ
עַל־כֵּן נְצָרָתַם נַפְשִׁי:
קל פֵּתַח־דְּבָרֶיךָ יָאִיר
מֵבִין פְּתָיִים:
קלא פִּי־פָעַרְתִּי וָאֶשְׁאָפָה
כִּי לְמִצְוֺתֶיךָ יָאָבְתִּי:
קלב פְּנֵה־אֵלַי וְחָנֵּנִי
כְּמִשְׁפָּט לְאֹהֲבֵי שְׁמֶךָ:
קלג פְּעָמַי הָכֵן בְּאִמְרָתֶךָ
וְאַל־תַּשְׁלֶט־בִּי כָל־אָוֶן:
קלד פְּדֵנִי מֵעֹשֶׁק אָדָם
וְאֶשְׁמְרָה פִּקּוּדֶיךָ:
קלה פָּנֶיךָ הָאֵר בְּעַבְדֶּךָ
וְלַמְּדֵנִי אֶת־חֻקֶּיךָ:
קלו פַּלְגֵי־מַיִם יָרְדוּ עֵינָי
עַל לֹא־שָׁמְרוּ תוֹרָתֶךָ:

קלז צַדִּיק אַתָּה יְהוָה
וְיָשָׁר מִשְׁפָּטֶיךָ:
קלח צִוִּיתָ צֶדֶק עֵדֹתֶיךָ
וֶאֱמוּנָה מְאֹד:
קלט צִמְּתַתְנִי קִנְאָתִי
כִּי־שָׁכְחוּ דְבָרֶיךָ צָרָי:
קמ צְרוּפָה אִמְרָתְךָ מְאֹד
וְעַבְדְּךָ אֲהֵבָהּ:
קמא צָעִיר אָנֹכִי וְנִבְזֶה
פִּקֻּדֶיךָ לֹא שָׁכָחְתִּי:
קמב צִדְקָתְךָ צֶדֶק לְעוֹלָם
וְתוֹרָתְךָ אֱמֶת:
קמג צַר־וּמָצוֹק מְצָאוּנִי
מִצְוֺתֶיךָ שַׁעֲשֻׁעָי:
קמד צֶדֶק עֵדְוֺתֶיךָ לְעוֹלָם
הֲבִינֵנִי וְאֶחְיֶה:

קמה קָרָאתִי בְכָל־לֵב
עֲנֵנִי יְהוָה חֻקֶּיךָ אֶצֹּרָה:
קמו קְרָאתִיךָ הוֹשִׁיעֵנִי
וְאֶשְׁמְרָה עֵדֹתֶיךָ:
קמז קִדַּמְתִּי בַנֶּשֶׁף וָאֲשַׁוֵּעָה
לִדְבָרְךָ יִחָלְתִּי: לדבריך
קמח קִדְּמוּ עֵינַי אַשְׁמֻרוֹת
לָשִׂיחַ בְּאִמְרָתֶךָ:
קמט קוֹלִי שִׁמְעָה כְחַסְדֶּךָ
יְהוָה כְּמִשְׁפָּטֶךָ חַיֵּנִי:
קנ קָרְבוּ רֹדְפֵי זִמָּה
מִתּוֹרָתְךָ רָחָקוּ:
קנא קָרוֹב אַתָּה יְהוָה
וְכָל־מִצְוֹתֶיךָ אֱמֶת:
קנב קֶדֶם יָדַעְתִּי מֵעֵדֹתֶיךָ
כִּי לְעוֹלָם יְסַדְתָּם:

קנג רְאֵה־עָנְיִי וְחַלְּצֵנִי
כִּי־תוֹרָתְךָ לֹא שָׁכָחְתִּי׃
קנד רִיבָה רִיבִי וּגְאָלֵנִי
לְאִמְרָתְךָ חַיֵּנִי׃
קנה רָחוֹק מֵרְשָׁעִים יְשׁוּעָה
כִּי־חֻקֶּיךָ לֹא דָרָשׁוּ׃
קנו רַחֲמֶיךָ רַבִּים ׀ יְהוָה
כְּמִשְׁפָּטֶיךָ חַיֵּנִי׃
קנז רַבִּים רֹדְפַי וְצָרָי
מֵעֵדְוֺתֶיךָ לֹא נָטִיתִי׃
קנח רָאִיתִי בֹגְדִים וָאֶתְקוֹטָטָה
אֲשֶׁר אִמְרָתְךָ לֹא שָׁמָרוּ׃
קנט רְאֵה כִּי־פִקּוּדֶיךָ אָהָבְתִּי
יְהוָה כְּחַסְדְּךָ חַיֵּנִי׃
קס רֹאשׁ־דְּבָרְךָ אֱמֶת
וּלְעוֹלָם כָּל־מִשְׁפַּט צִדְקֶךָ׃

קסא שָׂרִים רְדָפוּנִי חִנָּם
וּמִדְּבָרְךָ פָּחַד לִבִּי׃ ומדבריך
קסב שָׂשׂ אָנֹכִי עַל־אִמְרָתֶךָ
כְּמוֹצֵא שָׁלָל רָב׃
קסג שֶׁקֶר שָׂנֵאתִי וַאֲתַעֵבָה
תּוֹרָתְךָ אָהָבְתִּי׃
קסד שֶׁבַע בַּיּוֹם הִלַּלְתִּיךָ
עַל מִשְׁפְּטֵי צִדְקֶךָ׃
קסה שָׁלוֹם רָב לְאֹהֲבֵי תוֹרָתֶךָ
וְאֵין־לָמוֹ מִכְשׁוֹל׃
קסו שִׂבַּרְתִּי לִישׁוּעָתְךָ יְהוָה
וּמִצְוֺתֶיךָ עָשִׂיתִי׃
קסז שָׁמְרָה נַפְשִׁי עֵדֹתֶיךָ
וָאֹהֲבֵם מְאֹד׃
קסח שָׁמַרְתִּי פִקּוּדֶיךָ וְעֵדֹתֶיךָ
כִּי כָל־דְּרָכַי נֶגְדֶּךָ׃

קסט תִּקְרַב רִנָּתִי לְפָנֶיךָ יְהֹוָה
כִּדְבָרְךָ הֲבִינֵנִי:
קע תָּבוֹא תְחִנָּתִי לְפָנֶיךָ
כְּאִמְרָתְךָ הַצִּילֵנִי:
קעא תַּבַּעְנָה שְׂפָתַי תְּהִלָּה
כִּי תְלַמְּדֵנִי חֻקֶּיךָ:
קעב תַּעַן לְשׁוֹנִי אִמְרָתֶךָ
כִּי כָל־מִצְוֹתֶיךָ צֶּדֶק:
קעג תְּהִי־יָדְךָ לְעָזְרֵנִי
כִּי פִקּוּדֶיךָ בָחָרְתִּי:
קעד תָּאַבְתִּי לִישׁוּעָתְךָ יְהֹוָה
וְתוֹרָתְךָ שַׁעֲשֻׁעָי:
קעה תְּחִי־נַפְשִׁי וּתְהַלְלֶךָּ
וּמִשְׁפָּטֶךָ יַעְזְרֻנִי:
קעו תָּעִיתִי כְּשֶׂה אֹבֵד
בַּקֵּשׁ עַבְדֶּךָ
כִּי מִצְוֹתֶיךָ לֹא שָׁכָחְתִּי:

המשורר קורא לה' שיענהו בצרות הגלות.
הוא מחפש שלום, אך האויבים עוסקים במלחמה.

קכ א שִׁיר הַֽמַּעֲלוֹת
אֶל־יְהוָה בַּצָּרָתָה לִּי
קָרָאתִי וַֽיַּעֲנֵנִי׃
ב יְהוָה הַצִּילָה נַפְשִׁי
מִשְּׂפַת־שֶׁקֶר
מִלָּשׁוֹן רְמִיָּה׃
ג מַה־יִּתֵּן לְךָ וּמַה־יֹּסִיף לָךְ
לָשׁוֹן רְמִיָּה׃
ד חִצֵּי גִבּוֹר שְׁנוּנִים
עִם גַּחֲלֵי רְתָמִים׃
ה אוֹיָה־לִי כִּי־גַרְתִּי מֶשֶׁךְ
שָׁכַנְתִּי עִם־אָהֳלֵי קֵדָר׃
ו רַבַּת שָֽׁכְנָה־לָּהּ נַפְשִׁי
עִם שׂוֹנֵא שָׁלוֹם׃
ז אֲנִי־שָׁלוֹם
וְכִי אֲדַבֵּר
הֵמָּה לַמִּלְחָמָה׃

המשורר פונה לה', עושה שמים וארץ,
ומבקש שישמור עליו בדרכו העתידית.

קכא א שִׁיר לַמַּעֲלוֹת
אֶשָּׂא עֵינַי אֶל־הֶהָרִים
מֵאַיִן יָבֹא עֶזְרִי:
ב עֶזְרִי מֵעִם יְהוָה
עֹשֵׂה שָׁמַיִם וָאָרֶץ:
ג אַל־יִתֵּן לַמּוֹט רַגְלֶךָ
אַל־יָנוּם שֹׁמְרֶךָ:
ד הִנֵּה לֹא־יָנוּם וְלֹא יִישָׁן
שׁוֹמֵר יִשְׂרָאֵל:
ה יְהוָה שֹׁמְרֶךָ
יְהוָה צִלְּךָ עַל־יַד יְמִינֶךָ:
ו יוֹמָם הַשֶּׁמֶשׁ לֹא־יַכֶּכָּה
וְיָרֵחַ בַּלָּיְלָה:
ז יְהוָה יִשְׁמָרְךָ מִכָּל־רָע
יִשְׁמֹר אֶת־נַפְשֶׁךָ:
ח יְהוָה יִשְׁמָר־צֵאתְךָ וּבוֹאֶךָ
מֵעַתָּה וְעַד־עוֹלָם:

המשורר עולה לרגל ועם אַחַי וְרֵעָי יחד הוא מבקש
בירושלים את השלום שלא מצא בגלות (קכ, ו-ח).

קכב א שִׁיר הַמַּעֲלוֹת לְדָוִד
שָׂמַחְתִּי בְּאֹמְרִים לִי
בֵּית יְהוָה נֵלֵךְ:
ב עֹמְדוֹת הָיוּ רַגְלֵינוּ
בִּשְׁעָרַיִךְ יְרוּשָׁלִָם:
ג יְרוּשָׁלִַם הַבְּנוּיָה
כְּעִיר שֶׁחֻבְּרָה־לָּהּ יַחְדָּו:
ד שֶׁשָּׁם עָלוּ שְׁבָטִים
שִׁבְטֵי־יָהּ עֵדוּת לְיִשְׂרָאֵל
לְהֹדוֹת לְשֵׁם יְהוָה:
ה כִּי שָׁמָּה ׀ יָשְׁבוּ כִסְאוֹת לְמִשְׁפָּט
כִּסְאוֹת לְבֵית דָּוִד:
ו שַׁאֲלוּ שְׁלוֹם יְרוּשָׁלִָם
יִשְׁלָיוּ אֹהֲבָיִךְ:
ז יְהִי־שָׁלוֹם בְּחֵילֵךְ
שַׁלְוָה בְּאַרְמְנוֹתָיִךְ:
ח לְמַעַן אַחַי וְרֵעָי
אֲדַבְּרָה־נָּא שָׁלוֹם בָּךְ:
ט לְמַעַן בֵּית־יְהוָה אֱלֹהֵינוּ
אֲבַקְשָׁה טוֹב לָךְ:

המשורר עובר בתפילתו ללשון רבים,
ופונה לה׳ בשם עבדיו שיחון אותם.

קכג א שִׁיר הַמַּעֲלוֹת
אֵלֶיךָ נָשָׂאתִי אֶת־עֵינַי
הַיֹּשְׁבִי בַּשָּׁמָיִם:
ב הִנֵּה כְעֵינֵי עֲבָדִים
אֶל־יַד אֲדוֹנֵיהֶם
כְּעֵינֵי שִׁפְחָה
אֶל־יַד גְּבִרְתָּהּ
כֵּן עֵינֵינוּ אֶל־יְהוָה אֱלֹהֵינוּ
עַד שֶׁיְּחָנֵּנוּ:
ג חָנֵּנוּ יְהוָה חָנֵּנוּ
כִּי־רַב שָׂבַעְנוּ בוּז:
ד רַבַּת שָׂבְעָה־לָּהּ נַפְשֵׁנוּ
הַלַּעַג הַשַּׁאֲנַנִּים
הַבּוּז לִגְאֵי יוֹנִים: לגאיונים

המשורר מודה לה׳ בשם כל ישראל על שהצילם,
וחותם בנוסח תפילתו מהגלות, שאותה הוא
מתפלל כעת בלשון רבים (קכא, ב; קכד, ח).

קכד א שִׁיר הַמַּעֲלוֹת לְדָוִד
לוּלֵי יהוה שֶׁהָיָה לָנוּ
יֹאמַר־נָא יִשְׂרָאֵל:
ב לוּלֵי יהוה שֶׁהָיָה לָנוּ
בְּקוּם עָלֵינוּ אָדָם:
ג אֲזַי חַיִּים בְּלָעוּנוּ
בַּחֲרוֹת אַפָּם בָּנוּ:
ד אֲזַי הַמַּיִם שְׁטָפוּנוּ
נַחְלָה עָבַר עַל־נַפְשֵׁנוּ:
ה אֲזַי עָבַר עַל־נַפְשֵׁנוּ
הַמַּיִם הַזֵּידוֹנִים:
ו בָּרוּךְ יהוה
שֶׁלֹּא נְתָנָנוּ טֶרֶף לְשִׁנֵּיהֶם:
ז נַפְשֵׁנוּ כְּצִפּוֹר נִמְלְטָה
מִפַּח יוֹקְשִׁים
הַפַּח נִשְׁבָּר וַאֲנַחְנוּ נִמְלָטְנוּ:
ח עֶזְרֵנוּ בְּשֵׁם יהוה
עֹשֵׂה שָׁמַיִם וָאָרֶץ:

ירושלים כמקלט לצדיקים ולישרים תשרה שָׁלוֹם עַל יִשְׂרָאֵל.

קכה א שִׁיר הַמַּעֲלוֹת
הַבֹּטְחִים בַּיהוָה
כְּהַר־צִיּוֹן לֹא־יִמּוֹט
לְעוֹלָם יֵשֵׁב:
ב יְרוּשָׁלִַם הָרִים סָבִיב לָהּ
וַיהוה סָבִיב לְעַמּוֹ
מֵעַתָּה וְעַד־עוֹלָם:
ג כִּי לֹא יָנוּחַ שֵׁבֶט הָרֶשַׁע
עַל גּוֹרַל הַצַּדִּיקִים
לְמַעַן לֹא־יִשְׁלְחוּ הַצַּדִּיקִים ׀
בְּעַוְלָתָה יְדֵיהֶם:
ד הֵיטִיבָה יהוה לַטּוֹבִים
וְלִישָׁרִים בְּלִבּוֹתָם:
ה וְהַמַּטִּים עֲקַלְקַלּוֹתָם
יוֹלִיכֵם יהוה אֶת־פֹּעֲלֵי הָאָוֶן
שָׁלוֹם עַל־יִשְׂרָאֵל:

בימי שִׁיבַת צִיּוֹן גם הגויים יכירו בגדולתו של ה',
והחקלאות בארץ ישראל תשגשג ותפרח.

קכו א שִׁיר הַמַּעֲלוֹת

בְּשׁוּב יְהוָה אֶת־שִׁיבַת צִיּוֹן

הָיִינוּ כְּחֹלְמִים:

ב אָז יִמָּלֵא שְׂחוֹק פִּינוּ

וּלְשׁוֹנֵנוּ רִנָּה

אָז יֹאמְרוּ בַגּוֹיִם

הִגְדִּיל יְהוָה לַעֲשׂוֹת עִם־אֵלֶּה:

ג הִגְדִּיל יְהוָה לַעֲשׂוֹת עִמָּנוּ

הָיִינוּ שְׂמֵחִים:

ד שׁוּבָה יְהוָה אֶת־שְׁבִיתֵנוּ שבותנו

כַּאֲפִיקִים בַּנֶּגֶב:

ה הַזֹּרְעִים בְּדִמְעָה

בְּרִנָּה יִקְצֹרוּ:

ו הָלוֹךְ יֵלֵךְ ׀ וּבָכֹה

נֹשֵׂא מֶשֶׁךְ־הַזָּרַע

בֹּא־יָבֹא בְרִנָּה

נֹשֵׂא אֲלֻמֹּתָיו:

בדומה לבניין העיר לראשונה בימי שלמה,
בניין הבית ושמירה על העיר יצליחו בעזרת ה',
כאשר יקים דור חדש בעיר שיגן עליה מאויבים.

קכז א שִׁיר הַמַּעֲלוֹת לִשְׁלֹמֹה
אִם־יְהוָה | לֹא־יִבְנֶה בַיִת
שָׁוְא עָמְלוּ בוֹנָיו בּוֹ
אִם־יְהוָה לֹא־יִשְׁמָר־עִיר
שָׁוְא | שָׁקַד שׁוֹמֵר:
ב שָׁוְא לָכֶם | מַשְׁכִּימֵי קוּם
מְאַחֲרֵי־שֶׁבֶת
אֹכְלֵי לֶחֶם הָעֲצָבִים
כֵּן יִתֵּן לִידִידוֹ שֵׁנָא:
ג הִנֵּה נַחֲלַת יְהוָה בָּנִים
שָׂכָר פְּרִי הַבָּטֶן:
ד כְּחִצִּים בְּיַד־גִּבּוֹר
כֵּן בְּנֵי הַנְּעוּרִים:
ה אַשְׁרֵי הַגֶּבֶר
אֲשֶׁר מִלֵּא אֶת־אַשְׁפָּתוֹ מֵהֶם
לֹא־יֵבֹשׁוּ
כִּי־יְדַבְּרוּ אֶת־אוֹיְבִים בַּשָּׁעַר:

יִרא ה׳ המחשיב עצמו בכלל ישראל, הוא שיזכה לראות בְּטוּב יְרוּשָׁלָםִ וליהנות מברכת שָׁלוֹם עַל יִשְׂרָאֵל.

קכח א שִׁיר הַמַּֽעֲלוֹת
אַֽשְׁרֵי כָּל־יְרֵא יְהוָה
הַֽהֹלֵךְ בִּדְרָכָֽיו׃
ב יְגִיעַ כַּפֶּיךָ כִּי תֹאכֵל
אַשְׁרֶיךָ וְטוֹב לָֽךְ׃
ג אֶשְׁתְּךָ ׀ כְּגֶפֶן פֹּרִיָּה
בְּיַרְכְּתֵי בֵיתֶךָ
בָּנֶיךָ כִּשְׁתִלֵי זֵיתִים
סָבִיב לְשֻׁלְחָנֶֽךָ׃
ד הִנֵּה כִי־כֵן יְבֹרַךְ גָּבֶר
יְרֵא יְהוָֽה׃
ה יְבָרֶכְךָ יְהוָה מִצִּיּוֹן
וּרְאֵה בְּטוּב יְרוּשָׁלָםִ
כֹּל יְמֵי חַיֶּֽיךָ׃
ו וּרְאֵה־בָנִים לְבָנֶיךָ
שָׁלוֹם עַל־יִשְׂרָאֵֽל׃

המשורר נזכר בצרותיו בעבר ובהצלה שהצילו ה׳ מידי הרשעים.
כך כל שׂנְאֵי צִיּוֹן יבושו, ועם ישראל יזכה לברכת ה׳ בעתיד.

קכט א שִׁיר הַמַּעֲלוֹת
רַבַּת צְרָרוּנִי מִנְּעוּרָי
יֹאמַר־נָא יִשְׂרָאֵל:
ב רַבַּת צְרָרוּנִי מִנְּעוּרָי
גַּם לֹא־יָכְלוּ לִי:
ג עַל־גַּבִּי חָרְשׁוּ חֹרְשִׁים
למענותם הֶאֱרִיכוּ לְמַעֲנִיתָם:
ד יְהוָה צַדִּיק
קִצֵּץ עֲבוֹת רְשָׁעִים:
ה יֵבֹשׁוּ וְיִסֹּגוּ אָחוֹר
כֹּל שֹׂנְאֵי צִיּוֹן:
ו יִהְיוּ כַּחֲצִיר גַּגּוֹת
שֶׁקַּדְמַת שָׁלַף יָבֵשׁ:
ז שֶׁלֹּא מִלֵּא כַפּוֹ קוֹצֵר
וְחִצְנוֹ מְעַמֵּר:
ח וְלֹא אָמְרוּ ׀ הָעֹבְרִים
בִּרְכַּת־יְהוָה אֲלֵיכֶם
בֵּרַכְנוּ אֶתְכֶם בְּשֵׁם יְהוָה:

המשורר סובל מתוצאות עוונותיו,
ומבקש שה' יסלח ויביא פדות לעמו.

קל א שִׁיר הַמַּעֲלוֹת
מִמַּעֲמַקִּים קְרָאתִיךָ יְהוָה:
ב אֲדֹנָי שִׁמְעָה בְקוֹלִי
תִּהְיֶינָה אָזְנֶיךָ קַשֻּׁבוֹת
לְקוֹל תַּחֲנוּנָי:
ג אִם־עֲוֺנוֹת תִּשְׁמָר־יָהּ
אֲדֹנָי מִי יַעֲמֹד:
ד כִּי־עִמְּךָ הַסְּלִיחָה
לְמַעַן תִּוָּרֵא:
ה קִוִּיתִי יְהוָה קִוְּתָה נַפְשִׁי
וְלִדְבָרוֹ הוֹחָלְתִּי:
ו נַפְשִׁי לַאדֹנָי
מִשֹּׁמְרִים לַבֹּקֶר
שֹׁמְרִים לַבֹּקֶר:
ז יַחֵל יִשְׂרָאֵל אֶל־יְהוָה
כִּי־עִם־יְהוָה הַחֶסֶד
וְהַרְבֵּה עִמּוֹ פְדוּת:
ח וְהוּא יִפְדֶּה אֶת־יִשְׂרָאֵל
מִכֹּל עֲוֺנֹתָיו:

המשורר דבק במידת הענווה,
וקורא לעמו לייחל לה׳ למען עתיד עם ישראל.

קלא א שִׁ֥יר הַֽמַּעֲל֗וֹת לְדָ֫וִ֥ד
יְהוָ֤ה ׀ לֹא־גָבַ֣הּ לִ֭בִּי
וְלֹא־רָמ֣וּ עֵינַ֑י
וְלֹֽא־הִלַּ֓כְתִּי ׀ בִּגְדֹל֖וֹת
וּבְנִפְלָא֣וֹת מִמֶּֽנִּי׃
ב אִם־לֹ֤א שִׁוִּ֨יתִי ׀
וְדוֹמַ֗מְתִּי נַ֫פְשִׁ֥י
כְּ֭גָמֻל עֲלֵ֣י אִמּ֑וֹ
כַּגָּמֻ֖ל עָלַ֣י נַפְשִֽׁי׃
ג יַחֵ֣ל יִ֭שְׂרָאֵל אֶל־יְהוָ֑ה
מֵ֝עַתָּ֗ה וְעַד־עוֹלָֽם׃

המשורר מתאר את עליית דוד לבית ה׳ עם ארון ה׳ ועם הכוהנים והחסידים. ה׳ נשבע שאם בני דוד ישמרו את התורה הוא ישמור על ציון לעולם, ויצמיח קֶרֶן לְדָוִד המשיח.

קלב א שִׁ֗יר הַֽמַּ֫עֲל֥וֹת
זְכוֹר־יְהוָ֥ה לְדָוִ֑ד
אֵ֝֗ת כָּל־עֻנּוֹתֽוֹ׃
ב אֲשֶׁ֣ר נִ֭שְׁבַּע לַיהוָ֑ה
נָ֝דַ֗ר לַאֲבִ֥יר יַעֲקֹֽב׃

ג אִם־אָבֹא בְּאֹהֶל בֵּיתִי
אִם־אֶעֱלֶה עַל־עֶרֶשׂ יְצוּעָי:
ד אִם־אֶתֵּן שְׁנַת לְעֵינָי
לְעַפְעַפַּי תְּנוּמָה:
ה עַד־אֶמְצָא מָקוֹם לַיהוָה
מִשְׁכָּנוֹת לַאֲבִיר יַעֲקֹב:
ו הִנֵּה־שְׁמַעֲנוּהָ בְאֶפְרָתָה
מְצָאנוּהָ בִּשְׂדֵי־יָעַר:
ז נָבוֹאָה לְמִשְׁכְּנוֹתָיו
נִשְׁתַּחֲוֶה לַהֲדֹם רַגְלָיו:
ח קוּמָה יְהוָה לִמְנוּחָתֶךָ
אַתָּה וַאֲרוֹן עֻזֶּךָ:
ט כֹּהֲנֶיךָ יִלְבְּשׁוּ־צֶדֶק
וַחֲסִידֶיךָ יְרַנֵּנוּ:
י בַּעֲבוּר דָּוִד עַבְדֶּךָ
אַל־תָּשֵׁב פְּנֵי מְשִׁיחֶךָ:
יא נִשְׁבַּע־יְהוָה ׀ לְדָוִד אֱמֶת
לֹא־יָשׁוּב מִמֶּנָּה
מִפְּרִי בִטְנְךָ
אָשִׁית לְכִסֵּא־לָךְ:

יב אִם־יִשְׁמְרוּ בָנֶיךָ ׀ בְּרִיתִי
וְעֵדֹתִי זוֹ אֲלַמְּדֵם
גַּם־בְּנֵיהֶם עֲדֵי־עַד
יֵשְׁבוּ לְכִסֵּא־לָךְ׃
יג כִּי־בָחַר יְהֹוָה בְּצִיּוֹן
אִוָּהּ לְמוֹשָׁב לוֹ׃
יד זֹאת־מְנוּחָתִי עֲדֵי־עַד
פֹּה אֵשֵׁב כִּי אִוִּתִיהָ׃
טו צֵידָהּ בָּרֵךְ אֲבָרֵךְ
אֶבְיוֹנֶיהָ אַשְׂבִּיעַ לָחֶם׃
טז וְכֹהֲנֶיהָ אַלְבִּישׁ יֶשַׁע
וַחֲסִידֶיהָ רַנֵּן יְרַנֵּנוּ׃
יז שָׁם אַצְמִיחַ קֶרֶן לְדָוִד
עָרַכְתִּי נֵר לִמְשִׁיחִי׃
יח אוֹיְבָיו אַלְבִּישׁ בֹּשֶׁת
וְעָלָיו יָצִיץ נִזְרוֹ׃

בצאת המשורר, כביכול, מן הקודש (קלב), עם ישראל יושב יחדיו
באחווה עם הכוהנים, וברכת האחדות מקרינה על כל הארץ.

קלג א שִׁיר הַמַּעֲלוֹת לְדָוִד
הִנֵּה מַה־טּוֹב וּמַה־נָּעִים
שֶׁבֶת אַחִים גַּם־יָחַד:
ב כַּשֶּׁמֶן הַטּוֹב ׀ עַל־הָרֹאשׁ
יֹרֵד עַל־הַזָּקָן זְקַן־אַהֲרֹן
שֶׁיֹּרֵד עַל־פִּי מִדּוֹתָיו:
ג כְּטַל־חֶרְמוֹן שֶׁיֹּרֵד עַל־הַרְרֵי צִיּוֹן
כִּי שָׁם ׀ צִוָּה יְהוָה אֶת־הַבְּרָכָה
חַיִּים עַד־הָעוֹלָם:

כל עבדי ה׳ בבית ה׳ מברכים את ה׳, וברכת ה׳
מציון תקרין על כל הארץ. חתימה זו ראויה ל״שירי
המעלות״ לקראת חזרתם של עולי הרגל לביתם.

קלד א שִׁיר הַמַּעֲלוֹת
הִנֵּה ׀ בָּרְכוּ אֶת־יְהוָה
כָּל־עַבְדֵי יְהוָה
הָעֹמְדִים בְּבֵית־יְהוָה בַּלֵּילוֹת:
ב שְׂאוּ־יְדֵכֶם קֹדֶשׁ
וּבָרְכוּ אֶת־יְהוָה:
ג יְבָרֶכְךָ יְהוָה מִצִּיּוֹן
עֹשֵׂה שָׁמַיִם וָאָרֶץ:

מזמורים קלה-קלו: "הלל הגדול"; בזמן שישראל יושבים על אדמתם בטח ונהנים מברכת הארץ, ברכת ה' מקרינה מציון על כל העולם (סוכות).

עַבְדֵי ה' בְּחַצְרוֹת בֵּית ה' מברכים את ה' על שלטונו בבריאה ובתולדות העולם מאז יציאת מצרים עד הכניסה לארץ ישראל, ומדגישים את אפסותם של עֲצַבֵּי הַגּוֹיִם.

קלה א הַלְלוּיָהּ ׀
הַלְלוּ אֶת־שֵׁם יְהוָה
הַלְלוּ עַבְדֵי יְהוָה׃
ב שֶׁעֹמְדִים בְּבֵית יְהוָה
בְּחַצְרוֹת בֵּית אֱלֹהֵינוּ׃
ג הַלְלוּיָהּ כִּי־טוֹב יְהוָה
זַמְּרוּ לִשְׁמוֹ כִּי נָעִים׃
ד כִּי־יַעֲקֹב בָּחַר לוֹ יָהּ
יִשְׂרָאֵל לִסְגֻלָּתוֹ׃
ה כִּי אֲנִי יָדַעְתִּי
כִּי־גָדוֹל יְהוָה
וַאֲדֹנֵינוּ מִכָּל־אֱלֹהִים׃
ו כֹּל אֲשֶׁר־חָפֵץ יְהוָה עָשָׂה
בַּשָּׁמַיִם וּבָאָרֶץ
בַּיַּמִּים וְכָל־תְּהֹמוֹת׃

ז מַעֲלֶה נְשִׂאִים מִקְצֵה הָאָרֶץ
בְּרָקִים לַמָּטָר עָשָׂה
מוֹצֵא־רוּחַ מֵאוֹצְרוֹתָיו:
ח שֶׁהִכָּה בְּכוֹרֵי מִצְרָיִם
מֵאָדָם עַד־בְּהֵמָה:
ט שָׁלַח | אוֹתֹת וּמֹפְתִים
בְּתוֹכֵכִי מִצְרָיִם
בְּפַרְעֹה וּבְכָל־עֲבָדָיו:
י שֶׁהִכָּה גּוֹיִם רַבִּים
וְהָרַג מְלָכִים עֲצוּמִים:
יא לְסִיחוֹן | מֶלֶךְ הָאֱמֹרִי
וּלְעוֹג מֶלֶךְ הַבָּשָׁן
וּלְכֹל מַמְלְכוֹת כְּנָעַן:
יב וְנָתַן אַרְצָם נַחֲלָה
נַחֲלָה לְיִשְׂרָאֵל עַמּוֹ:
יג יהוה שִׁמְךָ לְעוֹלָם
יהוה זִכְרְךָ לְדֹר־וָדֹר:
יד כִּי־יָדִין יהוה עַמּוֹ
וְעַל־עֲבָדָיו יִתְנֶחָם:

טו עֲצַבֵּי הַגּוֹיִם כֶּסֶף וְזָהָב
מַעֲשֵׂה יְדֵי אָדָם:
טז פֶּה־לָהֶם וְלֹא יְדַבֵּרוּ
עֵינַיִם לָהֶם וְלֹא יִרְאוּ:
יז אָזְנַיִם לָהֶם וְלֹא יַאֲזִינוּ
אַף אֵין־יֶשׁ־רוּחַ בְּפִיהֶם:
יח כְּמוֹהֶם יִהְיוּ עֹשֵׂיהֶם
כֹּל אֲשֶׁר־בֹּטֵחַ בָּהֶם:
יט בֵּית יִשְׂרָאֵל בָּרְכוּ אֶת־יְהוָה
בֵּית אַהֲרֹן בָּרְכוּ אֶת־יְהוָה:
כ בֵּית הַלֵּוִי בָּרְכוּ אֶת־יְהוָה
יִרְאֵי יְהוָה בָּרְכוּ אֶת־יְהוָה:
כא בָּרוּךְ יְהוָה ׀ מִצִּיּוֹן
שֹׁכֵן יְרוּשָׁלָ͏ִם
הַלְלוּיָהּ:

שיר תודה לה׳ על תולדות העולם ועל הנסים שעשה
לעם ישראל מיציאת מצרים עד לכיבוש ארצות סיחון
ועוג, וקריאה לכל בשר להודות לה׳ על חסדו.

קלו א הודו ליהוה כי־טוב
כי לעולם חסדו:
ב הודו לאלהי האלהים
כי לעולם חסדו:
ג הודו לאדני האדנים
כי לעולם חסדו:
ד לעשה נפלאות גדלות לבדו
כי לעולם חסדו:
ה לעשה השמים בתבונה
כי לעולם חסדו:
ו לרקע הארץ על־המים
כי לעולם חסדו:
ז לעשה אורים גדלים
כי לעולם חסדו:
ח את־השמש לממשלת ביום
כי לעולם חסדו:
ט את־הירח וכוכבים לממשלות בלילה
כי לעולם חסדו:

י לְמַכֵּה מִצְרַיִם בִּבְכוֹרֵיהֶם

כִּי לְעוֹלָם חַסְדּוֹ:

יא וַיּוֹצֵא יִשְׂרָאֵל מִתּוֹכָם

כִּי לְעוֹלָם חַסְדּוֹ:

יב בְּיָד חֲזָקָה וּבִזְרוֹעַ נְטוּיָה

כִּי לְעוֹלָם חַסְדּוֹ:

יג לְגֹזֵר יַם־סוּף לִגְזָרִים

כִּי לְעוֹלָם חַסְדּוֹ:

יד וְהֶעֱבִיר יִשְׂרָאֵל בְּתוֹכוֹ

כִּי לְעוֹלָם חַסְדּוֹ:

טו וְנִעֵר פַּרְעֹה וְחֵילוֹ בְיַם־סוּף

כִּי לְעוֹלָם חַסְדּוֹ:

טז לְמוֹלִיךְ עַמּוֹ בַּמִּדְבָּר

כִּי לְעוֹלָם חַסְדּוֹ:

יז לְמַכֵּה מְלָכִים גְּדֹלִים

כִּי לְעוֹלָם חַסְדּוֹ:

יח וַיַּהֲרֹג מְלָכִים אַדִּירִים

כִּי לְעוֹלָם חַסְדּוֹ:

יט לְסִיחוֹן מֶלֶךְ הָאֱמֹרִי

כִּי לְעוֹלָם חַסְדּוֹ:

כ וּלְעוֹג מֶלֶךְ הַבָּשָׁן

כִּי לְעוֹלָם חַסְדּוֹ:

כא וְנָתַן אַרְצָם לְנַחֲלָה

כִּי לְעוֹלָם חַסְדּוֹ:

כב נַחֲלָה לְיִשְׂרָאֵל עַבְדּוֹ

כִּי לְעוֹלָם חַסְדּוֹ:

כג שֶׁבְּשִׁפְלֵנוּ זָכַר לָנוּ

כִּי לְעוֹלָם חַסְדּוֹ:

כד וַיִּפְרְקֵנוּ מִצָּרֵינוּ

כִּי לְעוֹלָם חַסְדּוֹ:

כה נֹתֵן לֶחֶם לְכָל־בָּשָׂר

כִּי לְעוֹלָם חַסְדּוֹ:

כו הוֹדוּ לְאֵל הַשָּׁמָיִם

כִּי לְעוֹלָם חַסְדּוֹ:

לאחר גאולת עם ישראל היושב שוב בארצו, המשורר דורש עונש למלכות בבל, כמו גם את מחויבותם של הגולים לציון.

קלז א עַל־נַהֲרוֹת ׀ בָּבֶל
שָׁם יָשַׁבְנוּ גַּם־בָּכִינוּ
בְּזָכְרֵנוּ אֶת־צִיּוֹן:
ב עַל־עֲרָבִים בְּתוֹכָהּ
תָּלִינוּ כִּנֹּרוֹתֵינוּ:
ג כִּי שָׁם ׀ שְׁאֵלוּנוּ שׁוֹבֵינוּ
דִּבְרֵי־שִׁיר וְתוֹלָלֵינוּ שִׂמְחָה
שִׁירוּ לָנוּ מִשִּׁיר צִיּוֹן:
ד אֵיךְ נָשִׁיר אֶת־שִׁיר־יְהוָה
עַל אַדְמַת נֵכָר:
ה אִם־אֶשְׁכָּחֵךְ יְרוּשָׁלָםִ
תִּשְׁכַּח יְמִינִי:
ו תִּדְבַּק לְשׁוֹנִי ׀ לְחִכִּי
אִם־לֹא אֶזְכְּרֵכִי
אִם־לֹא אַעֲלֶה אֶת־יְרוּשָׁלַםִ
עַל רֹאשׁ שִׂמְחָתִי:
ז זְכֹר יְהוָה ׀ לִבְנֵי אֱדוֹם
אֵת יוֹם יְרוּשָׁלָםִ
הָאֹמְרִים עָרוּ ׀ עָרוּ
ח עַד הַיְסוֹד בָּהּ:

בַּת־בָּבֶל הַשְּׁדוּדָה
אַשְׁרֵי שֶׁיְשַׁלֶּם־לָךְ
אֶת־גְּמוּלֵךְ שֶׁגָּמַלְתְּ לָנוּ:
ט אַשְׁרֵי ׀ שֶׁיֹּאחֵז וְנִפֵּץ אֶת־עֹלָלַיִךְ
אֶל־הַסָּלַע:

מזמורים קלח-קמה: באוסף האחרון המיוחס 'לְדָוִד', המשורר עובר תהליך של תיקון מצבו לאחר גלות בבל: במישור האישי הוא ניצל מצרות, ובמישור האוניברסלי יש תיקון עולם - כָּל מַלְכֵי אֶרֶץ ובהמשך כל הברואים יודו לה' (קלח, ד; קמה, י); המלכות תחזור לבית דוד, וגם מלכים אחרים ייושעו (קמד, י).

דוד מודה לה' אשר יושיעו בְּקֶרֶב צָרָה,
ואף כָּל מַלְכֵי אָרֶץ ישירו לה'.

קלח א לְדָוִד ׀
אוֹדְךָ בְכָל־לִבִּי
נֶגֶד אֱלֹהִים אֲזַמְּרֶךָּ:
ב אֶשְׁתַּחֲוֶה אֶל־הֵיכַל קָדְשְׁךָ
וְאוֹדֶה אֶת־שְׁמֶךָ
עַל־חַסְדְּךָ וְעַל־אֲמִתֶּךָ
כִּי־הִגְדַּלְתָּ עַל־כָּל־שִׁמְךָ אִמְרָתֶךָ:
ג בְּיוֹם קָרָאתִי וַתַּעֲנֵנִי
תַּרְהִבֵנִי בְנַפְשִׁי עֹז:

ד יוֹדוּךָ יְהוָה
כָּל־מַלְכֵי־אָרֶץ
כִּי שָׁמְעוּ אִמְרֵי־פִיךָ׃
ה וְיָשִׁירוּ בְּדַרְכֵי יְהוָה
כִּי־גָדוֹל כְּבוֹד יְהוָה׃
ו כִּי־רָם יְהוָה וְשָׁפָל יִרְאֶה
וְגָבֹהַּ מִמֶּרְחָק יְיֵדָע׃
ז אִם־אֵלֵךְ ׀ בְּקֶרֶב צָרָה תְּחַיֵּנִי
עַל אַף אֹיְבַי תִּשְׁלַח יָדֶךָ
וְתוֹשִׁיעֵנִי יְמִינֶךָ׃
ח יְהוָה יִגְמֹר בַּעֲדִי
יְהוָה חַסְדְּךָ לְעוֹלָם
מַעֲשֵׂי יָדֶיךָ אַל־תֶּרֶף׃

ה׳ יודע היטב את האדם, והאדם אינו יכול
לברוח ממנו; המשורר מבקש את הנחייתו של ה׳.

קלט א לַמְנַצֵּחַ לְדָוִד מִזְמוֹר
יְהוָה חֲקַרְתַּנִי וַתֵּדָע׃
ב אַתָּה יָדַעְתָּ שִׁבְתִּי וְקוּמִי
בַּנְתָּה לְרֵעִי מֵרָחוֹק׃

ג אָרְחִי וְרִבְעִי זֵרִיתָ
וְכָל־דְּרָכַי הִסְכַּנְתָּה:
ד כִּי אֵין מִלָּה בִּלְשׁוֹנִי
הֵן יְהוָה יָדַעְתָּ כֻלָּהּ:
ה אָחוֹר וָקֶדֶם צַרְתָּנִי
וַתָּשֶׁת עָלַי כַּפֶּכָה:
ו פְּלִיאָה דַעַת מִמֶּנִּי פלאיה
נִשְׂגְּבָה לֹא־אוּכַל לָהּ:
ז אָנָה אֵלֵךְ מֵרוּחֶךָ
וְאָנָה מִפָּנֶיךָ אֶבְרָח:
ח אִם־אֶסַּק שָׁמַיִם שָׁם אָתָּה
וְאַצִּיעָה שְּׁאוֹל הִנֶּךָּ:
ט אֶשָּׂא כַנְפֵי־שָׁחַר
אֶשְׁכְּנָה בְּאַחֲרִית יָם:
י גַּם־שָׁם יָדְךָ תַנְחֵנִי
וְתֹאחֲזֵנִי יְמִינֶךָ:
יא וָאֹמַר אַךְ־חֹשֶׁךְ יְשׁוּפֵנִי
וְלַיְלָה אוֹר בַּעֲדֵנִי:
יב גַּם־חֹשֶׁךְ לֹא־יַחְשִׁיךְ מִמֶּךָ
וְלַיְלָה כַּיּוֹם יָאִיר
כַּחֲשֵׁיכָה כָּאוֹרָה:

יג כִּי־אַתָּה קָנִיתָ כִלְיֹתָי
תְּסֻכֵּנִי בְּבֶטֶן אִמִּי:
יד אוֹדְךָ עַל כִּי נוֹרָאוֹת נִפְלֵיתִי
נִפְלָאִים מַעֲשֶׂיךָ
וְנַפְשִׁי יֹדַעַת מְאֹד:
טו לֹא־נִכְחַד עָצְמִי מִמֶּךָּ
אֲשֶׁר־עֻשֵּׂיתִי בַסֵּתֶר
רֻקַּמְתִּי בְּתַחְתִּיּוֹת אָרֶץ:
טז גָּלְמִי ׀ רָאוּ עֵינֶיךָ
וְעַל־סִפְרְךָ כֻּלָּם יִכָּתֵבוּ
ולא יָמִים יֻצָּרוּ וְלוֹ אֶחָד בָּהֶם:
יז וְלִי מַה־יָּקְרוּ רֵעֶיךָ אֵל
מֶה עָצְמוּ רָאשֵׁיהֶם:
יח אֶסְפְּרֵם מֵחוֹל יִרְבּוּן
הֱקִיצֹתִי וְעוֹדִי עִמָּךְ:
יט אִם־תִּקְטֹל אֱלוֹהַּ ׀ רָשָׁע
וְאַנְשֵׁי דָמִים סוּרוּ מֶנִּי:
כ אֲשֶׁר יֹמְרוּךָ לִמְזִמָּה
נָשׂוּא לַשָּׁוְא עָרֶיךָ:

כא הֲלוֹא־מְשַׂנְאֶיךָ יְהוָה ׀ אֶשְׂנָא
וּבְתְקוֹמְמֶיךָ אֶתְקוֹטָט:
כב תַּכְלִית שִׂנְאָה שְׂנֵאתִים
לְאוֹיְבִים הָיוּ לִי:
כג חָקְרֵנִי אֵל וְדַע לְבָבִי
בְּחָנֵנִי וְדַע שַׂרְעַפָּי:
כד וּרְאֵה אִם־דֶּרֶךְ־עֹצֶב בִּי
וּנְחֵנִי בְּדֶרֶךְ עוֹלָם:

כשאנשי עוולה מנסים למעט את דמותו של הצדיק, ומזלזלים בו
באופן גלוי או מוסווה, בדברי דיבה המוציאים לו שם רע,
ה׳ שומע תפילתו ומציל אותו מכל התככים הארסיים של אויביו.

קמ א לַמְנַצֵּחַ מִזְמוֹר לְדָוִד:
ב חַלְּצֵנִי יהוה מֵאָדָם רָע
מֵאִישׁ חֲמָסִים תִּנְצְרֵנִי:
ג אֲשֶׁר חָשְׁבוּ רָעוֹת בְּלֵב
כָּל־יוֹם יָגוּרוּ מִלְחָמוֹת:
ד שָׁנְנוּ לְשׁוֹנָם כְּמוֹ־נָחָשׁ
חֲמַת עַכְשׁוּב תַּחַת שְׂפָתֵימוֹ סֶלָה:

ה שָׁמְרֵנִי יְהוָה ׀ מִידֵי רָשָׁע
מֵאִישׁ חֲמָסִים תִּנְצְרֵנִי
אֲשֶׁר חָשְׁבוּ לִדְחוֹת פְּעָמָי:
ו טָמְנוּ־גֵאִים ׀ פַּח לִי
וַחֲבָלִים פָּרְשׂוּ רֶשֶׁת לְיַד־מַעְגָּל
מֹקְשִׁים שָׁתוּ־לִי סֶלָה:
ז אָמַרְתִּי לַיהוָה אֵלִי אָתָּה
הַאֲזִינָה יְהוָה קוֹל תַּחֲנוּנָי:
ח יֱהוִה אֲדֹנָי עֹז יְשׁוּעָתִי
סַכֹּתָה לְרֹאשִׁי בְּיוֹם נָשֶׁק:
ט אַל־תִּתֵּן יְהוָה מַאֲוַיֵּי רָשָׁע
זְמָמוֹ אַל־תָּפֵק יָרוּמוּ סֶלָה:
י רֹאשׁ מְסִבָּי
עֲמַל שְׂפָתֵימוֹ יְכַסֵּמוֹ: יכסוּמוֹ
יא יָמוֹטוּ עֲלֵיהֶם גֶּחָלִים ימִיטוּ
בָּאֵשׁ יַפִּלֵם
בְּמַהֲמֹרוֹת בַּל־יָקוּמוּ:
יב אִישׁ לָשׁוֹן בַּל־יִכּוֹן בָּאָרֶץ
אִישׁ־חָמָס רָע יְצוּדֶנּוּ לְמַדְחֵפֹת:

יג יָדַעְתָּ כִּי־יַעֲשֶׂה יְהוָה דִּין עָנִי
מִשְׁפַּט אֶבְיֹנִים:
יד אַךְ צַדִּיקִים יוֹדוּ לִשְׁמֶךָ
יֵשְׁבוּ יְשָׁרִים אֶת־פָּנֶיךָ:

המשורר מבקש מה' שישמור עליו
גם מהשפעתם הרעה של הרשעים.

קמא

א מִזְמוֹר לְדָוִד
יְהוָה קְרָאתִיךָ חוּשָׁה לִּי
הַאֲזִינָה קוֹלִי בְּקָרְאִי־לָךְ:
ב תִּכּוֹן תְּפִלָּתִי קְטֹרֶת לְפָנֶיךָ
מַשְׂאַת כַּפַּי מִנְחַת־עָרֶב:
ג שִׁיתָה יְהוָה שָׁמְרָה לְפִי
נִצְּרָה עַל־דַּל שְׂפָתָי:
ד אַל־תַּט־לִבִּי ׀ לְדָבָר ׀ רָע
לְהִתְעוֹלֵל עֲלִלוֹת ׀ בְּרֶשַׁע
אֶת־אִישִׁים פֹּעֲלֵי־אָוֶן
וּבַל־אֶלְחַם בְּמַנְעַמֵּיהֶם:

ה יֶהֶלְמֵנִי צַדִּיק ׀ חֶסֶד וְיוֹכִיחֵנִי
שֶׁמֶן רֹאשׁ אַל־יָנִי רֹאשִׁי
כִּי־עוֹד וּתְפִלָּתִי בְּרָעוֹתֵיהֶם׃
ו נִשְׁמְטוּ בִידֵי־סֶלַע שֹׁפְטֵיהֶם
וְשָׁמְעוּ אֲמָרַי כִּי נָעֵמוּ׃
ז כְּמוֹ פֹלֵחַ וּבֹקֵעַ בָּאָרֶץ
נִפְזְרוּ עֲצָמֵינוּ לְפִי שְׁאוֹל׃
ח כִּי אֵלֶיךָ ׀ יֱהוִה אֲדֹנָי עֵינָי
בְּכָה חָסִיתִי אַל־תְּעַר נַפְשִׁי׃
ט שָׁמְרֵנִי מִידֵי פַח יָקְשׁוּ לִי
וּמֹקְשׁוֹת פֹּעֲלֵי אָוֶן׃
י יִפְּלוּ בְמַכְמֹרָיו רְשָׁעִים
יַחַד אָנֹכִי עַד־אֶעֱבוֹר׃

בצר לו – זועק המשורר לה׳ שיצילו, כדי שיוכל להודות לו.

קמב א מַשְׂכִּיל לְדָוִד בִּהְיוֹתוֹ בַמְּעָרָה תְפִלָּה׃
ב קוֹלִי אֶל־יְהוָה אֶזְעָק
קוֹלִי אֶל־יְהוָה אֶתְחַנָּן׃
ג אֶשְׁפֹּךְ לְפָנָיו שִׂיחִי
צָרָתִי לְפָנָיו אַגִּיד׃

ד בְּהִתְעַטֵּף עָלַי ׀ רוּחִי
וְאַתָּה יָדַעְתָּ נְתִיבָתִי
בְּאֹרַח־זוּ אֲהַלֵּךְ
טָמְנוּ פַח לִי:
ה הַבֵּיט יָמִין ׀ וּרְאֵה
וְאֵין־לִי מַכִּיר
אָבַד מָנוֹס מִמֶּנִּי
אֵין דּוֹרֵשׁ לְנַפְשִׁי:
ו זָעַקְתִּי אֵלֶיךָ יְהוָה
אָמַרְתִּי אַתָּה מַחְסִי
חֶלְקִי בְּאֶרֶץ הַחַיִּים:
ז הַקְשִׁיבָה ׀ אֶל־רִנָּתִי
כִּי־דַלּוֹתִי מְאֹד
הַצִּילֵנִי מֵרֹדְפַי
כִּי אָמְצוּ מִמֶּנִּי:
ח הוֹצִיאָה מִמַּסְגֵּר ׀ נַפְשִׁי
לְהוֹדוֹת אֶת־שְׁמֶךָ
בִּי יַכְתִּרוּ צַדִּיקִים
כִּי תִגְמֹל עָלָי:

המשורר קורא לה׳ להצילו מאויביו ולהדריכו לעשות את רצון ה׳.

קמג א מִזְמוֹר לְדָוִד

יְהוָה ׀ שְׁמַע תְּפִלָּתִי

הַאֲזִינָה אֶל־תַּחֲנוּנַי בֶּאֱמֻנָתְךָ

עֲנֵנִי בְּצִדְקָתֶךָ׃

ב וְאַל־תָּבוֹא בְמִשְׁפָּט אֶת־עַבְדֶּךָ

כִּי לֹא־יִצְדַּק לְפָנֶיךָ כָל־חָי׃

ג כִּי רָדַף אוֹיֵב ׀ נַפְשִׁי

דִּכָּא לָאָרֶץ חַיָּתִי

הוֹשִׁיבַנִי בְמַחֲשַׁכִּים

כְּמֵתֵי עוֹלָם׃

ד וַתִּתְעַטֵּף עָלַי רוּחִי

בְּתוֹכִי יִשְׁתּוֹמֵם לִבִּי׃

ה זָכַרְתִּי יָמִים ׀ מִקֶּדֶם

הָגִיתִי בְכָל־פָּעֳלֶךָ

בְּמַעֲשֵׂה יָדֶיךָ אֲשׂוֹחֵחַ׃

ו פֵּרַשְׂתִּי יָדַי אֵלֶיךָ

נַפְשִׁי ׀ כְּאֶרֶץ־עֲיֵפָה לְךָ סֶלָה׃

ז מַהֵר עֲנֵנִי ׀ יהוה
כָּלְתָה רוּחִי
אַל־תַּסְתֵּר פָּנֶיךָ מִמֶּנִּי
וְנִמְשַׁלְתִּי עִם־יֹרְדֵי בוֹר:
ח הַשְׁמִיעֵנִי בַבֹּקֶר ׀ חַסְדֶּךָ
כִּי־בְךָ בָטָחְתִּי
הוֹדִיעֵנִי דֶּרֶךְ־זוּ אֵלֵךְ
כִּי־אֵלֶיךָ נָשָׂאתִי נַפְשִׁי:
ט הַצִּילֵנִי מֵאֹיְבַי ׀ יהוה
אֵלֶיךָ כִסִּתִי:
י לַמְּדֵנִי ׀ לַעֲשׂוֹת רְצוֹנֶךָ
כִּי־אַתָּה אֱלוֹהָי
רוּחֲךָ טוֹבָה
תַּנְחֵנִי בְּאֶרֶץ מִישׁוֹר:
יא לְמַעַן־שִׁמְךָ יהוה תְּחַיֵּנִי
בְּצִדְקָתְךָ ׀ תּוֹצִיא מִצָּרָה נַפְשִׁי:
יב וּבְחַסְדְּךָ תַּצְמִית אֹיְבָי
וְהַאֲבַדְתָּ כָּל־צֹרְרֵי נַפְשִׁי
כִּי אֲנִי עַבְדֶּךָ:

דוד המלך מודה לה׳ על שהצילו במלחמה, על תשועתו לַמְּלָכִים ועל השפע שזכה לו עם ישראל.

קמד א לְדָוִ֨ד ׀
בָּ֘ר֤וּךְ יְהוָ֨ה ׀ צוּרִ֗י
הַֽמְלַמֵּ֣ד יָדַ֣י לַקְרָ֑ב
אֶ֝צְבְּעוֹתַ֗י לַמִּלְחָמָֽה׃
ב חַסְדִּ֥י וּמְצוּדָתִי֮
מִשְׂגַּבִּ֪י וּֽמְפַלְטִ֫י לִ֥י
מָ֭גִנִּי וּב֣וֹ חָסִ֑יתִי
הָרוֹדֵ֖ד עַמִּ֣י תַחְתָּֽי׃
ג יְֽהוָ֗ה מָֽה־אָ֭דָם וַתֵּדָעֵ֑הוּ
בֶּן־אֱ֝נ֗וֹשׁ וַתְּחַשְּׁבֵֽהוּ׃
ד אָ֭דָם לַהֶ֣בֶל דָּמָ֑ה
יָ֝מָ֗יו כְּצֵ֣ל עוֹבֵֽר׃
ה יְֽהוָ֗ה הַט־שָׁמֶ֥יךָ וְתֵרֵ֑ד
גַּ֖ע בֶּהָרִ֣ים וְֽיֶעֱשָֽׁנוּ׃
ו בְּר֣וֹק בָּ֭רָק וּתְפִיצֵ֑ם
שְׁלַ֥ח חִ֝צֶּ֗יךָ וּתְהֻמֵּֽם׃

ז שְׁלַח יָדֶיךָ מִמָּרוֹם
פְּצֵנִי וְהַצִּילֵנִי מִמַּיִם רַבִּים
מִיַּד בְּנֵי נֵכָר:
ח אֲשֶׁר פִּיהֶם דִּבֶּר־שָׁוְא
וִימִינָם יְמִין שָׁקֶר:
ט אֱלֹהִים שִׁיר חָדָשׁ אָשִׁירָה לָּךְ
בְּנֵבֶל עָשׂוֹר אֲזַמְּרָה־לָּךְ:
י הַנּוֹתֵן תְּשׁוּעָה לַמְּלָכִים
הַפּוֹצֶה אֶת־דָּוִד עַבְדּוֹ
מֵחֶרֶב רָעָה:
יא פְּצֵנִי וְהַצִּילֵנִי מִיַּד בְּנֵי־נֵכָר
אֲשֶׁר פִּיהֶם דִּבֶּר־שָׁוְא
וִימִינָם יְמִין שָׁקֶר:
יב אֲשֶׁר בָּנֵינוּ ׀ כִּנְטִעִים
מְגֻדָּלִים בִּנְעוּרֵיהֶם
בְּנוֹתֵינוּ כְזָוִיֹּת
מְחֻטָּבוֹת תַּבְנִית הֵיכָל:

יג מְזָוֵינוּ מְלֵאִים
מְפִיקִים מִזַּן אֶל זַן
צֹאונֵנוּ מַאֲלִיפוֹת
מְרֻבָּבוֹת בְּחוּצוֹתֵינוּ:
יד אַלּוּפֵינוּ מְסֻבָּלִים
אֵין פֶּרֶץ
וְאֵין יוֹצֵאת
וְאֵין צְוָחָה בִּרְחֹבֹתֵינוּ:
טו אַשְׁרֵי הָעָם שֶׁכָּכָה לּוֹ
אַשְׁרֵי הָעָם
שֶׁיהוָה אֱלֹהָיו:

תהילתו של דוד – דוד משבח את מלכות ה׳ על כל העולם,
ומזמין את ׳כָּל בָּשָׂר׳ להלל את ה׳, הלל שייאמר בהמשך (קמו-קנ).

קמה א תְּהִלָּה לְדָוִד
אֲרוֹמִמְךָ אֱלוֹהַי הַמֶּלֶךְ
וַאֲבָרְכָה שִׁמְךָ לְעוֹלָם וָעֶד:
ב בְּכָל־יוֹם אֲבָרְכֶךָּ
וַאֲהַלְלָה שִׁמְךָ לְעוֹלָם וָעֶד:

ג גָּדוֹל יְהוָה וּמְהֻלָּל מְאֹד
וְלִגְדֻלָּתוֹ אֵין חֵקֶר:
ד דּוֹר לְדוֹר יְשַׁבַּח מַעֲשֶׂיךָ
וּגְבוּרֹתֶיךָ יַגִּידוּ:
ה הֲדַר כְּבוֹד הוֹדֶךָ
וְדִבְרֵי נִפְלְאֹתֶיךָ אָשִׂיחָה:
ו וֶעֱזוּז נוֹרְאֹתֶיךָ יֹאמֵרוּ
וּגְדוּלָּתְךָ אֲסַפְּרֶנָּה: וגדלותיך
ז זֵכֶר רַב־טוּבְךָ יַבִּיעוּ
וְצִדְקָתְךָ יְרַנֵּנוּ:
ח חַנּוּן וְרַחוּם יְהוָה
אֶרֶךְ אַפַּיִם וּגְדָל־חָסֶד:
ט טוֹב־יְהוָה לַכֹּל
וְרַחֲמָיו עַל־כָּל־מַעֲשָׂיו:
י יוֹדוּךָ יְהוָה כָּל־מַעֲשֶׂיךָ
וַחֲסִידֶיךָ יְבָרְכוּכָה:
יא כְּבוֹד מַלְכוּתְךָ יֹאמֵרוּ
וּגְבוּרָתְךָ יְדַבֵּרוּ:
יב לְהוֹדִיעַ ׀ לִבְנֵי הָאָדָם גְּבוּרֹתָיו
וּכְבוֹד הֲדַר מַלְכוּתוֹ:

יג מַלְכוּתְךָ מַלְכוּת כָּל־עֹלָמִים
וּמֶמְשַׁלְתְּךָ בְּכָל־דּוֹר וָדֹר:
יד סוֹמֵךְ יהוה לְכָל־הַנֹּפְלִים
וְזוֹקֵף לְכָל־הַכְּפוּפִים:
טו עֵינֵי־כֹל אֵלֶיךָ יְשַׂבֵּרוּ
וְאַתָּה נוֹתֵן־לָהֶם אֶת־אָכְלָם בְּעִתּוֹ:
טז פּוֹתֵחַ אֶת־יָדֶךָ
וּמַשְׂבִּיעַ לְכָל־חַי רָצוֹן:
יז צַדִּיק יהוה בְּכָל־דְּרָכָיו
וְחָסִיד בְּכָל־מַעֲשָׂיו:
יח קָרוֹב יהוה לְכָל־קֹרְאָיו
לְכֹל אֲשֶׁר יִקְרָאֻהוּ בֶאֱמֶת:
יט רְצוֹן־יְרֵאָיו יַעֲשֶׂה
וְאֶת־שַׁוְעָתָם יִשְׁמַע וְיוֹשִׁיעֵם:
כ שׁוֹמֵר יהוה אֶת־כָּל־אֹהֲבָיו
וְאֵת כָּל־הָרְשָׁעִים יַשְׁמִיד:
כא תְּהִלַּת יהוה יְדַבֶּר פִּי
וִיבָרֵךְ כָּל־בָּשָׂר
שֵׁם קָדְשׁוֹ לְעוֹלָם וָעֶד:

קמו-קנ: הבריאה כולה מצטרפת ומשבחת את ה׳ במזמורי ׳הַלְלוּיָהּ׳, החותמים את ספר תהלים כולו.

תהילתו האישית של המשורר: קריאה להמליך את ה׳ ולבטוח בו ולא באדם, שכן הוא היחיד שבכוחו לעשות צדק גם עם החלשים.

קמו א הַלְלוּיָהּ
הַלְלִי נַפְשִׁי אֶת־יְהוָה:
ב אֲהַלְלָה יְהוָה בְּחַיָּי
אֲזַמְּרָה לֵאלֹהַי בְּעוֹדִי:
ג אַל־תִּבְטְחוּ בִנְדִיבִים
בְּבֶן־אָדָם | שֶׁאֵין לוֹ תְשׁוּעָה:
ד תֵּצֵא רוּחוֹ יָשֻׁב לְאַדְמָתוֹ
בַּיּוֹם הַהוּא אָבְדוּ עֶשְׁתֹּנֹתָיו:
ה אַשְׁרֵי שֶׁאֵל יַעֲקֹב בְּעֶזְרוֹ
שִׂבְרוֹ עַל־יְהוָה אֱלֹהָיו:
ו עֹשֶׂה | שָׁמַיִם וָאָרֶץ
אֶת־הַיָּם וְאֶת־כָּל־אֲשֶׁר־בָּם
הַשֹּׁמֵר אֱמֶת לְעוֹלָם:
ז עֹשֶׂה מִשְׁפָּט | לַעֲשׁוּקִים
נֹתֵן לֶחֶם לָרְעֵבִים
יְהוָה מַתִּיר אֲסוּרִים:

ח יְהוָ֨ה ׀ פֹּ֘קֵ֤חַ עִוְרִ֗ים
יְ֭הוָה זֹקֵ֣ף כְּפוּפִ֑ים
יְ֝הוָ֗ה אֹהֵ֥ב צַדִּיקִֽים:
ט יְהוָ֤ה ׀ שֹׁ֘מֵ֤ר אֶת־גֵּרִ֗ים
יָת֣וֹם וְאַלְמָנָ֣ה יְעוֹדֵ֑ד
וְדֶ֖רֶךְ רְשָׁעִ֣ים יְעַוֵּֽת:
י יִמְלֹ֤ךְ יְהוָ֨ה ׀ לְעוֹלָ֗ם
אֱלֹהַ֣יִךְ צִ֭יּוֹן לְדֹ֥ר וָדֹ֗ר
הַֽלְלוּ־יָֽהּ:

תהילת ירושלים על קיבוץ הגלויות ובניין העיר. שבח לה׳ על כוחו וחסדו המתגלים הן בטבע והן בתורתו שניתנה לישראל.

קמז א הַ֥לְלוּיָ֨הּ ׀
כִּי־ט֭וֹב זַמְּרָ֣ה אֱלֹהֵ֑ינוּ
כִּֽי־נָ֝עִ֗ים נָאוָ֥ה תְהִלָּֽה:
ב בּוֹנֵ֣ה יְרוּשָׁלַ֣͏ִם יְהוָ֑ה
נִדְחֵ֖י יִשְׂרָאֵ֣ל יְכַנֵּֽס:
ג הָ֭רֹפֵא לִשְׁב֣וּרֵי לֵ֑ב
וּ֝מְחַבֵּ֗שׁ לְעַצְּבוֹתָֽם:

ד מוֹנֶה מִסְפָּר לַכּוֹכָבִים
לְכֻלָּם שֵׁמוֹת יִקְרָא:
ה גָּדוֹל אֲדוֹנֵינוּ וְרַב־כֹּחַ
לִתְבוּנָתוֹ אֵין מִסְפָּר:
ו מְעוֹדֵד עֲנָוִים יהוה
מַשְׁפִּיל רְשָׁעִים עֲדֵי־אָרֶץ:
ז עֱנוּ לַיהוה בְּתוֹדָה
זַמְּרוּ לֵאלֹהֵינוּ בְכִנּוֹר:
ח הַמְכַסֶּה שָׁמַיִם ׀ בְּעָבִים
הַמֵּכִין לָאָרֶץ מָטָר
הַמַּצְמִיחַ הָרִים חָצִיר:
ט נוֹתֵן לִבְהֵמָה לַחְמָהּ
לִבְנֵי עֹרֵב אֲשֶׁר יִקְרָאוּ:
י לֹא בִגְבוּרַת הַסּוּס יֶחְפָּץ
לֹא־בְשׁוֹקֵי הָאִישׁ יִרְצֶה:
יא רוֹצֶה יהוה אֶת־יְרֵאָיו
אֶת־הַמְיַחֲלִים לְחַסְדּוֹ:
יב שַׁבְּחִי יְרוּשָׁלִַם אֶת־יהוה
הַלְלִי אֱלֹהַיִךְ צִיּוֹן:

יג כִּי־חִזַּק בְּרִיחֵי שְׁעָרָיִךְ
בֵּרַךְ בָּנַיִךְ בְּקִרְבֵּךְ:
יד הַשָּׂם־גְּבוּלֵךְ שָׁלוֹם
חֵלֶב חִטִּים יַשְׂבִּיעֵךְ:
טו הַשֹּׁלֵחַ אִמְרָתוֹ אָרֶץ
עַד־מְהֵרָה יָרוּץ דְּבָרוֹ:
טז הַנֹּתֵן שֶׁלֶג כַּצָּמֶר
כְּפוֹר כָּאֵפֶר יְפַזֵּר:
יז מַשְׁלִיךְ קַרְחוֹ כְפִתִּים
לִפְנֵי קָרָתוֹ מִי יַעֲמֹד:
יח יִשְׁלַח דְּבָרוֹ וְיַמְסֵם
יַשֵּׁב רוּחוֹ יִזְּלוּ־מָיִם:
יט מַגִּיד דְּבָרָו לְיַעֲקֹב
חֻקָּיו וּמִשְׁפָּטָיו לְיִשְׂרָאֵל:
כ לֹא עָשָׂה כֵן ׀ לְכָל־גּוֹי
וּמִשְׁפָּטִים בַּל־יְדָעוּם
הַלְלוּיָהּ:

תהילה פיוטית של שמים וארץ: כל הבריאה מהללת את ה', ובראשה עם ישראל שנבחר להיות עם קרבו של ה'.

קמח א הַלְלוּיָהּ ׀
הַלְלוּ אֶת־יהוה מִן־הַשָּׁמַיִם
הַלְלוּהוּ בַּמְּרוֹמִים:
ב הַלְלוּהוּ כָל־מַלְאָכָיו
הַלְלוּהוּ כָּל־צְבָאָו:
ג הַלְלוּהוּ שֶׁמֶשׁ וְיָרֵחַ
הַלְלוּהוּ כָּל־כּוֹכְבֵי אוֹר:
ד הַלְלוּהוּ שְׁמֵי הַשָּׁמָיִם
וְהַמַּיִם אֲשֶׁר ׀ מֵעַל הַשָּׁמָיִם:
ה יְהַלְלוּ אֶת־שֵׁם יהוה
כִּי הוּא צִוָּה וְנִבְרָאוּ:
ו וַיַּעֲמִידֵם לָעַד לְעוֹלָם
חָק־נָתַן וְלֹא יַעֲבוֹר:
ז הַלְלוּ אֶת־יהוה מִן־הָאָרֶץ
תַּנִּינִים וְכָל־תְּהֹמוֹת:
ח אֵשׁ וּבָרָד שֶׁלֶג וְקִיטוֹר
רוּחַ סְעָרָה עֹשָׂה דְבָרוֹ:
ט הֶהָרִים וְכָל־גְּבָעוֹת
עֵץ פְּרִי וְכָל־אֲרָזִים:

י הַחַיָּה וְכָל־בְּהֵמָה
רֶמֶשׂ וְצִפּוֹר כָּנָף:
יא מַלְכֵי־אֶרֶץ וְכָל־לְאֻמִּים
שָׂרִים וְכָל־שֹׁפְטֵי אָרֶץ:
יב בַּחוּרִים וְגַם־בְּתוּלוֹת
זְקֵנִים עִם־נְעָרִים:
יג יְהַלְלוּ ׀ אֶת־שֵׁם יהוה
כִּי־נִשְׂגָּב שְׁמוֹ לְבַדּוֹ
הוֹדוֹ עַל־אֶרֶץ וְשָׁמָיִם:
יד וַיָּרֶם קֶרֶן ׀ לְעַמּוֹ
תְּהִלָּה לְכָל־חֲסִידָיו
לִבְנֵי יִשְׂרָאֵל עַם קְרֹבוֹ
הַלְלוּיָהּ:

תהילתו של קהל החסידים:
מלכות ה׳ בציון ומשפט כל מלכי הגויים.

קמט א הַלְלוּיָהּ ׀
שִׁירוּ לַיהוה שִׁיר חָדָשׁ
תְּהִלָּתוֹ בִּקְהַל חֲסִידִים:

ב יִשְׂמַח יִשְׂרָאֵל בְּעֹשָׂיו
בְּנֵי־צִיּוֹן יָגִילוּ בְמַלְכָּם:
ג יְהַלְלוּ שְׁמוֹ בְמָחוֹל
בְּתֹף וְכִנּוֹר יְזַמְּרוּ־לוֹ:
ד כִּי־רוֹצֶה יְהֹוָה בְּעַמּוֹ
יְפָאֵר עֲנָוִים בִּישׁוּעָה:
ה יַעְלְזוּ חֲסִידִים בְּכָבוֹד
יְרַנְּנוּ עַל־מִשְׁכְּבוֹתָם:
ו רוֹמְמוֹת אֵל בִּגְרוֹנָם
וְחֶרֶב פִּיפִיּוֹת בְּיָדָם:
ז לַעֲשׂוֹת נְקָמָה בַּגּוֹיִם
תּוֹכֵחוֹת בַּלְאֻמִּים:
ח לֶאְסֹר מַלְכֵיהֶם בְּזִקִּים
וְנִכְבְּדֵיהֶם בְּכַבְלֵי בַרְזֶל:
ט לַעֲשׂוֹת בָּהֶם ׀ מִשְׁפָּט כָּתוּב
הָדָר הוּא לְכָל־חֲסִידָיו
הַלְלוּיָהּ:

חתימת ספר תהלים כולו: הזמנה כללית לכל הבריאה
להלל את ה׳ בבכלי נגינה – כֹּל הַנְּשָׁמָה תְּהַלֵּל יָהּ.

קנ א הַלְלוּיָהּ ׀
הַלְלוּ־אֵל בְּקָדְשׁוֹ
הַלְלוּהוּ בִּרְקִיעַ עֻזּוֹ:
ב הַלְלוּהוּ בִגְבוּרֹתָיו
הַלְלוּהוּ כְּרֹב גֻּדְלוֹ:
ג הַלְלוּהוּ בְּתֵקַע שׁוֹפָר
הַלְלוּהוּ בְּנֵבֶל וְכִנּוֹר:
ד הַלְלוּהוּ בְתֹף וּמָחוֹל
הַלְלוּהוּ בְּמִנִּים וְעוּגָב:
ה הַלְלוּהוּ בְצִלְצְלֵי־שָׁמַע
הַלְלוּהוּ בְּצִלְצְלֵי תְרוּעָה:
ו כֹּל הַנְּשָׁמָה תְּהַלֵּל יָהּ
הַלְלוּיָהּ:

תם ונשלם, שבח לאל עולם.
יזכנו האל לחזות בנעמו ולבקר בהיכלו,
כי צדיק ה׳, צדקות אהב, ישר יחזו פנימו.

הוספות

תפילה לאחר אמירת תהלים

אחר התהלים נוהגים לומר:

מִי יִתֵּן מִצִּיּוֹן יְשׁוּעַת יִשְׂרָאֵל תהלים יד
בְּשׁוּב יהוה שְׁבוּת עַמּוֹ, יָגֵל יַעֲקֹב, יִשְׂמַח יִשְׂרָאֵל:
וּתְשׁוּעַת צַדִּיקִים מֵיהוה, מָעוּזָּם בְּעֵת צָרָה: תהלים לז
וַיַּעְזְרֵם יהוה וַיְפַלְּטֵם, יְפַלְּטֵם מֵרְשָׁעִים וְיוֹשִׁיעֵם, כִּי־חָסוּ בוֹ:

לימי חול:

יְהִי רָצוֹן מִלְּפָנֶיךָ יהוה אֱלֹהֵינוּ וֵאלֹהֵי אֲבוֹתֵינוּ, בִּזְכוּת סֵפֶר רִאשׁוֹן / שֵׁנִי / שְׁלִישִׁי / רְבִיעִי / חֲמִישִׁי שֶׁבַּתְּהִלִּים שֶׁקָּרָאנוּ לְפָנֶיךָ שֶׁהוּא כְּנֶגֶד סֵפֶר בְּרֵאשִׁית / שְׁמוֹת / וַיִּקְרָא / בְּמִדְבַּר / דְּבָרִים בִּזְכוּת מִזְמוֹרָיו וּבִזְכוּת פְּסוּקָיו וּבִזְכוּת תֵּבוֹתָיו וּבִזְכוּת שְׁמוֹתֶיךָ הַקְּדוֹשִׁים וְהַטְּהוֹרִים הַיּוֹצְאִים מִמֶּנּוּ, שֶׁתְּכַפֵּר לָנוּ עַל כָּל חַטֹּאתֵינוּ, וְתִסְלַח לָנוּ עַל כָּל פְּשָׁעֵינוּ שֶׁחָטָאנוּ וְשֶׁעָוִינוּ וְשֶׁפָּשַׁעְנוּ לְפָנֶיךָ, וְהַחֲזִירֵנוּ בִּתְשׁוּבָה שְׁלֵמָה לְפָנֶיךָ, וְהַדְרִיכֵנוּ לַעֲבוֹדָתֶךָ, וְתִפְתַּח לִבֵּנוּ בְּתַלְמוּד תּוֹרָתֶךָ, וְתִשְׁלַח רְפוּאָה שְׁלֵמָה
לְחוֹלֵי עַמֶּךָ (לַחוֹלֶה/לַחוֹלָה פלוני/ת בֶּן/בַּת פלונית), וְתִקְרָא לִשְׁבוּיִם דְּרוֹר, וְלַאֲסוּרִים ישעיה סא
פְּקַח־קוֹחַ: וּלְכָל הוֹלְכֵי דְרָכִים וְעוֹבְרֵי יַמִּים וּנְהָרוֹת מֵעַמְּךָ יִשְׂרָאֵל תַּצִּילֵם מִכָּל צַעַר וָנֶזֶק, וְתַגִּיעֵם לִמְחוֹז חֶפְצָם לְחַיִּים וּלְשָׁלוֹם. וְתִפְקֹד לְכָל חֲשׂוּכֵי בָנִים בְּזֶרַע שֶׁל קַיָּמָא לַעֲבוֹדָתֶךָ וּלְיִרְאָתֶךָ, וְעֻבָּרוֹת שֶׁל עַמְּךָ בֵּית יִשְׂרָאֵל תַּצִּילֵן שֶׁלֹּא תַפֵּלְנָה וְלָדוֹתֵיהֶן, וְהַיּוֹשְׁבוֹת עַל הַמַּשְׁבֵּר בְּרַחֲמֶיךָ הָרַבִּים תַּצִּילֵן מִכָּל רָע, וְאֶל הַמֵּינִיקוֹת תַּשְׁפִּיעַ שֶׁלֹּא יֶחְסַר חָלָב מִדַּדֵּיהֶן. וְאַל יִמְשֹׁל אַסְכְּרָה וְשֵׁדִין וְרוּחִין וְלִילִין וְכָל פְּגָעִים וּמַרְעִין בִּישִׁין בְּכָל יַלְדֵי עַמְּךָ בֵּית יִשְׂרָאֵל, וּתְגַדְּלֵם לְתוֹרָתֶךָ לִלְמֹד תּוֹרָה לִשְׁמָהּ, וְתַצִּילֵם מֵעַיִן הָרָע וּמִדֶּבֶר וּמִמַּגֵּפָה וּמִשָּׂטָן וּמִיֵּצֶר הָרָע. וּתְבַטֵּל מֵעָלֵינוּ וּמִכָּל עַמְּךָ בֵּית יִשְׂרָאֵל בְּכָל מָקוֹם שֶׁהֵם כָּל גְּזֵרוֹת קָשׁוֹת וְרָעוֹת. וְתַטֶּה לֵב הַמַּלְכוּת עָלֵינוּ לְטוֹבָה, וְתִגְזֹר עָלֵינוּ גְּזֵרוֹת טוֹבוֹת, וְתִשְׁלַח בְּרָכָה וְהַצְלָחָה בְּכָל מַעֲשֵׂה יָדֵינוּ. וְהָכֵן פַּרְנָסָתֵנוּ מִיָּדְךָ הָרְחָבָה וְהַמְּלֵאָה, וְלֹא יִצְטָרְכוּ עַמְּךָ בֵּית יִשְׂרָאֵל זֶה לָזֶה וְלֹא לְעַם אַחֵר, וְתֵן לְכָל אִישׁ וָאִישׁ דֵּי פַרְנָסָתוֹ וּלְכָל גְּוִיָּה וּגְוִיָּה דֵּי מַחְסוֹרָהּ וּתְמַהֵר וְתָחִישׁ לְגָאֳלֵנוּ, וְתִבְנֶה בֵּית מִקְדָּשֵׁנוּ וְתִפְאַרְתֵּנוּ. וּבִזְכוּת שְׁלֹשׁ עֶשְׂרֵה מִדּוֹתֶיךָ שֶׁל רַחֲמִים הַכְּתוּבוֹת בְּתוֹרָתֶךָ, כְּמוֹ שֶׁנֶּאֱמַר:
יהוה, יהוה, אֵל רַחוּם וְחַנּוּן, אֶרֶךְ אַפַּיִם וְרַב־חֶסֶד וֶאֱמֶת: נֹצֵר חֶסֶד לָאֲלָפִים, נֹשֵׂא שמות לד
עָוֹן וָפֶשַׁע וְחַטָּאָה, וְנַקֵּה: שֶׁאֵינָן חוֹזְרוֹת רֵיקָם מִלְּפָנֶיךָ. עָזְרֵנוּ אֱלֹהֵי יִשְׁעֵנוּ עַל־דְּבַר תהלים עט
כְּבוֹד־שְׁמֶךָ, וְהַצִּילֵנוּ וְכַפֵּר עַל־חַטֹּאתֵינוּ לְמַעַן שְׁמֶךָ: בָּרוּךְ יהוה לְעוֹלָם אָמֵן וְאָמֵן: תהלים פט

לשבת וליום טוב:

יְהִי רָצוֹן מִלְּפָנֶיךָ יהוה אֱלֹהֵינוּ וֵאלֹהֵי אֲבוֹתֵינוּ, בִּזְכוּת סֵפֶר רִאשׁוֹן / שֵׁנִי / שְׁלִישִׁי / רְבִיעִי / חֲמִישִׁי שֶׁבַּתְּהִלִּים שֶׁקָּרָאנוּ לְפָנֶיךָ שֶׁהוּא כְּנֶגֶד סֵפֶר

בְּרֵאשִׁית / שְׁמוֹת / וַיִּקְרָא / בְּמִדְבַּר / דְּבָרִים בִּזְכוּת מִזְמוֹרָיו וּבִזְכוּת פְּסוּקָיו וּבִזְכוּת
תֵּבוֹתָיו וּבִזְכוּת שְׁמוֹתֶיךָ הַקְּדוֹשִׁים וְהַטְּהוֹרִים הַיּוֹצְאִים מִמֶּנּוּ שֶׁתְּהֵא נֶחְשֶׁבֶת לָנוּ
אֲמִירַת מִזְמוֹרֵי תְהִלִּים אֵלּוּ כְּאִלּוּ אֲמָרָם דָּוִד מֶלֶךְ יִשְׂרָאֵל בְּעַצְמוֹ, זְכוּתוֹ תָּגֵן עָלֵינוּ,
וְיַעֲמֹד לָנוּ לְחַבֵּר אֵשֶׁת נְעוּרִים עִם דּוֹדָהּ בְּאַהֲבָה וְאַחֲוָה וְרֵעוּת, וּמִשָּׁם יִמָּשֵׁךְ לָנוּ
שֶׁפַע לְנֶפֶשׁ רוּחַ וּנְשָׁמָה. וּכְשֵׁם שֶׁאֲנַחְנוּ אוֹמְרִים שִׁירִים בָּעוֹלָם הַזֶּה, כָּךְ נִזְכֶּה לוֹמַר
לְפָנֶיךָ יהוה אֱלֹהֵינוּ וֵאלֹהֵי אֲבוֹתֵינוּ, שִׁיר וּשְׁבָחָה לָעוֹלָם הַבָּא. וְעַל יְדֵי אֲמִירַת תְּהִלִּים
ישעיה לה תִּתְעוֹרֵר חֲבַצֶּלֶת הַשָּׁרוֹן לָשִׁיר בְּקוֹל נָעִים גִּילַת וְרַנֵּן, כְּבוֹד הַלְּבָנוֹן נִתַּן־לָהּ: הוֹד וְהָדָר
בְּבֵית אֱלֹהֵינוּ בִּמְהֵרָה בְיָמֵינוּ, אָמֵן סֶלָה.

תפילה על החולה

מנהג לומר ל״ו פרקים, והם:
כ, ו, ט, יג, טז, יז, יח, כב, כג, כה, ל, לא, לב, לג, לז, לח, לט, מא, מט,
נה, נו, סט, פו, פח, פט, צ, צא, קב, קג, קד, קז, קטז, קיח, קמב, קמג, קכח,
ויש אומרים גם אותיות שם החולה מתוך מזמור קיט.
ואומרים תפילה זו:

שמות לד יהוה יהוה, אֵל רַחוּם וְחַנּוּן, אֶרֶךְ אַפַּיִם וְרַב־חֶסֶד וֶאֱמֶת: נֹצֵר חֶסֶד לָאֲלָפִים, נֹשֵׂא
דברי הימים א׳ כט עָוֹן וָפֶשַׁע וְחַטָּאָה, וְנַקֵּה: לְךָ יהוה הַגְּדֻלָּה וְהַגְּבוּרָה וְהַתִּפְאֶרֶת וְהַנֵּצַח וְהַהוֹד, כִּי־
כֹל בַּשָּׁמַיִם וּבָאָרֶץ, לְךָ יהוה הַמַּמְלָכָה וְהַמִּתְנַשֵּׂא לְכֹל לְרֹאשׁ: וְאַתָּה בְּיָדְךָ נֶפֶשׁ
כָּל חַי וְרוּחַ כָּל בְּשַׂר אִישׁ, וּבְיָדְךָ כֹּחַ וּגְבוּרָה לְגַדֵּל וּלְחַזֵּק וּלְרַפְּאוֹת אֱנוֹשׁ עַד דַּכָּא
עַד דִּכְדּוּכָהּ שֶׁל נֶפֶשׁ, וְלֹא יִפָּלֵא מִמְּךָ כָּל דָּבָר, וּבְיָדְךָ נֶפֶשׁ כָּל חָי. לָכֵן יְהִי רָצוֹן
מִלְּפָנֶיךָ, הָאֵל הַנֶּאֱמָן אַב הָרַחֲמִים, הָרוֹפֵא לְכָל תַּחֲלוּאֵי עַמּוֹ יִשְׂרָאֵל הַקְּרוֹבִים
עַד שַׁעֲרֵי מָוֶת, וְהַמְחַבֵּשׁ מָזוֹר וּתְעָלָה לִידִידָיו, וְהַגּוֹאֵל מִשַּׁחַת חֲסִידָיו, וְהַמַּצִּיל
מִמָּוֶת נֶפֶשׁ מְרוּדָיו, אַתָּה רוֹפֵא נֶאֱמָן תִּשְׁלַח מַרְפֵּא וַאֲרוּכָה וּתְעָלָה בְּרֹב חֶסֶד וַחֲנִינָה
וְחֶמְלָה

לחולה: לְנֶפֶשׁ (פלוני בֶּן פלונית) לְרוּחוֹ וְנַפְשׁוֹ הָאֻמְלָלָה וְלֹא תֵרֵד נַפְשׁוֹ שְׁאוֹלָה, וְהִמָּלֵא
רַחֲמִים עָלָיו לְהַחֲלִים וּלְרַפְּאוֹת וּלְהַחֲזִיק וּלְהַחֲלִיף וּלְהַחֲיוֹת אוֹתוֹ כִּרְצוֹן כָּל
מיכה ז קְרוֹבָיו וְאֹהֲבָיו, וְיֵרָאוּ לְפָנֶיךָ זְכֻיּוֹתָיו וְצִדְקוֹתָיו, וְתַשְׁלִיךְ בִּמְצֻלוֹת יָם כָּל־חַטֹּאתָיו,
וְיִכְבְּשׁוּ רַחֲמֶיךָ אֶת כַּעַסְךָ מֵעָלָיו, וְתִשְׁלַח לוֹ רְפוּאָה שְׁלֵמָה, רְפוּאַת הַנֶּפֶשׁ
וּרְפוּאַת הַגּוּף, וּתְחַדֵּשׁ כַּנֶּשֶׁר נְעוּרָיו וְתִשְׁלַח לוֹ

לחולה: לְנֶפֶשׁ (פלונית בַּת פלונית) לְרוּחָהּ וְנַפְשָׁהּ הָאֻמְלָלָה וְלֹא תֵרֵד נַפְשָׁהּ שְׁאוֹלָה, וְהִמָּלֵא
רַחֲמִים עָלֶיהָ לְהַחֲלִים וּלְרַפְּאוֹת וּלְהַחֲזִיק וּלְהַחֲלִיף וּלְהַחֲיוֹת אוֹתָהּ כִּרְצוֹן
מיכה ז כָּל קְרוֹבֶיהָ וְאֹהֲבֶיהָ וְיֵרָאוּ לְפָנֶיךָ זְכֻיּוֹתֶיהָ וְצִדְקוֹתֶיהָ וְתַשְׁלִיךְ בִּמְצֻלוֹת יָם כָּל
חַטֹּאתֶיהָ: וְיִכְבְּשׁוּ רַחֲמֶיךָ אֶת כַּעַסְךָ מֵעָלֶיהָ וְתִשְׁלַח לָהּ רְפוּאָה שְׁלֵמָה, רְפוּאַת
הַנֶּפֶשׁ וּרְפוּאַת הַגּוּף, וּתְחַדֵּשׁ כַּנֶּשֶׁר נְעוּרֶיהָ וְתִשְׁלַח לָהּ

וּלְכָל חוֹלֵי יִשְׂרָאֵל מַרְפֵּא אֲרוּכָה, מַרְפֵּא בְּרָכָה, מַרְפֵּא תְּרוּפָה וּתְעָלָה, מַרְפֵּא חֲנִינָה
וְחֶמְלָה, מַרְפֵּא יְדוּעִים וּגְלוּיִים, מַרְפֵּא רַחֲמִים וְשָׁלוֹם וְחַיִּים, מַרְפֵּא אֹרֶךְ יָמִים וְשָׁנִים
טוֹבוֹת, וִיקֻיַּם /לחולה: בּוֹ/לחולה: בָּהּ/ וּבְכָל חוֹלֵי יִשְׂרָאֵל מִקְרָא שֶׁכָּתוּב עַל יְדֵי מֹשֶׁה
עַבְדְּךָ נֶאֱמַן בֵּיתֶךָ: וַיֹּאמֶר, אִם־שָׁמוֹעַ תִּשְׁמַע לְקוֹל יהוה אֱלֹהֶיךָ, וְהַיָּשָׁר בְּעֵינָיו תַּעֲשֶׂה שמות טו
וְהַאֲזַנְתָּ לְמִצְוֹתָיו וְשָׁמַרְתָּ כָּל־חֻקָּיו, כָּל־הַמַּחֲלָה אֲשֶׁר־שַׂמְתִּי בְמִצְרַיִם, לֹא־אָשִׂים
עָלֶיךָ, כִּי אֲנִי יהוה רֹפְאֶךָ: וַעֲבַדְתֶּם אֵת יהוה אֱלֹהֵיכֶם, וּבֵרַךְ אֶת־לַחְמְךָ וְאֶת־מֵימֶיךָ, שמות כג
וַהֲסִרֹתִי מַחֲלָה מִקִּרְבֶּךָ: לֹא תִהְיֶה מְשַׁכֵּלָה וַעֲקָרָה בְּאַרְצֶךָ, אֶת־מִסְפַּר יָמֶיךָ אֲמַלֵּא:
וְהֵסִיר יהוה מִמְּךָ כָּל־חֹלִי, וְכָל־מַדְוֵי מִצְרַיִם הָרָעִים אֲשֶׁר יָדַעְתָּ, לֹא יְשִׂימָם בָּךְ, דברים ז
וּנְתָנָם בְּכָל־שֹׂנְאֶיךָ: וְעַל יְדֵי עֲבָדֶיךָ הַנְּבִיאִים כָּתוּב לֵאמֹר: וַאֲכַלְתֶּם אָכוֹל וְשָׂבוֹעַ, יואל ב
וְהִלַּלְתֶּם אֶת־שֵׁם יהוה אֱלֹהֵיכֶם אֲשֶׁר־עָשָׂה עִמָּכֶם לְהַפְלִיא, וְלֹא־יֵבֹשׁוּ עַמִּי לְעוֹלָם:
דְּרָכָיו רָאִיתִי, וְאֶרְפָּאֵהוּ וְאַנְחֵהוּ וַאֲשַׁלֵּם נִחֻמִים לוֹ וְלַאֲבֵלָיו: בּוֹרֵא נִיב שְׂפָתָיִם, שָׁלוֹם ישעיה נז
שָׁלוֹם לָרָחוֹק וְלַקָּרוֹב, אָמַר יהוה, וּרְפָאתִיו: וְזָרְחָה לָכֶם יִרְאֵי שְׁמִי שֶׁמֶשׁ צְדָקָה וּמַרְפֵּא מלאכי ג
בִּכְנָפֶיהָ: אָז יִבָּקַע כַּשַּׁחַר אוֹרֶךָ, וַאֲרֻכָתְךָ מְהֵרָה תִצְמָח: רְפָאֵנוּ יהוה וְנֵרָפֵא, הוֹשִׁיעֵנוּ ישעיה נח
וְנִוָּשֵׁעָה, כִּי תְהִלָּתֵנוּ אָתָּה. וְהַעֲלֵה רְפוּאָה שְׁלֵמָה לְכָל מַכּוֹת עַמְּךָ יִשְׂרָאֵל,

לחולה: וּבִפְרָט (לפלוני בֶּן פלונית) רְפוּאָה שְׁלֵמָה לִרְמַ״ח אֵבָרָיו וּשְׁסָ״ה גִּידָיו לְרַפְּאוֹת אוֹתוֹ
כְּחִזְקִיָּהוּ מֶלֶךְ יְהוּדָה מֵחָלְיוֹ וּכְמִרְיָם הַנְּבִיאָה מִצָּרַעְתָּהּ. בְּשֵׁם הַשֵּׁמוֹת הַקְּדוֹשִׁים
שֶׁל שָׁלֹשׁ עֶשְׂרֵה מִדּוֹתֶיךָ, אֵל נָא רְפָא נָא (לפלוני בֶּן פלונית) לְהָקִים אוֹתוֹ מֵחָלְיוֹ זֶה
וּלְהַאֲרִיךְ עוֹד יְמֵי חַיָּיו, חַיִּים שֶׁל רַחֲמִים, חַיִּים שֶׁל בְּרִיאוּת, חַיִּים שֶׁל שָׁלוֹם,
חַיִּים שֶׁל בְּרָכָה, כִּדְכְתִיב: כִּי אֹרֶךְ יָמִים וּשְׁנוֹת חַיִּים וְשָׁלוֹם יוֹסִיפוּ לָךְ: אָמֵן סֶלָה. משלי ג

לחולה: וּבִפְרָט (לפלונית בַּת פלונית) רְפוּאָה שְׁלֵמָה לְאֵבָרֶיהָ וְגִידֶיהָ לְרַפְּאוֹת אוֹתָהּ כְּחִזְקִיָּהוּ
מֶלֶךְ יְהוּדָה מֵחָלְיוֹ וּכְמִרְיָם הַנְּבִיאָה מִצָּרַעְתָּהּ. בְּשֵׁם הַשֵּׁמוֹת הַקְּדוֹשִׁים שֶׁל
שָׁלֹשׁ עֶשְׂרֵה מִדּוֹתֶיךָ, אֵל נָא רְפָא נָא (לפלונית בַּת פלונית) לְהָקִים אוֹתָהּ מֵחָלְיָהּ זֶה
וּלְהַאֲרִיךְ עוֹד יְמֵי חַיֶּיהָ חַיִּים שֶׁל רַחֲמִים, חַיִּים שֶׁל בְּרִיאוּת, חַיִּים שֶׁל שָׁלוֹם,
חַיִּים שֶׁל בְּרָכָה, כִּדְכְתִיב: כִּי אֹרֶךְ יָמִים וּשְׁנוֹת חַיִּים וְשָׁלוֹם יוֹסִיפוּ לָךְ: אָמֵן סֶלָה. שם

אם משנים את השם, מוסיפים:

לחולה: וְאַף אִם נִגְזַר עָלָיו בְּבֵית דִּינְךָ הַצֶּדֶק מִיתָה, שֶׁיָּמוּת מֵחָלְיוֹ זֶה, הִנֵּה רַבּוֹתֵינוּ הַקְּדוֹשִׁים אָמְרוּ: שְׁלֹשָׁה דְּבָרִים קוֹרְעִים גְּזַר דִּינוֹ שֶׁל אָדָם, וְאֶחָד מֵהֶם הוּא שִׁנּוּי הַשֵּׁם, שֶׁיִּשְׁנּוּ הַשֵּׁם שֶׁל הַחוֹלֶה, וְקִיַּמְנוּ דִּבְרֵיהֶם וְנִשְׁתַּנָּה שְׁמוֹ כִּי אַחֵר הוּא, וְאִם עַל (פלוני) נִגְזַר הַדִּין, עַל (פלוני) לֹא נִגְזַר, לָכֵן אַחֵר הוּא וְאֵינוֹ הוּא הַנִּקְרָא בְּשֵׁם הָרִאשׁוֹן. וּכְשֵׁם שֶׁנִּשְׁתַּנָּה שְׁמוֹ כֵּן יִשְׁתַּנֶּה הַגְּזַר מֵעָלָיו, מִדִּין לְרַחֲמִים וּמִמִּיתָה לְחַיִּים וּמִמַּחֲלָה לִרְפוּאָה שְׁלֵמָה (לפלוני בֶּן פלונית) בְּשֵׁם כָּל הַשֵּׁמוֹת הַכְּתוּבִים בְּסֵפֶר הַתּוֹרָה הַזֶּה וּבְשֵׁם כָּל הַשֵּׁמוֹת וּבְשֵׁם כָּל הַמַּלְאָכִים הַמְמֻנִּים עַל כָּל הָרְפוּאוֹת וְהַצָּלוֹת, תִּשְׁלַח מְהֵרָה רְפוּאָה שְׁלֵמָה (לפלוני בֶּן פלונית) וְתַאֲרִיךְ יָמָיו וּשְׁנוֹתָיו בַּנְּעִימִים, וִיבַלֶּה בְטוֹב יָמָיו בְּרֹב עֹז וְשָׁלוֹם מֵעַתָּה וְעַד עוֹלָם, אָמֵן סֶלָה.

לחולה: וְאַף אִם נִגְזַר עָלֶיהָ בְּבֵית דִּינְךָ הַצֶּדֶק מִיתָה, שֶׁתָּמוּת מֵחֳלִי זֶה, הִנֵּה רַבּוֹתֵינוּ הַקְּדוֹשִׁים אָמְרוּ: שְׁלֹשָׁה דְּבָרִים קוֹרְעִים גְּזַר דִּינוֹ שֶׁל אָדָם, וְאֶחָד מֵהֶם הוּא שִׁנּוּי הַשֵּׁם, שֶׁיְּשַׁנּוּ הַשֵּׁם שֶׁל הַחוֹלֶה, וְקִיַּמְנוּ דִּבְרֵיהֶם וְנִשְׁתַּנָּה שְׁמָהּ כִּי אַחֶרֶת הִיא, וְאִם עַל (פלונית) נִגְזַר הַדִּין, עַל (פלונית) לֹא נִגְזַר, לָכֵן אַחֶרֶת הִיא וְאֵינָהּ הִיא הַנִּקְרֵאת בְּשֵׁם הָרִאשׁוֹן. וּכְשֵׁם שֶׁנִּשְׁתַּנָּה שְׁמָהּ כֵּן יִשְׁתַּנֶּה הַנִּגְזָר מֵעָלֶיהָ מִדִּין לְרַחֲמִים וּמִמִּיתָה לְחַיִּים וּמִמַּחֲלָה לִרְפוּאָה שְׁלֵמָה (לפלונית בַּת פלונית) בְּשֵׁם כָּל הַשֵּׁמוֹת הַכְּתוּבִים בְּסֵפֶר הַתּוֹרָה הַזֶּה וּבְשֵׁם כָּל הַשֵּׁמוֹת וּבְשֵׁם כָּל הַמַּלְאָכִים הַמְּמֻנִּים עַל כָּל הָרְפוּאוֹת וְהַצָּלוֹת, תִּשְׁלַח מְהֵרָה רְפוּאָה שְׁלֵמָה (לפלונית בַּת פלונית) וְתַאֲרִיךְ יָמֶיהָ וּשְׁנוֹתֶיהָ בַּנְּעִימִים, וּתְבַלֶּה בְּטוֹב יָמֶיהָ בְּרֹב עֹז וְשָׁלוֹם מֵעַתָּה וְעַד עוֹלָם, אָמֵן סֶלָה.

תפילות לבית הקברות

הבא אל בית העלמין כשלא היה בו שלושים יום מברך ברכה זו:

בָּרוּךְ אַתָּה יהוה, אֱלֹהֵינוּ מֶלֶךְ הָעוֹלָם
אֲשֶׁר יָצַר אֶתְכֶם בַּדִּין
וְזָן וְכִלְכֵּל אֶתְכֶם בַּדִּין
וְהֵמִית אֶתְכֶם בַּדִּין
וְיוֹדֵעַ מִסְפַּר כֻּלְּכֶם בַּדִּין
וְעָתִיד לְהַחֲזִיר וּלְהַחֲיוֹתְכֶם בַּדִּין.
בָּרוּךְ אַתָּה יהוה, מְחַיֵּה הַמֵּתִים.

אַתָּה גִּבּוֹר לְעוֹלָם, אֲדֹנָי
מְחַיֵּה מֵתִים אַתָּה, רַב לְהוֹשִׁיעַ
מְכַלְכֵּל חַיִּים בְּחֶסֶד, מְחַיֵּה מֵתִים בְּרַחֲמִים רַבִּים
סוֹמֵךְ נוֹפְלִים, וְרוֹפֵא חוֹלִים, וּמַתִּיר אֲסוּרִים
וּמְקַיֵּם אֱמוּנָתוֹ לִישֵׁנֵי עָפָר.
מִי כָמוֹךָ, בַּעַל גְּבוּרוֹת וּמִי דּוֹמֶה לָּךְ
מֶלֶךְ, מֵמִית וּמְחַיֶּה וּמַצְמִיחַ יְשׁוּעָה.
וְנֶאֱמָן אַתָּה לְהַחֲיוֹת מֵתִים.

כאשר מבקרים בבית העלמין (ביום השנה וכיוצא בזה)
מקובל לומר ליד הקבר שבעה מזמורי תהלים אלה,
ולאחר מכן את אותיות שם הנפטר ואותיות נשמה מתוך מזמור קיט.

לג רַנְּנוּ צַדִּיקִים בַּיהוה לַיְשָׁרִים נָאוָה תְהִלָּה: הוֹדוּ לַיהוה בְּכִנּוֹר בְּנֵבֶל עָשׂוֹר זַמְּרוּ־לוֹ:
שִׁירוּ־לוֹ שִׁיר חָדָשׁ הֵיטִיבוּ נַגֵּן בִּתְרוּעָה: כִּי־יָשָׁר דְּבַר־יהוה וְכָל־מַעֲשֵׂהוּ בֶּאֱמוּנָה:
אֹהֵב צְדָקָה וּמִשְׁפָּט חֶסֶד יהוה מָלְאָה הָאָרֶץ: בִּדְבַר יהוה שָׁמַיִם נַעֲשׂוּ וּבְרוּחַ פִּיו
כָּל־צְבָאָם: כֹּנֵס כַּנֵּד מֵי הַיָּם נֹתֵן בְּאוֹצָרוֹת תְּהוֹמוֹת: יִירְאוּ מֵיהוה כָּל־הָאָרֶץ מִמֶּנּוּ
יָגוּרוּ כָּל־יֹשְׁבֵי תֵבֵל: כִּי הוּא אָמַר וַיֶּהִי הוּא־צִוָּה וַיַּעֲמֹד: יהוה הֵפִיר עֲצַת־גּוֹיִם הֵנִיא
מַחְשְׁבוֹת עַמִּים: עֲצַת יהוה לְעוֹלָם תַּעֲמֹד מַחְשְׁבוֹת לִבּוֹ לְדֹר וָדֹר: אַשְׁרֵי הַגּוֹי אֲשֶׁר־
יהוה אֱלֹהָיו הָעָם | בָּחַר לְנַחֲלָה לוֹ: מִשָּׁמַיִם הִבִּיט יהוה רָאָה אֶת־כָּל־בְּנֵי הָאָדָם:
מִמְּכוֹן־שִׁבְתּוֹ הִשְׁגִּיחַ אֶל כָּל־יֹשְׁבֵי הָאָרֶץ: הַיֹּצֵר יַחַד לִבָּם הַמֵּבִין אֶל־כָּל־מַעֲשֵׂיהֶם:
אֵין־הַמֶּלֶךְ נוֹשָׁע בְּרָב־חָיִל גִּבּוֹר לֹא־יִנָּצֵל בְּרָב־כֹּחַ: שֶׁקֶר הַסּוּס לִתְשׁוּעָה וּבְרֹב חֵילוֹ
לֹא יְמַלֵּט: הִנֵּה עֵין יהוה אֶל־יְרֵאָיו לַמְיַחֲלִים לְחַסְדּוֹ: לְהַצִּיל מִמָּוֶת נַפְשָׁם וּלְחַיּוֹתָם
בָּרָעָב: נַפְשֵׁנוּ חִכְּתָה לַיהוה עֶזְרֵנוּ וּמָגִנֵּנוּ הוּא: כִּי־בוֹ יִשְׂמַח לִבֵּנוּ כִּי בְשֵׁם קָדְשׁוֹ
בָטָחְנוּ: יְהִי־חַסְדְּךָ יהוה עָלֵינוּ כַּאֲשֶׁר יִחַלְנוּ לָךְ:

טז מִכְתָּם לְדָוִד שָׁמְרֵנִי אֵל כִּי־חָסִיתִי בָךְ: אָמַרְתְּ לַיהוה אֲדֹנָי אָתָּה טוֹבָתִי בַּל־עָלֶיךָ:
לִקְדוֹשִׁים אֲשֶׁר־בָּאָרֶץ הֵמָּה וְאַדִּירֵי כָּל־חֶפְצִי־בָם: יִרְבּוּ עַצְּבוֹתָם אַחֵר מָהָרוּ בַּל־אַסִּיךְ
נִסְכֵּיהֶם מִדָּם וּבַל־אֶשָּׂא אֶת־שְׁמוֹתָם עַל־שְׂפָתָי: יהוה מְנָת־חֶלְקִי וְכוֹסִי אַתָּה תּוֹמִיךְ
גּוֹרָלִי: חֲבָלִים נָפְלוּ־לִי בַּנְּעִמִים אַף־נַחֲלָת שָׁפְרָה עָלָי: אֲבָרֵךְ אֶת־יהוה אֲשֶׁר יְעָצָנִי
אַף־לֵילוֹת יִסְּרוּנִי כִלְיוֹתָי: שִׁוִּיתִי יהוה לְנֶגְדִּי תָמִיד כִּי מִימִינִי בַּל־אֶמּוֹט: לָכֵן | שָׂמַח
לִבִּי וַיָּגֶל כְּבוֹדִי אַף־בְּשָׂרִי יִשְׁכֹּן לָבֶטַח: כִּי | לֹא־תַעֲזֹב נַפְשִׁי לִשְׁאוֹל לֹא־תִתֵּן חֲסִידְךָ חסידיך
לִרְאוֹת שָׁחַת: תּוֹדִיעֵנִי אֹרַח חַיִּים שֹׂבַע שְׂמָחוֹת אֶת־פָּנֶיךָ נְעִמוֹת בִּימִינְךָ נֶצַח:

יז תְּפִלָּה לְדָוִד שִׁמְעָה יהוה | צֶדֶק הַקְשִׁיבָה רִנָּתִי הַאֲזִינָה תְפִלָּתִי בְּלֹא שִׂפְתֵי מִרְמָה:
מִלְּפָנֶיךָ מִשְׁפָּטִי יֵצֵא עֵינֶיךָ תֶּחֱזֶינָה מֵישָׁרִים: בָּחַנְתָּ לִבִּי | פָּקַדְתָּ לַּיְלָה צְרַפְתַּנִי בַל־
תִּמְצָא זַמֹּתִי בַּל־יַעֲבָר־פִּי: לִפְעֻלּוֹת אָדָם בִּדְבַר שְׂפָתֶיךָ אֲנִי שָׁמַרְתִּי אָרְחוֹת פָּרִיץ: תָּמֹךְ
אֲשֻׁרַי בְּמַעְגְּלוֹתֶיךָ בַּל־נָמוֹטּוּ פְעָמָי: אֲנִי־קְרָאתִיךָ כִי־תַעֲנֵנִי אֵל הַט־אָזְנְךָ לִי שְׁמַע
אִמְרָתִי: הַפְלֵה חֲסָדֶיךָ מוֹשִׁיעַ חוֹסִים מִמִּתְקוֹמְמִים בִּימִינֶךָ: שָׁמְרֵנִי כְּאִישׁוֹן בַּת־עָיִן
בְּצֵל כְּנָפֶיךָ תַּסְתִּירֵנִי: מִפְּנֵי רְשָׁעִים זוּ שַׁדּוּנִי אֹיְבַי בְּנֶפֶשׁ יַקִּיפוּ עָלָי: חֶלְבָּמוֹ סָּגְרוּ פִּימוֹ
דִּבְּרוּ בְגֵאוּת: אַשֻּׁרֵינוּ עַתָּה סְבָבוּנוּ עֵינֵיהֶם יָשִׁיתוּ לִנְטוֹת בָּאָרֶץ: דִּמְיֹנוֹ כְּאַרְיֵה יִכְסוֹף סבבוני
לִטְרֹף וְכִכְפִיר יֹשֵׁב בְּמִסְתָּרִים: קוּמָה יהוה קַדְּמָה פָנָיו הַכְרִיעֵהוּ פַּלְּטָה נַפְשִׁי מֵרָשָׁע
חַרְבֶּךָ: מִמְתִים יָדְךָ | יהוה מִמְתִים מֵחֶלֶד חֶלְקָם בַּחַיִּים וּצְפוּנְךָ תְּמַלֵּא בִטְנָם יִשְׂבְּעוּ וצפינך
בָנִים וְהִנִּיחוּ יִתְרָם לְעוֹלְלֵיהֶם: אֲנִי בְּצֶדֶק אֶחֱזֶה פָנֶיךָ אֶשְׂבְּעָה בְהָקִיץ תְּמוּנָתֶךָ:

עב לִשְׁלֹמֹה ׀ אֱלֹהִים מִשְׁפָּטֶיךָ לְמֶלֶךְ תֵּן וְצִדְקָתְךָ לְבֶן־מֶלֶךְ: יָדִין עַמְּךָ בְצֶדֶק וַעֲנִיֶּיךָ
בְמִשְׁפָּט: יִשְׂאוּ הָרִים שָׁלוֹם לָעָם וּגְבָעוֹת בִּצְדָקָה: יִשְׁפֹּט ׀ עֲנִיֵּי־עָם יוֹשִׁיעַ לִבְנֵי אֶבְיוֹן
וִידַכֵּא עוֹשֵׁק: יִירָאוּךָ עִם־שָׁמֶשׁ וְלִפְנֵי יָרֵחַ דּוֹר דּוֹרִים: יֵרֵד כְּמָטָר עַל־גֵּז כִּרְבִיבִים זַרְזִיף
אָרֶץ: יִפְרַח־בְּיָמָיו צַדִּיק וְרֹב שָׁלוֹם עַד־בְּלִי יָרֵחַ: וְיֵרְדְּ מִיָּם עַד־יָם וּמִנָּהָר עַד־אַפְסֵי־
אָרֶץ: לְפָנָיו יִכְרְעוּ צִיִּים וְאֹיְבָיו עָפָר יְלַחֵכוּ: מַלְכֵי תַרְשִׁישׁ וְאִיִּים מִנְחָה יָשִׁיבוּ מַלְכֵי
שְׁבָא וּסְבָא אֶשְׁכָּר יַקְרִיבוּ: וְיִשְׁתַּחֲווּ־לוֹ כָל־מְלָכִים כָּל־גּוֹיִם יַעַבְדוּהוּ: כִּי־יַצִּיל אֶבְיוֹן
מְשַׁוֵּעַ וְעָנִי וְאֵין־עֹזֵר לוֹ: יָחֹס עַל־דַּל וְאֶבְיוֹן וְנַפְשׁוֹת אֶבְיוֹנִים יוֹשִׁיעַ: מִתּוֹךְ וּמֵחָמָס
יִגְאַל נַפְשָׁם וְיֵיקַר דָּמָם בְּעֵינָיו: וִיחִי וְיִתֶּן־לוֹ מִזְּהַב שְׁבָא וְיִתְפַּלֵּל בַּעֲדוֹ תָמִיד כָּל־הַיּוֹם
יְבָרֲכֶנְהוּ: יְהִי פִסַּת־בַּר ׀ בָּאָרֶץ בְּרֹאשׁ הָרִים יִרְעַשׁ כַּלְּבָנוֹן פִּרְיוֹ וְיָצִיצוּ מֵעִיר כְּעֵשֶׂב
ינין הָאָרֶץ: יְהִי שְׁמוֹ ׀ לְעוֹלָם לִפְנֵי־שֶׁמֶשׁ יִנּוֹן שְׁמוֹ וְיִתְבָּרְכוּ בוֹ כָּל־גּוֹיִם יְאַשְּׁרוּהוּ: בָּרוּךְ ׀
יְהוָה אֱלֹהִים אֱלֹהֵי יִשְׂרָאֵל עֹשֵׂה נִפְלָאוֹת לְבַדּוֹ: וּבָרוּךְ ׀ שֵׁם כְּבוֹדוֹ לְעוֹלָם וְיִמָּלֵא
כְבוֹדוֹ אֶת־כֹּל־הָאָרֶץ אָמֵן ׀ וְאָמֵן: כָּלּוּ תְפִלּוֹת דָּוִד בֶּן־יִשָׁי:

צא יֹשֵׁב בְּסֵתֶר עֶלְיוֹן בְּצֵל שַׁדַּי יִתְלוֹנָן: אֹמַר לַיהוָה מַחְסִי וּמְצוּדָתִי אֱלֹהַי אֶבְטַח־בּוֹ:
כִּי הוּא יַצִּילְךָ מִפַּח יָקוּשׁ מִדֶּבֶר הַוּוֹת: בְּאֶבְרָתוֹ ׀ יָסֶךְ לָךְ וְתַחַת־כְּנָפָיו תֶּחְסֶה צִנָּה
וְסֹחֵרָה אֲמִתּוֹ: לֹא־תִירָא מִפַּחַד לָיְלָה מֵחֵץ יָעוּף יוֹמָם: מִדֶּבֶר בָּאֹפֶל יַהֲלֹךְ מִקֶּטֶב
יָשׁוּד צָהֳרָיִם: יִפֹּל מִצִּדְּךָ ׀ אֶלֶף וּרְבָבָה מִימִינֶךָ אֵלֶיךָ לֹא יִגָּשׁ: רַק בְּעֵינֶיךָ תַבִּיט וְשִׁלֻּמַת
רְשָׁעִים תִּרְאֶה: כִּי־אַתָּה יְהוָה מַחְסִי עֶלְיוֹן שַׂמְתָּ מְעוֹנֶךָ: לֹא־תְאֻנֶּה אֵלֶיךָ רָעָה וְנֶגַע
לֹא־יִקְרַב בְּאָהֳלֶךָ: כִּי מַלְאָכָיו יְצַוֶּה־לָּךְ לִשְׁמָרְךָ בְּכָל־דְּרָכֶיךָ: עַל־כַּפַּיִם יִשָּׂאוּנְךָ פֶּן־
תִּגֹּף בָּאֶבֶן רַגְלֶךָ: עַל־שַׁחַל וָפֶתֶן תִּדְרֹךְ תִּרְמֹס כְּפִיר וְתַנִּין: כִּי בִי חָשַׁק וַאֲפַלְּטֵהוּ
אֲשַׂגְּבֵהוּ כִּי־יָדַע שְׁמִי: יִקְרָאֵנִי ׀ וְאֶעֱנֵהוּ עִמּוֹ־אָנֹכִי בְצָרָה אֲחַלְּצֵהוּ וַאֲכַבְּדֵהוּ: אֹרֶךְ
יָמִים אַשְׂבִּיעֵהוּ וְאַרְאֵהוּ בִּישׁוּעָתִי:

קד בָּרְכִי נַפְשִׁי אֶת־יְהוָה יְהוָה אֱלֹהַי גָּדַלְתָּ מְּאֹד הוֹד וְהָדָר לָבָשְׁתָּ: עֹטֶה־אוֹר כַּשַּׂלְמָה
נוֹטֶה שָׁמַיִם כַּיְרִיעָה: הַמְקָרֶה בַמַּיִם עֲלִיּוֹתָיו הַשָּׂם־עָבִים רְכוּבוֹ הַמְהַלֵּךְ עַל־כַּנְפֵי־
רוּחַ: עֹשֶׂה מַלְאָכָיו רוּחוֹת מְשָׁרְתָיו אֵשׁ לֹהֵט: יָסַד־אֶרֶץ עַל־מְכוֹנֶיהָ בַּל־תִּמּוֹט עוֹלָם
וָעֶד: תְּהוֹם כַּלְּבוּשׁ כִּסִּיתוֹ עַל־הָרִים יַעַמְדוּ־מָיִם: מִן־גַּעֲרָתְךָ יְנוּסוּן מִן־קוֹל רַעַמְךָ
יֵחָפֵזוּן: יַעֲלוּ הָרִים יֵרְדוּ בְקָעוֹת אֶל־מְקוֹם זֶה ׀ יָסַדְתָּ לָהֶם: גְּבוּל־שַׂמְתָּ בַּל־יַעֲבֹרוּן
בַּל־יְשׁוּבוּן לְכַסּוֹת הָאָרֶץ: הַמְשַׁלֵּחַ מַעְיָנִים בַּנְּחָלִים בֵּין הָרִים יְהַלֵּכוּן: יַשְׁקוּ כָּל־חַיְתוֹ
שָׂדָי יִשְׁבְּרוּ פְרָאִים צְמָאָם: עֲלֵיהֶם עוֹף־הַשָּׁמַיִם יִשְׁכּוֹן מִבֵּין עֳפָאיִם יִתְּנוּ־קוֹל: מַשְׁקֶה
הָרִים מֵעֲלִיּוֹתָיו מִפְּרִי מַעֲשֶׂיךָ תִּשְׂבַּע הָאָרֶץ: מַצְמִיחַ חָצִיר ׀ לַבְּהֵמָה וְעֵשֶׂב לַעֲבֹדַת
הָאָדָם לְהוֹצִיא לֶחֶם מִן־הָאָרֶץ: וְיַיִן ׀ יְשַׂמַּח לְבַב־אֱנוֹשׁ לְהַצְהִיל פָּנִים מִשָּׁמֶן וְלֶחֶם
לְבַב־אֱנוֹשׁ יִסְעָד: יִשְׂבְּעוּ עֲצֵי יְהוָה אַרְזֵי לְבָנוֹן אֲשֶׁר נָטָע: אֲשֶׁר־שָׁם צִפֳּרִים יְקַנֵּנוּ
חֲסִידָה בְּרוֹשִׁים בֵּיתָהּ: הָרִים הַגְּבֹהִים לַיְּעֵלִים סְלָעִים מַחְסֶה לַשְׁפַנִּים: עָשָׂה יָרֵחַ

לְמוֹעֲדִים שֶׁמֶשׁ יָדַע מְבוֹאוֹ: תָּשֶׁת־חֹשֶׁךְ וִיהִי לָיְלָה בּוֹ־תִרְמֹשׂ כׇּל־חַיְתוֹ־יָעַר: הַכְּפִירִים
שֹׁאֲגִים לַטָּרֶף וּלְבַקֵּשׁ מֵאֵל אׇכְלָם: תִּזְרַח הַשֶּׁמֶשׁ יֵאָסֵפוּן וְאֶל־מְעוֹנֹתָם יִרְבָּצוּן: יֵצֵא
אָדָם לְפׇעֳלוֹ וְלַעֲבֹדָתוֹ עֲדֵי־עָרֶב: מָה־רַבּוּ מַעֲשֶׂיךָ ׀ יהוה כֻּלָּם בְּחׇכְמָה עָשִׂיתָ מָלְאָה
הָאָרֶץ קִנְיָנֶךָ: זֶה ׀ הַיָּם גָּדוֹל וּרְחַב יָדָיִם שָׁם־רֶמֶשׂ וְאֵין מִסְפָּר חַיּוֹת קְטַנּוֹת עִם־גְּדֹלוֹת:
שָׁם אֳנִיּוֹת יְהַלֵּכוּן לִוְיָתָן זֶה־יָצַרְתָּ לְשַׂחֶק־בּוֹ: כֻּלָּם אֵלֶיךָ יְשַׂבֵּרוּן לָתֵת אׇכְלָם בְּעִתּוֹ:
תִּתֵּן לָהֶם יִלְקֹטוּן תִּפְתַּח יָדְךָ יִשְׂבְּעוּן טוֹב: תַּסְתִּיר פָּנֶיךָ יִבָּהֵלוּן תֹּסֵף רוּחָם יִגְוָעוּן
וְאֶל־עֲפָרָם יְשׁוּבוּן: תְּשַׁלַּח רוּחֲךָ יִבָּרֵאוּן וּתְחַדֵּשׁ פְּנֵי אֲדָמָה: יְהִי כְבוֹד יהוה לְעוֹלָם
יִשְׂמַח יהוה בְּמַעֲשָׂיו: הַמַּבִּיט לָאָרֶץ וַתִּרְעָד יִגַּע בֶּהָרִים וְיֶעֱשָׁנוּ: אָשִׁירָה לַיהוה בְּחַיָּי
אֲזַמְּרָה לֵאלֹהַי בְּעוֹדִי: יֶעֱרַב עָלָיו שִׂיחִי אָנֹכִי אֶשְׂמַח בַּיהוה: יִתַּמּוּ חַטָּאִים ׀ מִן־הָאָרֶץ
וּרְשָׁעִים ׀ עוֹד אֵינָם בָּרְכִי נַפְשִׁי אֶת־יהוה הַלְלוּיָהּ:

קל שִׁיר הַמַּעֲלוֹת מִמַּעֲמַקִּים קְרָאתִיךָ יהוה: אֲדֹנָי שִׁמְעָה בְקוֹלִי תִּהְיֶינָה אׇזְנֶיךָ קַשֻּׁבוֹת
לְקוֹל תַּחֲנוּנָי: אִם־עֲוֺנוֹת תִּשְׁמׇר־יָהּ אֲדֹנָי מִי יַעֲמֹד: כִּי־עִמְּךָ הַסְּלִיחָה לְמַעַן תִּוָּרֵא:
קִוִּיתִי יהוה קִוְּתָה נַפְשִׁי וְלִדְבָרוֹ הוֹחָלְתִּי: נַפְשִׁי לַאדֹנָי מִשֹּׁמְרִים לַבֹּקֶר שֹׁמְרִים לַבֹּקֶר:
יַחֵל יִשְׂרָאֵל אֶל־יהוה כִּי־עִם־יהוה הַחֶסֶד וְהַרְבֵּה עִמּוֹ פְדוּת: וְהוּא יִפְדֶּה אֶת־יִשְׂרָאֵל
מִכֹּל עֲוֺנֹתָיו:

קיט א
אַשְׁרֵי תְמִימֵי־דָרֶךְ הַהֹלְכִים בְּתוֹרַת יהוה: אַשְׁרֵי נֹצְרֵי עֵדֹתָיו בְּכׇל־לֵב יִדְרְשׁוּהוּ: אַף
לֹא־פָעֲלוּ עַוְלָה בִּדְרָכָיו הָלָכוּ: אַתָּה צִוִּיתָה פִקֻּדֶיךָ לִשְׁמֹר מְאֹד: אַחֲלַי יִכֹּנוּ דְרָכָי
לִשְׁמֹר חֻקֶּיךָ: אָז לֹא־אֵבוֹשׁ בְּהַבִּיטִי אֶל־כׇּל־מִצְוֺתֶיךָ: אוֹדְךָ בְּיֹשֶׁר לֵבָב בְּלׇמְדִי מִשְׁפְּטֵי
צִדְקֶךָ: אֶת־חֻקֶּיךָ אֶשְׁמֹר אַל־תַּעַזְבֵנִי עַד־מְאֹד:

ב
בַּמֶּה יְזַכֶּה־נַּעַר אֶת־אׇרְחוֹ לִשְׁמֹר כִּדְבָרֶךָ: בְּכׇל־לִבִּי דְרַשְׁתִּיךָ אַל־תַּשְׁגֵּנִי מִמִּצְוֺתֶיךָ:
בְּלִבִּי צָפַנְתִּי אִמְרָתֶךָ לְמַעַן לֹא אֶחֱטָא־לָךְ: בָּרוּךְ אַתָּה יהוה לַמְּדֵנִי חֻקֶּיךָ: בִּשְׂפָתַי
סִפַּרְתִּי כֹּל מִשְׁפְּטֵי־פִיךָ: בְּדֶרֶךְ עֵדְוֺתֶיךָ שַׂשְׂתִּי כְּעַל כׇּל־הוֹן: בְּפִקֻּדֶיךָ אָשִׂיחָה וְאַבִּיטָה
אֹרְחֹתֶיךָ: בְּחֻקֹּתֶיךָ אֶשְׁתַּעֲשָׁע לֹא אֶשְׁכַּח דְּבָרֶךָ:

ג
גְּמֹל עַל־עַבְדְּךָ אֶחְיֶה וְאֶשְׁמְרָה דְבָרֶךָ: גַּל־עֵינַי וְאַבִּיטָה נִפְלָאוֹת מִתּוֹרָתֶךָ: גֵּר אָנֹכִי
בָאָרֶץ אַל־תַּסְתֵּר מִמֶּנִּי מִצְוֺתֶיךָ: גָּרְסָה נַפְשִׁי לְתַאֲבָה אֶל־מִשְׁפָּטֶיךָ בְכׇל־עֵת: גָּעַרְתָּ
זֵדִים אֲרוּרִים הַשֹּׁגִים מִמִּצְוֺתֶיךָ: גַּל מֵעָלַי חֶרְפָּה וָבוּז כִּי עֵדֹתֶיךָ נָצָרְתִּי: גַּם יָשְׁבוּ שָׂרִים
בִּי נִדְבָּרוּ עַבְדְּךָ יָשִׂיחַ בְּחֻקֶּיךָ: גַּם־עֵדֹתֶיךָ שַׁעֲשֻׁעָי אַנְשֵׁי עֲצָתִי:

ד

דָּבְקָה לֶעָפָר נַפְשִׁי חַיֵּנִי כִּדְבָרֶךָ: דְּרָכַי סִפַּרְתִּי וַתַּעֲנֵנִי לַמְּדֵנִי חֻקֶּיךָ: דֶּרֶךְ־פִּקּוּדֶיךָ הֲבִינֵנִי וְאָשִׂיחָה בְּנִפְלְאוֹתֶיךָ: דָּלְפָה נַפְשִׁי מִתּוּגָה קַיְּמֵנִי כִּדְבָרֶךָ: דֶּרֶךְ־שֶׁקֶר הָסֵר מִמֶּנִּי וְתוֹרָתְךָ חָנֵּנִי: דֶּרֶךְ־אֱמוּנָה בָחָרְתִּי מִשְׁפָּטֶיךָ שִׁוִּיתִי: דָּבַקְתִּי בְעֵדְוֹתֶיךָ יהוה אַל־תְּבִישֵׁנִי: דֶּרֶךְ־מִצְוֺתֶיךָ אָרוּץ כִּי תַרְחִיב לִבִּי:

ה

הוֹרֵנִי יהוה דֶּרֶךְ חֻקֶּיךָ וְאֶצְּרֶנָּה עֵקֶב: הֲבִינֵנִי וְאֶצְּרָה תוֹרָתֶךָ וְאֶשְׁמְרֶנָּה בְכָל־לֵב: הַדְרִיכֵנִי בִּנְתִיב מִצְוֺתֶיךָ כִּי־בוֹ חָפָצְתִּי: הַט־לִבִּי אֶל־עֵדְוֺתֶיךָ וְאַל אֶל־בָּצַע: הַעֲבֵר עֵינַי מֵרְאוֹת שָׁוְא בִּדְרָכֶךָ חַיֵּנִי: הָקֵם לְעַבְדְּךָ אִמְרָתֶךָ אֲשֶׁר לְיִרְאָתֶךָ: הַעֲבֵר חֶרְפָּתִי אֲשֶׁר יָגֹרְתִּי כִּי מִשְׁפָּטֶיךָ טוֹבִים: הִנֵּה תָּאַבְתִּי לְפִקֻּדֶיךָ בְּצִדְקָתְךָ חַיֵּנִי:

ו

וִיבֹאֻנִי חֲסָדֶךָ יהוה תְּשׁוּעָתְךָ כְּאִמְרָתֶךָ: וְאֶעֱנֶה חֹרְפִי דָבָר כִּי־בָטַחְתִּי בִּדְבָרֶךָ: וְאַל־תַּצֵּל מִפִּי דְבַר־אֱמֶת עַד־מְאֹד כִּי לְמִשְׁפָּטֶךָ יִחָלְתִּי: וְאֶשְׁמְרָה תוֹרָתְךָ תָמִיד לְעוֹלָם וָעֶד: וְאֶתְהַלְּכָה בָרְחָבָה כִּי פִקֻּדֶיךָ דָרָשְׁתִּי: וַאֲדַבְּרָה בְעֵדֹתֶיךָ נֶגֶד מְלָכִים וְלֹא אֵבוֹשׁ: וְאֶשְׁתַּעֲשַׁע בְּמִצְוֺתֶיךָ אֲשֶׁר אָהָבְתִּי: וְאֶשָּׂא־כַפַּי אֶל־מִצְוֺתֶיךָ אֲשֶׁר אָהָבְתִּי וְאָשִׂיחָה בְחֻקֶּיךָ:

ז

זְכָר־דָּבָר לְעַבְדֶּךָ עַל אֲשֶׁר יִחַלְתָּנִי: זֹאת נֶחָמָתִי בְעָנְיִי כִּי אִמְרָתְךָ חִיָּתְנִי: זֵדִים הֱלִיצֻנִי עַד־מְאֹד מִתּוֹרָתְךָ לֹא נָטִיתִי: זָכַרְתִּי מִשְׁפָּטֶיךָ מֵעוֹלָם ׀ יהוה וָאֶתְנֶחָם: זַלְעָפָה אֲחָזַתְנִי מֵרְשָׁעִים עֹזְבֵי תּוֹרָתֶךָ: זְמִרוֹת הָיוּ־לִי חֻקֶּיךָ בְּבֵית מְגוּרָי: זָכַרְתִּי בַלַּיְלָה שִׁמְךָ יהוה וָאֶשְׁמְרָה תּוֹרָתֶךָ: זֹאת הָיְתָה־לִּי כִּי פִקֻּדֶיךָ נָצָרְתִּי:

ח

חֶלְקִי יהוה אָמַרְתִּי לִשְׁמֹר דְּבָרֶיךָ: חִלִּיתִי פָנֶיךָ בְכָל־לֵב חָנֵּנִי כְּאִמְרָתֶךָ: חִשַּׁבְתִּי דְרָכָי וָאָשִׁיבָה רַגְלַי אֶל־עֵדֹתֶיךָ: חַשְׁתִּי וְלֹא הִתְמַהְמָהְתִּי לִשְׁמֹר מִצְוֺתֶיךָ: חֶבְלֵי רְשָׁעִים עִוְּדֻנִי תּוֹרָתְךָ לֹא שָׁכָחְתִּי: חֲצוֹת־לַיְלָה אָקוּם לְהוֹדוֹת לָךְ עַל מִשְׁפְּטֵי צִדְקֶךָ: חָבֵר אָנִי לְכָל־אֲשֶׁר יְרֵאוּךָ וּלְשֹׁמְרֵי פִּקּוּדֶיךָ: חַסְדְּךָ יהוה מָלְאָה הָאָרֶץ חֻקֶּיךָ לַמְּדֵנִי:

ט

טוֹב עָשִׂיתָ עִם־עַבְדְּךָ יהוה כִּדְבָרֶךָ: טוּב טַעַם וָדַעַת לַמְּדֵנִי כִּי בְמִצְוֺתֶיךָ הֶאֱמָנְתִּי: טֶרֶם אֶעֱנֶה אֲנִי שֹׁגֵג וְעַתָּה אִמְרָתְךָ שָׁמָרְתִּי: טוֹב־אַתָּה וּמֵטִיב לַמְּדֵנִי חֻקֶּיךָ: טָפְלוּ עָלַי שֶׁקֶר זֵדִים אֲנִי בְּכָל־לֵב ׀ אֱצֹּר פִּקּוּדֶיךָ: טָפַשׁ כַּחֵלֶב לִבָּם אֲנִי תּוֹרָתְךָ שִׁעֲשָׁעְתִּי: טוֹב־לִי כִי־עֻנֵּיתִי לְמַעַן אֶלְמַד חֻקֶּיךָ: טוֹב־לִי תוֹרַת־פִּיךָ מֵאַלְפֵי זָהָב וָכָסֶף:

י

יָדֶיךָ עָשׂוּנִי וַיְכוֹנְנוּנִי הֲבִינֵנִי וְאֶלְמְדָה מִצְוֺתֶיךָ׃ יְרֵאֶיךָ יִרְאוּנִי וְיִשְׂמָחוּ כִּי
לִדְבָרְךָ יִחָלְתִּי׃ יָדַעְתִּי יהוה כִּי־צֶדֶק מִשְׁפָּטֶיךָ וֶאֱמוּנָה עִנִּיתָנִי׃ יְהִי־נָא
חַסְדְּךָ לְנַחֲמֵנִי כְּאִמְרָתְךָ לְעַבְדֶּךָ׃ יְבֹאוּנִי רַחֲמֶיךָ וְאֶחְיֶה כִּי־תוֹרָתְךָ שַׁעֲשֻׁעָי׃ יֵבֹשׁוּ
זֵדִים כִּי־שֶׁקֶר עִוְּתוּנִי אֲנִי אָשִׂיחַ בְּפִקּוּדֶיךָ׃ יָשׁוּבוּ לִי יְרֵאֶיךָ וְיֹדְעֵי עֵדֹתֶיךָ׃ יְהִי־לִבִּי וידעו
תָמִים בְּחֻקֶּיךָ לְמַעַן לֹא אֵבוֹשׁ׃

כ

כָּלְתָה לִתְשׁוּעָתְךָ נַפְשִׁי לִדְבָרְךָ יִחָלְתִּי׃ כָּלוּ עֵינַי לְאִמְרָתֶךָ לֵאמֹר מָתַי תְּנַחֲמֵנִי׃ כִּי־
הָיִיתִי כְּנֹאד בְּקִיטוֹר חֻקֶּיךָ לֹא שָׁכָחְתִּי׃ כַּמָּה יְמֵי־עַבְדֶּךָ מָתַי תַּעֲשֶׂה בְרֹדְפַי מִשְׁפָּט׃
כָּרוּ־לִי זֵדִים שִׁיחוֹת אֲשֶׁר לֹא כְתוֹרָתֶךָ׃ כָּל־מִצְוֺתֶיךָ אֱמוּנָה שֶׁקֶר רְדָפוּנִי עָזְרֵנִי׃ כִּמְעַט
כִּלּוּנִי בָאָרֶץ וַאֲנִי לֹא־עָזַבְתִּי פִקֻּדֶיךָ׃ כְּחַסְדְּךָ חַיֵּנִי וְאֶשְׁמְרָה עֵדוּת פִּיךָ׃

ל

לְעוֹלָם יהוה דְּבָרְךָ נִצָּב בַּשָּׁמָיִם׃ לְדֹר וָדֹר אֱמוּנָתֶךָ כּוֹנַנְתָּ אֶרֶץ וַתַּעֲמֹד׃ לְמִשְׁפָּטֶיךָ
עָמְדוּ הַיּוֹם כִּי הַכֹּל עֲבָדֶיךָ׃ לוּלֵי תוֹרָתְךָ שַׁעֲשֻׁעָי אָז אָבַדְתִּי בְעָנְיִי׃ לְעוֹלָם לֹא־אֶשְׁכַּח
פִּקּוּדֶיךָ כִּי־בָם חִיִּיתָנִי׃ לְךָ־אֲנִי הוֹשִׁיעֵנִי כִּי פִקּוּדֶיךָ דָרָשְׁתִּי׃ לִי קִוּוּ רְשָׁעִים לְאַבְּדֵנִי
עֵדֹתֶיךָ אֶתְבּוֹנָן׃ לְכָל־תִּכְלָה רָאִיתִי קֵץ רְחָבָה מִצְוָתְךָ מְאֹד׃

מ

מָה־אָהַבְתִּי תוֹרָתֶךָ כָּל־הַיּוֹם הִיא שִׂיחָתִי׃ מֵאֹיְבַי תְּחַכְּמֵנִי מִצְוֺתֶךָ כִּי לְעוֹלָם הִיא־לִי׃
מִכָּל־מְלַמְּדַי הִשְׂכַּלְתִּי כִּי עֵדְוֺתֶיךָ שִׂיחָה לִי׃ מִזְּקֵנִים אֶתְבּוֹנָן כִּי פִקּוּדֶיךָ נָצָרְתִּי׃ מִכָּל־
אֹרַח רָע כָּלִאתִי רַגְלָי לְמַעַן אֶשְׁמֹר דְּבָרֶךָ׃ מִמִּשְׁפָּטֶיךָ לֹא־סָרְתִּי כִּי־אַתָּה הוֹרֵתָנִי׃ מַה־
נִּמְלְצוּ לְחִכִּי אִמְרָתֶךָ מִדְּבַשׁ לְפִי׃ מִפִּקּוּדֶיךָ אֶתְבּוֹנָן עַל־כֵּן שָׂנֵאתִי ׀ כָּל־אֹרַח שָׁקֶר׃

נ

נֵר־לְרַגְלִי דְבָרֶךָ וְאוֹר לִנְתִיבָתִי׃ נִשְׁבַּעְתִּי וָאֲקַיֵּמָה לִשְׁמֹר מִשְׁפְּטֵי צִדְקֶךָ׃ נַעֲנֵיתִי עַד־
מְאֹד יהוה חַיֵּנִי כִדְבָרֶךָ׃ נִדְבוֹת פִּי רְצֵה־נָא יהוה וּמִשְׁפָּטֶיךָ לַמְּדֵנִי׃ נַפְשִׁי בְכַפִּי תָמִיד
וְתוֹרָתְךָ לֹא שָׁכָחְתִּי׃ נָתְנוּ רְשָׁעִים פַּח לִי וּמִפִּקּוּדֶיךָ לֹא תָעִיתִי׃ נָחַלְתִּי עֵדְוֺתֶיךָ לְעוֹלָם
כִּי־שְׂשׂוֹן לִבִּי הֵמָּה׃ נָטִיתִי לִבִּי לַעֲשׂוֹת חֻקֶּיךָ לְעוֹלָם עֵקֶב׃

ס

סֵעֲפִים שָׂנֵאתִי וְתוֹרָתְךָ אָהָבְתִּי׃ סִתְרִי וּמָגִנִּי אָתָּה לִדְבָרְךָ יִחָלְתִּי׃ סוּרוּ
מִמֶּנִּי מְרֵעִים וְאֶצְּרָה מִצְוֺת אֱלֹהָי׃ סָמְכֵנִי כְאִמְרָתְךָ וְאֶחְיֶה וְאַל־תְּבִישֵׁנִי
מִשִּׂבְרִי׃ סְעָדֵנִי וְאִוָּשֵׁעָה וְאֶשְׁעָה בְחֻקֶּיךָ תָמִיד׃ סָלִיתָ כָּל־שׁוֹגִים מֵחֻקֶּיךָ
כִּי־שֶׁקֶר תַּרְמִיתָם׃ סִגִים הִשְׁבַּתָּ כָל־רִשְׁעֵי־אָרֶץ לָכֵן אָהַבְתִּי עֵדֹתֶיךָ׃
סָמַר מִפַּחְדְּךָ בְשָׂרִי וּמִמִּשְׁפָּטֶיךָ יָרֵאתִי׃

ע

עָשִׂיתִי מִשְׁפָּט וָצֶדֶק בַּל־תַּנִּיחֵנִי לְעֹשְׁקָי: עֲרֹב עַבְדְּךָ לְטוֹב אַל־יַעַשְׁקֻנִי זֵדִים: עֵינַי כָּלוּ
לִישׁוּעָתֶךָ וּלְאִמְרַת צִדְקֶךָ: עֲשֵׂה עִם־עַבְדְּךָ כְחַסְדֶּךָ וְחֻקֶּיךָ לַמְּדֵנִי: עַבְדְּךָ־אָנִי הֲבִינֵנִי
וְאֵדְעָה עֵדֹתֶיךָ: עֵת לַעֲשׂוֹת לַיהוָה הֵפֵרוּ תּוֹרָתֶךָ: עַל־כֵּן אָהַבְתִּי מִצְוֺתֶיךָ מִזָּהָב וּמִפָּז:
עַל־כֵּן ׀ כָּל־פִּקּוּדֵי כֹל יִשָּׁרְתִּי כָּל־אֹרַח שֶׁקֶר שָׂנֵאתִי:

פ

פְּלָאוֹת עֵדְוֺתֶיךָ עַל־כֵּן נְצָרָתַם נַפְשִׁי: פֵּתַח־דְּבָרֶיךָ יָאִיר מֵבִין פְּתָיִים: פִּי־פָעַרְתִּי
וָאֶשְׁאָפָה כִּי לְמִצְוֺתֶיךָ יָאָבְתִּי: פְּנֵה־אֵלַי וְחָנֵּנִי כְּמִשְׁפָּט לְאֹהֲבֵי שְׁמֶךָ: פְּעָמַי הָכֵן
בְּאִמְרָתֶךָ וְאַל־תַּשְׁלֶט־בִּי כָל־אָוֶן: פְּדֵנִי מֵעֹשֶׁק אָדָם וְאֶשְׁמְרָה פִּקּוּדֶיךָ: פָּנֶיךָ הָאֵר
בְּעַבְדֶּךָ וְלַמְּדֵנִי אֶת־חֻקֶּיךָ: פַּלְגֵי־מַיִם יָרְדוּ עֵינָי עַל לֹא־שָׁמְרוּ תוֹרָתֶךָ:

צ

צַדִּיק אַתָּה יְהוָה וְיָשָׁר מִשְׁפָּטֶיךָ: צִוִּיתָ צֶדֶק עֵדֹתֶיךָ וֶאֱמוּנָה מְאֹד: צִמְּתַתְנִי קִנְאָתִי
כִּי־שָׁכְחוּ דְבָרֶיךָ צָרָי: צְרוּפָה אִמְרָתְךָ מְאֹד וְעַבְדְּךָ אֲהֵבָהּ: צָעִיר אָנֹכִי וְנִבְזֶה פִּקֻּדֶיךָ
לֹא שָׁכָחְתִּי: צִדְקָתְךָ צֶדֶק לְעוֹלָם וְתוֹרָתְךָ אֱמֶת: צַר־וּמָצוֹק מְצָאוּנִי מִצְוֺתֶיךָ שַׁעֲשֻׁעָי:
צֶדֶק עֵדְוֺתֶיךָ לְעוֹלָם הֲבִינֵנִי וְאֶחְיֶה:

ק

קָרָאתִי בְכָל־לֵב עֲנֵנִי יְהוָה חֻקֶּיךָ אֶצֹּרָה: קְרָאתִיךָ הוֹשִׁיעֵנִי וְאֶשְׁמְרָה עֵדֹתֶיךָ: קִדַּמְתִּי
לדבריך בַנֶּשֶׁף וָאֲשַׁוֵּעָה לִדְבָרְךָ יִחָלְתִּי: קִדְּמוּ עֵינַי אַשְׁמֻרוֹת לָשִׂיחַ בְּאִמְרָתֶךָ: קוֹלִי שִׁמְעָה
כְחַסְדֶּךָ יְהוָה כְּמִשְׁפָּטֶךָ חַיֵּנִי: קָרְבוּ רֹדְפֵי זִמָּה מִתּוֹרָתְךָ רָחָקוּ: קָרוֹב אַתָּה יְהוָה וְכָל־
מִצְוֺתֶיךָ אֱמֶת: קֶדֶם יָדַעְתִּי מֵעֵדֹתֶיךָ כִּי לְעוֹלָם יְסַדְתָּם:

ר

רְאֵה־עָנְיִי וְחַלְּצֵנִי כִּי־תוֹרָתְךָ לֹא שָׁכָחְתִּי: רִיבָה רִיבִי וּגְאָלֵנִי לְאִמְרָתְךָ חַיֵּנִי:
רָחוֹק מֵרְשָׁעִים יְשׁוּעָה כִּי־חֻקֶּיךָ לֹא דָרָשׁוּ: רַחֲמֶיךָ רַבִּים ׀ יְהוָה כְּמִשְׁפָּטֶיךָ
חַיֵּנִי: רַבִּים רֹדְפַי וְצָרָי מֵעֵדְוֺתֶיךָ לֹא נָטִיתִי: רָאִיתִי בֹגְדִים וָאֶתְקוֹטָטָה
אֲשֶׁר אִמְרָתְךָ לֹא שָׁמָרוּ: רְאֵה כִּי־פִקּוּדֶיךָ אָהָבְתִּי יְהוָה כְּחַסְדְּךָ חַיֵּנִי:
רֹאשׁ־דְּבָרְךָ אֱמֶת וּלְעוֹלָם כָּל־מִשְׁפַּט צִדְקֶךָ:

ש

ומדבריך שָׂרִים רְדָפוּנִי חִנָּם וּמִדְּבָרְךָ פָּחַד לִבִּי: שָׂשׂ אָנֹכִי עַל־אִמְרָתֶךָ כְּמוֹצֵא שָׁלָל רָב: שֶׁקֶר
שָׂנֵאתִי וַאֲתַעֵבָה תּוֹרָתְךָ אָהָבְתִּי: שֶׁבַע בַּיּוֹם הִלַּלְתִּיךָ עַל מִשְׁפְּטֵי צִדְקֶךָ: שָׁלוֹם רָב
לְאֹהֲבֵי תוֹרָתֶךָ וְאֵין־לָמוֹ מִכְשׁוֹל: שִׂבַּרְתִּי לִישׁוּעָתְךָ יְהוָה וּמִצְוֺתֶיךָ עָשִׂיתִי: שָׁמְרָה
נַפְשִׁי עֵדֹתֶיךָ וָאֹהֲבֵם מְאֹד: שָׁמַרְתִּי פִקּוּדֶיךָ וְעֵדֹתֶיךָ כִּי כָל־דְּרָכַי נֶגְדֶּךָ:

ת

תִּקְרַב רִנָּתִי לְפָנֶיךָ יְהוָה כִּדְבָרְךָ הֲבִינֵנִי: תָּבוֹא תְּחִנָּתִי לְפָנֶיךָ כְּאִמְרָתְךָ הַצִּילֵנִי: תַּבַּעְנָה
שְׂפָתַי תְּהִלָּה כִּי תְלַמְּדֵנִי חֻקֶּיךָ: תַּעַן לְשׁוֹנִי אִמְרָתֶךָ כִּי כָל־מִצְוֺתֶיךָ צֶּדֶק: תְּהִי־יָדְךָ

לְעָזְרֵנִי כִּי פִקּוּדֶיךָ בָחָרְתִּי׃ תָּאַבְתִּי לִישׁוּעָתְךָ יהוה וְתוֹרָתְךָ שַׁעֲשֻׁעָי׃ תְּחִי־נַפְשִׁי
וּתְהַלְלֶךָּ וּמִשְׁפָּטֶךָ יַעְזְרֻנִי׃ תָּעִיתִי כְּשֶׂה אֹבֵד בַּקֵּשׁ עַבְדֶּךָ כִּי מִצְוֹתֶיךָ לֹא שָׁכָחְתִּי׃

מוסיפים אותיות נשמה מתוך מזמור קיט

נ

נֵר־לְרַגְלִי דְבָרֶךָ וְאוֹר לִנְתִיבָתִי׃ נִשְׁבַּעְתִּי וָאֲקַיֵּמָה לִשְׁמֹר מִשְׁפְּטֵי צִדְקֶךָ׃ נַעֲנֵיתִי עַד־
מְאֹד יהוה חַיֵּנִי כִדְבָרֶךָ׃ נִדְבוֹת פִּי רְצֵה־נָא יהוה וּמִשְׁפָּטֶיךָ לַמְּדֵנִי׃ נַפְשִׁי בְכַפִּי תָמִיד
וְתוֹרָתְךָ לֹא שָׁכָחְתִּי׃ נָתְנוּ רְשָׁעִים פַּח לִי וּמִפִּקּוּדֶיךָ לֹא תָעִיתִי׃ נָחַלְתִּי עֵדְוֹתֶיךָ לְעוֹלָם
כִּי־שְׂשׂוֹן לִבִּי הֵמָּה׃ נָטִיתִי לִבִּי לַעֲשׂוֹת חֻקֶּיךָ לְעוֹלָם עֵקֶב׃

ש

שָׂרִים רְדָפוּנִי חִנָּם וּמִדְּבָרְךָ פָּחַד לִבִּי׃ שָׂשׂ אָנֹכִי עַל־אִמְרָתֶךָ כְּמוֹצֵא שָׁלָל רָב׃ שֶׁקֶר ומדבריך
שָׂנֵאתִי וַאֲתַעֵבָה תּוֹרָתְךָ אָהָבְתִּי׃ שֶׁבַע בַּיּוֹם הִלַּלְתִּיךָ עַל מִשְׁפְּטֵי צִדְקֶךָ׃ שָׁלוֹם רָב
לְאֹהֲבֵי תוֹרָתֶךָ וְאֵין־לָמוֹ מִכְשׁוֹל׃ שִׂבַּרְתִּי לִישׁוּעָתְךָ יהוה וּמִצְוֹתֶיךָ עָשִׂיתִי׃ שָׁמְרָה
נַפְשִׁי עֵדֹתֶיךָ וָאֹהֲבֵם מְאֹד׃ שָׁמַרְתִּי פִקּוּדֶיךָ וְעֵדֹתֶיךָ כִּי כָל־דְּרָכַי נֶגְדֶּךָ׃

מ

מָה־אָהַבְתִּי תוֹרָתֶךָ כָּל־הַיּוֹם הִיא שִׂיחָתִי׃ מֵאֹיְבַי תְּחַכְּמֵנִי מִצְוֹתֶךָ כִּי לְעוֹלָם הִיא־לִי׃
מִכָּל־מְלַמְּדַי הִשְׂכַּלְתִּי כִּי עֵדְוֹתֶיךָ שִׂיחָה לִי׃ מִזְּקֵנִים אֶתְבּוֹנָן כִּי פִקּוּדֶיךָ נָצָרְתִּי׃ מִכָּל־
אֹרַח רָע כָּלִאתִי רַגְלָי לְמַעַן אֶשְׁמֹר דְּבָרֶךָ׃ מִמִּשְׁפָּטֶיךָ לֹא־סָרְתִּי כִּי־אַתָּה הוֹרֵתָנִי׃ מַה־
נִּמְלְצוּ לְחִכִּי אִמְרָתֶךָ מִדְּבַשׁ לְפִי׃ מִפִּקּוּדֶיךָ אֶתְבּוֹנָן עַל־כֵּן שָׂנֵאתִי ׀ כָּל־אֹרַח שָׁקֶר׃

ה

הוֹרֵנִי יהוה דֶּרֶךְ חֻקֶּיךָ וְאֶצְּרֶנָּה עֵקֶב׃ הֲבִינֵנִי וְאֶצְּרָה תוֹרָתֶךָ וְאֶשְׁמְרֶנָּה
בְכָל־לֵב׃ הַדְרִיכֵנִי בִּנְתִיב מִצְוֹתֶיךָ כִּי־בוֹ חָפָצְתִּי׃ הַט־לִבִּי אֶל־עֵדְוֹתֶיךָ
וְאַל אֶל־בָּצַע׃ הַעֲבֵר עֵינַי מֵרְאוֹת שָׁוְא בִּדְרָכֶךָ חַיֵּנִי׃ הָקֵם לְעַבְדְּךָ אִמְרָתֶךָ אֲשֶׁר
לְיִרְאָתֶךָ׃ הַעֲבֵר חֶרְפָּתִי אֲשֶׁר יָגֹרְתִּי כִּי מִשְׁפָּטֶיךָ טוֹבִים׃ הִנֵּה תָּאַבְתִּי לְפִקֻּדֶיךָ
בְּצִדְקָתְךָ חַיֵּנִי׃

אחרי אמירת תהלים אומרים תפילה זו:

אָנָּא, יהוה, מָלֵא רַחֲמִים, אֲשֶׁר בְּיָדְךָ נֶפֶשׁ כָּל חָי וְרוּחַ כָּל בְּשַׂר אִישׁ, יְהִי נָא לְרָצוֹן
לְפָנֶיךָ תּוֹרָתֵנוּ וּתְפִלָּתֵנוּ בַּעֲבוּר נִשְׁמַת (פלוני בֶּן פלוני / פלונית בַּת פלוני), וּגְמֹל נָא עִמָּהּ בְּחַסְדְּךָ
הַגָּדוֹל לִפְתֹּחַ לָהּ שַׁעֲרֵי רַחֲמִים וָחֶסֶד וְשַׁעֲרֵי גַּן עֵדֶן, וּתְקַבֵּל אוֹתָהּ בְּאַהֲבָה וּבְחִבָּה,
וּשְׁלַח לָהּ מַלְאָכֶיךָ הַקְּדוֹשִׁים וְהַטְּהוֹרִים לְהוֹלִיכָהּ וּלְהוֹשִׁיבָהּ תַּחַת עֵץ הַחַיִּים אֵצֶל
נִשְׁמוֹת הַצַּדִּיקִים וְהַצִּדְקָנִיּוֹת, הַחֲסִידִים וְהַחֲסִידוֹת לֵהָנוֹת מִזִּיו שְׁכִינָתְךָ לְהַשְׂבִּיעָהּ
מִטּוּבְךָ הַצָּפוּן לַצַּדִּיקִים, וְהַגּוּף יָנוּחַ בַּקֶּבֶר בִּמְנוּחָה נְכוֹנָה, בְּחֶדְוָה וּבְשִׂמְחָה וְשָׁלוֹם,
ישעיה נז כִּדְכְתִיב, יָבוֹא שָׁלוֹם יָנוּחוּ עַל־מִשְׁכְּבוֹתָם הֹלֵךְ נְכֹחוֹ: וּכְתִיב, יַעְלְזוּ חֲסִידִים בְּכָבוֹד,
תהלים קמט יְרַנְּנוּ עַל־מִשְׁכְּבוֹתָם: וּכְתִיב, אִם־תִּשְׁכַּב, לֹא־תִפְחָד, וְשָׁכַבְתָּ וְעָרְבָה שְׁנָתֶךָ:
משלי ג

לזכר: וְתִשְׁמֹר אוֹתוֹ מֵחִבּוּט הַקֶּבֶר וּמֵרִמָּה וְתוֹלֵעָה, וְתִסְלַח וְתִמְחֹל לוֹ עַל כָּל פְּשָׁעָיו,
קהלת ז כִּי אָדָם אֵין צַדִּיק בָּאָרֶץ, אֲשֶׁר יַעֲשֶׂה־טּוֹב וְלֹא יֶחֱטָא: וּזְכֹר לוֹ זְכֻיּוֹתָיו וְצִדְקוֹתָיו
אֲשֶׁר עָשָׂה, וְתַשְׁפִּיעַ לוֹ מִנִּשְׁמָתוֹ לְדַשֵּׁן עַצְמוֹתָיו בַּקֶּבֶר מֵרֹב טוּב הַצָּפוּן
תהלים לא לַצַּדִּיקִים, דִּכְתִיב: מָה רַב טוּבְךָ אֲשֶׁר־צָפַנְתָּ לִּירֵאֶיךָ: וּכְתִיב, שֹׁמֵר כָּל־עַצְמֹתָיו,
תהלים לד אַחַת מֵהֵנָּה לֹא נִשְׁבָּרָה: וְיִשְׁכּוֹן בֶּטַח בָּדָד וְשַׁאֲנָן מִפַּחַד רָעָה וְאַל יִרְאֶה פְּנֵי
גֵיהִנֹּם, וְנִשְׁמָתוֹ תְּהֵא צְרוּרָה בִּצְרוֹר הַחַיִּים, וּלְהַחֲיוֹתוֹ בִּתְחִיַּת הַמֵּתִים עִם כָּל
מֵתֵי עַמְּךָ יִשְׂרָאֵל בְּרַחֲמִים, אָמֵן.

לנקבה: וְתִשְׁמֹר אוֹתָהּ מֵחִבּוּט הַקֶּבֶר וּמֵרִמָּה וְתוֹלֵעָה, וְתִסְלַח וְתִמְחֹל לָהּ עַל כָּל
קהלת ז פְּשָׁעֶיהָ, כִּי אָדָם אֵין צַדִּיק בָּאָרֶץ, אֲשֶׁר יַעֲשֶׂה־טּוֹב וְלֹא יֶחֱטָא: וּזְכֹר לָהּ
זְכֻיּוֹתֶיהָ וְצִדְקוֹתֶיהָ אֲשֶׁר עָשְׂתָה, וְתַשְׁפִּיעַ לָהּ מִנִּשְׁמָתָהּ לְדַשֵּׁן עַצְמוֹתֶיהָ בַּקֶּבֶר
תהלים לא מֵרֹב טוּב הַצָּפוּן לַצַּדִּיקִים, דִּכְתִיב: מָה רַב טוּבְךָ אֲשֶׁר־צָפַנְתָּ לִּירֵאֶיךָ: וּכְתִיב,
תהלים לד שֹׁמֵר כָּל־עַצְמֹתָיו, אַחַת מֵהֵנָּה לֹא נִשְׁבָּרָה: וְיִשְׁכּוֹן בֶּטַח בָּדָד וְשַׁאֲנָן מִפַּחַד
רָעָה וְאַל תִּרְאֶה פְּנֵי גֵיהִנֹּם, וְנִשְׁמָתָהּ תְּהֵא צְרוּרָה בִּצְרוֹר הַחַיִּים, וּלְהַחֲיוֹתָהּ
בִּתְחִיַּת הַמֵּתִים עִם כָּל מֵתֵי עַמְּךָ יִשְׂרָאֵל בְּרַחֲמִים, אָמֵן.

קדיש יתום

אבל: יִתְגַּדַּל וְיִתְקַדַּשׁ שְׁמֵהּ רַבָּא (קהל: אָמֵן)
בְּעָלְמָא דִּי בְרָא כִרְעוּתֵהּ
וְיַמְלִיךְ מַלְכוּתֵהּ
/וְיַצְמַח פֻּרְקָנֵהּ וִיקָרֵב מְשִׁיחֵהּ (קהל: אָמֵן)/
בְּחַיֵּיכוֹן וּבְיוֹמֵיכוֹן וּבְחַיֵּי דְכָל בֵּית יִשְׂרָאֵל
בַּעֲגָלָא וּבִזְמַן קָרִיב
וְאִמְרוּ אָמֵן. (קהל: אָמֵן)

קהל אבל: יְהֵא שְׁמֵהּ רַבָּא מְבָרַךְ לְעָלַם וּלְעָלְמֵי עָלְמַיָּא.

אבל: יִתְבָּרַךְ וְיִשְׁתַּבַּח וְיִתְפָּאַר וְיִתְרוֹמַם וְיִתְנַשֵּׂא
וְיִתְהַדָּר וְיִתְעַלֶּה וְיִתְהַלָּל
שְׁמֵהּ דְּקֻדְשָׁא בְּרִיךְ הוּא (קהל: בְּרִיךְ הוּא /אָמֵן/)
לְעֵלָּא מִן כָּל בִּרְכָתָא
/בעשרת ימי תשובה: לְעֵלָּא לְעֵלָּא מִכָּל בִּרְכָתָא/
וְשִׁירָתָא
תֻּשְׁבְּחָתָא וְנֶחֱמָתָא
דַּאֲמִירָן בְּעָלְמָא
וְאִמְרוּ אָמֵן. (קהל: אָמֵן)

יְהֵא שְׁלָמָא רַבָּא מִן שְׁמַיָּא
וְחַיִּים /טוֹבִים/ עָלֵינוּ וְעַל כָּל יִשְׂרָאֵל
וְאִמְרוּ אָמֵן. (קהל: אָמֵן)

כורע ופוסע שלוש פסיעות לאחור.
קד לשמאל, לימין ולפנים באמירת:

עֹשֶׂה שָׁלוֹם / בעשרת ימי תשובה: הַשָּׁלוֹם/ בִּמְרוֹמָיו
הוּא יַעֲשֶׂה שָׁלוֹם, עָלֵינוּ וְעַל כָּל יִשְׂרָאֵל
וְאִמְרוּ אָמֵן. (קהל: אָמֵן)

אל מלא רחמים

תפילה להזכרת נשמות

לזכר: אֵל מָלֵא רַחֲמִים, שׁוֹכֵן בַּמְּרוֹמִים
הַמְצֵא מְנוּחָה נְכוֹנָה עַל כַּנְפֵי הַשְּׁכִינָה
בְּמַעֲלוֹת קְדוֹשִׁים וּטְהוֹרִים כְּזֹהַר הָרָקִיעַ מַזְהִירִים
לְנִשְׁמַת (פלוני בֶּן פלוני) שֶׁהָלַךְ לְעוֹלָמוֹ
בַּעֲבוּר שֶׁ(בְּלִי נֶדֶר) אֶתֵּן צְדָקָה בְּעַד הַזְכָּרַת נִשְׁמָתוֹ.
בְּגַן עֵדֶן תְּהֵא מְנוּחָתוֹ.
לָכֵן בַּעַל הָרַחֲמִים
יַסְתִּירֵהוּ בְּסֵתֶר כְּנָפָיו לְעוֹלָמִים
וְיִצְרֹר בִּצְרוֹר הַחַיִּים אֶת נִשְׁמָתוֹ
יהוה הוּא נַחֲלָתוֹ
וְיָנוּחַ בְּשָׁלוֹם עַל מִשְׁכָּבוֹ
וְנֹאמַר אָמֵן.

לנקבה: אֵל מָלֵא רַחֲמִים, שׁוֹכֵן בַּמְּרוֹמִים
הַמְצֵא מְנוּחָה נְכוֹנָה עַל כַּנְפֵי הַשְּׁכִינָה
בְּמַעֲלוֹת קְדוֹשִׁים וּטְהוֹרִים כְּזֹהַר הָרָקִיעַ מַזְהִירִים
לְנִשְׁמַת (פלונית בַּת פלוני) שֶׁהָלְכָה לְעוֹלָמָהּ
בַּעֲבוּר שֶׁ(בְּלִי נֶדֶר) אֶתֵּן צְדָקָה בְּעַד הַזְכָּרַת נִשְׁמָתָהּ.
בְּגַן עֵדֶן תְּהֵא מְנוּחָתָהּ.
לָכֵן בַּעַל הָרַחֲמִים
יַסְתִּירֶהָ בְּסֵתֶר כְּנָפָיו לְעוֹלָמִים
וְיִצְרֹר בִּצְרוֹר הַחַיִּים אֶת נִשְׁמָתָהּ
יהוה הוּא נַחֲלָתָהּ
וְתָנוּחַ בְּשָׁלוֹם עַל מִשְׁכָּבָהּ
וְנֹאמַר אָמֵן.

שימוש תהלים

ספר עתיק שבו יש רשימה של הסגולות המיוחדות שיש באמירת פרקי תהלים, או חלק מהם.

הרשב״א בתשובותיו (סימן תיג) כבר מתייחס לספר זה וכותב כי הספר מוסכם על כל גדולי ישראל.
וראה גם בשם הגדולים לחיד״א בערך זה.

א לאישה המפלת נפלים
ב לסערת הים
ג לכאב ראש וכתף
ד לכל צורך
ה לרוח רעה
ו לחולי העיניים
ז להבריח שונאים
ח למצוא חן
ט לנער חולה
י למי שיש לו שונאים
יא לאבד האויבים
יב שלא יגיע לחולשה
יג להינצל ממיתה משונה
יד לפחד
טו להמית שד
טז לפרסם את הגנב
יז לומר בדרך, לשמירה
יח להינצל מגזרת מלכים
יט לחכמה
כ למי שעומד בדין
כא ללכת לפני השלטונות
כב לכל צער
כג לשאלת חלום
כד להינצל משטף מים
כה לכל צרה
כו כנגד צרה וסכנה
כז לחיות רעות
כח לתפילה
כט לרוח רעה
ל לכל דבר רע
לא לעין הרע
לב לאישה שבניה מתים
לג ללכת בדרך

לד כנגד יריבים
לה לכלות הרשעים
לו לשיכור
לז כנגד היועץ עצה בלתי נכונה
לח כנגד היועץ לעשות רעה
לט למתענה
מ להינצל מרוח רעה
מא למי שמבטלים אותו ממלאכתו
מב לבניין בית
מג לבניין בית
מד להינצל מיד אויב
מה למי שיש לו אישה רעה
מו לאדם השונא את אשתו
מז לתשובה
מח להפחיד השונאים
מט לקדחת
נ להינצל משודדים
נא למי שנטמא בזנות
נב להינצל מדוברי לשון הרע
נג להפחיד השונאים
נד להינקם מן האויבים
נה לכל רע
נו לנאסר בכבלים
נז להצלחה
נח כנגד כלב רע
נט ליצר הרע
ס ללכת למלחמה
סא למתיירא לשבת בביתו
סב לומר אחרי מנחה וערבית
סג להצלחה במסחר
סד לעבור בנהר
סה לסיוע כשמבקש דבר מחברו
סו למי שיש לו רוח

סז לקדחת תמידית
סח לרוח רעה
סט לתקן חמד וזנות
ע למלחמה
עא למצוא חן
עב למצוא חן וחסד
עג להינצל מפחד
עד למי שיש לו שונאים
עה להשפיל הגאווה
עו להינצל מאש וממים
עז להינצל ממפלה ביום צרה
עח להיות לחן בעיני המלכות
עט להכניע שונאים
פ להימנע ממינות ועבודה זרה
פא להימנע ממינות ועבודה זרה
פב להצלחה בשליחות
פג למלחמה
פד למי שרזה מחמת חולי
פה לרצות את חברו
פו להינצל מרוח רעה
פז להושיע את העיר
פח להושיע את העיר
פט למי שמאבד את איבריו
צ להינצל מאריה
צא לרוח רעה
צב לראות נסים גדולים
צג לנצח יריבו במשפט
צד כנגד שונא המציק
צה להינצל מהטעיית בני מקומו
צו לשמח בני משפחתו
צז לשמח בני משפחתו
צח לשים שלום בין אדם לחברו
צט להיות חסיד
ק לנצח אויביו
קא לרוח רעה
קב לאישה עקרה
קג לאישה עקרה
קד להרחיק מזיק
קה לקדחת רביעית
קו לקדחת שלישית

קז לקדחת תמידית
קח להצלחה
קט כנגד שונא המציק
קי שישלימו עמו אויביו
קיא שירבו אוהביו
קיב להתגבר בכוחו
קיג כנגד מינות וכפירה
קיד למי שקונה ומוכר
קטו להצלחה בוויכוח עם הכופרים
קטז כנגד מיתה משונה
קיז למי שהלשינוהו חינם
קיח לתת תשובה לאפיקורוס
קיט א לרוצה שתתקיים בידו מצווה
קיט ב כנגד שכחה
קיט ג לכאב עין ימנית
קיט ד לכאב עין שמאלית
קיט ה להישמר מחטא
קיט ו להפחיד מושל רשע
קיט ז לטחול
קיט ח לכרס העליונה
קיט ט לכאב כליות
קיט י לחסד
קיט כ לנפיחות בנחיר הימני
קיט ל לדין
קיט מ לכאב יד ימין
קיט נ לצאת לדרך
קיט ס לבקש כל צרכיו
קיט ע לכאב יד שמאל
קיט פ לנפיחות בנחיר השמאלי
קיט צ להשמיד השונאים
קיט ק לכאב רגל שמאל
קיט ר לכאב האוזן הימנית
קיט ש לכאב ראש
קיט ת לכאב האוזן השמאלית
קכ לעשות שלום
קכא ליוצא בלילה יחידי
קכב למצוא עבד שברח
קכג למפליג באונייה
קכד למפליג באונייה
קכה כנגד האויבים

קכו לאשה שמתו ילדיה
קכז לילד שנולד
קכח לאישה הרה
קכט לדבר מצווה
קל למפליג באונייה
קלא כנגד גאווה
קלב כנגד אמירת שבועות לחינם
קלג לקיים אהבת אוהבים
קלד לומר לפני לימוד תורה
קלה כנגד מחשבות עבודה זרה
קלו להודות על חטאים שבזדון
קלז לבטל את השנאה
קלח כנגד גאווה

קלט לשים אהבה בין איש לאשתו
קמ כנגד שנאה בין איש לאשתו
קמא לכאב הלב
קמב לחולי השוקיים
קמג לחולי הזרוע
קמד ליד שבורה
קמה כנגד פחד
קמו למכת חרב
קמז לנשיכת נחש
קמח לשריפה
קמט לשריפה שלא תגדל
קנ להלל לה׳ על כל מעשיו

פרקי תהלים לזמנים ולמאורעות מיוחדים

פרקי תהלים הם חלק מסידור התפילה המקובל בכל ישראל. יש פרקי תהלים שהם חלק קבוע מתפילות ימי החול, וכן נאמר בכל יום "שיר של יום" – פרק תהלים מיוחד לכל יום מימות השבוע, כפי שהיה נאמר בבית המקדש. כמו כן פרקים מיוחדים לשבתות ולחגים, ופרקי "הלל", ובזמנים אחרים "חצי הלל", הנאמרים בימי חג ומועד.

בנוסף על אותם פרקים שהם חלק מסידור התפילה, יש עוד פרקים הנאמרים בזמנים או במאורעות מיוחדים. בעניין זה יש חילוקי מנהגים: בנוסחי תפילה מסוימים נמצאים פרקים אלה בסידור התפילה, משום שהם נאמרים בתפילה בדרך קבע; בנוסחים אחרים אומרים מזמורים אלה (או חלק מהם) כמנהג מקובל, אף שהם אינם כתובים בסידורי התפילה; יש מנהגים שבהם נאמרים כל המזמורים הללו, ואחרים שבהם נוהגים לומר רק את מקצתם.

ערב ראש השנה מזמור צה

ראש השנה במקומות רבים המנהג הפשוט הוא לומר במשך שני ימי ראש השנה את כל ספר תהלים פעמיים. יש המוסיפים ביום הראשון של ראש השנה את מזמור מז, וביום השני - את מזמור פא. הוספות אלה - סמוך ואחרי שיר של יום.

עשרת ימי תשובה מנהג כל ישראל (וכן מודפס בסידורים) לומר את מזמור קל לפני "ברכו" בשחרית ובערבית.

שבת תשובה יש אומרים את מזמור לב.

ערב יום הכיפורים יש אומרים לאחר התפילה את מזמור ק (כאמירת נדבה, לפי שברוב המנהגים משמיטים אותו ביום זה מסדר התפילה הרגיל).

כל נדרי יש האומרים את מזמור צז, ויש האומרים מזמורים קטו-קכג.

יום הכיפורים יש אומרים את מזמור לב, ויש שאומרים קודם השינה גם מזמורים קכד-קלב. קודם מוסף אומרים מזמורים קלג-קמא, ואחרי נעילה - קמב-קנ.

סוכות ביום הראשון של החג אומרים מזמור צו. ביום השני של החג (יום טוב שני של גלויות) - מזמור פ.

חול המועד סוכות מזמור עז

הושענא רבה מנהג רווח הוא להיות ניעורים בלילה זה, ובמשך הלילה אומרים (אם אפשר - בציבור) את כל ספר תהלים, וכן אומרים מזמור פח או סא אחרי שיר של יום.

שמיני עצרת מזמור סה

שמחת תורה (בחו"ל) מזמור קמז

שבת בראשית יש אומרים מזמור ח.

שבת מברכים מנהג חב"ד ואחרים הוא לומר את כל ספר תהלים לפני התפילה בשבת שבה מברכים את החודש.

ראש חודש מנהג נפוץ (שאף מצוי בכמה מנוסחי התפילה) הוא להוסיף לאחר שיר של יום את מזמור קד.

חנוכה יש אומרים בכל יום מזמור ל.

עשרה בטבת יש אומרים מזמור עד.

שבת פרשת שקלים יש אומרים מזמור מט.

שבת פרשת זכור יש אומרים מזמור קט.

תענית אסתר יש אומרים מזמור כב.

פורים יש אומרים מזמור ז, ויש נוהגים לומר מזמור כב.

שושן פורים יש אומרים מזמור ס.

שבת פרשת פרה יש אומרים מזמור נא.

שבת פרשת החודש יש אומרים מזמור עז.

שבת הגדול יש אומרים מזמור צה.

פסח ביום טוב ראשון אומרים מזמור קה. ביום השני של החג (יום טוב שני של גלויות) אומרים מזמור קו, ויש מקומות שבהם אומרים בימים אלה מזמור קז.

חול המועד פסח יש אומרים מזמור עה.

שביעי של פסח יש אומרים מזמור יח.

שמיני של פסח (בחו"ל) יש אומרים מזמור קו, ויש אומרי מזמור קיד.

שבועות מזמור כט. ביום השני (יום טוב שני של גלויות) אומרים מזמור סח.

שבעה עשר בתמוז יש אומרים מזמור עט.

תשעה באב יש אומרים מזמור קלז.

שבת נחמו יש אומרים מזמור קכב.

חודש אלול מנהג פשוט המופיע ברוב סידורי התפילה, לומר מזמור כז בכל יום מימי חודש אלול פעמיים: בבוקר (לאחר שיר של יום), ובערב (יש הנוהגים לומר אותו אחרי תפילת מנחה, ויש - אחרי תפילת ערבית). ואומרים מזמור זה עד הושענא רבה (ועד בכלל). יש נוהגים לומר בכל יום מימי אלול (ועד סוף יום הכפורים) שלושה פרקי תהלים, על פי הסדר, מתחילת הספר עד סופו (ביום א' באלול פרק א-ג, ביום ב' באלול פרקים ד-ו, וכו').

פרק תהלים לפי שנותיו של אדם מנהג ההולך ומתפשט הוא, שאדם אומר בכל יום פרק תהלים לפי מספר שנותיו. כגון: מי שמלאו לו עשרים ותשע שנים אומר את מזמור ל במשך כל אותה שנה.

חתונה יש נוהגים לומר ביום החתונה מזמור יט.

בית אבלים מנהג נפוץ ומקובל (המצוי בסידורי תפילה רבים) הוא לומר בבית האבל מזמור מט בבוקר ובערב.

ברית מילה יש נוהגים לומר ביום הברית מזמור יב.

תיקון הכללי

סדר המזמורים שתיקן רבי נחמן מברסלב (ליקוטי מוהר״ן ח״א: רה, ח״ב:צב)

טז מִכְתָּם לְדָוִד שָׁמְרֵנִי אֵל כִּי־חָסִיתִי בָךְ: אָמַרְתְּ לַיהוה אֲדֹנָי אָתָּה טוֹבָתִי בַּל־עָלֶיךָ:
לִקְדוֹשִׁים אֲשֶׁר־בָּאָרֶץ הֵמָּה וְאַדִּירֵי כָּל־חֶפְצִי־בָם: יִרְבּוּ עַצְּבוֹתָם אַחֵר מָהָרוּ בַּל־אַסִּיךְ
נִסְכֵּיהֶם מִדָּם וּבַל־אֶשָּׂא אֶת־שְׁמוֹתָם עַל־שְׂפָתָי: יהוה מְנָת־חֶלְקִי וְכוֹסִי אַתָּה תּוֹמִיךְ
גּוֹרָלִי: חֲבָלִים נָפְלוּ־לִי בַּנְּעִמִים אַף־נַחֲלָת שָׁפְרָה עָלָי: אֲבָרֵךְ אֶת־יהוה אֲשֶׁר יְעָצָנִי
אַף־לֵילוֹת יִסְּרוּנִי כִלְיוֹתָי: שִׁוִּיתִי יהוה לְנֶגְדִּי תָמִיד כִּי מִימִינִי בַּל־אֶמּוֹט: לָכֵן ׀ שָׂמַח
לִבִּי וַיָּגֶל כְּבוֹדִי אַף־בְּשָׂרִי יִשְׁכֹּן לָבֶטַח: כִּי ׀ לֹא־תַעֲזֹב נַפְשִׁי לִשְׁאוֹל לֹא־תִתֵּן חֲסִידְךָ חסידיך
לִרְאוֹת שָׁחַת: תּוֹדִיעֵנִי אֹרַח חַיִּים שֹׂבַע שְׂמָחוֹת אֶת־פָּנֶיךָ נְעִמוֹת בִּימִינְךָ נֶצַח:

לב לְדָוִד מַשְׂכִּיל אַשְׁרֵי נְשׂוּי־פֶּשַׁע כְּסוּי חֲטָאָה: אַשְׁרֵי־אָדָם לֹא יַחְשֹׁב יהוה לוֹ עָוֺן וְאֵין
בְּרוּחוֹ רְמִיָּה: כִּי־הֶחֱרַשְׁתִּי בָּלוּ עֲצָמָי בְּשַׁאֲגָתִי כָּל־הַיּוֹם: כִּי ׀ יוֹמָם וָלַיְלָה תִּכְבַּד עָלַי
יָדֶךָ נֶהְפַּךְ לְשַׁדִּי בְּחַרְבֹנֵי קַיִץ סֶלָה: חַטָּאתִי אוֹדִיעֲךָ וַעֲוֺנִי לֹא־כִסִּיתִי אָמַרְתִּי אוֹדֶה
עֲלֵי פְשָׁעַי לַיהוה וְאַתָּה נָשָׂאתָ עֲוֺן חַטָּאתִי סֶלָה: עַל־זֹאת יִתְפַּלֵּל כָּל־חָסִיד ׀ אֵלֶיךָ
לְעֵת מְצֹא רַק לְשֵׁטֶף מַיִם רַבִּים אֵלָיו לֹא יַגִּיעוּ: אַתָּה ׀ סֵתֶר לִי מִצַּר תִּצְּרֵנִי רָנֵּי פַלֵּט
תְּסוֹבְבֵנִי סֶלָה: אַשְׂכִּילְךָ ׀ וְאוֹרְךָ בְּדֶרֶךְ־זוּ תֵלֵךְ אִיעֲצָה עָלֶיךָ עֵינִי: אַל־תִּהְיוּ ׀ כְּסוּס
כְּפֶרֶד אֵין הָבִין בְּמֶתֶג־וָרֶסֶן עֶדְיוֹ לִבְלוֹם בַּל קְרֹב אֵלֶיךָ: רַבִּים מַכְאוֹבִים לָרָשָׁע וְהַבּוֹטֵחַ
בַּיהוה חֶסֶד יְסוֹבְבֶנּוּ: שִׂמְחוּ בַיהוה וְגִילוּ צַדִּיקִים וְהַרְנִינוּ כָּל־יִשְׁרֵי־לֵב:

מא לַמְנַצֵּחַ מִזְמוֹר לְדָוִד: אַשְׁרֵי מַשְׂכִּיל אֶל־דָּל בְּיוֹם רָעָה יְמַלְּטֵהוּ יהוה: יהוה ׀ יִשְׁמְרֵהוּ
וִיחַיֵּהוּ וְאֻשַּׁר בָּאָרֶץ וְאַל־תִּתְּנֵהוּ בְּנֶפֶשׁ אֹיְבָיו: יהוה יִסְעָדֶנּוּ עַל־עֶרֶשׂ דְּוָי כָּל־מִשְׁכָּבוֹ יְאֻשַּׁר
הָפַכְתָּ בְחָלְיוֹ: אֲנִי־אָמַרְתִּי יהוה חָנֵּנִי רְפָאָה נַפְשִׁי כִּי־חָטָאתִי לָךְ: אוֹיְבַי יֹאמְרוּ רַע
לִי מָתַי יָמוּת וְאָבַד שְׁמוֹ: וְאִם־בָּא לִרְאוֹת ׀ שָׁוְא יְדַבֵּר לִבּוֹ יִקְבָּץ־אָוֶן לוֹ יֵצֵא לַחוּץ
יְדַבֵּר: יַחַד עָלַי יִתְלַחֲשׁוּ כָּל־שֹׂנְאָי עָלַי ׀ יַחְשְׁבוּ רָעָה לִי: דְּבַר־בְּלִיַּעַל יָצוּק בּוֹ וַאֲשֶׁר
שָׁכַב לֹא־יוֹסִיף לָקוּם: גַּם־אִישׁ שְׁלוֹמִי ׀ אֲשֶׁר־בָּטַחְתִּי בוֹ אוֹכֵל לַחְמִי הִגְדִּיל עָלַי עָקֵב:
וְאַתָּה יהוה חָנֵּנִי וַהֲקִימֵנִי וַאֲשַׁלְּמָה לָהֶם: בְּזֹאת יָדַעְתִּי כִּי־חָפַצְתָּ בִּי כִּי לֹא־יָרִיעַ אֹיְבִי
עָלָי: וַאֲנִי בְּתֻמִּי תָּמַכְתָּ בִּי וַתַּצִּיבֵנִי לְפָנֶיךָ לְעוֹלָם: בָּרוּךְ יהוה ׀ אֱלֹהֵי יִשְׂרָאֵל מֵהָעוֹלָם
וְעַד־הָעוֹלָם אָמֵן ׀ וְאָמֵן:

מב לַמְנַצֵּחַ מַשְׂכִּיל לִבְנֵי־קֹרַח: כְּאַיָּל תַּעֲרֹג עַל־אֲפִיקֵי־מָיִם כֵּן נַפְשִׁי תַעֲרֹג אֵלֶיךָ אֱלֹהִים:
צָמְאָה נַפְשִׁי ׀ לֵאלֹהִים לְאֵל חָי מָתַי אָבוֹא וְאֵרָאֶה פְּנֵי אֱלֹהִים: הָיְתָה־לִּי דִמְעָתִי לֶחֶם
יוֹמָם וָלָיְלָה בֶּאֱמֹר אֵלַי כָּל־הַיּוֹם אַיֵּה אֱלֹהֶיךָ: אֵלֶּה אֶזְכְּרָה ׀ וְאֶשְׁפְּכָה עָלַי ׀ נַפְשִׁי כִּי
אֶעֱבֹר ׀ בַּסָּךְ אֶדַּדֵּם עַד־בֵּית אֱלֹהִים בְּקוֹל־רִנָּה וְתוֹדָה הָמוֹן חוֹגֵג: מַה־תִּשְׁתּוֹחֲחִי ׀

נַפְשִׁי וַתֶּהֱמִי עָלָי הוֹחִלִי לֵאלֹהִים כִּי־עוֹד אוֹדֶנּוּ יְשׁוּעוֹת פָּנָיו: אֱלֹהַי עָלַי נַפְשִׁי תִשְׁתּוֹחָח
עַל־כֵּן אֶזְכָּרְךָ מֵאֶרֶץ יַרְדֵּן וְחֶרְמוֹנִים מֵהַר מִצְעָר: תְּהוֹם־אֶל־תְּהוֹם קוֹרֵא לְקוֹל צִנּוֹרֶיךָ
כָּל־מִשְׁבָּרֶיךָ וְגַלֶּיךָ עָלַי עָבָרוּ: יוֹמָם ׀ יְצַוֶּה יהוה ׀ חַסְדּוֹ וּבַלַּיְלָה שִׁירֹה עִמִּי תְּפִלָּה לְאֵל
חַיָּי: אוֹמְרָה ׀ לְאֵל סַלְעִי לָמָה שְׁכַחְתָּנִי לָמָּה־קֹדֵר אֵלֵךְ בְּלַחַץ אוֹיֵב: בְּרֶצַח ׀ בְּעַצְמוֹתַי
חֵרְפוּנִי צוֹרְרָי בְּאָמְרָם אֵלַי כָּל־הַיּוֹם אַיֵּה אֱלֹהֶיךָ: מַה־תִּשְׁתּוֹחֲחִי ׀ נַפְשִׁי וּמַה־תֶּהֱמִי
עָלָי הוֹחִילִי לֵאלֹהִים כִּי־עוֹד אוֹדֶנּוּ יְשׁוּעֹת פָּנַי וֵאלֹהָי:

נט לַמְנַצֵּחַ אַל־תַּשְׁחֵת לְדָוִד מִכְתָּם בִּשְׁלֹחַ שָׁאוּל וַיִּשְׁמְרוּ אֶת־הַבַּיִת לַהֲמִיתוֹ: הַצִּילֵנִי
מֵאֹיְבַי ׀ אֱלֹהָי מִמִּתְקוֹמְמַי תְּשַׂגְּבֵנִי: הַצִּילֵנִי מִפֹּעֲלֵי אָוֶן וּמֵאַנְשֵׁי דָמִים הוֹשִׁיעֵנִי: כִּי
הִנֵּה אָרְבוּ לְנַפְשִׁי יָגוּרוּ עָלַי עַזִּים לֹא־פִשְׁעִי וְלֹא־חַטָּאתִי יהוה: בְּלִי־עָוֺן יְרוּצוּן וְיִכּוֹנָנוּ
עוּרָה לִקְרָאתִי וּרְאֵה: וְאַתָּה יהוה־אֱלֹהִים ׀ צְבָאוֹת אֱלֹהֵי יִשְׂרָאֵל הָקִיצָה לִפְקֹד כָּל־
הַגּוֹיִם אַל־תָּחֹן כָּל־בֹּגְדֵי אָוֶן סֶלָה: יָשׁוּבוּ לָעֶרֶב יֶהֱמוּ כַכָּלֶב וִיסוֹבְבוּ עִיר: הִנֵּה ׀ יַבִּיעוּן
בְּפִיהֶם חֲרָבוֹת בְּשִׂפְתוֹתֵיהֶם כִּי־מִי שֹׁמֵעַ: וְאַתָּה יהוה תִּשְׂחַק־לָמוֹ תִּלְעַג לְכָל־גּוֹיִם:
חסדו עֻזּוֹ אֵלֶיךָ אֶשְׁמֹרָה כִּי־אֱלֹהִים מִשְׂגַּבִּי: אֱלֹהֵי חַסְדִּי יְקַדְּמֵנִי אֱלֹהִים יַרְאֵנִי בְשֹׁרְרָי:
אַל־תַּהַרְגֵם ׀ פֶּן־יִשְׁכְּחוּ עַמִּי הֲנִיעֵמוֹ בְחֵילְךָ וְהוֹרִידֵמוֹ מָגִנֵּנוּ אֲדֹנָי: חַטַּאת־פִּימוֹ
דְּבַר־שְׂפָתֵימוֹ וְיִלָּכְדוּ בִגְאוֹנָם וּמֵאָלָה וּמִכַּחַשׁ יְסַפֵּרוּ: כַּלֵּה בְחֵמָה כַּלֵּה וְאֵינֵמוֹ וְיֵדְעוּ
כִּי־אֱלֹהִים מֹשֵׁל בְּיַעֲקֹב לְאַפְסֵי הָאָרֶץ סֶלָה: וְיָשֻׁבוּ לָעֶרֶב יֶהֱמוּ כַכָּלֶב וִיסוֹבְבוּ עִיר:
ינועון הֵמָּה יְנִיעוּן לֶאֱכֹל אִם־לֹא יִשְׂבְּעוּ וַיָּלִינוּ: וַאֲנִי ׀ אָשִׁיר עֻזֶּךָ וַאֲרַנֵּן לַבֹּקֶר חַסְדֶּךָ כִּי־הָיִיתָ
מִשְׂגָּב לִי וּמָנוֹס בְּיוֹם צַר־לִי: עֻזִּי אֵלֶיךָ אֲזַמֵּרָה כִּי־אֱלֹהִים מִשְׂגַּבִּי אֱלֹהֵי חַסְדִּי:

ידיתון עז לַמְנַצֵּחַ עַל־יְדוּתוּן לְאָסָף מִזְמוֹר: קוֹלִי אֶל־אֱלֹהִים וְאֶצְעָקָה קוֹלִי אֶל־אֱלֹהִים וְהַאֲזִין
אֵלָי: בְּיוֹם צָרָתִי אֲדֹנָי דָּרָשְׁתִּי יָדִי ׀ לַיְלָה נִגְּרָה וְלֹא תָפוּג מֵאֲנָה הִנָּחֵם נַפְשִׁי: אֶזְכְּרָה
אֱלֹהִים וְאֶהֱמָיָה אָשִׂיחָה ׀ וְתִתְעַטֵּף רוּחִי סֶלָה: אָחַזְתָּ שְׁמֻרוֹת עֵינָי נִפְעַמְתִּי וְלֹא
אֲדַבֵּר: חִשַּׁבְתִּי יָמִים מִקֶּדֶם שְׁנוֹת עוֹלָמִים: אֶזְכְּרָה נְגִינָתִי בַּלָּיְלָה עִם־לְבָבִי אָשִׂיחָה
וַיְחַפֵּשׂ רוּחִי: הַלְעוֹלָמִים יִזְנַח ׀ אֲדֹנָי וְלֹא־יֹסִיף לִרְצוֹת עוֹד: הֶאָפֵס לָנֶצַח חַסְדּוֹ
גָּמַר אֹמֶר לְדֹר וָדֹר: הֲשָׁכַח חַנּוֹת אֵל אִם־קָפַץ בְּאַף רַחֲמָיו סֶלָה: וָאֹמַר חַלּוֹתִי הִיא
אזכיר שְׁנוֹת יְמִין עֶלְיוֹן: אֶזְכּוֹר מַעַלְלֵי־יָהּ כִּי־אֶזְכְּרָה מִקֶּדֶם פִּלְאֶךָ: וְהָגִיתִי בְכָל־פָּעֳלֶךָ
וּבַעֲלִילוֹתֶיךָ אָשִׂיחָה: אֱלֹהִים בַּקֹּדֶשׁ דַּרְכֶּךָ מִי־אֵל גָּדוֹל כֵּאלֹהִים: אַתָּה הָאֵל עֹשֵׂה
פֶלֶא הוֹדַעְתָּ בָעַמִּים עֻזֶּךָ: גָּאַלְתָּ בִּזְרוֹעַ עַמֶּךָ בְּנֵי־יַעֲקֹב וְיוֹסֵף סֶלָה: רָאוּךָ מַּיִם ׀ אֱלֹהִים
רָאוּךָ מַּיִם יָחִילוּ אַף יִרְגְּזוּ תְהֹמוֹת: זֹרְמוּ מַיִם ׀ עָבוֹת קוֹל נָתְנוּ שְׁחָקִים אַף־חֲצָצֶיךָ
יִתְהַלָּכוּ: קוֹל רַעַמְךָ ׀ בַּגַּלְגַּל הֵאִירוּ בְרָקִים תֵּבֵל רָגְזָה וַתִּרְעַשׁ הָאָרֶץ: בַּיָּם דַּרְכֶּךָ
ושביליך וּשְׁבִילְךָ בְּמַיִם רַבִּים וְעִקְּבוֹתֶיךָ לֹא נֹדָעוּ: נָחִיתָ כַצֹּאן עַמֶּךָ בְּיַד־מֹשֶׁה וְאַהֲרֹן:

צ תְּפִלָּה לְמֹשֶׁה אִישׁ־הָאֱלֹהִים אֲדֹנָי מָעוֹן אַתָּה הָיִיתָ לָּנוּ בְּדֹר וָדֹר: בְּטֶרֶם ׀ הָרִים יֻלָּדוּ
וַתְּחוֹלֵל אֶרֶץ וְתֵבֵל וּמֵעוֹלָם עַד־עוֹלָם אַתָּה אֵל: תָּשֵׁב אֱנוֹשׁ עַד־דַּכָּא וַתֹּאמֶר שׁוּבוּ
בְנֵי־אָדָם: כִּי אֶלֶף שָׁנִים בְּעֵינֶיךָ כְּיוֹם אֶתְמוֹל כִּי יַעֲבֹר וְאַשְׁמוּרָה בַלָּיְלָה: זְרַמְתָּם
שֵׁנָה יִהְיוּ בַּבֹּקֶר כֶּחָצִיר יַחֲלֹף: בַּבֹּקֶר יָצִיץ וְחָלָף לָעֶרֶב יְמוֹלֵל וְיָבֵשׁ: כִּי־כָלִינוּ בְאַפֶּךָ
וּבַחֲמָתְךָ נִבְהָלְנוּ: שַׁתָּ עֲוֺנֹתֵינוּ לְנֶגְדֶּךָ עֲלֻמֵנוּ לִמְאוֹר פָּנֶיךָ: כִּי כָל־יָמֵינוּ פָּנוּ בְעֶבְרָתֶךָ
כִּלִּינוּ שָׁנֵינוּ כְמוֹ־הֶגֶה: יְמֵי־שְׁנוֹתֵינוּ בָהֶם שִׁבְעִים שָׁנָה וְאִם בִּגְבוּרֹת ׀ שְׁמוֹנִים שָׁנָה
וְרָהְבָּם עָמָל וָאָוֶן כִּי־גָז חִישׁ וַנָּעֻפָה: מִי־יוֹדֵעַ עֹז אַפֶּךָ וּכְיִרְאָתְךָ עֶבְרָתֶךָ: לִמְנוֹת יָמֵינוּ
כֵּן הוֹדַע וְנָבִא לְבַב חָכְמָה: שׁוּבָה יהוה עַד־מָתָי וְהִנָּחֵם עַל־עֲבָדֶיךָ: שַׂבְּעֵנוּ בַבֹּקֶר
חַסְדֶּךָ וּנְרַנְּנָה וְנִשְׂמְחָה בְּכָל־יָמֵינוּ: שַׂמְּחֵנוּ כִּימוֹת עִנִּיתָנוּ שְׁנוֹת רָאִינוּ רָעָה: יֵרָאֶה
אֶל־עֲבָדֶיךָ פָעֳלֶךָ וַהֲדָרְךָ עַל־בְּנֵיהֶם: וִיהִי ׀ נֹעַם אֲדֹנָי אֱלֹהֵינוּ עָלֵינוּ וּמַעֲשֵׂה יָדֵינוּ
כּוֹנְנָה עָלֵינוּ וּמַעֲשֵׂה יָדֵינוּ כּוֹנְנֵהוּ:

ה הוֹדוּ לַיהוה קִרְאוּ בִּשְׁמוֹ הוֹדִיעוּ בָעַמִּים עֲלִילוֹתָיו: שִׁירוּ־לוֹ זַמְּרוּ־לוֹ שִׂיחוּ בְּכָל־
נִפְלְאוֹתָיו: הִתְהַלְלוּ בְּשֵׁם קָדְשׁוֹ יִשְׂמַח לֵב ׀ מְבַקְשֵׁי יהוה: דִּרְשׁוּ יהוה וְעֻזּוֹ בַּקְּשׁוּ פָנָיו
תָּמִיד: זִכְרוּ נִפְלְאוֹתָיו אֲשֶׁר־עָשָׂה מֹפְתָיו וּמִשְׁפְּטֵי־פִיו: זֶרַע אַבְרָהָם עַבְדּוֹ בְּנֵי יַעֲקֹב
בְּחִירָיו: הוּא יהוה אֱלֹהֵינוּ בְּכָל־הָאָרֶץ מִשְׁפָּטָיו: זָכַר לְעוֹלָם בְּרִיתוֹ דָּבָר צִוָּה לְאֶלֶף
דּוֹר: אֲשֶׁר כָּרַת אֶת־אַבְרָהָם וּשְׁבוּעָתוֹ לְיִשְׂחָק: וַיַּעֲמִידֶהָ לְיַעֲקֹב לְחֹק לְיִשְׂרָאֵל בְּרִית
עוֹלָם: לֵאמֹר לְךָ אֶתֵּן אֶת־אֶרֶץ־כְּנָעַן חֶבֶל נַחֲלַתְכֶם: בִּהְיוֹתָם מְתֵי מִסְפָּר כִּמְעַט וְגָרִים
בָּהּ: וַיִּתְהַלְּכוּ מִגּוֹי אֶל־גּוֹי מִמַּמְלָכָה אֶל־עַם אַחֵר: לֹא־הִנִּיחַ אָדָם לְעָשְׁקָם וַיּוֹכַח עֲלֵיהֶם
מְלָכִים: אַל־תִּגְּעוּ בִמְשִׁיחָי וְלִנְבִיאַי אַל־תָּרֵעוּ: וַיִּקְרָא רָעָב עַל־הָאָרֶץ כָּל־מַטֵּה־לֶחֶם
שָׁבָר: שָׁלַח לִפְנֵיהֶם אִישׁ לְעֶבֶד נִמְכַּר יוֹסֵף: עִנּוּ בַכֶּבֶל רַגְלוֹ בַּרְזֶל בָּאָה נַפְשׁוֹ: עַד־עֵת רגליו
בֹּא־דְבָרוֹ אִמְרַת יהוה צְרָפָתְהוּ: שָׁלַח מֶלֶךְ וַיַּתִּירֵהוּ מֹשֵׁל עַמִּים וַיְפַתְּחֵהוּ: שָׂמוֹ אָדוֹן
לְבֵיתוֹ וּמֹשֵׁל בְּכָל־קִנְיָנוֹ: לֶאְסֹר שָׂרָיו בְּנַפְשׁוֹ וּזְקֵנָיו יְחַכֵּם: וַיָּבֹא יִשְׂרָאֵל מִצְרָיִם וְיַעֲקֹב
גָּר בְּאֶרֶץ־חָם: וַיֶּפֶר אֶת־עַמּוֹ מְאֹד וַיַּעֲצִמֵהוּ מִצָּרָיו: הָפַךְ לִבָּם לִשְׂנֹא עַמּוֹ לְהִתְנַכֵּל
בַּעֲבָדָיו: שָׁלַח מֹשֶׁה עַבְדּוֹ אַהֲרֹן אֲשֶׁר בָּחַר־בּוֹ: שָׂמוּ־בָם דִּבְרֵי אֹתוֹתָיו וּמֹפְתִים בְּאֶרֶץ
חָם: שָׁלַח חֹשֶׁךְ וַיַּחְשִׁךְ וְלֹא־מָרוּ אֶת־דְּבָרוֹ: הָפַךְ אֶת־מֵימֵיהֶם לְדָם וַיָּמֶת אֶת־דְּגָתָם: דבריו
שָׁרַץ אַרְצָם צְפַרְדְּעִים בְּחַדְרֵי מַלְכֵיהֶם: אָמַר וַיָּבֹא עָרֹב כִּנִּים בְּכָל־גְּבוּלָם: נָתַן גִּשְׁמֵיהֶם
בָּרָד אֵשׁ לֶהָבוֹת בְּאַרְצָם: וַיַּךְ גַּפְנָם וּתְאֵנָתָם וַיְשַׁבֵּר עֵץ גְּבוּלָם: אָמַר וַיָּבֹא אַרְבֶּה וְיֶלֶק
וְאֵין מִסְפָּר: וַיֹּאכַל כָּל־עֵשֶׂב בְּאַרְצָם וַיֹּאכַל פְּרִי אַדְמָתָם: וַיַּךְ כָּל־בְּכוֹר בְּאַרְצָם רֵאשִׁית
לְכָל־אוֹנָם: וַיּוֹצִיאֵם בְּכֶסֶף וְזָהָב וְאֵין בִּשְׁבָטָיו כּוֹשֵׁל: שָׂמַח מִצְרַיִם בְּצֵאתָם כִּי־נָפַל
פַּחְדָּם עֲלֵיהֶם: פָּרַשׂ עָנָן לְמָסָךְ וְאֵשׁ לְהָאִיר לָיְלָה: שָׁאַל וַיָּבֵא שְׂלָו וְלֶחֶם שָׁמַיִם
יַשְׂבִּיעֵם: פָּתַח צוּר וַיָּזוּבוּ מָיִם הָלְכוּ בַּצִּיּוֹת נָהָר: כִּי־זָכַר אֶת־דְּבַר קָדְשׁוֹ אֶת־אַבְרָהָם

עַבְדּוֹ: וַיּוֹצִא עַמּוֹ בְשָׂשׂוֹן בְּרִנָּה אֶת־בְּחִירָיו: וַיִּתֵּן לָהֶם אַרְצוֹת גּוֹיִם וַעֲמַל לְאֻמִּים יִירָשׁוּ: בַּעֲבוּר ׀ יִשְׁמְרוּ חֻקָּיו וְתוֹרֹתָיו יִנְצֹרוּ הַלְלוּיָהּ:

קלז עַל־נַהֲרוֹת ׀ בָּבֶל שָׁם יָשַׁבְנוּ גַּם־בָּכִינוּ בְּזָכְרֵנוּ אֶת־צִיּוֹן: עַל־עֲרָבִים בְּתוֹכָהּ תָּלִינוּ
כִּנֹּרוֹתֵינוּ: כִּי שָׁם ׀ שְׁאֵלוּנוּ שׁוֹבֵינוּ דִּבְרֵי־שִׁיר וְתוֹלָלֵינוּ שִׂמְחָה שִׁירוּ לָנוּ מִשִּׁיר צִיּוֹן:
אֵיךְ נָשִׁיר אֶת־שִׁיר־יְהוָה עַל אַדְמַת נֵכָר: אִם־אֶשְׁכָּחֵךְ יְרוּשָׁלָ͏ִם תִּשְׁכַּח יְמִינִי: תִּדְבַּק
לְשׁוֹנִי ׀ לְחִכִּי אִם־לֹא אֶזְכְּרֵכִי אִם־לֹא אַעֲלֶה אֶת־יְרוּשָׁלַ͏ִם עַל רֹאשׁ שִׂמְחָתִי: זְכֹר יְהוָה ׀
לִבְנֵי אֱדוֹם אֵת יוֹם יְרוּשָׁלָ͏ִם הָאֹמְרִים עָרוּ ׀ עָרוּ עַד הַיְסוֹד בָּהּ: בַּת־בָּבֶל הַשְּׁדוּדָה אַשְׁרֵי
שֶׁיְשַׁלֶּם־לָךְ אֶת־גְּמוּלֵךְ שֶׁגָּמַלְתְּ לָנוּ: אַשְׁרֵי ׀ שֶׁיֹּאחֵז וְנִפֵּץ אֶת־עֹלָלַיִךְ אֶל־הַסָּלַע:

קנ הַלְלוּיָהּ ׀ הַלְלוּ־אֵל בְּקָדְשׁוֹ הַלְלוּהוּ בִּרְקִיעַ עֻזּוֹ: הַלְלוּהוּ בִגְבוּרֹתָיו הַלְלוּהוּ
כְּרֹב גֻּדְלוֹ: הַלְלוּהוּ בְּתֵקַע שׁוֹפָר הַלְלוּהוּ בְּנֵבֶל וְכִנּוֹר: הַלְלוּהוּ בְתֹף וּמָחוֹל
הַלְלוּהוּ בְּמִנִּים וְעֻגָב: הַלְלוּהוּ בְצִלְצְלֵי־שָׁמַע הַלְלוּהוּ בְּצִלְצְלֵי תְרוּעָה:
כֹּל הַנְּשָׁמָה תְּהַלֵּל יָהּ הַלְלוּיָהּ:

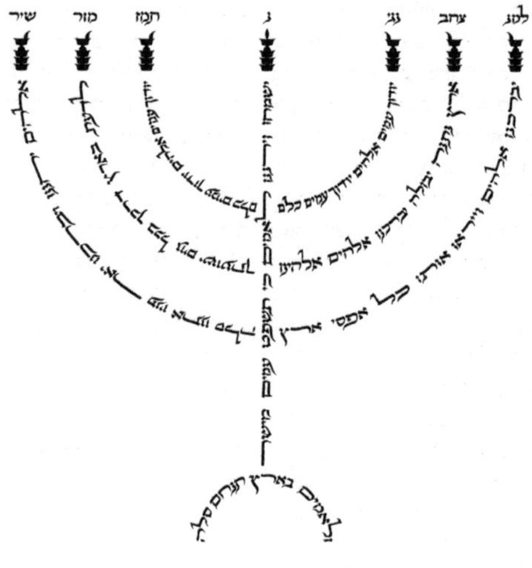

מזמור סז נדרש בעיקר בספרי הקבלה כמכיל רמזים לעולמות עליונים.
יש בו שבעה פסוקים כנגד שבעת קני המנורה, ואפילו מספר המילים שבו מתחלק לשבע.
בדרך פנימית יותר נתפס המזמור כמעין תוואי של הדרך מהעולם התחתון לעולמות העליונים.

המנורה לקוחה מסידור נוסח ק"ק ספרדים, הוצאת קורן ירושלים בע"מ.

תפילת מאת השל"ה הקדוש

הרב ישעיה הלוי הורביץ
מתוך ספרו 'שני לוחות הברית', מסכת תמיד, פרק נר מצוה, סימן קל"ג

אַתָּה הוּא יהוה אֱלֹהֵינוּ עַד שֶׁלֹּא בָּרָאתָ הָעוֹלָם, וְאַתָּה הוּא אֱלֹהֵינוּ מִשֶּׁבָּרָאתָ הָעוֹלָם, וּמֵעוֹלָם וְעַד עוֹלָם אַתָּה אֵל. וּבָרָאתָ עוֹלָמְךָ בְּגִין לְאִשְׁתְּמוֹדַע אֱלָהוּתָךְ בְּאֶמְצָעוּת תּוֹרָתְךָ הַקְּדוֹשָׁה כְּמוֹ שֶׁאָמְרוּ רַבּוֹתֵינוּ זִכְרוֹנָם לִבְרָכָה. בְּרֵאשִׁית, בִּשְׁבִיל תּוֹרָה וּבִשְׁבִיל יִשְׂרָאֵל, כִּי הֵם עַמְּךָ וְנַחֲלָתְךָ אֲשֶׁר בָּחַרְתָּ בָּהֶם מִכָּל הָאֻמּוֹת, וְנָתַתָּ לָהֶם תּוֹרָתְךָ הַקְּדוֹשָׁה, וְקֵרַבְתָּם לְשִׁמְךָ הַגָּדוֹל. וְעַל קִיּוּם הָעוֹלָם וְעַל קִיּוּם הַתּוֹרָה בָּא לָנוּ מִמְּךָ יהוה אֱלֹהֵינוּ שְׁנֵי צִוּוּיִים. כָּתַבְתָּ בְּתוֹרָתְךָ, "פְּרוּ וּרְבוּ", וְכָתַבְתָּ בְּתוֹרָתְךָ, "וְלִמַּדְתֶּם אוֹתָם אֶת בְּנֵיכֶם", וְהַכַּוָּנָה בִּשְׁתֵּיהֶן אַחַת, כִּי לֹא לְתֹהוּ בָרָאתָ כִּי אִם לָשֶׁבֶת, וְלִכְבוֹדְךָ בְּרָאתָ, יְצַרְתָּ אַף עָשִׂיתָ, כְּדֵי שֶׁנִּהְיֶה אֲנַחְנוּ וְצֶאֱצָאֵינוּ וְצֶאֱצָאֵי כָּל עַמְּךָ בֵּית יִשְׂרָאֵל יוֹדְעֵי שְׁמֶךָ וְלוֹמְדֵי תּוֹרָתֶךָ.

וּבְכֵן אָבוֹא אֵלֶיךָ יהוה מֶלֶךְ מַלְכֵי הַמְּלָכִים, וְאַפִּיל תְּחִנָּתִי, וְעֵינַי לְךָ תְּלוּיוֹת עַד שֶׁתְּחָנֵּנִי וְתִשְׁמַע תְּפִלָּתִי לְהַזְמִין לִי בָּנִים וּבָנוֹת, וְגַם הֵם יִפְרוּ וְיִרְבּוּ הֵם וּבְנֵיהֶם וּבְנֵי בְנֵיהֶם עַד סוֹף כָּל הַדּוֹרוֹת לְתַכְלִית שֶׁהֵם וַאֲנִי וַאֲנַחְנוּ כֻּלָּנוּ יַעַסְקוּ בְּתוֹרָתְךָ הַקְּדוֹשָׁה לִלְמֹד וּלְלַמֵּד לִשְׁמֹר וְלַעֲשׂוֹת וּלְקַיֵּם אֶת כָּל דִּבְרֵי תַלְמוּד תּוֹרָתְךָ בְּאַהֲבָה, וְהָאֵר עֵינֵינוּ בְּתוֹרָתְךָ וְדַבֵּק לִבֵּנוּ בְּמִצְוֹתֶיךָ לְאַהֲבָה וּלְיִרְאָה אֶת שְׁמֶךָ. אָבִינוּ אָב הָרַחֲמָן, תֵּן לְכֻלָּנוּ חַיִּים אֲרֻכִּים וּבְרוּכִים, מִי כָמוֹךָ אַב הָרַחֲמִים זוֹכֵר יְצוּרָיו לְחַיִּים בְּרַחֲמִים, זָכְרֵנוּ לְחַיִּים נִצְחִיִּים כְּמוֹ שֶׁהִתְפַּלֵּל אַבְרָהָם אָבִינוּ, "לוּ יִחְיֶה לְפָנֶיךָ", וּפֵרְשׁוּ רַבּוֹתֵינוּ זִכְרוֹנָם לִבְרָכָה, "בְּיִרְאָתֶךָ". כִּי עַל כֵּן, בָּאתִי לְבַקֵּשׁ וּלְחַנֵּן מִלְּפָנֶיךָ שֶׁיְּהֵא זַרְעִי וְזֶרַע זַרְעִי עַד עוֹלָם זֶרַע כָּשֵׁר, וְאַל יִמָּצֵא בִי וּבְזַרְעִי וּבְזֶרַע זַרְעִי עַד עוֹלָם שׁוּם פְּסוּל וָשֶׁמֶץ, אַךְ שָׁלוֹם וֶאֱמֶת וְטוֹב וְיָשָׁר בְּעֵינֵי אֱלֹהִים וּבְעֵינֵי אָדָם, וְיִהְיוּ בַּעֲלֵי תוֹרָה, מָארֵי מִקְרָא, מָארֵי מִשְׁנָה, מָארֵי תַלְמוּד, מָארֵי רָזָא, מָארֵי מִצְוָה, מָארֵי גוֹמְלֵי חֲסָדִים, מָארֵי מִדּוֹת תְּרוּמִיּוֹת, וְיַעַבְדוּךָ בְּאַהֲבָה וּבְיִרְאָה פְּנִימִית, וְלֹא יִרְאָה חִיצוֹנִית. וְתֵן לְכָל גְּוִיָּה וּגְוִיָּה מֵהֶם דֵּי מַחְסוֹרָהּ בְּכָבוֹד, וְתֵן לָהֶם בְּרִיאוּת וְכָבוֹד וְכֹחַ, וְתֵן לָהֶם קוֹמָה וְיֹפִי וְחֵן וָחֶסֶד, וְיִהְיֶה אַהֲבָה וְאַחֲוָה וְשָׁלוֹם בֵּינֵיהֶם, וְתַזְמִין לָהֶם זִוּוּגִים הֲגוּנִים מִזֶּרַע תַּלְמִידֵי חֲכָמִים מִזֶּרַע צַדִּיקִים, וְגַם הֵם זִוּוּגָם יִהְיוּ כְּמוֹתָם כְּכָל אֲשֶׁר הִתְפַּלַּלְתִּי עֲלֵיהֶם, כִּי זִכָּרוֹן אֶחָד עוֹלֶה לְכָאן וּלְכָאן. אַתָּה יהוה יוֹדֵעַ כָּל תַּעֲלוּמוֹת, וּלְפָנֶיךָ נִגְלוּ מַצְפּוּנֵי לִבִּי, כִּי כַוָּנָתִי בְּכָל אֵלֶּה לְמַעַן שִׁמְךָ הַגָּדוֹל וְהַקָּדוֹשׁ וּלְמַעַן תּוֹרָתְךָ הַקְּדוֹשָׁה. עַל כֵּן עֲנֵנִי יהוה עֲנֵנִי בַּעֲבוּר הָאָבוֹת הַקְּדוֹשִׁים אַבְרָהָם יִצְחָק וְיַעֲקֹב, וּבִגְלָלָם תּוֹשִׁיעַ בָּנִים לִהְיוֹת הָעֲנָפִים דּוֹמִים לְשָׁרְשָׁם, וּבַעֲבוּר דָּוִד עַבְדְּךָ רֶגֶל רְבִיעִי בַּמֶּרְכָּבָה, הַמְשׁוֹרֵר בְּרוּחַ קָדְשֶׁךָ.

שִׁיר הַמַּעֲלוֹת אַשְׁרֵי כָּל יְרֵא יהוה הַהֹלֵךְ בִּדְרָכָיו. יְגִיעַ כַּפֶּיךָ כִּי תֹאכֵל אַשְׁרֶיךָ וְטוֹב לָךְ. אֶשְׁתְּךָ כְּגֶפֶן פֹּרִיָּה בְּיַרְכְּתֵי בֵיתֶךָ בָּנֶיךָ

כְּשְׁתִלֵי זֵיתִים סָבִיב לְשֻׁלְחָנֶךָ. הִנֵּה כִי כֵן יְבֹרַךְ גָּבֶר יְרֵא יהוה. יְבָרֶכְךָ יהוה מִצִּיּוֹן וּרְאֵה בְּטוּב יְרוּשָׁלָיִם כֹּל יְמֵי חַיֶּיךָ. וּרְאֵה בָנִים לְבָנֶיךָ שָׁלוֹם עַל יִשְׂרָאֵל.

אָנָּא יהוה שׁוֹמֵעַ תְּפִלָּה, יְקַיֵּם בָּנוּ הַפָּסוּק.

וַאֲנִי זֹאת בְּרִיתִי אוֹתָם אָמַר יהוה רוּחִי אֲשֶׁר עָלֶיךָ וּדְבָרַי אֲשֶׁר שַׂמְתִּי בְּפִיךָ לֹא יָמוּשׁוּ מִפִּיךָ וּמִפִּי זַרְעֲךָ וּמִפִּי זֶרַע זַרְעֲךָ אָמַר יהוה מֵעַתָּה וְעַד עוֹלָם. יִהְיוּ לְרָצוֹן אִמְרֵי פִי וְהֶגְיוֹן לִבִּי לְפָנֶיךָ יהוה צוּרִי וְגוֹאֲלִי:

פרק שירה

מדרש ארץ ישראלי קדום

אָמַר רַבִּי, כָּל הָעוֹסֵק בְּפֶרֶק שִׁירָה בָּעוֹלָם הַזֶּה, זוֹכֶה לִלְמֹד וּלְלַמֵּד, לִשְׁמֹר וְלַעֲשׂוֹת וּלְקַיֵּם, וְתַלְמוּדוֹ מִתְקַיֵּם בְּיָדוֹ, וְנִצּוֹל מִיֵּצֶר הָרָע, וּמִפֶּגַע רָע, וּמֵחִבּוּט הַקֶּבֶר, וּמִדִּינָהּ שֶׁל גֵּיהִנֹּם, וּמֵחֶבְלוֹ שֶׁל מָשִׁיחַ, וּמַאֲרִיךְ יָמִים, וְזוֹכֶה לִימוֹת הַמָּשִׁיחַ, וּלְחַיֵּי הָעוֹלָם הַבָּא.

תַּנְיָא אָמַר רַבִּי אֱלִיעֶזֶר, כָּל הָאוֹמֵר שִׁירָה זוֹ בָּעוֹלָם הַזֶּה, זוֹכֶה וְאוֹמְרוֹ לָעוֹלָם הַבָּא, שֶׁנֶּאֱמַר, אָז יָשִׁיר מֹשֶׁה, שָׁר לֹא נֶאֱמַר אֶלָּא יָשִׁיר אוֹתוֹ לֶעָתִיד לָבוֹא.

תַּנְיָא רַבִּי אֱלִיעֶזֶר הַגָּדוֹל אוֹמֵר, כָּל הָעוֹסֵק בְּפֶרֶק שִׁירָה זֶה בְּכָל יוֹם, מֵעִיד אֲנִי עָלָיו שֶׁהוּא בֶּן הָעוֹלָם הַבָּא, וְנִצּוֹל מִפֶּגַע רָע, וּמִיֵּצֶר הָרָע, וּמִדִּין קָשֶׁה, וּמִשָּׂטָן, וּמִכָּל מִינֵי מַשְׁחִית וּמַזִּיקִין. גְּמֹר בְּכָל לְבָבְךָ וּבְכָל נַפְשְׁךָ לָדַעַת דְּרָכַי וְלִשְׁמֹר מִצְוֹתַי וְחֻקַּי. נְצֹר תּוֹרָתִי בִּלְבָבְךָ וְנֶגֶד עֵינֶיךָ תִּהְיֶה יִרְאָתִי. שְׁמֹר פִּיךָ וּלְשׁוֹנְךָ מִכָּל חֵטְא וְאַשְׁמָה, וַאֲנִי אֶהְיֶה עִמְּךָ בְּכָל מָקוֹם שֶׁתֵּלֵךְ, וַאֲלַמֶּדְךָ שֵׂכֶל וּבִינָה מִכָּל דָּבָר. וֶהֱוֵי יוֹדֵעַ שֶׁכָּל מַה שֶּׁבָּרָא הַקָּדוֹשׁ בָּרוּךְ הוּא לֹא בְרָאוֹ כִּי אִם לִכְבוֹדוֹ, שֶׁנֶּאֱמַר כֹּל הַנִּקְרָא בִשְׁמִי וְלִכְבוֹדִי בְּרָאתִיו יְצַרְתִּיו אַף עֲשִׂיתִיו.

אָמְרוּ חז״ל עַל דָּוִד מֶלֶךְ יִשְׂרָאֵל, בְּשָׁעָה שֶׁסִּיֵּם סֵפֶר תְּהִלִּים זָחָה דַּעְתּוֹ עָלָיו וְאָמַר לִפְנֵי הַקָּדוֹשׁ בָּרוּךְ הוּא, יֵשׁ בְּרִיָּה שֶׁבָּרָאתָ בְּעוֹלָמְךָ שֶׁאוֹמֶרֶת שִׁירוֹת וְתִשְׁבָּחוֹת יוֹתֵר מִמֶּנִּי. בְּאוֹתָהּ שָׁעָה נִזְדַּמְּנָה לוֹ צְפַרְדֵּעַ אַחַת, וְאָמְרָה לוֹ, דָּוִד אַל תָּזוּחַ דַּעְתְּךָ עָלֶיךָ, שֶׁאֲנִי אוֹמֶרֶת שִׁירוֹת וְתִשְׁבָּחוֹת יוֹתֵר מִמְּךָ. וְלֹא עוֹד אֶלָּא כָּל שִׁירָה שֶׁאֲנִי אוֹמֶרֶת מְמַשֶּׁלֶת עָלֶיהָ שְׁלֹשֶׁת אֲלָפִים מְשָׁלִים, שֶׁנֶּאֱמַר וַיְדַבֵּר שְׁלֹשֶׁת אֲלָפִים מָשָׁל וַיְהִי שִׁירוֹ חֲמִשָּׁה וָאָלֶף (מלכים א׳ ה, יב): וְלֹא עוֹד אֶלָּא שֶׁאֲנִי עוֹסֶקֶת בְּמִצְוָה גְדוֹלָה, וְזוֹ הִיא הַמִּצְוָה שֶׁאֲנִי עוֹסֶקֶת בָּהּ, יֵשׁ בִּשְׂפַת הַיָּם מִין אֶחָד שֶׁאֵין פַּרְנָסָתוֹ כִּי אִם מִן הַמַּיִם, וּבְשָׁעָה שֶׁהוּא רָעֵב נוֹטְלֵנִי וְאוֹכְלֵנִי. זוֹ הִיא הַמִּצְוָה. לְקַיֵּם מַה שֶּׁנֶּאֱמַר אִם רָעֵב שֹׂנַאֲךָ הַאֲכִלֵהוּ לָחֶם, וְאִם צָמֵא הַשְׁקֵהוּ מָיִם, כִּי גֶחָלִים אַתָּה חוֹתֶה עַל רֹאשׁוֹ, וַיהוה יְשַׁלֶּם לָךְ. (משלי כה, כא-כב) אַל תִּקְרֵי יְשַׁלֶּם לָךְ אֶלָּא יַשְׁלִימֶנּוּ לָךְ:

פֶּרֶק רִאשׁוֹן

שָׁמַיִם אוֹמְרִים: הַשָּׁמַיִם מְסַפְּרִים כְּבוֹד אֵל, וּמַעֲשֵׂה יָדָיו מַגִּיד הָרָקִיעַ (תהלים יט, ב): אֶרֶץ אוֹמֶרֶת: לַיהוה הָאָרֶץ וּמְלוֹאָהּ, תֵּבֵל וְיֹשְׁבֵי בָהּ (תהלים כד, א): וְאוֹמֵר: מִכְּנַף הָאָרֶץ זְמִרֹת שָׁמַעְנוּ צְבִי לַצַּדִּיק (ישעיהו כד, טז): גַּן עֵדֶן אוֹמֵר: עוּרִי צָפוֹן וּבוֹאִי תֵימָן הָפִיחִי גַנִּי יִזְּלוּ בְשָׂמָיו, יָבֹא דוֹדִי לְגַנּוֹ וְיֹאכַל פְּרִי מְגָדָיו (שיר השירים ד, טז): גֵּיהִנֹּם אוֹמֵר: כִּי הִשְׂבִּיעַ נֶפֶשׁ שֹׁקֵקָה, וְנֶפֶשׁ רְעֵבָה מִלֵּא טוֹב (תהלים קז, ט): מִדְבָּר אוֹמֵר: יְשֻׂשׂוּם מִדְבָּר וְצִיָּה, וְתָגֵל עֲרָבָה וְתִפְרַח כַּחֲבַצָּלֶת (ישעיהו לה, א): שָׂדוֹת אוֹמְרִים: יהוה בְּחָכְמָה יָסַד אָרֶץ, כּוֹנֵן שָׁמַיִם בִּתְבוּנָה (משלי ג, יט): מַיִם אוֹמְרִים: לְקוֹל תִּתּוֹ הֲמוֹן מַיִם בַּשָּׁמַיִם וַיַּעַל נְשִׂאִים מִקְצֵה אָרֶץ (ירמיה נא, טז): יַמִּים אוֹמְרִים: מִקֹּלוֹת מַיִם רַבִּים אַדִּירִים מִשְׁבְּרֵי יָם, אַדִּיר בַּמָּרוֹם יהוה (תהלים צג, ד): נְהָרוֹת אוֹמְרִים: נְהָרוֹת יִמְחֲאוּ כָף, יַחַד הָרִים יְרַנֵּנוּ (תהלים צח, ח): מַעְיָנוֹת אוֹמְרִים: וְשָׁרִים כְּחֹלְלִים כָּל מַעְיָנַי בָּךְ (תהלים פז, ז):

פֶּרֶק שֵׁנִי

יוֹם אוֹמֵר: יוֹם לְיוֹם יַבִּיעַ אֹמֶר, וְלַיְלָה לְּלַיְלָה יְחַוֶּה דָּעַת (תהלים יט, ג): לַיְלָה אוֹמֵר: לְהַגִּיד בַּבֹּקֶר חַסְדֶּךָ, וֶאֱמוּנָתְךָ בַּלֵּילוֹת (תהלים צב, ג): שֶׁמֶשׁ אוֹמֵר: שֶׁמֶשׁ יָרֵחַ עָמַד זְבֻלָה, לְאוֹר חִצֶּיךָ יְהַלֵּכוּ לְנֹגַהּ בְּרַק חֲנִיתֶךָ (חבקוק ג, יא): יָרֵחַ אוֹמֶרֶת: עָשָׂה יָרֵחַ לְמוֹעֲדִים, שֶׁמֶשׁ יָדַע מְבוֹאוֹ (תהלים קד, יט): כּוֹכָבִים אוֹמְרִים: אַתָּה הוּא יהוה לְבַדֶּךָ, אַתָּה עָשִׂיתָ אֶת הַשָּׁמַיִם שְׁמֵי הַשָּׁמַיִם וְכָל צְבָאָם, הָאָרֶץ וְכָל אֲשֶׁר עָלֶיהָ, הַיַּמִּים וְכָל אֲשֶׁר בָּהֶם, וְאַתָּה מְחַיֶּה אֶת כֻּלָּם, וּצְבָא הַשָּׁמַיִם לְךָ מִשְׁתַּחֲוִים (נחמיה ט, ו): עָבִים אוֹמְרִים: יָשֶׁת חֹשֶׁךְ סִתְרוֹ סְבִיבוֹתָיו סֻכָּתוֹ, חֶשְׁכַת מַיִם עָבֵי שְׁחָקִים (תהלים יח, יב): עַנְנֵי כָבוֹד אוֹמְרִים: אַף בְּרִי יַטְרִיחַ עָב, יָפִיץ עֲנַן אוֹרוֹ (איוב לז, יא): רוּחַ אוֹמֵר: אֹמַר לַצָּפוֹן תֵּנִי וּלְתֵימָן אַל תִּכְלָאִי, הָבִיאִי בָנַי מֵרָחוֹק וּבְנוֹתַי מִקְצֵה הָאָרֶץ (ישעיה מג, ו): בְּרָקִים אוֹמְרִים: בְּרָקִים לַמָּטָר עָשָׂה, מוֹצֵא רוּחַ מֵאוֹצְרוֹתָיו (תהלים קלה, ז): טַל אוֹמֵר: אֶהְיֶה כַטַּל לְיִשְׂרָאֵל יִפְרַח כַּשּׁוֹשַׁנָּה, וְיַךְ שָׁרָשָׁיו כַּלְּבָנוֹן (הושע יד, ו): גְּשָׁמִים אוֹמְרִים: גֶּשֶׁם נְדָבוֹת תָּנִיף אֱלֹהִים, נַחֲלָתְךָ וְנִלְאָה אַתָּה כוֹנַנְתָּהּ (תהלים סח, י):

פֶּרֶק שְׁלִישִׁי

אִילָנוֹת שֶׁבַּשָּׂדֶה אוֹמְרִים: אָז יְרַנְּנוּ עֲצֵי הַיָּעַר, מִלִּפְנֵי יהוה כִּי בָא לִשְׁפּוֹט אֶת הָאָרֶץ (דברי הימים א טז, לג): גֶּפֶן אוֹמֶרֶת: כֹּה אָמַר יהוה כַּאֲשֶׁר יִמָּצֵא הַתִּירוֹשׁ בָּאֶשְׁכּוֹל וְאָמַר אַל תַּשְׁחִיתֵהוּ כִּי בְרָכָה בּוֹ, כֵּן אֶעֱשֶׂה לְמַעַן עֲבָדַי לְבִלְתִּי הַשְׁחִית הַכֹּל (ישעיה סה, ח): תְּאֵנָה אוֹמֶרֶת: נֹצֵר תְּאֵנָה יֹאכַל פִּרְיָהּ (משלי כז, יח): רִמּוֹן אוֹמֵר: כְּפֶלַח

הָרִמּוֹן רַקָּתֵךְ מִבַּעַד לְצַמָּתֵךְ (שיר השירים ד, ג): תָּמָר אוֹמֵר: צַדִּיק כַּתָּמָר יִפְרָח, כְּאֶרֶז בַּלְּבָנוֹן יִשְׂגֶּה (תהלים צב, יג): תַּפּוּחַ אוֹמֵר: כְּתַפּוּחַ בַּעֲצֵי הַיַּעַר כֵּן דּוֹדִי בֵּין הַבָּנִים, בְּצִלּוֹ חִמַּדְתִּי וְיָשַׁבְתִּי וּפִרְיוֹ מָתוֹק לְחִכִּי (שיר השירים ב, ג): שִׁבֹּלֶת חִטִּים אוֹמֶרֶת: שִׁיר הַמַּעֲלוֹת, מִמַּעֲמַקִּים קְרָאתִיךָ יהוה (תהלים קל, א): שִׁבֹּלֶת שְׂעוֹרִים אוֹמֶרֶת: תְּפִלָּה לְעָנִי כִּי יַעֲטֹף, וְלִפְנֵי יהוה יִשְׁפֹּךְ שִׂיחוֹ (תהלים קב, א): שְׁאָר הַשִּׁבֳּלִים אוֹמְרִים: לָבְשׁוּ כָרִים הַצֹּאן וַעֲמָקִים יַעַטְפוּ בָר, יִתְרוֹעֲעוּ אַף יָשִׁירוּ (תהלים סה, יד): יְרָקוֹת שֶׁבַּשָּׂדֶה אוֹמְרִים: תְּלָמֶיהָ רַוֵּה נַחֵת גְּדוּדֶיהָ, בִּרְבִיבִים תְּמֹגְגֶנָּה צִמְחָהּ תְּבָרֵךְ (תהלים סה, יא): דְּשָׁאִים אוֹמְרִים: יְהִי כְבוֹד יהוה לְעוֹלָם, יִשְׂמַח יהוה בְּמַעֲשָׂיו (תהלים קד, לא):

פֶּרֶק רְבִיעִי

תַּרְנְגוֹל אוֹמֵר: בְּשָׁעָה שֶׁבָּא הַקָּדוֹשׁ בָּרוּךְ הוּא אֵצֶל הַצַּדִּיקִים בְּגַן עֵדֶן זוֹלְפִים כָּל אִילָנֵי גַּן עֵדֶן בְּשָׂמִים וּמְרַנְּנִים וּמְשַׁבְּחִים וְאָז גַּם הוּא מִתְעוֹרֵר וּמְשַׁבֵּחַ. בְּקוֹל רִאשׁוֹן אוֹמֵר: שְׂאוּ שְׁעָרִים רָאשֵׁיכֶם וְהִנָּשְׂאוּ פִּתְחֵי עוֹלָם וְיָבוֹא מֶלֶךְ הַכָּבוֹד, מִי זֶה מֶלֶךְ הַכָּבוֹד יהוה עִזּוּז וְגִבּוֹר יהוה גִּבּוֹר מִלְחָמָה (תהלים כד, ז-ח): בְּקוֹל שֵׁנִי אוֹמֵר: שְׂאוּ שְׁעָרִים רָאשֵׁיכֶם וּשְׂאוּ פִּתְחֵי עוֹלָם וְיָבֹא מֶלֶךְ הַכָּבוֹד, מִי הוּא זֶה מֶלֶךְ הַכָּבוֹד יהוה צְבָאוֹת הוּא מֶלֶךְ הַכָּבוֹד סֶלָה (תהלים כד, ט-י): בְּקוֹל שְׁלִישִׁי אוֹמֵר: עִמְדוּ צַדִּיקִים וְעִסְקוּ בַּתּוֹרָה כְּדֵי שֶׁיִּהְיֶה שְׂכַרְכֶם כָּפוּל לָעוֹלָם הַבָּא. בְּקוֹל רְבִיעִי אוֹמֵר: לִישׁוּעָתְךָ קִוִּיתִי יהוה (בראשית מט, יח): בְּקוֹל חֲמִישִׁי אוֹמֵר: עַד מָתַי עָצֵל תִּשְׁכָּב מָתַי תָּקוּם מִשְּׁנָתֶךָ (משלי ו, ט): בְּקוֹל שִׁשִּׁי אוֹמֵר: אַל תֶּאֱהַב שֵׁנָה פֶּן תִּוָּרֵשׁ, פְּקַח עֵינֶיךָ שְׂבַע לָחֶם (משלי כ, יג): בְּקוֹל שְׁבִיעִי אוֹמֵר: עֵת לַעֲשׂוֹת לַיהוה, הֵפֵרוּ תּוֹרָתֶךָ (תהלים קיט, קכו): תַּרְנְגֹלֶת אוֹמֶרֶת: נֹתֵן לֶחֶם לְכָל בָּשָׂר, כִּי לְעוֹלָם חַסְדּוֹ (תהלים קלו, כה): יוֹנָה אוֹמֶרֶת: כְּסוּס עָגוּר כֵּן אֲצַפְצֵף אֶהְגֶּה כַּיּוֹנָה, דַּלּוּ עֵינַי לַמָּרוֹם אֲדֹנָי עָשְׁקָה לִּי עָרְבֵנִי (ישעיה לח, יד): אוֹמֶרֶת יוֹנָה לִפְנֵי הַקָּדוֹשׁ בָּרוּךְ הוּא רִבּוֹנוֹ שֶׁל עוֹלָם יִהְיוּ מְזוֹנוֹתַי מְרוֹרִים כְּזַיִת בְּיָדְךָ וְאַל יִהְיוּ מְתוּקִים כִּדְבַשׁ עַל יְדֵי בָּשָׂר וָדָם. נֶשֶׁר אוֹמֵר: וְאַתָּה יהוה אֱלֹהִים צְבָאוֹת אֱלֹהֵי יִשְׂרָאֵל הָקִיצָה לִפְקֹד כָּל הַגּוֹיִם, אַל תָּחֹן כָּל בֹּגְדֵי אָוֶן סֶלָה (תהלים נט, ו): עָגוּר אוֹמֵר: הוֹדוּ לַיהוה בְּכִנּוֹר, בְּנֵבֶל עָשׂוֹר זַמְּרוּ לוֹ (תהלים לג, ב): צִפּוֹר אוֹמֵר: גַּם צִפּוֹר מָצְאָה בַיִת וּדְרוֹר קֵן לָהּ אֲשֶׁר שָׁתָה אֶפְרֹחֶיהָ אֶת מִזְבְּחוֹתֶיךָ יהוה צְבָאוֹת מַלְכִּי וֵאלֹהָי (תהלים פד, ד): סְנוּנִית אוֹמֶרֶת: לְמַעַן יְזַמֶּרְךָ כָבוֹד וְלֹא יִדֹּם, יהוה אֱלֹהַי לְעוֹלָם אוֹדֶךָּ (תהלים לג, יג): טַסִּית אוֹמֶרֶת: עֶזְרִי מֵעִם יהוה, עֹשֵׂה שָׁמַיִם וָאָרֶץ (תהלים קכא, ב): צִיָּה אוֹמֶרֶת: אוֹר זָרֻעַ לַצַּדִּיק וּלְיִשְׁרֵי לֵב שִׂמְחָה (תהלים צז, יא): רְצִפִּי אוֹמֵר: נַחֲמוּ נַחֲמוּ עַמִּי, יֹאמַר אֱלֹהֵיכֶם (ישעיה מ, א): חֲסִידָה אוֹמֶרֶת: דַּבְּרוּ עַל לֵב יְרוּשָׁלַיִם וְקִרְאוּ אֵלֶיהָ כִּי מָלְאָה צְבָאָהּ כִּי נִרְצָה עֲוֹנָהּ, כִּי לָקְחָה מִיַּד יהוה כִּפְלַיִם בְּכָל חַטֹּאתֶיהָ (ישעיה מ, ב): עוֹרֵב אוֹמֵר: מִי יָכִין לָעֹרֵב צֵידוֹ כִּי יְלָדָו אֶל אֵל יְשַׁוֵּעוּ (איוב לח, מא): זַרְזִיר אוֹמֵר: וְנוֹדַע

בַּגּוֹיִם זַרְעָם וְצֶאֱצָאֵיהֶם בְּתוֹךְ הָעַמִּים, כָּל רֹאֵיהֶם יַכִּירוּם כִּי הֵם זֶרַע בֵּרַךְ יהוה (ישעיה סא, ט): אַוָּז שֶׁבַּבַּיִת אוֹמֶרֶת: הוֹדוּ לַיהוה קִרְאוּ בִשְׁמוֹ, הוֹדִיעוּ בָעַמִּים עֲלִילוֹתָיו, שִׁירוּ לוֹ זַמְּרוּ לוֹ, שִׂיחוּ בְּכָל נִפְלְאוֹתָיו (תהלים קה, א-ב): אַוַּז הַבָּר הַמְשׁוֹטֶטֶת בַּמִּדְבָּר, כְּשֶׁרוֹאָה אֶת יִשְׂרָאֵל עוֹסְקִים בַּתּוֹרָה אוֹמֶרֶת: קוֹל קוֹרֵא בַּמִּדְבָּר פַּנּוּ דֶּרֶךְ יהוה יַשְּׁרוּ בָּעֲרָבָה מְסִלָּה לֵאלֹהֵינוּ (ישעיה מ, ג): וְעַל מְצִיאוּת מְזוֹנוֹתֶיהָ בַּמִּדְבָּר אוֹמֶרֶת: אָרוּר הַגֶּבֶר אֲשֶׁר יִבְטַח בָּאָדָם, בָּרוּךְ הַגֶּבֶר אֲשֶׁר יִבְטַח בַּיהוה וְהָיָה יהוה מִבְטַחוֹ (ירמיה יז, ה-ז): פְּרוּגִיּוֹת אוֹמְרִים: בִּטְחוּ בַיהוה עֲדֵי עַד, כִּי בְּיָהּ יהוה צוּר עוֹלָמִים (ישעיה כו, ד): רְחָמָה אוֹמֶרֶת: אֶשְׁרְקָה לָהֶם וַאֲקַבְּצֵם כִּי פְדִיתִים, וְרָבוּ כְּמוֹ רָבוּ (זכריה י, ח): צִפֹּרֶת כְּרָמִים אוֹמֶרֶת: אֶשָּׂא עֵינַי אֶל הֶהָרִים, מֵאַיִן יָבֹא עֶזְרִי (תהלים קכא, א): חָסִיל אוֹמֵר: יהוה אֱלֹהַי אַתָּה אֲרוֹמִמְךָ אוֹדֶה שִׁמְךָ כִּי עָשִׂיתָ פֶּלֶא, עֵצוֹת מֵרָחוֹק אֱמוּנָה אֹמֶן (ישעיה כה, א): שְׂמָמִית אוֹמֶרֶת: הַלְלוּהוּ בְצִלְצְלֵי שָׁמַע, הַלְלוּהוּ בְּצִלְצְלֵי תְרוּעָה (תהלים קנ, ה): זְבוּב אוֹמֵר בְּשָׁעָה שֶׁאֵין יִשְׂרָאֵל עוֹסְקִים בַּתּוֹרָה: קוֹל אֹמֵר קְרָא וְאָמַר מָה אֶקְרָא, כָּל הַבָּשָׂר חָצִיר וְכָל חַסְדּוֹ כְּצִיץ הַשָּׂדֶה, יָבֵשׁ חָצִיר נָבֵל צִיץ וּדְבַר אֱלֹהֵינוּ יָקוּם לְעוֹלָם (ישעיה מ, ו-ח): בּוֹרֵא נִיב שְׂפָתָיִם, שָׁלוֹם שָׁלוֹם לָרָחוֹק וְלַקָּרוֹב אָמַר יהוה וּרְפָאתִיו (ישעיה נז, יט): תַּנִּינִים אוֹמְרִים: הַלְלוּ אֶת יהוה מִן הָאָרֶץ, תַּנִּינִים וְכָל תְּהֹמוֹת (תהלים קמח, ז): לִוְיָתָן אוֹמֵר: הוֹדוּ לַיהוה כִּי טוֹב, כִּי לְעוֹלָם חַסְדּוֹ (תהלים קלו, א): דָּגִים אוֹמְרִים: קוֹל יהוה עַל הַמָּיִם אֵל הַכָּבוֹד הִרְעִים, יהוה עַל מַיִם רַבִּים (תהלים כט, ג): צְפַרְדֵּעַ אוֹמֶרֶת: בָּרוּךְ שֵׁם כְּבוֹד מַלְכוּתוֹ לְעוֹלָם וָעֶד.

פֶּרֶק חֲמִישִׁי

בְּהֵמָה דַקָּה טְהוֹרָה אוֹמֶרֶת: מִי כָמֹכָה בָּאֵלִם יהוה מִי כָּמֹכָה נֶאְדָּר בַּקֹּדֶשׁ, נוֹרָא תְהִלֹּת עֹשֵׂה פֶלֶא (שמות טו, יא): בְּהֵמָה גַּסָּה טְהוֹרָה אוֹמֶרֶת: הַרְנִינוּ לֵאלֹהִים עוּזֵּנוּ, הָרִיעוּ לֵאלֹהֵי יַעֲקֹב (תהלים פא, ב): בְּהֵמָה דַקָּה טְמֵאָה אוֹמֶרֶת: הֵיטִיבָה יהוה לַטּוֹבִים, וְלִישָׁרִים בְּלִבּוֹתָם (תהלים קכה, ד): בְּהֵמָה גַּסָּה טְמֵאָה אוֹמֶרֶת: יְגִיעַ כַּפֶּיךָ כִּי תֹאכֵל אַשְׁרֶיךָ וְטוֹב לָךְ (תהלים קכח, ב): גָּמָל אוֹמֵר: יהוה מִמָּרוֹם יִשְׁאָג וּמִמְּעוֹן קָדְשׁוֹ יִתֵּן קוֹלוֹ שָׁאֹג יִשְׁאַג עַל נָוֵהוּ (ירמיה כה, ל): סוּס אוֹמֵר: הִנֵּה כְעֵינֵי עֲבָדִים אֶל יַד אֲדוֹנֵיהֶם כְּעֵינֵי שִׁפְחָה אֶל יַד גְּבִרְתָּהּ, כֵּן עֵינֵינוּ אֶל יהוה אֱלֹהֵינוּ, עַד שֶׁיְּחָנֵּנוּ (תהלים קכג, ב): פֶּרֶד אוֹמֵר: יוֹדוּךָ יהוה כָּל מַלְכֵי אָרֶץ, כִּי שָׁמְעוּ אִמְרֵי פִיךָ (תהלים קלח, ד): חֲמוֹר אוֹמֵר: לְךָ יהוה הַגְּדֻלָּה וְהַגְּבוּרָה וְהַתִּפְאֶרֶת וְהַנֵּצַח וְהַהוֹד כִּי כֹל בַּשָּׁמַיִם וּבָאָרֶץ, לְךָ יהוה הַמַּמְלָכָה וְהַמִּתְנַשֵּׂא לְכֹל לְרֹאשׁ (דברי הימים א׳ כט, יא): שׁוֹר אוֹמֵר: אָז יָשִׁיר מֹשֶׁה וּבְנֵי יִשְׂרָאֵל אֶת הַשִּׁירָה הַזֹּאת לַיהוה וַיֹּאמְרוּ לֵאמֹר, אָשִׁירָה לַיהוה כִּי גָאֹה גָּאָה סוּס וְרֹכְבוֹ רָמָה בַיָּם (שמות טו, א): חַיּוֹת הַשָּׂדֶה אוֹמְרִים: בָּרוּךְ הַטּוֹב וְהַמֵּטִיב. צְבִי אוֹמֵר: וַאֲנִי אָשִׁיר עֻזֶּךָ וַאֲרַנֵּן לַבֹּקֶר חַסְדֶּךָ, כִּי הָיִיתָ

מִשְׂגָּב לִי וּמָנוֹס בְּיוֹם צַר לִי (תהלים נט, יז): פִּיל אוֹמֵר: מַה גָּדְלוּ מַעֲשֶׂיךָ יהוה, מְאֹד עָמְקוּ מַחְשְׁבֹתֶיךָ (תהלים צב, ו): אַרְיֵה אוֹמֵר: יהוה כַּגִּבּוֹר יֵצֵא כְּאִישׁ מִלְחָמוֹת יָעִיר קִנְאָה, יָרִיעַ אַף יַצְרִיחַ עַל אֹיְבָיו יִתְגַּבָּר (ישעיה מב, יג): דֹּב אוֹמֵר: יִשְׂאוּ מִדְבָּר וְעָרָיו חֲצֵרִים תֵּשֵׁב קֵדָר, יָרֹנּוּ יֹשְׁבֵי סֶלַע מֵרֹאשׁ הָרִים יִצְוָחוּ, יָשִׂימוּ לַיהוה כָּבוֹד, וּתְהִלָּתוֹ בָּאִיִּים יַגִּידוּ (ישעיה מב, יא-יב): זְאֵב אוֹמֵר: עַל כָּל דְּבַר פֶּשַׁע עַל שׁוֹר עַל חֲמוֹר עַל שֶׂה עַל שַׂלְמָה עַל כָּל אֲבֵדָה אֲשֶׁר יֹאמַר כִּי הוּא זֶה, עַד הָאֱלֹהִים יָבֹא דְּבַר שְׁנֵיהֶם, אֲשֶׁר יַרְשִׁיעֻן אֱלֹהִים יְשַׁלֵּם שְׁנַיִם לְרֵעֵהוּ (שמות כב, ח): שׁוּעָל אוֹמֵר: הוֹי בֹּנֶה בֵיתוֹ בְּלֹא צֶדֶק וַעֲלִיּוֹתָיו בְּלֹא מִשְׁפָּט, בְּרֵעֵהוּ יַעֲבֹד חִנָּם וּפֹעֲלוֹ לֹא יִתֶּן לוֹ (ירמיה כב, יג): זַרְזִיר אוֹמֵר: רַנְּנוּ צַדִּיקִים בַּיהוה, לַיְשָׁרִים נָאוָה תְהִלָּה (תהלים לג, א): חָתוּל אוֹמֵר: אֶרְדּוֹף אוֹיְבַי וְאַשִּׂיגֵם, וְלֹא אָשׁוּב עַד כַּלּוֹתָם (תהלים יח, לח):

פֶּרֶק שִׁשִּׁי

שְׁרָצִים אוֹמְרִים: יִשְׂמַח יִשְׂרָאֵל בְּעֹשָׂיו, בְּנֵי צִיּוֹן יָגִילוּ בְמַלְכָּם (תהלים קמט, ב): אֵלִים שֶׁבַּשְּׁרָצִים אוֹמְרִים: אֶשְׁתְּךָ כְּגֶפֶן פֹּרִיָּה בְּיַרְכְּתֵי בֵיתֶךָ בָּנֶיךָ כִּשְׁתִלֵי זֵיתִים, סָבִיב לְשֻׁלְחָנֶךָ (תהלים קכח, ג): נָחָשׁ אוֹמֵר: סוֹמֵךְ יהוה לְכָל הַנֹּפְלִים, וְזוֹקֵף לְכָל הַכְּפוּפִים (תהלים קמה, יד): עַקְרָב אוֹמֵר: טוֹב יהוה לַכֹּל, וְרַחֲמָיו עַל כָּל מַעֲשָׂיו (תהלים קמה, ט): שַׁבְּלוּל אוֹמֵר: כְּמוֹ שַׁבְּלוּל תֶּמֶס יַהֲלֹךְ, נֵפֶל אֵשֶׁת בַּל חָזוּ שָׁמֶשׁ (תהלים נח, ט): נְמָלָה אוֹמֶרֶת: לֵךְ אֶל נְמָלָה עָצֵל, רְאֵה דְרָכֶיהָ וַחֲכָם (משלי ו, ו): עַכְבָּר אוֹמֵר: וְאַתָּה צַדִּיק עַל כָּל הַבָּא עָלַי, כִּי אֱמֶת עָשִׂיתָ וַאֲנִי הִרְשָׁעְתִּי. חֻלְדָּה אוֹמֶרֶת: כֹּל הַנְּשָׁמָה תְּהַלֵּל יָהּ הַלְלוּיָהּ (תהלים קנ, ו): כְּלָבִים אוֹמְרִים: בֹּאוּ נִשְׁתַּחֲוֶה וְנִכְרָעָה, נִבְרְכָה לִפְנֵי יהוה עֹשֵׂנוּ (תהלים צה, ו):

אחר כך יקרא:

רַבִּי יְשַׁעְיָה תַּלְמִידוֹ שֶׁל רַבִּי חֲנִינָא בֶּן דּוֹסָא הִתְעַנָּה חָמֵשׁ וּשְׁמוֹנִים תַּעֲנִיּוֹת, אָמַר כְּלָבִים שֶׁכָּתוּב בָּהֶם וְהַכְּלָבִים עַזֵּי נֶפֶשׁ לֹא יָדְעוּ שָׂבְעָה (ישעיה נו, יא), יִזְכּוּ לוֹמַר שִׁירָה. וְעָנָה לוֹ מַלְאָךְ מִן הַשָּׁמַיִם, וְאָמַר לוֹ יְשַׁעְיָה עַד מָתַי אַתָּה מִתְעַנֶּה עַל זֶה הַדָּבָר, שְׁבוּעָה הִיא מִלִּפְנֵי הַמָּקוֹם בָּרוּךְ הוּא מִיּוֹם שֶׁגִּלָּה סוֹדוֹ לַחֲבַקּוּק הַנָּבִיא לֹא גִּלָּה דָּבָר זֶה לְשׁוּם בְּרִיָּה בָּעוֹלָם, אֶלָּא בִּשְׁבִיל שֶׁתַּלְמִידוֹ שֶׁל אָדָם גָּדוֹל אַתָּה, שְׁלָחוּנִי מִן הַשָּׁמַיִם לְהִזָּקֵק אֵלֶיךָ, וְאָמְרוּ כְּלָבִים כְּתִיב בָּהֶם וּלְכֹל בְּנֵי יִשְׂרָאֵל לֹא יֶחֱרַץ כֶּלֶב לְשֹׁנוֹ (שמות יא, ז), וְלֹא עוֹד אֶלָּא שֶׁזָּכוּ לְעַבֵּד עוֹרוֹת מִצּוֹאָתָם, שֶׁכּוֹתְבִין בָּהֶם תְּפִלִּין וּמְזוּזוֹת וְסֵפֶר תּוֹרָה, עַל כֵּן זָכוּ לוֹמַר שִׁירָה. וּמַה שֶּׁשָּׁאַלְתָּ חֲזֹר לַאֲחוֹרֶיךָ וְאַל תּוֹסִיף בַּדָּבָר הַזֶּה עוֹד, כְּמוֹ שֶׁכָּתוּב שֹׁמֵר פִּיו וּלְשׁוֹנוֹ שֹׁמֵר מִצָּרוֹת נַפְשׁוֹ (משלי כא, כג):

בָּרוּךְ יהוה לְעוֹלָם אָמֵן וְאָמֵן (תהלים פט, נג): בָּרוּךְ יהוה מִצִּיּוֹן שֹׁכֵן יְרוּשָׁלָםִ הַלְלוּיָהּ (תהלים קלה, כא): בָּרוּךְ יהוה אֱלֹהִים אֱלֹהֵי יִשְׂרָאֵל עֹשֵׂה נִפְלָאוֹת לְבַדּוֹ: וּבָרוּךְ שֵׁם כְּבוֹדוֹ לְעוֹלָם וְיִמָּלֵא כְבוֹדוֹ אֶת כָּל הָאָרֶץ אָמֵן וְאָמֵן (תהלים עב, יח-יט):

קורן ירושלים